权威·前沿·原创

皮书系列为
"十二五""十三五"国家重点图书出版规划项目

社长致辞

蓦然回首，皮书的专业化历程已经走过了二十年。20年来从一个出版社的学术产品名称到媒体热词再到智库成果研创及传播平台，皮书以专业化为主线，进行了系列化、市场化、品牌化、数字化、国际化、平台化的运作，实现了跨越式的发展。特别是在党的十八大以后，以习近平总书记为核心的党中央高度重视新型智库建设，皮书也迎来了长足的发展，总品种达到600余种，经过专业评审机制、淘汰机制遴选，目前，每年稳定出版近400个品种。"皮书"已经成为中国新型智库建设的抓手，成为国际国内社会各界快速、便捷地了解真实中国的最佳窗口。

20年孜孜以求，"皮书"始终将自己的研究视野与经济社会发展中的前沿热点问题紧密相连。600个研究领域，3万多位分布于800余个研究机构的专家学者参与了研创写作。皮书数据库中共收录了15万篇专业报告，50余万张数据图表，合计30亿字，每年报告下载量近80万次。皮书为中国学术与社会发展实践的结合提供了一个激荡智力、传播思想的入口，皮书作者们用学术的话语、客观翔实的数据谱写出了中国故事壮丽的篇章。

20年跬步千里，"皮书"始终将自己的发展与时代赋予的使命与责任紧紧相连。每年百余场新闻发布会，10万余人次中外媒体报道，中、英、俄、日、韩等12个语种共同出版。皮书所具有的凝聚力正在形成一种无形的力量，吸引着社会各界关注中国的发展，参与中国的发展，它是我们向世界传递中国声音、总结中国经验、争取中国国际话语权最主要的平台。

皮书这一系列成就的取得，得益于中国改革开放的伟大时代，离不开来自中国社会科学院、新闻出版广电总局、全国哲学社会科学规划办公室等主管部门的大力支持和帮助，也离不开皮书研创者和出版者的共同努力。他们与皮书的故事创造了皮书的历史，他们对皮书的拳拳之心将继续谱写皮书的未来！

现在，"皮书"品牌已经进入了快速成长的青壮年时期。全方位进行规范化管理，树立中国的学术出版标准；不断提升皮书的内容质量和影响力，搭建起中国智库产品和智库建设的交流服务平台和国际传播平台；发布各类皮书指数，并使之成为中国指数，让中国智库的声音响彻世界舞台，为人类的发展做出中国的贡献——这是皮书未来发展的图景。作为"皮书"这个概念的提出者，"皮书"从一般图书到系列图书和品牌图书，最终成为智库研究和社会科学应用对策研究的知识服务和成果推广平台这整个过程的操盘者，我相信，这也是每一位皮书人执着追求的目标。

"当代中国正经历着我国历史上最为广泛而深刻的社会变革，也正在进行着人类历史上最为宏大而独特的实践创新。这种前无古人的伟大实践，必将给理论创造、学术繁荣提供强大动力和广阔空间。"

在这个需要思想而且一定能够产生思想的时代，皮书的研创出版一定能创造出新的更大的辉煌！

社会科学文献出版社社长
中国社会学会秘书长
2017年11月

社会科学文献出版社简介

社会科学文献出版社（以下简称"社科文献出版社"）成立于1985年，是直属于中国社会科学院的人文社会科学学术出版机构。成立至今，社科文献出版社始终依托中国社会科学院和国内外人文社会科学界丰厚的学术出版和专家学者资源，坚持"创社科经典，出传世文献"的出版理念、"权威、前沿、原创"的产品定位以及学术成果和智库成果出版的专业化、数字化、国际化、市场化的经营道路。

社科文献出版社是中国新闻出版业转型与文化体制改革的先行者。积极探索文化体制改革的先进方向和现代企业经营决策机制，社科文献出版社先后荣获"全国文化体制改革工作先进单位"、中国出版政府奖·先进出版单位奖，中国社会科学院先进集体、全国科普工作先进集体等荣誉称号。多人次荣获"第十届韬奋出版奖""全国新闻出版行业领军人才""数字出版先进人物""北京市新闻出版广电行业领军人才"等称号。

社科文献出版社是中国人文社会科学学术出版的大社名社，也是以皮书为代表的智库成果出版的专业强社。年出版图书2000余种，其中皮书400余种，出版新书字数5.5亿字，承印与发行中国社科院院属期刊72种，先后创立了皮书系列、列国志、中国史话、社科文献学术译库、社科文献学术文库、甲骨文书系等一大批既有学术影响又有市场价值的品牌，确立了在社会学、近代史、苏东问题研究等专业学科及领域出版的领先地位。图书多次荣获中国出版政府奖、"三个一百"原创图书出版工程、"五个'一'工程奖"、"大众喜爱的50种图书"等奖项，在中央国家机关"强素质·做表率"读书活动中，入选图书品种数位居各大出版社之首。

社科文献出版社是中国学术出版规范与标准的倡议者与制定者，代表全国50多家出版社发起实施学术著作出版规范的倡议，承担学术著作规范国家标准的起草工作，率先编撰完成《皮书手册》对皮书品牌进行规范化管理，并在此基础上推出中国版芝加哥手册——《社科文献出版社学术出版手册》。

社科文献出版社是中国数字出版的引领者，拥有皮书数据库、列国志数据库、"一带一路"数据库、减贫数据库、集刊数据库等4大产品线11个数据库产品，机构用户达1300余家，海外用户百余家，荣获"数字出版转型示范单位""新闻出版标准化先进单位""专业数字内容资源知识服务模式试点企业标准化示范单位"等称号。

社科文献出版社是中国学术出版走出去的践行者。社科文献出版社海外图书出版与学术合作业务遍及全球40余个国家和地区，并于2016年成立俄罗斯分社，累计输出图书500余种，涉及近20个语种，累计获得国家社科基金中华学术外译项目资助76种、"丝路书香工程"项目资助60种、中国图书对外推广计划项目资助71种以及经典中国国际出版工程资助28种，被五部委联合认定为"2015-2016年度国家文化出口重点企业"。

如今，社科文献出版社完全靠自身积累拥有固定资产3.6亿元，年收入3亿元，设置了七大出版分社、六大专业部门，成立了皮书研究院和博士后科研工作站，培养了一支近400人的高素质与高效率的编辑、出版、营销和国际推广队伍，为未来成为学术出版的大社、名社、强社，成为文化体制改革与文化企业转型发展的排头兵奠定了坚实的基础。

宏观经济类

经济蓝皮书
2018年中国经济形势分析与预测

李平 / 主编　2017年12月出版　定价：89.00元

◆ 本书为总理基金项目，由著名经济学家李扬领衔，联合中国社会科学院等数十家科研机构、国家部委和高等院校的专家共同撰写，系统分析了2017年的中国经济形势并预测2018年中国经济运行情况。

城市蓝皮书
中国城市发展报告No.11

潘家华　单菁菁 / 主编　2018年9月出版　估价：99.00元

◆ 本书是由中国社会科学院城市发展与环境研究中心编著的，多角度、全方位地立体展示了中国城市的发展状况，并对中国城市的未来发展提出了许多建议。该书有强烈的时代感，对中国城市发展实践有重要的参考价值。

人口与劳动绿皮书
中国人口与劳动问题报告No.19

张车伟 / 主编　2018年10月出版　估价：99.00元

◆ 本书为中国社会科学院人口与劳动经济研究所主编的年度报告，对当前中国人口与劳动形势做了比较全面和系统的深入讨论，为研究中国人口与劳动问题提供了一个专业性的视角。

宏观经济类 · 区域经济类

中国省域竞争力蓝皮书
中国省域经济综合竞争力发展报告（2017～2018）

李建平　李闽榕　高燕京/主编　2018年5月出版　估价：198.00元

◆ 本书融多学科的理论为一体，深入追踪研究了省域经济发展与中国国家竞争力的内在关系，为提升中国省域经济综合竞争力提供有价值的决策依据。

金融蓝皮书
中国金融发展报告（2018）

王国刚/主编　2018年6月出版　估价：99.00元

◆ 本书由中国社会科学院金融研究所组织编写，概括和分析了2017年中国金融发展和运行中的各方面情况，研讨和评论了2017年发生的主要金融事件，有利于读者了解掌握2017年中国的金融状况，把握2018年中国金融的走势。

区域经济类

京津冀蓝皮书
京津冀发展报告（2018）

祝合良　叶堂林　张贵祥/等著　2018年6月出版　估价：99.00元

◆ 本书遵循问题导向与目标导向相结合、统计数据分析与大数据分析相结合、纵向分析和长期监测与结构分析和综合监测相结合等原则，对京津冀协同发展新形势与新进展进行测度与评价。

 社会政法类　　皮书系列 重点推荐

社会政法类

社会蓝皮书

2018年中国社会形势分析与预测

李培林　陈光金　张翼/主编　2017年12月出版　定价：89.00元

◆ 本书由中国社会科学院社会学研究所组织研究机构专家、高校学者和政府研究人员撰写，聚焦当下社会热点，对2017年中国社会发展的各个方面内容进行了权威解读，同时对2018年社会形势发展趋势进行了预测。

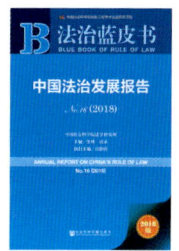

法治蓝皮书

中国法治发展报告 No.16（2018）

李林　田禾/主编　2018年3月出版　定价：128.00元

◆ 本年度法治蓝皮书回顾总结了2017年度中国法治发展取得的成就和存在的不足，对中国政府、司法、检务透明度进行了跟踪调研，并对2018年中国法治发展形势进行了预测和展望。

教育蓝皮书

中国教育发展报告（2018）

杨东平/主编　2018年3月出版　定价：89.00元

◆ 本书重点关注了2017年教育领域的热点，资料翔实，分析有据，既有专题研究，又有实践案例，从多角度对2017年教育改革和实践进行了分析和研究。

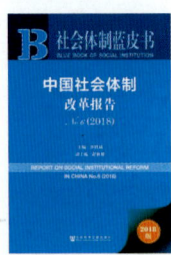

社会体制蓝皮书
中国社会体制改革报告 No.6（2018）
龚维斌/主编　2018年3月出版　定价：98.00元

◆ 本书由国家行政学院社会治理研究中心和北京师范大学中国社会管理研究院共同组织编写，主要对2017年社会体制改革情况进行回顾和总结，对2018年的改革走向进行分析，提出相关政策建议。

社会心态蓝皮书
中国社会心态研究报告（2018）
王俊秀　杨宜音/主编　2018年12月出版　估价：99.00元

◆ 本书是中国社会科学院社会学研究所社会心理研究中心"社会心态蓝皮书课题组"的年度研究成果，运用社会心理学、社会学、经济学、传播学等多种学科的方法进行了调查和研究，对于目前中国社会心态状况有较广泛和深入的揭示。

华侨华人蓝皮书
华侨华人研究报告（2018）
贾益民/主编　2017年12月出版　估价：139.00元

◆ 本书关注华侨华人生产与生活的方方面面。华侨华人是中国建设21世纪海上丝绸之路的重要中介者、推动者和参与者。本书旨在全面调研华侨华人，提供最新涉侨动态、理论研究成果和政策建议。

民族发展蓝皮书
中国民族发展报告（2018）
王延中/主编　2018年10月出版　估价：188.00元

◆ 本书从民族学人类学视角，研究近年来少数民族和民族地区的发展情况，展示民族地区经济、政治、文化、社会和生态文明"五位一体"建设取得的辉煌成就和面临的困难挑战，为深刻理解中央民族工作会议精神、加快民族地区全面建成小康社会进程提供了实证材料。

产业经济类·行业及其他类

皮书系列
重点推荐

产业经济类

房地产蓝皮书
中国房地产发展报告 No.15（2018）

李春华 王业强/主编 2018年5月出版 估价：99.00元

◆ 2018年《房地产蓝皮书》持续追踪中国房地产市场最新动态，深度剖析市场热点，展望2018年发展趋势，积极谋划应对策略。对2017年房地产市场的发展态势进行全面、综合的分析。

新能源汽车蓝皮书
中国新能源汽车产业发展报告（2018）

中国汽车技术研究中心 日产（中国）投资有限公司
东风汽车有限公司/编著 2018年8月出版 估价：99.00元

◆ 本书对中国2017年新能源汽车产业发展进行了全面系统的分析，并介绍了国外的发展经验。有助于相关机构、行业和社会公众等了解中国新能源汽车产业发展的最新动态，为政府部门出台新能源汽车产业相关政策法规、企业制定相关战略规划，提供必要的借鉴和参考。

行业及其他类

旅游绿皮书
2017～2018年中国旅游发展分析与预测

中国社会科学院旅游研究中心/编 2018年1月出版 定价：99.00元

◆ 本书从政策、产业、市场、社会等多个角度勾画出2017年中国旅游发展全貌，剖析了其中的热点和核心问题，并就未来发展作出预测。

7

行业及其他类

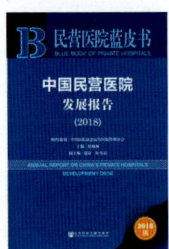

民营医院蓝皮书
中国民营医院发展报告（2018）
薛晓林/主编　2018年11月出版　估价：99.00元

◆ 本书在梳理国家对社会办医的各种利好政策的前提下，对我国民营医疗发展现状、我国民营医院竞争力进行了分析，并结合我国医疗体制改革对民营医院的发展趋势、发展策略、战略规划等方面进行了预估。

会展蓝皮书
中外会展业动态评估研究报告（2018）
张敏/主编　2018年12月出版　估价：99.00元

◆ 本书回顾了2017年的会展业发展动态，结合"供给侧改革"、"互联网+"、"绿色经济"的新形势分析了我国展会的行业现状，并介绍了国外的发展经验，有助于行业和社会了解最新的展会业动态。

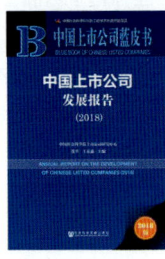

中国上市公司蓝皮书
中国上市公司发展报告（2018）
张平　王宏淼/主编　2018年9月出版　估价：99.00元

◆ 本书由中国社会科学院上市公司研究中心组织编写的，着力于全面、真实、客观反映当前中国上市公司财务状况和价值评估的综合性年度报告。本书详尽分析了2017年中国上市公司情况，特别是现实中暴露出的制度性、基础性问题，并对资本市场改革进行了探讨。

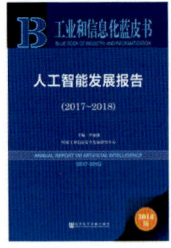

工业和信息化蓝皮书
人工智能发展报告（2017～2018）
尹丽波/主编　2018年6月出版　估价：99.00元

◆ 本书国家工业信息安全发展研究中心在对2017年全球人工智能技术和产业进行全面跟踪研究基础上形成的研究报告。该报告内容翔实、视角独特，具有较强的产业发展前瞻性和预测性，可为相关主管部门、行业协会、企业等全面了解人工智能发展形势以及进行科学决策提供参考。

国际问题与全球治理类 皮书系列重点推荐

国际问题与全球治理类

世界经济黄皮书
2018年世界经济形势分析与预测

张宇燕 / 主编　2018年1月出版　定价：99.00元

◆ 本书由中国社会科学院世界经济与政治研究所的研究团队撰写，分总论、国别与地区、专题、热点、世界经济统计与预测等五个部分，对2018年世界经济形势进行了分析。

国际城市蓝皮书
国际城市发展报告（2018）

屠启宇 / 主编　2018年2月出版　定价：89.00元

◆ 本书作者以上海社会科学院从事国际城市研究的学者团队为核心，汇集同济大学、华东师范大学、复旦大学、上海交通大学、南京大学、浙江大学相关城市研究专业学者。立足动态跟踪介绍国际城市发展时间中，最新出现的重大战略、重大理念、重大项目、重大报告和最佳案例。

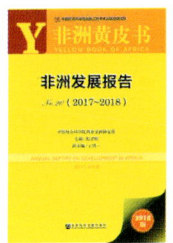

非洲黄皮书
非洲发展报告No.20（2017～2018）

张宏明 / 主编　2018年7月出版　估价：99.00元

◆ 本书是由中国社会科学院西亚非洲研究所组织编撰的非洲形势年度报告，比较全面、系统地分析了2017年非洲政治形势和热点问题，探讨了非洲经济形势和市场走向，剖析了大国对非洲关系的新动向；此外，还介绍了国内非洲研究的新成果。

国别类

美国蓝皮书
美国研究报告（2018）

郑秉文 黄平 / 主编　2018年5月出版　估价：99.00元

◆ 本书是由中国社会科学院美国研究所主持完成的研究成果，它回顾了美国2017年的经济、政治形势与外交战略，对美国内政外交发生的重大事件及重要政策进行了较为全面的回顾和梳理。

德国蓝皮书
德国发展报告（2018）

郑春荣 / 主编　2018年6月出版　估价：99.00元

◆ 本报告由同济大学德国研究所组织编撰，由该领域的专家学者对德国的政治、经济、社会文化、外交等方面的形势发展情况，进行全面的阐述与分析。

俄罗斯黄皮书
俄罗斯发展报告（2018）

李永全 / 编著　2018年6月出版　估价：99.00元

◆ 本书系统介绍了2017年俄罗斯经济政治情况，并对2016年该地区发生的焦点、热点问题进行了分析与回顾；在此基础上，对该地区2018年的发展前景进行了预测。

 文化传媒类

文化传媒类

新媒体蓝皮书
中国新媒体发展报告 No.9（2018）

唐绪军 / 主编　2018年6月出版　估价：99.00元

◆ 本书是由中国社会科学院新闻与传播研究所组织编写的关于新媒体发展的最新年度报告，旨在全面分析中国新媒体的发展现状，解读新媒体的发展趋势，探析新媒体的深刻影响。

移动互联网蓝皮书
中国移动互联网发展报告（2018）

余清楚 / 主编　2018年6月出版　估价：99.00元

◆ 本书着眼于对2017年度中国移动互联网的发展情况做深入解析，对未来发展趋势进行预测，力求从不同视角、不同层面全面剖析中国移动互联网发展的现状、年度突破及热点趋势等。

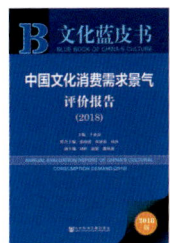

文化蓝皮书
中国文化消费需求景气评价报告（2018）

王亚南 / 主编　2018年3月出版　定价：99.00元

◆ 本书首创全国文化发展量化检测评价体系，也是至今全国唯一的文化民生量化检测评价体系，对于检验全国及各地"以人民为中心"的文化发展具有首创意义。

地方发展类

北京蓝皮书

北京经济发展报告（2017～2018）

杨松/主编　2018年6月出版　估价：99.00元

◆ 本书对2017年北京市经济发展的整体形势进行了系统性的分析与回顾，并对2018年经济形势走势进行了预测与研判，聚焦北京市经济社会发展中的全局性、战略性和关键领域的重点问题，运用定量和定性分析相结合的方法，对北京市经济社会发展的现状、问题、成因进行了深入分析，提出了可操作性的对策建议。

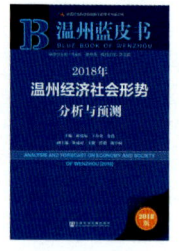

温州蓝皮书

2018年温州经济社会形势分析与预测

蒋儒标　王春光　金浩/主编　2018年6月出版　估价：99.00元

◆ 本书是中共温州市委党校和中国社会科学院社会学研究所合作推出的第十一本温州蓝皮书，由来自党校、政府部门、科研机构、高校的专家、学者共同撰写的2017年温州区域发展形势的最新研究成果。

黑龙江蓝皮书

黑龙江社会发展报告（2018）

王爱丽/主编　2018年1月出版　定价：89.00元

◆ 本书以千份随机抽样问卷调查和专题研究为依据，运用社会学理论框架和分析方法，从专家和学者的独特视角，对2017年黑龙江省关系民生的问题进行广泛的调研与分析，并对2017年黑龙江省诸多社会热点和焦点问题进行了有益的探索。这些研究不仅可以为政府部门更加全面深入了解省情、科学制定决策提供智力支持，同时也可以为广大读者认识、了解、关注黑龙江社会发展提供理性思考。

宏观经济类

城市蓝皮书
中国城市发展报告（No.11）
著(编)者：潘家华 单菁菁
2018年9月出版 / 估价：99.00元
PSN B-2007-091-1/1

城乡一体化蓝皮书
中国城乡一体化发展报告（2018）
著(编)者：付崇兰
2018年9月出版 / 估价：99.00元
PSN B-2011-226-1/2

城镇化蓝皮书
中国新型城镇化健康发展报告（2018）
著(编)者：张占斌
2018年8月出版 / 估价：99.00元
PSN B-2014-396-1/1

创新蓝皮书
创新型国家建设报告（2018~2019）
著(编)者：詹正茂
2018年12月出版 / 估价：99.00元
PSN B-2009-140-1/1

低碳发展蓝皮书
中国低碳发展报告（2018）
著(编)者：张希良 齐晔
2018年6月出版 / 估价：99.00元
PSN B-2011-223-1/1

低碳经济蓝皮书
中国低碳经济发展报告（2018）
著(编)者：薛进军 赵忠秀
2018年11月出版 / 估价：99.00元
PSN B-2011-194-1/1

发展和改革蓝皮书
中国经济发展和体制改革报告No.9
著(编)者：邹东涛 王再文
2018年1月出版 / 估价：99.00元
PSN B-2008-122-1/1

国家创新蓝皮书
中国创新发展报告（2017）
著(编)者：陈劲 2018年5月出版 / 估价：99.00元
PSN B-2014-370-1/1

金融蓝皮书
中国金融发展报告（2018）
著(编)者：王国刚
2018年6月出版 / 估价：99.00元
PSN B-2004-031-1/7

经济蓝皮书
2018年中国经济形势分析与预测
著(编)者：李平 2017年12月出版 / 定价：89.00元
PSN B-1996-001-1/1

经济蓝皮书春季号
2018年中国经济前景分析
著(编)者：李扬 2018年5月出版 / 估价：99.00元
PSN B-1999-008-1/1

经济蓝皮书夏季号
中国经济增长报告（2017~2018）
著(编)者：李扬 2018年9月出版 / 估价：99.00元
PSN B-2010-176-1/1

农村绿皮书
中国农村经济形势分析与预测（2017~2018）
著(编)者：魏后凯 黄秉信
2018年4月出版 / 定价：99.00元
PSN B-1998-003-1/1

人口与劳动绿皮书
中国人口与劳动问题报告No.19
著(编)者：张车伟 2018年11月出版 / 估价：99.00元
PSN G-2000-012-1/1

新型城镇化蓝皮书
新型城镇化发展报告（2017）
著(编)者：李伟 宋敏
2018年3月出版 / 定价：98.00元
PSN B-2005-038-1/1

中国省域竞争力蓝皮书
中国省域经济综合竞争力发展报告（2016~2017）
著(编)者：李建平 李闽榕
2018年2月出版 / 定价：198.00元
PSN B-2007-088-1/1

中小城市绿皮书
中国中小城市发展报告（2018）
著(编)者：中国城市经济学会中小城市经济发展委员会
中国城镇化促进会中小城市发展委员会
《中国中小城市发展报告》编纂委员会
中小城市发展战略研究院
2018年11月出版 / 估价：128.00元
PSN G-2010-161-1/1

区域经济类

东北蓝皮书
中国东北地区发展报告（2018）
著(编)者：姜晓秋　2018年11月出版／估价：99.00元
PSN B-2006-067-1/1

金融蓝皮书
中国金融中心发展报告（2017~2018）
著(编)者：王力　黄育华　2018年11月出版／估价：99.00元
PSN B-2011-186-6/7

京津冀蓝皮书
京津冀发展报告（2018）
著(编)者：祝合良　叶堂林　张贵祥
2018年6月出版／估价：99.00元
PSN B-2012-262-1/1

西北蓝皮书
中国西北发展报告（2018）
著(编)者：王福生　马廷旭　董秋生
2018年1月出版／定价：99.00元
PSN B-2012-261-1/1

西部蓝皮书
中国西部发展报告（2018）
著(编)者：璋勇　任保平　2018年8月出版／估价：99.00元
PSN B-2005-039-1/1

长江经济带产业蓝皮书
长江经济带产业发展报告（2018）
著(编)者：吴传清　2018年11月出版／估价：128.00元
PSN B-2017-666-1/1

长江经济带蓝皮书
长江经济带发展报告（2017~2018）
著(编)者：王振　2018年11月出版／估价：99.00元
PSN B-2016-575-1/1

长江中游城市群蓝皮书
长江中游城市群新型城镇化与产业协同发展报告（2018）
著(编)者：杨刚强　2018年11月出版／估价：99.00元
PSN B-2016-578-1/1

长三角蓝皮书
2017年创新融合发展的长三角
著(编)者：刘飞跃　2018年5月出版／估价：99.00元
PSN B-2005-038-1/1

长株潭城市群蓝皮书
长株潭城市群发展报告（2017）
著(编)者：张萍　朱有志　2018年6月出版／估价：99.00元
PSN B-2008-109-1/1

特色小镇蓝皮书
特色小镇智慧运营报告（2018）：顶层设计与智慧架构标准
著(编)者：陈劲　2018年1月出版／定价：79.00元
PSN B-2018-692-1/1

中部竞争力蓝皮书
中国中部经济社会竞争力报告（2018）
著(编)者：教育部人文社会科学重点研究基地南昌大学中国
　　　　　中部经济社会发展研究中心
2018年12月出版／估价：99.00元
PSN B-2012-276-1/1

中部蓝皮书
中国中部地区发展报告（2018）
著(编)者：宋亚平　2018年12月出版／估价：99.00元
PSN B-2007-089-1/1

区域蓝皮书
中国区域经济发展报告（2017~2018）
著(编)者：赵弘　2018年5月出版／估价：99.00元
PSN B-2004-034-1/1

中三角蓝皮书
长江中游城市群发展报告（2018）
著(编)者：秦尊文　2018年9月出版／估价：99.00元
PSN B-2014-417-1/1

中原蓝皮书
中原经济区发展报告（2018）
著(编)者：李英杰　2018年6月出版／估价：99.00元
PSN B-2011-192-1/1

珠三角流通蓝皮书
珠三角商圈发展研究报告（2018）
著(编)者：王先庆　林至颖　2018年7月出版／估价：99.00元
PSN B-2012-292-1/1

社会政法类

北京蓝皮书
中国社区发展报告（2017~2018）
著(编)者：于燕燕　2018年9月出版／估价：99.00元
PSN B-2007-083-5/8

殡葬绿书
中国殡葬事业发展报告（2017~2018）
著(编)者：李伯森　2018年6月出版／估价：158.00元
PSN G-2010-180-1/1

城市管理蓝皮书
中国城市管理报告（2017-2018）
著(编)者：刘林　刘承水　2018年5月出版／估价：158.00元
PSN B-2013-336-1/1

城市生活质量蓝皮书
中国城市生活质量报告（2017）
著(编)者：张连城　张平　杨春学　郎丽华
2017年12月出版／定价：89.00元
PSN B-2013-326-1/1

皮书系列 2018全品种

社会政法类

城市政府能力蓝皮书
中国城市政府公共服务能力评估报告（2018）
著(编)者：何艳玲　2018年5月出版 / 估价：99.00元
PSN B-2013-338-1/1

创业蓝皮书
中国创业发展研究报告（2017~2018）
著(编)者：黄群慧　赵卫星　钟宏武
2018年11月出版 / 估价：99.00元
PSN B-2016-577-1/1

慈善蓝皮书
中国慈善发展报告（2018）
著(编)者：杨团　2018年6月出版 / 估价：99.00元
PSN B-2009-142-1/1

党建蓝皮书
党的建设研究报告No.2（2018）
著(编)者：崔建民　陈东平　2018年6月出版 / 估价：99.00元
PSN B-2016-523-1/1

地方法治蓝皮书
中国地方法治发展报告No.3（2018）
著(编)者：李林　田禾　2018年6月出版 / 估价：118.00元
PSN B-2015-442-1/1

电子政务蓝皮书
中国电子政务发展报告（2018）
著(编)者：李季　2018年8月出版 / 估价：99.00元
PSN B-2003-022-1/1

儿童蓝皮书
中国儿童参与状况报告（2017）
著(编)者：苑立新　2017年12月出版 / 定价：89.00元
PSN B-2017-682-1/1

法治蓝皮书
中国法治发展报告No.16（2018）
著(编)者：李林　田禾　2018年3月出版 / 定价：128.00元
PSN B-2004-027-1/3

法治蓝皮书
中国法院信息化发展报告No.2（2018）
著(编)者：李林　田禾　2018年2月出版 / 定价：118.00元
PSN B-2017-604-3/3

法治政府蓝皮书
中国法治政府发展报告（2017）
著(编)者：中国政法大学法治政府研究院
2018年3月出版 / 定价：158.00元
PSN B-2015-502-1/2

法治政府蓝皮书
中国法治政府评估报告（2018）
著(编)者：中国政法大学法治政府研究院
2018年9月出版 / 定价：168.00元
PSN B-2016-576-2/2

反腐倡廉蓝皮书
中国反腐倡廉建设报告No.8
著(编)者：张英伟　2018年12月出版 / 估价：99.00元
PSN B-2012-259-1/1

扶贫蓝皮书
中国扶贫开发报告（2018）
著(编)者：李培林　魏后凯　2018年12月出版 / 估价：128.00元
PSN B-2016-599-1/1

妇女发展蓝皮书
中国妇女发展报告No.6
著(编)者：王金玲　2018年9月出版 / 估价：158.00元
PSN B-2006-069-1/1

妇女教育蓝皮书
中国妇女教育发展报告No.3
著(编)者：张李玺　2018年10月出版 / 估价：99.00元
PSN B-2008-121-1/1

妇女绿皮书
2018年：中国性别平等与妇女发展报告
著(编)者：谭琳　2018年12月出版 / 估价：99.00元
PSN G-2006-073-1/1

公共安全蓝皮书
中国城市公共安全发展报告（2017~2018）
著(编)者：黄育华　杨文明　赵建辉
2018年6月出版 / 估价：99.00元
PSN B-2017-628-1/1

公共服务蓝皮书
中国城市基本公共服务力评价（2018）
著(编)者：钟君　刘志昌　吴正杲
2018年12月出版 / 估价：99.00元
PSN B-2011-214-1/1

公民科学素质蓝皮书
中国公民科学素质报告（2017~2018）
著(编)者：李群　陈雄　马宗文
2017年12月出版 / 定价：89.00元
PSN B-2014-379-1/1

公益蓝皮书
中国公益慈善发展报告（2016）
著(编)者：朱健刚　胡小军　2018年6月出版 / 估价：99.00元
PSN B-2012-283-1/1

国际人才蓝皮书
中国国际移民报告（2018）
著(编)者：王辉耀　2018年6月出版 / 估价：99.00元
PSN B-2012-304-3/4

国际人才蓝皮书
中国留学发展报告（2018）No.7
著(编)者：王辉耀　苗绿　2018年12月出版 / 估价：99.00元
PSN B-2012-244-2/4

海洋社会蓝皮书
中国海洋社会发展报告（2017）
著(编)者：崔凤　宋宁而　2018年3月出版 / 定价：99.00元
PSN B-2015-478-1/1

行政改革蓝皮书
中国行政体制改革报告No.7（2018）
著(编)者：魏礼群　2018年6月出版 / 估价：99.00元
PSN B-2011-231-1/1

社会政法类

华侨华人蓝皮书
华侨华人研究报告（2017）
著(编)者：张禹东 庄国土　2017年12月出版 / 定价：148.00元
PSN B-2011-204-1/1

互联网与国家治理蓝皮书
互联网与国家治理发展报告（2017）
著(编)者：张志安　2018年1月出版 / 定价：98.00元
PSN B-2017-671-1/1

环境管理蓝皮书
中国环境管理发展报告（2017）
著(编)者：李金惠　2017年12月出版 / 定价：98.00元
PSN B-2017-678-1/1

环境竞争力绿皮书
中国省域环境竞争力发展报告（2018）
著(编)者：李建平 李闽榕 王金南
2018年11月出版 / 估价：198.00元
PSN G-2010-165-1/1

环境绿皮书
中国环境发展报告（2017~2018）
著(编)者：李波　2018年6月出版 / 估价：99.00元
PSN G-2006-048-1/1

家庭蓝皮书
中国"创建幸福家庭活动"评估报告（2018）
著(编)者：国务院发展研究中心"创建幸福家庭活动评估"课题组
2018年12月出版 / 估价：99.00元
PSN B-2015-508-1/1

健康城市蓝皮书
中国健康城市建设研究报告（2018）
著(编)者：王鸿春 盛继洪　2018年12月出版 / 估价：99.00元
PSN B-2016-564-2/2

健康中国蓝皮书
社区首诊与健康中国分析报告（2018）
著(编)者：高和荣 杨叔禹 姜杰
2018年6月出版 / 估价：99.00元
PSN B-2017-611-1/1

教师蓝皮书
中国中小学教师发展报告（2017）
著(编)者：曾晓东 鱼霞
2018年6月出版 / 估价：99.00元
PSN B-2012-289-1/1

教育扶贫蓝皮书
中国教育扶贫报告（2018）
著(编)者：司树杰 王文静 李兴洲
2018年12月出版 / 估价：99.00元
PSN B-2016-590-1/1

教育蓝皮书
中国教育发展报告（2018）
著(编)者：杨东平　2018年3月出版 / 定价：89.00元
PSN B-2006-047-1/1

金融法治建设蓝皮书
中国金融法治建设年度报告（2015~2016）
著(编)者：朱小黄　2018年6月出版 / 估价：99.00元
PSN B-2017-633-1/1

京津冀教育蓝皮书
京津冀教育发展研究报告（2017~2018）
著(编)者：方中雄　2018年6月出版 / 估价：99.00元
PSN B-2017-608-1/1

就业蓝皮书
2018年中国本科生就业报告
著(编)者：麦可思研究院　2018年6月出版 / 估价：99.00元
PSN B-2009-146-1/2

就业蓝皮书
2018年中国高职高专生就业报告
著(编)者：麦可思研究院　2018年6月出版 / 估价：99.00元
PSN B-2015-472-2/2

科学教育蓝皮书
中国科学教育发展报告（2018）
著(编)者：王康友　2018年10月出版 / 估价：99.00元
PSN B-2015-487-1/1

劳动保障蓝皮书
中国劳动保障发展报告（2018）
著(编)者：刘燕斌　2018年9月出版 / 估价：158.00元
PSN B-2014-415-1/1

老龄蓝皮书
中国老年宜居环境发展报告（2017）
著(编)者：党俊武 周燕珉　2018年6月出版 / 估价：99.00元
PSN B-2013-320-1/1

连片特困区蓝皮书
中国连片特困区发展报告（2017~2018）
著(编)者：游俊 冷志明 丁建军
2018年6月出版 / 估价：99.00元
PSN B-2013-321-1/1

流动儿童蓝皮书
中国流动儿童教育发展报告（2017）
著(编)者：杨东平　2018年6月出版 / 估价：99.00元
PSN B-2017-600-1/1

民调蓝皮书
中国民生调查报告（2018）
著(编)者：谢耘耕　2018年12月出版 / 估价：99.00元
PSN B-2014-398-1/1

民族发展蓝皮书
中国民族发展报告（2018）
著(编)者：王延中　2018年10月出版 / 估价：188.00元
PSN B-2006-070-1/1

女性生活蓝皮书
中国女性生活状况报告No.12（2018）
著(编)者：高博燕　2018年7月出版 / 估价：99.00元
PSN B-2006-071-1/1

皮书系列 2018全品种 — 社会政法类

汽车社会蓝皮书
中国汽车社会发展报告（2017~2018）
著(编)者：王俊秀　2018年6月出版 / 估价：99.00元
PSN B-2011-224-1/1

青年蓝皮书
中国青年发展报告（2018）No.3
著(编)者：廉思　2018年6月出版 / 估价：99.00元
PSN B-2013-333-1/1

青少年蓝皮书
中国未成年人互联网运用报告（2017~2018）
著(编)者：李为民　李文革　沈杰
2018年11月出版 / 估价：99.00元
PSN B-2010-156-1/1

人权蓝皮书
中国人权事业发展报告No.8（2018）
著(编)者：李君如　2018年9月出版 / 估价：99.00元
PSN B-2011-215-1/1

社会保障绿皮书
中国社会保障发展报告No.9（2018）
著(编)者：王延中　2018年6月出版 / 估价：99.00元
PSN G-2001-014-1/1

社会风险评估蓝皮书
风险评估与危机预警报告（2017~2018）
著(编)者：唐钧　2018年8月出版 / 估价：99.00元
PSN B-2012-293-1/1

社会工作蓝皮书
中国社会工作发展报告（2016~2017）
著(编)者：民政部社会工作研究中心
2018年8月出版 / 估价：99.00元
PSN B-2009-141-1/1

社会管理蓝皮书
中国社会管理创新报告No.6
著(编)者：连玉明　2018年11月出版 / 估价：99.00元
PSN B-2012-300-1/1

社会蓝皮书
2018年中国社会形势分析与预测
著(编)者：李培林　陈光金　张翼
2017年12月出版 / 定价：89.00元
PSN B-1998-002-1/1

社会体制蓝皮书
中国社会体制改革报告No.6（2018）
著(编)者：龚维斌　2018年3月出版 / 定价：98.00元
PSN B-2013-330-1/1

社会心态蓝皮书
中国社会心态研究报告（2018）
著(编)者：王俊秀　2018年12月出版 / 估价：99.00元
PSN B-2011-199-1/1

社会组织蓝皮书
中国社会组织报告（2017-2018）
著(编)者：黄晓勇　2018年6月出版 / 估价：99.00元
PSN B-2008-118-1/2

社会组织蓝皮书
中国社会组织评估发展报告（2018）
著(编)者：徐家良　2018年12月出版 / 估价：99.00元
PSN B-2013-366-2/2

生态城市绿皮书
中国生态城市建设发展报告（2018）
著(编)者：刘举科　孙伟平　胡文臻
2018年9月出版 / 估价：158.00元
PSN G-2012-269-1/1

生态文明绿皮书
中国省域生态文明建设评价报告（ECI 2018）
著(编)者：严耕　2018年12月出版 / 估价：99.00元
PSN G-2010-170-1/1

退休生活蓝皮书
中国城市居民退休生活质量指数报告（2017）
著(编)者：杨一帆　2018年6月出版 / 估价：99.00元
PSN B-2017-618-1/1

危机管理蓝皮书
中国危机管理报告（2018）
著(编)者：文学国　范正青
2018年8月出版 / 估价：99.00元
PSN B-2010-171-1/1

学会蓝皮书
2018年中国学会发展报告
著(编)者：麦可思研究院　2018年12月出版 / 估价：99.00元
PSN B-2016-597-1/1

医改蓝皮书
中国医药卫生体制改革报告（2017~2018）
著(编)者：文学国　房志武
2018年11月出版 / 估价：99.00元
PSN B-2014-432-1/1

应急管理蓝皮书
中国应急管理报告（2018）
著(编)者：宋英华　2018年9月出版 / 估价：99.00元
PSN B-2016-562-1/1

政府绩效评估蓝皮书
中国地方政府绩效评估报告 No.2
著(编)者：贠杰　2018年12月出版 / 估价：99.00元
PSN B-2017-672-1/1

政治参与蓝皮书
中国政治参与报告（2018）
著(编)者：房宁　2018年8月出版 / 估价：128.00元
PSN B-2011-200-1/1

政治文化蓝皮书
中国政治文化报告（2018）
著(编)者：邢元敏　魏大鹏　龚克
2018年8月出版 / 估价：128.00元
PSN B-2017-615-1/1

中国传统村落蓝皮书
中国传统村落保护现状报告（2018）
著(编)者：胡彬彬　李向军　王晓波
2018年12月出版 / 估价：99.00元
PSN B-2017-663-1/1

皮书系列 2018全品种 社会政法类·产业经济类

中国农村妇女发展蓝皮书
农村流动女性城市生活发展报告（2018）
著(编)者：谢丽华　　2018年12月出版 / 估价：99.00元
PSN B-2014-434-1/1

宗教蓝皮书
中国宗教报告（2017）
著(编)者：邱永辉　　2018年8月出版 / 估价：99.00元
PSN B-2008-117-1/1

产业经济类

保健蓝皮书
中国保健服务产业发展报告 No.2
著(编)者：中国保健协会　中共中央党校
2018年7月出版 / 估价：198.00元
PSN B-2012-272-3/3

保健蓝皮书
中国保健食品产业发展报告 No.2
著(编)者：中国保健协会
　　　　　中国社会科学院食品药品产业发展与监管研究中心
2018年8月出版 / 估价：198.00元
PSN B-2012-271-2/3

保健蓝皮书
中国保健用品产业发展报告 No.2
著(编)者：中国保健协会
　　　　　国务院国有资产监督管理委员会研究中心
2018年6月出版 / 估价：198.00元
PSN B-2012-270-1/3

保险蓝皮书
中国保险业竞争力报告（2018）
著(编)者：中国保监会　　2018年12月出版 / 估价：99.00元
PSN B-2013-311-1/1

冰雪蓝皮书
中国冰上运动产业发展报告（2018）
著(编)者：孙承华　杨占武　刘戈　张鸿俊
2018年9月出版 / 估价：99.00元
PSN B-2017-648-3/3

冰雪蓝皮书
中国滑雪产业发展报告（2018）
著(编)者：孙承华　伍斌　魏庆华　张鸿俊
2018年9月出版 / 估价：99.00元
PSN B-2016-559-1/3

餐饮产业蓝皮书
中国餐饮产业发展报告（2018）
著(编)者：邢颖
2018年6月出版 / 估价：99.00元
PSN B-2009-151-1/1

茶业蓝皮书
中国茶产业发展报告（2018）
著(编)者：杨江帆　李闽榕
2018年10月出版 / 估价：99.00元
PSN B-2010-164-1/1

产业安全蓝皮书
中国文化产业安全报告（2018）
著(编)者：北京印刷学院文化产业安全研究院
2018年12月出版 / 估价：99.00元
PSN B-2014-378-12/14

产业安全蓝皮书
中国新媒体产业安全报告（2016~2017）
著(编)者：肖丽　　2018年6月出版 / 估价：99.00元
PSN B-2015-500-14/14

产业安全蓝皮书
中国出版传媒产业安全报告（2017~2018）
著(编)者：北京印刷学院文化产业安全研究院
2018年6月出版 / 估价：99.00元
PSN B-2014-384-13/14

产业蓝皮书
中国产业竞争力报告（2018）No.8
著(编)者：张其仔　　2018年12月出版 / 估价：168.00元
PSN B-2010-175-1/1

动力电池蓝皮书
中国新能源汽车动力电池产业发展报告（2018）
著(编)者：中国汽车技术研究中心
2018年8月出版 / 估价：99.00元
PSN B-2017-639-1/1

杜仲产业绿皮书
中国杜仲橡胶资源与产业发展报告（2017~2018）
著(编)者：杜红岩　胡文臻　俞锐
2018年6月出版 / 估价：99.00元
PSN G-2013-350-1/1

房地产蓝皮书
中国房地产发展报告No.15（2018）
著(编)者：李春华　王业强
2018年5月出版 / 估价：99.00元
PSN B-2004-028-1/1

服务外包蓝皮书
中国服务外包产业发展报告（2017~2018）
著(编)者：王晓红　刘德军
2018年6月出版 / 估价：99.00元
PSN B-2013-331-2/2

服务外包蓝皮书
中国服务外包竞争力报告（2017~2018）
著(编)者：刘春生　王力　黄育华
2018年12月出版 / 估价：99.00元
PSN B-2011-216-1/2

 产业经济类

皮书系列 2018全品种

工业和信息化蓝皮书
世界信息技术产业发展报告（2017~2018）
著(编)者：尹丽波　2018年6月出版／估价：99.00元
PSN B-2015-449-2/6

工业和信息化蓝皮书
战略性新兴产业发展报告（2017~2018）
著(编)者：尹丽波　2018年6月出版／估价：99.00元
PSN B-2015-450-3/6

海洋经济蓝皮书
中国海洋经济发展报告（2015~2018）
著(编)者：殷克东　高金田　方胜民
2018年3月出版／定价：128.00元
PSN B-2018-697-1/1

康养蓝皮书
中国康养产业发展报告（2017）
著(编)者：何莽　2017年12月出版／定价：88.00元
PSN B-2017-685-1/1

客车蓝皮书
中国客车产业发展报告（2017~2018）
著(编)者：姚蔚　2018年10月出版／估价：99.00元
PSN B-2013-361-1/1

流通蓝皮书
中国商业发展报告（2018~2019）
著(编)者：王雪峰　林诗慧
2018年7月出版／估价：99.00元
PSN B-2009-152-1/2

能源蓝皮书
中国能源发展报告（2018）
著(编)者：崔民选　王军生　陈义和
2018年12月出版／估价：99.00元
PSN B-2006-049-1/1

农产品流通蓝皮书
中国农产品流通产业发展报告（2017）
著(编)者：贾敬敦　张东科　张玉玺　张鹏毅　周伟
2018年6月出版／估价：99.00元
PSN B-2012-288-1/1

汽车工业蓝皮书
中国汽车工业发展年度报告（2018）
著(编)者：中国汽车工业协会
　　　　　中国汽车技术研究中心
　　　　　丰田汽车公司
2018年5月出版／估价：168.00元
PSN B-2015-463-1/2

汽车工业蓝皮书
中国汽车零部件产业发展报告（2017~2018）
著(编)者：中国汽车工业协会
　　　　　中国汽车工程研究院深圳市沃特玛电池有限公司
2018年9月出版／估价：99.00元
PSN B-2016-515-2/2

汽车蓝皮书
中国汽车产业发展报告（2018）
著(编)者：中国汽车工程学会
　　　　　大众汽车集团（中国）
2018年11月出版／估价：99.00元
PSN B-2008-124-1/1

世界茶业蓝皮书
世界茶业发展报告（2018）
著(编)者：李闽榕　冯廷佺
2018年5月出版／估价：168.00元
PSN B-2017-619-1/1

世界能源蓝皮书
世界能源发展报告（2018）
著(编)者：黄晓勇　2018年6月出版／估价：168.00元
PSN B-2013-349-1/1

石油蓝皮书
中国石油产业发展报告（2018）
著(编)者：中国石油化工集团公司经济技术研究院
　　　　　中国国际石油化工联合有限责任公司
　　　　　中国社会科学院数量经济与技术经济研究所
2018年2月出版／定价：98.00元
PSN B-2018-690-1/1

体育蓝皮书
国家体育产业基地发展报告（2016~2017）
著(编)者：李颖川　2018年6月出版／估价：168.00元
PSN B-2017-609-5/5

体育蓝皮书
中国体育产业发展报告（2018）
著(编)者：阮伟　钟秉枢
2018年12月出版／估价：99.00元
PSN B-2010-179-1/5

文化金融蓝皮书
中国文化金融发展报告（2018）
著(编)者：杨涛　金巍
2018年6月出版／估价：99.00元
PSN B-2017-610-1/1

新能源汽车蓝皮书
中国新能源汽车产业发展报告（2018）
著(编)者：中国汽车技术研究中心
　　　　　日产（中国）投资有限公司
　　　　　东风汽车有限公司
2018年8月出版／估价：99.00元
PSN B-2013-347-1/1

薏仁米产业蓝皮书
中国薏仁米产业发展报告No.2（2018）
著(编)者：李发耀　石明　秦礼康
2018年8月出版／估价：99.00元
PSN B-2017-645-1/1

邮轮绿皮书
中国邮轮产业发展报告（2018）
著(编)者：汪泓　2018年10月出版／估价：99.00元
PSN G-2014-419-1/1

智能养老蓝皮书
中国智能养老产业发展报告（2018）
著(编)者：朱勇　2018年10月出版／估价：99.00元
PSN B-2015-488-1/1

中国节能汽车蓝皮书
中国节能汽车发展报告（2017~2018）
著(编)者：中国汽车工程研究院股份有限公司
2018年9月出版／估价：99.00元
PSN B-2016-565-1/1

产业经济类・行业及其他类

中国陶瓷产业蓝皮书
中国陶瓷产业发展报告（2018）
著（编）者：左和平 黄速建
2018年10月出版／估价：99.00元
PSN B-2016-573-1/1

装备制造业蓝皮书
中国装备制造业发展报告（2018）
著（编）者：徐东华
2018年12月出版／估价：118.00元
PSN B-2015-505-1/1

行业及其他类

"三农"互联网金融蓝皮书
中国"三农"互联网金融发展报告（2018）
著（编）者：李勇坚 王弢
2018年8月出版／估价：99.00元
PSN B-2016-560-1/1

SUV蓝皮书
中国SUV市场发展报告（2017~2018）
著（编）者：靳军　2018年9月出版／估价：99.00元
PSN B-2016-571-1/1

冰雪蓝皮书
中国冬季奥运会发展报告（2018）
著（编）者：孙承华 伍斌 魏庆华 张鸿俊
2018年9月出版／估价：99.00元
PSN B-2017-647-2/3

彩票蓝皮书
中国彩票发展报告（2018）
著（编）者：益彩基金　2018年6月出版／估价：99.00元
PSN B-2017-462-1/1

测绘地理信息蓝皮书
测绘地理信息供给侧结构性改革研究报告（2018）
著（编）者：库热西・买合苏提
2018年12月出版／估价：168.00元
PSN B-2009-145-1/1

产权市场蓝皮书
中国产权市场发展报告（2017）
著（编）者：曹和平
2018年5月出版／估价：99.00元
PSN B-2009-147-1/1

城投蓝皮书
中国城投行业发展报告（2018）
著（编）者：华景斌
2018年11月出版／估价：300.00元
PSN B-2016-514-1/1

城市轨道交通蓝皮书
中国城市轨道交通运营发展报告（2017~2018）
著（编）者：崔学忠 贾文峰
2018年3月出版／定价：89.00元
PSN B-2018-694-1/1

大数据蓝皮书
中国大数据发展报告（No.2）
著（编）者：连玉明　2018年5月出版／估价：99.00元
PSN B-2017-620-1/1

大数据应用蓝皮书
中国大数据应用发展报告No.2（2018）
著（编）者：陈军君　2018年8月出版／估价：99.00元
PSN B-2017-644-1/1

对外投资与风险蓝皮书
中国对外直接投资与国家风险报告（2018）
著（编）者：中债资信评估有限责任公司
　　　　　中国社会科学院世界经济与政治研究所
2018年6月出版／估价：189.00元
PSN B-2017-606-1/1

工业和信息化蓝皮书
人工智能发展报告（2017~2018）
著（编）者：尹丽波　2018年6月出版／估价：99.00元
PSN B-2015-448-1/6

工业和信息化蓝皮书
世界智慧城市发展报告（2017~2018）
著（编）者：尹丽波　2018年6月出版／估价：99.00元
PSN B-2017-624-6/6

工业和信息化蓝皮书
世界网络安全发展报告（2017~2018）
著（编）者：尹丽波　2018年6月出版／估价：99.00元
PSN B-2015-452-5/6

工业和信息化蓝皮书
世界信息化发展报告（2017~2018）
著（编）者：尹丽波　2018年6月出版／估价：99.00元
PSN B-2015-451-4/6

工业设计蓝皮书
中国工业设计发展报告（2018）
著（编）者：王晓红 于炜 张立群　2018年9月出版／估价：168.00元
PSN B-2014-420-1/1

公共关系蓝皮书
中国公共关系发展报告（2017）
著（编）者：柳斌杰　2018年1月出版／定价：89.00元
PSN B-2016-579-1/1

行业及其他类

皮书系列 2018全品种

公共关系蓝皮书
中国公共关系发展报告（2018）
著(编)者：柳斌杰　　2018年11月出版／估价：99.00元
PSN B-2016-579-1/1

管理蓝皮书
中国管理发展报告（2018）
著(编)者：张晓东　　2018年10月出版／估价：99.00元
PSN B-2014-416-1/1

轨道交通蓝皮书
中国轨道交通行业发展报告（2017）
著(编)者：仲建华　李闽榕
2017年12月出版／定价：98.00元
PSN B-2017-674-1/1

海关发展蓝皮书
中国海关发展前沿报告（2018）
著(编)者：干春晖　　2018年6月出版／估价：99.00元
PSN B-2017-616-1/1

互联网医疗蓝皮书
中国互联网健康医疗发展报告（2018）
著(编)者：芮晓武　　2018年6月出版／估价：99.00元
PSN B-2016-567-1/1

黄金市场蓝皮书
中国商业银行黄金业务发展报告（2017~2018）
著(编)者：平安银行　　2018年6月出版／估价：99.00元
PSN B-2016-524-1/1

会展蓝皮书
中外会展业动态评估研究报告（2018）
著(编)者：张敏　任中峰　聂鑫焱　牛盼强
2018年12月出版／估价：99.00元
PSN B-2013-327-1/1

基金会蓝皮书
中国基金会发展报告（2017~2018）
著(编)者：中国基金会发展报告课题组
2018年6月出版／估价：99.00元
PSN B-2013-368-1/1

基金会绿皮书
中国基金会发展独立研究报告（2018）
著(编)者：基金会中心网　中央民族大学基金会研究中心
2018年6月出版／估价：99.00元
PSN G-2011-213-1/1

基金会透明度蓝皮书
中国基金会透明度发展研究报告（2018）
著(编)者：基金会中心网
　　　　　清华大学廉政与治理研究中心
2018年9月出版／估价：99.00元
PSN B-2013-339-1/1

建筑装饰蓝皮书
中国建筑装饰行业发展报告（2018）
著(编)者：葛道顺　刘晓一
2018年10月出版／估价：198.00元
PSN B-2016-553-1/1

金融监管蓝皮书
中国金融监管报告（2018）
著(编)者：胡滨　　2018年3月出版／定价：98.00元
PSN B-2012-281-1/1

金融蓝皮书
中国互联网金融行业分析与评估（2018~2019）
著(编)者：黄国平　伍旭川　2018年12月出版／估价：99.00元
PSN B-2016-585-7/7

金融科技蓝皮书
中国金融科技发展报告（2018）
著(编)者：李扬　孙国峰　2018年10月出版／估价：99.00元
PSN B-2014-374-1/1

金融信息服务蓝皮书
中国金融信息服务发展报告（2018）
著(编)者：李平　　2018年5月出版／估价：99.00元
PSN B-2017-621-1/1

金蜜蜂企业社会责任蓝皮书
金蜜蜂中国企业社会责任报告研究（2017）
著(编)者：殷格非　于志宏　管竹笋
2018年1月出版／定价：99.00元
PSN B-2018-693-1/1

京津冀金融蓝皮书
京津冀金融发展报告（2018）
著(编)者：王爱俭　王璟怡　2018年10月出版／估价：99.00元
PSN B-2016-527-1/1

科普蓝皮书
国家科普能力发展报告（2018）
著(编)者：王康友　　2018年5月出版／估价：138.00元
PSN B-2017-632-4/4

科普蓝皮书
中国基层科普发展报告（2017~2018）
著(编)者：赵立新　陈玲　2018年9月出版／估价：99.00元
PSN B-2016-568-3/4

科普蓝皮书
中国科普基础设施发展报告（2017~2018）
著(编)者：任福君　　2018年6月出版／估价：99.00元
PSN B-2010-174-1/3

科普蓝皮书
中国科普人才发展报告（2017~2018）
著(编)者：郑念　任嵘嵘　2018年7月出版／估价：99.00元
PSN B-2016-512-2/4

科普能力蓝皮书
中国科普能力评价报告（2018~2019）
著(编)者：李富强　李群　2018年8月出版／估价：99.00元
PSN B-2016-555-1/1

临空经济蓝皮书
中国临空经济发展报告（2018）
著(编)者：连玉明　　2018年9月出版／估价：99.00元
PSN B-2014-421-1/1

行业及其他类

旅游安全蓝皮书
中国旅游安全报告（2018）
著（编）者：郑向敏 谢朝武　2018年5月出版 / 估价：158.00元
PSN B-2012-280-1/1

旅游绿皮书
2017~2018年中国旅游发展分析与预测
著（编）者：宋瑞　2018年1月出版 / 定价：99.00元
PSN G-2002-018-1/1

煤炭蓝皮书
中国煤炭工业发展报告（2018）
著（编）者：岳福斌　2018年12月出版 / 估价：99.00元
PSN B-2008-123-1/1

民营企业社会责任蓝皮书
中国民营企业社会责任报告（2018）
著（编）者：中华全国工商业联合会
2018年12月出版 / 估价：99.00元
PSN B-2015-510-1/1

民营医院蓝皮书
中国民营医院发展报告（2017）
著（编）者：薛晓林　2017年12月出版 / 定价：89.00元
PSN B-2012-299-1/1

闽商蓝皮书
闽商发展报告（2018）
著（编）者：李闽榕 王日根 林琛
2018年12月出版 / 估价：99.00元
PSN B-2012-298-1/1

农业应对气候变化蓝皮书
中国农业气象灾害及其灾损评估报告（No.3）
著（编）者：矫梅燕　2018年6月出版 / 估价：118.00元
PSN B-2014-413-1/1

品牌蓝皮书
中国品牌战略发展报告（2018）
著（编）者：汪同三　2018年10月出版 / 估价：99.00元
PSN B-2016-580-1/1

企业扶贫蓝皮书
中国企业扶贫研究报告（2018）
著（编）者：钟宏武　2018年12月出版 / 估价：99.00元
PSN B-2016-593-1/1

企业公益蓝皮书
中国企业公益研究报告（2018）
著（编）者：钟宏武 汪杰 黄晓娟
2018年12月出版 / 估价：99.00元
PSN B-2015-501-1/1

企业国际化蓝皮书
中国企业国际化报告（2018）
著（编）者：王辉耀 苗绿　2018年11月出版 / 估价：99.00元
PSN B-2014-427-1/1

企业蓝皮书
中国企业绿色发展报告No.2（2018）
著（编）者：李红玉 朱光辉
2018年8月出版 / 估价：99.00元
PSN B-2015-481-2/2

企业社会责任蓝皮书
中资企业海外社会责任研究报告（2017~2018）
著（编）者：钟宏武 叶柳红 张蒽
2018年6月出版 / 估价：99.00元
PSN B-2017-603-2/2

企业社会责任蓝皮书
中国企业社会责任研究报告（2018）
著（编）者：黄群慧 钟宏武 张蒽 汪杰
2018年11月出版 / 估价：99.00元
PSN B-2009-149-1/2

汽车安全蓝皮书
中国汽车安全发展报告（2018）
著（编）者：中国汽车技术研究中心
2018年8月出版 / 估价：99.00元
PSN B-2014-385-1/1

汽车电子商务蓝皮书
中国汽车电子商务发展报告（2018）
著（编）者：中华全国工商业联合会汽车经销商商会
北方工业大学
北京易观智库网络科技有限公司
2018年10月出版 / 估价：158.00元
PSN B-2015-485-1/1

汽车知识产权蓝皮书
中国汽车产业知识产权发展报告（2018）
著（编）者：中国汽车工程研究院股份有限公司
中国汽车工程学会
重庆长安汽车股份有限公司
2018年12月出版 / 估价：99.00元
PSN B-2016-594-1/1

青少年体育蓝皮书
中国青少年体育发展报告（2017）
著（编）者：刘扶民 杨桦　2018年6月出版 / 估价：99.00元
PSN B-2015-482-1/1

区块链蓝皮书
中国区块链发展报告（2018）
著（编）者：李伟　2018年9月出版 / 估价：99.00元
PSN B-2017-649-1/1

群众体育蓝皮书
中国群众体育发展报告（2017）
著（编）者：刘国永 戴健　2018年5月出版 / 估价：99.00元
PSN B-2014-411-1/3

群众体育蓝皮书
中国社会体育指导员发展报告（2018）
著（编）者：刘国永 王欢　2018年6月出版 / 估价：99.00元
PSN B-2016-520-3/3

人力资源蓝皮书
中国人力资源发展报告（2018）
著（编）者：余兴安　2018年11月出版 / 估价：99.00元
PSN B-2012-287-1/1

融资租赁蓝皮书
中国融资租赁业发展报告（2017~2018）
著（编）者：李光荣 王力　2018年8月出版 / 估价：99.00元
PSN B-2015-443-1/1

皮书系列
2018全品种

商会蓝皮书
中国商会发展报告No.5（2017）
著（编）者：王钦敏　2018年7月出版／估价：99.00元
PSN B-2008-125-1/1

商务中心区蓝皮书
中国商务中心区发展报告No.4（2017~2018）
著（编）者：李国红　单菁菁　2018年9月出版／估价：99.00元
PSN B-2015-444-1/1

设计产业蓝皮书
中国创新设计发展报告（2018）
著（编）者：王晓红　张立群　于炜
2018年11月出版／估价：99.00元
PSN B-2016-581-2/2

社会责任管理蓝皮书
中国上市公司社会责任能力成熟度报告No.4（2018）
著（编）者：肖红军　王晓光　李伟阳
2018年12月出版／估价：99.00元
PSN B-2015-507-2/2

社会责任管理蓝皮书
中国企业公众透明度报告No.4（2017~2018）
著（编）者：黄速建　熊梦　王晓光　肖红军
2018年6月出版／估价：99.00元
PSN B-2015-440-1/2

食品药品蓝皮书
食品药品安全与监管政策研究报告（2016~2017）
著（编）者：唐民皓　2018年6月出版／估价：99.00元
PSN B-2009-129-1/1

输血服务蓝皮书
中国输血行业发展报告（2018）
著（编）者：孙俊　2018年12月出版／估价：99.00元
PSN B-2016-582-1/1

水利风景区蓝皮书
中国水利风景区发展报告（2018）
著（编）者：董建文　兰思仁
2018年10月出版／估价：99.00元
PSN B-2015-480-1/1

数字经济蓝皮书
全球数字经济竞争力发展报告（2017）
著（编）者：王振　2017年12月出版／定价：79.00元
PSN B-2017-673-1/1

私募市场蓝皮书
中国私募股权市场发展报告（2017~2018）
著（编）者：曹和平　2018年12月出版／估价：99.00元
PSN B-2010-162-1/1

碳排放权交易蓝皮书
中国碳排放权交易报告（2018）
著（编）者：孙永平　2018年11月出版／估价：99.00元
PSN B-2015-652-1/1

碳市场蓝皮书
中国碳市场报告（2018）
著（编）者：定金彪　2018年11月出版／估价：99.00元
PSN B-2014-430-1/1

体育蓝皮书
中国公共体育服务发展报告（2018）
著（编）者：戴健　2018年12月出版／估价：99.00元
PSN B-2013-367-2/5

土地市场蓝皮书
中国农村土地市场发展报告（2017~2018）
著（编）者：李光荣　2018年6月出版／估价：99.00元
PSN B-2016-526-1/1

土地整治蓝皮书
中国土地整治发展研究报告（No.5）
著（编）者：国土资源部土地整治中心
2018年7月出版／估价：99.00元
PSN B-2014-401-1/1

土地政策蓝皮书
中国土地政策研究报告（2018）
著（编）者：高延利　张建平　吴次芳
2018年1月出版／估价：98.00元
PSN B-2015-506-1/1

网络空间安全蓝皮书
中国网络空间安全发展报告（2018）
著（编）者：惠志斌　覃庆玲
2018年11月出版／估价：99.00元
PSN B-2015-466-1/1

文化志愿服务蓝皮书
中国文化志愿服务发展报告（2018）
著（编）者：张永新　良警宇　2018年11月出版／估价：128.00元
PSN B-2016-596-1/1

西部金融蓝皮书
中国西部金融发展报告（2017~2018）
著（编）者：李忠民　2018年8月出版／估价：99.00元
PSN B-2010-160-1/1

协会商会蓝皮书
中国行业协会商会发展报告（2017）
著（编）者：景朝阳　李勇　2018年6月出版／估价：99.00元
PSN B-2015-461-1/1

新三板蓝皮书
中国新三板市场发展报告（2018）
著（编）者：王力　2018年8月出版／估价：99.00元
PSN B-2016-533-1/1

信托市场蓝皮书
中国信托业市场报告（2017~2018）
著（编）者：用益金融信托研究院
2018年6月出版／估价：198.00元
PSN B-2014-371-1/1

信息化蓝皮书
中国信息化形势分析与预测（2017~2018）
著（编）者：周宏仁　2018年8月出版／估价：99.00元
PSN B-2010-168-1/1

信用蓝皮书
中国信用发展报告（2017~2018）
著（编）者：章政　田侃　2018年6月出版／估价：99.00元
PSN B-2013-328-1/1

休闲绿皮书
2017~2018年中国休闲发展报告
著(编)者:宋瑞　2018年7月出版 / 估价:99.00元
PSN G-2010-158-1/1

休闲体育蓝皮书
中国休闲体育发展报告(2017~2018)
著(编)者:李相如　钟秉枢
2018年10月出版 / 估价:99.00元
PSN B-2016-516-1/1

养老金融蓝皮书
中国养老金融发展报告(2018)
著(编)者:董克用　姚余栋
2018年9月出版 / 估价:99.00元
PSN B-2016-583-1/1

遥感监测绿皮书
中国可持续发展遥感监测报告(2017)
著(编)者:顾行发　汪克强　潘教峰　李闽榕　徐东华　王琦安
2018年6月出版 / 估价:298.00元
PSN B-2017-629-1/1

药品流通蓝皮书
中国药品流通行业发展报告(2018)
著(编)者:佘鲁林　温再兴
2018年7月出版 / 估价:198.00元
PSN B-2014-429-1/1

医疗器械蓝皮书
中国医疗器械行业发展报告(2018)
著(编)者:王宝亭　耿鸿武
2018年10月出版 / 估价:99.00元
PSN B-2017-661-1/1

医院蓝皮书
中国医院竞争力报告(2017~2018)
著(编)者:庄一强　2018年3月出版 / 定价:108.00元
PSN B-2016-528-1/1

瑜伽蓝皮书
中国瑜伽业发展报告(2017~2018)
著(编)者:张永建　徐华锋　朱泰余
2018年6月出版 / 估价:198.00元
PSN B-2017-625-1/1

债券市场蓝皮书
中国债券市场发展报告(2017~2018)
著(编)者:杨农　2018年10月出版 / 估价:99.00元
PSN B-2016-572-1/1

志愿服务蓝皮书
中国志愿服务发展报告(2018)
著(编)者:中国志愿服务联合会
2018年11月出版 / 估价:99.00元
PSN B-2017-664-1/1

中国上市公司蓝皮书
中国上市公司发展报告(2018)
著(编)者:张鹏　张平　黄甑英
2018年9月出版 / 估价:99.00元
PSN B-2014-414-1/1

中国新三板蓝皮书
中国新三板创新与发展报告(2018)
著(编)者:刘平安　闻召林
2018年8月出版 / 估价:158.00元
PSN B-2017-638-1/1

中国汽车品牌蓝皮书
中国乘用车品牌发展报告(2017)
著(编)者:《中国汽车报》社有限公司
　　　　　博世(中国)投资有限公司
　　　　　中国汽车技术研究中心数据资源中心
2018年1月出版 / 定价:89.00元
PSN B-2017-679-1/1

中医文化蓝皮书
北京中医药文化传播发展报告(2018)
著(编)者:毛嘉陵　2018年6月出版 / 估价:99.00元
PSN B-2015-468-1/2

中医文化蓝皮书
中国中医药文化传播发展报告(2018)
著(编)者:毛嘉陵　2018年7月出版 / 估价:99.00元
PSN B-2016-584-2/2

中医药蓝皮书
北京中医药知识产权发展报告No.2
著(编)者:汪洪　屠志涛　2018年6月出版 / 估价:168.00元
PSN B-2017-602-1/1

资本市场蓝皮书
中国场外交易市场发展报告(2016~2017)
著(编)者:高峦　2018年6月出版 / 估价:99.00元
PSN B-2009-153-1/1

资产管理蓝皮书
中国资产管理行业发展报告(2018)
著(编)者:郑智　2018年7月出版 / 估价:99.00元
PSN B-2014-407-2/2

资产证券化蓝皮书
中国资产证券化发展报告(2018)
著(编)者:沈炳熙　曹彤　李哲平
2018年4月出版 / 定价:98.00元
PSN B-2017-660-1/1

自贸区蓝皮书
中国自贸区发展报告(2018)
著(编)者:王力　黄育华
2018年6月出版 / 估价:99.00元
PSN B-2016-558-1/1

国际问题与全球治理类

"一带一路"跨境通道蓝皮书
"一带一路"跨境通道建设研究报（2017~2018）
著(编)者：余鑫 张秋生　2018年1月出版 / 定价：89.00元
PSN B-2016-557-1/1

"一带一路"蓝皮书
"一带一路"建设发展报告（2018）
著(编)者：李永全　2018年3月出版 / 定价：98.00元
PSN B-2016-552-1/1

"一带一路"投资安全蓝皮书
中国"一带一路"投资与安全研究报告（2018）
著(编)者：邹统钎 梁昊光　2018年4月出版 / 定价：98.00元
PSN B-2017-612-1/1

"一带一路"文化交流蓝皮书
中阿文化交流发展报告（2017）
著(编)者：王辉　2017年12月出版 / 定价：89.00元
PSN B-2017-655-1/1

G20国家创新竞争力黄皮书
二十国集团（G20）国家创新竞争力发展报告（2017~2018）
著(编)者：李建平 李闽榕 赵新力 周天勇
2018年7月出版 / 定价：168.00元
PSN Y-2011-229-1/1

阿拉伯黄皮书
阿拉伯发展报告（2016~2017）
著(编)者：罗林　2018年6月出版 / 估价：99.00元
PSN Y-2014-381-1/1

北部湾蓝皮书
泛北部湾合作发展报告（2017~2018）
著(编)者：吕余生　2018年12月出版 / 估价：99.00元
PSN B-2008-114-1/1

北极蓝皮书
北极地区发展报告（2017）
著(编)者：刘惠荣　2018年7月出版 / 估价：99.00元
PSN B-2017-634-1/1

大洋洲蓝皮书
大洋洲发展报告（2017~2018）
著(编)者：喻常森　2018年10月出版 / 估价：99.00元
PSN B-2013-341-1/1

东北亚区域合作蓝皮书
2017年"一带一路"倡议与东北亚区域合作
著(编)者：刘亚政 金美花
2018年5月出版 / 估价：99.00元
PSN B-2017-631-1/1

东盟黄皮书
东盟发展报告（2017）
著(编)者：杨静林 庄国土　2018年6月出版 / 估价：99.00元
PSN Y-2012-303-1/1

东南亚蓝皮书
东南亚地区发展报告（2017~2018）
著(编)者：王勤　2018年12月出版 / 估价：99.00元
PSN B-2012-240-1/1

非洲黄皮书
非洲发展报告No.20（2017~2018）
著(编)者：张宏明　2018年7月出版 / 估价：99.00元
PSN Y-2012-239-1/1

非传统安全蓝皮书
中国非传统安全研究报告（2017~2018）
著(编)者：潇枫 罗中枢　2018年8月出版 / 估价：99.00元
PSN B-2012-273-1/1

国际安全蓝皮书
中国国际安全研究报告（2018）
著(编)者：刘慧　2018年7月出版 / 估价：99.00元
PSN B-2016-521-1/1

国际城市蓝皮书
国际城市发展报告（2018）
著(编)者：屠启宇　2018年2月出版 / 定价：89.00元
PSN B-2012-260-1/1

国际形势黄皮书
全球政治与安全报告（2018）
著(编)者：张宇燕　2018年1月出版 / 定价：99.00元
PSN Y-2001-016-1/1

公共外交蓝皮书
中国公共外交发展报告（2018）
著(编)者：赵启正 雷蔚真　2018年6月出版 / 估价：99.00元
PSN B-2015-457-1/1

海丝蓝皮书
21世纪海上丝绸之路研究报告（2017）
著(编)者：华侨大学海上丝绸之路研究院
2017年12月出版 / 定价：89.00元
PSN B-2017-684-1/1

金砖国家黄皮书
金砖国家综合创新竞争力发展报告（2018）
著(编)者：赵新力 李闽榕 黄茂兴
2018年8月出版 / 定价：128.00元
PSN Y-2017-643-1/1

拉美黄皮书
拉丁美洲和加勒比发展报告（2017~2018）
著(编)者：袁东振　2018年6月出版 / 估价：99.00元
PSN Y-1999-007-1/1

澜湄合作蓝皮书
澜沧江-湄公河合作发展报告（2018）
著(编)者：刘稚　2018年9月出版 / 估价：99.00元
PSN B-2011-196-1/1

皮书系列 2018全品种 — 国际问题与全球治理类

欧洲蓝皮书
欧洲发展报告（2017~2018）
著（编）者：黄平 周弘 程卫东
2018年6月出版 / 估价：99.00元
PSN B-1999-009-1/1

葡语国家蓝皮书
葡语国家发展报告（2016~2017）
著（编）者：王成安 张敏 刘金兰
2018年6月出版 / 估价：99.00元
PSN B-2015-503-1/2

葡语国家蓝皮书
中国与葡语国家关系发展报告·巴西（2016）
著（编）者：张曙光
2018年8月出版 / 估价：99.00元
PSN B-2016-563-2/2

气候变化绿皮书
应对气候变化报告（2018）
著（编）者：王伟光 郑国光
2018年11月出版 / 估价：99.00元
PSN G-2009-144-1/1

全球环境竞争力绿皮书
全球环境竞争力报告（2018）
著（编）者：李建平 李闽榕 王金南
2018年12月出版 / 估价：198.00元
PSN G-2013-363-1/1

全球信息社会蓝皮书
全球信息社会发展报告（2018）
著（编）者：丁波涛 唐涛　2018年10月出版 / 估价：99.00元
PSN B-2017-665-1/1

日本经济蓝皮书
日本经济与中日经贸关系研究报告（2018）
著（编）者：张季风　2018年6月出版 / 估价：99.00元
PSN B-2008-102-1/1

上海合作组织黄皮书
上海合作组织发展报告（2018）
著（编）者：李进峰　2018年6月出版 / 估价：99.00元
PSN Y-2009-130-1/1

世界创新竞争力黄皮书
世界创新竞争力发展报告（2017）
著（编）者：李建平 李闽榕 赵新力
2018年6月出版 / 估价：168.00元
PSN Y-2013-318-1/1

世界经济黄皮书
2018年世界经济形势分析与预测
著（编）者：张宇燕　2018年1月出版 / 定价：99.00元
PSN Y-1999-006-1/1

世界能源互联互通蓝皮书
世界能源清洁发展与互联互通评估报告（2017）：欧洲篇
著（编）者：国网能源研究院
2018年1月出版 / 定价：128.00元
PSN B-2018-695-1/1

丝绸之路蓝皮书
丝绸之路经济带发展报告（2018）
著（编）者：任宗哲 白宽犁 谷孟宾
2018年1月出版 / 定价：89.00元
PSN B-2014-410-1/1

新兴经济体蓝皮书
金砖国家发展报告（2018）
著（编）者：林跃勤 周文
2018年8月出版 / 估价：99.00元
PSN B-2011-195-1/1

亚太蓝皮书
亚太地区发展报告（2018）
著（编）者：李向阳　2018年5月出版 / 估价：99.00元
PSN B-2001-015-1/1

印度洋地区蓝皮书
印度洋地区发展报告（2018）
著（编）者：汪戎　2018年6月出版 / 估价：99.00元
PSN B-2013-334-1/1

印度尼西亚经济蓝皮书
印度尼西亚经济发展报告（2017）：增长与机会
著（编）者：左志刚　2017年11月出版 / 定价：89.00元
PSN B-2017-675-1/1

渝新欧蓝皮书
渝新欧沿线国家发展报告（2018）
著（编）者：杨柏 黄淼
2018年6月出版 / 估价：99.00元
PSN B-2017-626-1/1

中阿蓝皮书
中国-阿拉伯国家经贸发展报告（2018）
著（编）者：张廉 段庆林 王林聪 杨巧红
2018年12月出版 / 估价：99.00元
PSN B-2016-598-1/1

中东黄皮书
中东发展报告No.20（2017~2018）
著（编）者：杨光　2018年10月出版 / 估价：99.00元
PSN Y-1998-004-1/1

中亚黄皮书
中亚国家发展报告（2018）
著（编）者：孙力
2018年3月出版 / 定价：98.00元
PSN Y-2012-238-1/1

国别类·文化传媒类 | 皮书系列 2018全品种

国别类

澳大利亚蓝皮书
澳大利亚发展报告（2017-2018）
著（编）者：孙有中 韩锋　2018年12月出版 / 估价：99.00元
PSN B-2016-587-1/1

巴西黄皮书
巴西发展报告（2017）
著（编）者：刘国枝　2018年5月出版 / 估价：99.00元
PSN Y-2017-614-1/1

德国蓝皮书
德国发展报告（2018）
著（编）者：郑春荣　2018年6月出版 / 估价：99.00元
PSN B-2012-278-1/1

俄罗斯黄皮书
俄罗斯发展报告（2018）
著（编）者：李永全　2018年6月出版 / 估价：99.00元
PSN Y-2006-061-1/1

韩国蓝皮书
韩国发展报告（2017）
著（编）者：牛林杰 刘宝全　2018年6月出版 / 估价：99.00元
PSN B-2010-155-1/1

加拿大蓝皮书
加拿大发展报告（2018）
著（编）者：唐小松　2018年9月出版 / 估价：99.00元
PSN B-2014-389-1/1

美国蓝皮书
美国研究报告（2018）
著（编）者：郑秉文 黄平　2018年5月出版 / 估价：99.00元
PSN B-2011-210-1/1

缅甸蓝皮书
缅甸国情报告（2017）
著（编）者：祝湘辉
2017年11月出版 / 定价：98.00元
PSN B-2013-343-1/1

日本蓝皮书
日本研究报告（2018）
著（编）者：杨伯江　2018年4月出版 / 定价：99.00元
PSN B-2002-020-1/1

土耳其蓝皮书
土耳其发展报告（2018）
著（编）者：郭长刚 刘义　2018年9月出版 / 估价：99.00元
PSN B-2014-412-1/1

伊朗蓝皮书
伊朗发展报告（2017~2018）
著（编）者：冀开运　2018年10月 / 估价：99.00元
PSN B-2016-574-1/1

以色列蓝皮书
以色列发展报告（2018）
著（编）者：张倩红　2018年8月出版 / 估价：99.00元
PSN B-2015-483-1/1

印度蓝皮书
印度国情报告（2017）
著（编）者：吕昭义　2018年6月出版 / 估价：99.00元
PSN B-2012-241-1/1

英国蓝皮书
英国发展报告（2017~2018）
著（编）者：王展鹏　2018年12月出版 / 估价：99.00元
PSN B-2015-486-1/1

越南蓝皮书
越南国情报告（2018）
著（编）者：谢林城　2018年11月出版 / 估价：99.00元
PSN B-2006-056-1/1

泰国蓝皮书
泰国研究报告（2018）
著（编）者：庄国土 张禹东 刘文正
2018年10月出版 / 估价：99.00元
PSN B-2016-556-1/1

文化传媒类

"三农"舆情蓝皮书
中国"三农"网络舆情报告（2017~2018）
著（编）者：农业部信息中心
2018年6月出版 / 估价：99.00元
PSN B-2017-640-1/1

传媒竞争力蓝皮书
中国传媒国际竞争力研究报告（2018）
著（编）者：李本乾 刘强 王大可
2018年8月出版 / 估价：99.00元
PSN B-2013-356-1/1

传媒蓝皮书
中国传媒产业发展报告（2018）
著（编）者：崔保国
2018年5月出版 / 估价：99.00元
PSN B-2005-035-1/1

传媒投资蓝皮书
中国传媒投资发展报告（2018）
著（编）者：张向东 谭云明
2018年6月出版 / 估价：148.00元
PSN B-2015-474-1/1

皮书系列 2018全品种 — 文化传媒类

非物质文化遗产蓝皮书
中国非物质文化遗产发展报告（2018）
著（编）者：陈平　2018年6月出版 / 估价：128.00元
PSN B-2015-469-1/2

非物质文化遗产蓝皮书
中国非物质文化遗产保护发展报告（2018）
著（编）者：宋俊华　2018年10月出版 / 估价：128.00元
PSN B-2016-586-2/2

广电蓝皮书
中国广播电影电视发展报告（2018）
著（编）者：国家新闻出版广电总局发展研究中心
2018年7月出版 / 估价：99.00元
PSN B-2006-072-1/1

广告主蓝皮书
中国广告主营销传播趋势报告No.9
著（编）者：黄升民　杜国清　邵华冬　等
2018年10月出版 / 估价：158.00元
PSN B-2005-041-1/1

国际传播蓝皮书
中国国际传播发展报告（2018）
著（编）者：胡正荣　李继东　姬德强
2018年12月出版 / 估价：99.00元
PSN B-2014-408-1/1

国家形象蓝皮书
中国国家形象传播报告（2017）
著（编）者：张昆　2018年6月出版 / 估价：128.00元
PSN B-2017-605-1/1

互联网治理蓝皮书
中国网络社会治理研究报告（2018）
著（编）者：罗昕　支庭荣
2018年9月出版 / 估价：118.00元
PSN B-2017-653-1/1

纪录片蓝皮书
中国纪录片发展报告（2018）
著（编）者：何苏六　2018年10月出版 / 估价：99.00元
PSN B-2011-222-1/1

科学传播蓝皮书
中国科学传播报告（2016~2017）
著（编）者：詹正茂　2018年6月出版 / 估价：99.00元
PSN B-2008-120-1/1

两岸创意经济蓝皮书
两岸创意经济研究报告（2018）
著（编）者：罗昌智　董泽平
2018年10月出版 / 估价：99.00元
PSN B-2014-437-1/1

媒介与女性蓝皮书
中国媒介与女性发展报告（2017~2018）
著（编）者：刘利群　2018年5月出版 / 估价：99.00元
PSN B-2013-345-1/1

媒体融合蓝皮书
中国媒体融合发展报告（2017~2018）
著（编）者：梅宁华　支庭荣
2017年12月出版 / 估价：98.00元
PSN B-2015-479-1/1

全球传媒蓝皮书
全球传媒发展报告（2017~2018）
著（编）者：胡正荣　李继东　2018年6月出版 / 估价：99.00元
PSN B-2012-237-1/1

少数民族非遗蓝皮书
中国少数民族非物质文化遗产发展报告（2018）
著（编）者：肖远平（彝）　柴立（满）
2018年10月出版 / 估价：118.00元
PSN B-2015-467-1/1

视听新媒体蓝皮书
中国视听新媒体发展报告（2018）
著（编）者：国家新闻出版广电总局发展研究中心
2018年7月出版 / 估价：118.00元
PSN B-2011-184-1/1

数字娱乐产业蓝皮书
中国动画产业发展报告（2018）
著（编）者：孙立军　孙平　牛兴侦
2018年10月出版 / 估价：99.00元
PSN B-2011-198-1/2

数字娱乐产业蓝皮书
中国游戏产业发展报告（2018）
著（编）者：孙立军　刘跃军　2018年10月出版 / 估价：99.00元
PSN B-2017-662-2/2

网络视听蓝皮书
中国互联网视听行业发展报告（2018）
著（编）者：陈鹏　2018年2月出版 / 定价：148.00元
PSN B-2018-688-1/1

文化创新蓝皮书
中国文化创新报告（2017·No.8）
著（编）者：傅才武　2018年6月出版 / 估价：99.00元
PSN B-2009-143-1/1

文化建设蓝皮书
中国文化发展报告（2018）
著（编）者：江畅　孙伟平　戴茂堂
2018年5月出版 / 估价：99.00元
PSN B-2014-392-1/1

文化科技蓝皮书
文化科技创新发展报告（2018）
著（编）者：于平　李凤亮　2018年10月出版 / 估价：99.00元
PSN B-2013-342-1/1

文化蓝皮书
中国公共文化服务发展报告（2017~2018）
著（编）者：刘新成　张永新　张旭
2018年12月出版 / 估价：99.00元
PSN B-2007-093-2/10

文化蓝皮书
中国少数民族文化发展报告（2017~2018）
著（编）者：武翠英　张晓明　任乌晶
2018年9月出版 / 估价：99.00元
PSN B-2013-369-9/10

文化蓝皮书
中国文化产业供需协调检测报告（2018）
著（编）者：王亚南　2018年3月出版 / 定价：99.00元
PSN B-2013-323-8/10

皮书系列 2018全品种

文化传媒类·地方发展类-经济

文化蓝皮书
中国文化消费需求景气评价报告（2018）
著（编）者：王亚南　2018年3月出版／定价：99.00元
PSN B-2011-236-4/10

文化蓝皮书
中国公共文化投入增长测评报告（2018）
著（编）者：王亚南　2018年3月出版／定价：99.00元
PSN B-2014-435-10/10

文化品牌蓝皮书
中国文化品牌发展报告（2018）
著（编）者：欧阳友权　2018年5月出版／估价：99.00元
PSN B-2012-277-1/1

文化遗产蓝皮书
中国文化遗产事业发展报告（2017~2018）
著（编）者：苏杨　张颖岚　卓杰　白海峰　陈晨　陈叙图
2018年8月出版／估价：99.00元
PSN B-2008-119-1/1

文学蓝皮书
中国文情报告（2017~2018）
著（编）者：白烨　2018年5月出版／估价：99.00元
PSN B-2011-221-1/1

新媒体蓝皮书
中国新媒体发展报告No.9（2018）
著（编）者：唐绪军　2018年7月出版／估价：99.00元
PSN B-2010-169-1/1

新媒体社会责任蓝皮书
中国新媒体社会责任研究报告（2018）
著（编）者：钟瑛　2018年12月出版／估价：99.00元
PSN B-2014-423-1/1

移动互联网蓝皮书
中国移动互联网发展报告（2018）
著（编）者：余清楚　2018年6月出版／估价：99.00元
PSN B-2012-282-1/1

影视蓝皮书
中国影视产业发展报告（2018）
著（编）者：司若　陈鹏　陈锐
2018年6月出版／估价：99.00元
PSN B-2016-529-1/1

舆情蓝皮书
中国社会舆情与危机管理报告（2018）
著（编）者：谢耘耕
2018年9月出版／估价：138.00元
PSN B-2011-235-1/1

中国大运河蓝皮书
中国大运河发展报告（2018）
著（编）者：吴欣　2018年2月出版／估价：128.00元
PSN B-2018-691-1/1

地方发展类-经济

澳门蓝皮书
澳门经济社会发展报告（2017~2018）
著（编）者：吴志良　郝雨凡
2018年7月出版／估价：99.00元
PSN B-2009-138-1/1

澳门绿皮书
澳门旅游休闲发展报告（2017~2018）
著（编）者：郝雨凡　林广志
2018年5月出版／估价：99.00元
PSN G-2017-617-1/1

北京蓝皮书
北京经济发展报告（2017~2018）
著（编）者：杨松　2018年6月出版／估价：99.00元
PSN B-2006-054-2/8

北京旅游绿皮书
北京旅游发展报告（2018）
著（编）者：北京旅游学会
2018年7月出版／估价：99.00元
PSN G-2012-301-1/1

北京体育蓝皮书
北京体育产业发展报告（2017~2018）
著（编）者：钟秉枢　陈杰　杨铁黎
2018年9月出版／估价：99.00元
PSN B-2015-475-1/1

滨海金融蓝皮书
滨海新区金融发展报告（2017）
著（编）者：王爱俭　李向前　2018年4月出版／估价：99.00元
PSN B-2014-424-1/1

城乡一体化蓝皮书
北京城乡一体化发展报告（2017~2018）
著（编）者：吴宝新　张宝秀　黄序
2018年5月出版／估价：99.00元
PSN B-2012-258-2/2

非公有制企业社会责任蓝皮书
北京非公有制企业社会责任报告（2018）
著（编）者：宋贵伦　冯培
2018年6月出版／估价：99.00元
PSN B-2017-613-1/1

皮书系列 2018全品种 — 地方发展类-经济

福建旅游蓝皮书
福建省旅游产业发展现状研究（2017~2018）
著(编)者：陈敏华 黄远水　2018年12月出版 / 估价：128.00元
PSN B-2016-591-1/1

福建自贸区蓝皮书
中国（福建）自由贸易试验区发展报告(2017~2018)
著(编)者：黄茂兴　2018年6月出版 / 估价：118.00元
PSN B-2016-531-1/1

甘肃蓝皮书
甘肃经济发展分析与预测（2018）
著(编)者：安文华 罗哲　2018年1月出版 / 定价：99.00元
PSN B-2013-312-1/6

甘肃蓝皮书
甘肃商贸流通发展报告（2018）
著(编)者：张应华 王福生 王晓芳
2018年1月出版 / 定价：99.00元
PSN B-2016-522-6/6

甘肃蓝皮书
甘肃县域和农村发展报告（2018）
著(编)者：包东红 朱智文 王建兵
2018年1月出版 / 定价：99.00元
PSN B-2013-316-5/6

甘肃农业科技绿皮书
甘肃农业科技发展研究报告（2018）
著(编)者：魏胜文 乔德华 张东伟
2018年12月出版 / 估价：198.00元
PSN B-2016-592-1/1

甘肃气象保障蓝皮书
甘肃农业对气候变化的适应与风险评估报告（No.1）
著(编)者：鲍文中 周广胜
2017年12月出版 / 定价：108.00元
PSN B-2017-677-1/1

巩义蓝皮书
巩义经济社会发展报告（2018）
著(编)者：丁同民 朱军　2018年6月出版 / 估价：99.00元
PSN B-2016-532-1/1

广东外经贸蓝皮书
广东对外经济贸易发展研究报告（2017~2018）
著(编)者：陈万灵　2018年6月出版 / 估价：99.00元
PSN B-2012-286-1/1

广西北部湾经济区蓝皮书
广西北部湾经济区开放开发报告（2017~2018）
著(编)者：广西壮族自治区北部湾经济区和东盟开放合作办公室
　　　　广西社会科学院
　　　　广西北部湾发展研究院
2018年5月出版 / 估价：99.00元
PSN B-2010-181-1/1

广州蓝皮书
广州城市国际化发展报告（2018）
著(编)者：张跃国　2018年8月出版 / 估价：99.00元
PSN B-2012-246-11/14

广州蓝皮书
中国广州城市建设与管理发展报告（2018）
著(编)者：张其学 陈小钢 王宏伟　2018年8月出版 / 估价：99.00元
PSN B-2007-087-4/14

广州蓝皮书
广州创新型城市发展报告（2018）
著(编)者：尹涛　2018年6月出版 / 估价：99.00元
PSN B-2012-247-12/14

广州蓝皮书
广州经济发展报告（2018）
著(编)者：张跃国 尹涛　2018年7月出版 / 估价：99.00元
PSN B-2005-040-1/14

广州蓝皮书
2018年中国广州经济形势分析与预测
著(编)者：魏明海 谢博能 李华
2018年6月出版 / 估价：99.00元
PSN B-2011-185-9/14

广州蓝皮书
中国广州科技创新发展报告（2018）
著(编)者：于欣伟 陈爽 邓佑满　2018年8月出版 / 估价：99.00元
PSN B-2006-065-2/14

广州蓝皮书
广州农村发展报告（2018）
著(编)者：朱名宏　2018年7月出版 / 估价：99.00元
PSN B-2010-167-8/14

广州蓝皮书
广州汽车产业发展报告（2018）
著(编)者：杨再高 冯兴亚　2018年7月出版 / 估价：99.00元
PSN B-2006-066-3/14

广州蓝皮书
广州商贸业发展报告（2018）
著(编)者：张跃国 陈杰 荀振英
2018年7月出版 / 估价：99.00元
PSN B-2012-245-10/14

贵阳蓝皮书
贵阳城市创新发展报告No.3（白云篇）
著(编)者：连玉明　2018年5月出版 / 估价：99.00元
PSN B-2015-491-3/10

贵阳蓝皮书
贵阳城市创新发展报告No.3（观山湖篇）
著(编)者：连玉明　2018年5月出版 / 估价：99.00元
PSN B-2015-497-9/10

贵阳蓝皮书
贵阳城市创新发展报告No.3（花溪篇）
著(编)者：连玉明　2018年5月出版 / 估价：99.00元
PSN B-2015-490-2/10

贵阳蓝皮书
贵阳城市创新发展报告No.3（开阳篇）
著(编)者：连玉明　2018年5月出版 / 估价：99.00元
PSN B-2015-492-4/10

贵阳蓝皮书
贵阳城市创新发展报告No.3（南明篇）
著(编)者：连玉明　2018年5月出版 / 估价：99.00元
PSN B-2015-496-8/10

贵阳蓝皮书
贵阳城市创新发展报告No.3（清镇篇）
著(编)者：连玉明　2018年5月出版 / 估价：99.00元
PSN B-2015-489-1/10

地方发展类-经济

皮书系列 2018全品种

贵阳蓝皮书
贵阳城市创新发展报告No.3（乌当篇）
著(编)者：连玉明　2018年5月出版 / 估价：99.00元
PSN B-2015-495-7/10

贵阳蓝皮书
贵阳城市创新发展报告No.3（息烽篇）
著(编)者：连玉明　2018年5月出版 / 99.00元
PSN B-2015-493-5/10

贵阳蓝皮书
贵阳城市创新发展报告No.3（修文篇）
著(编)者：连玉明　2018年5月出版 / 估价：99.00元
PSN B-2015-494-6/10

贵阳蓝皮书
贵阳城市创新发展报告No.3（云岩篇）
著(编)者：连玉明　2018年5月出版 / 估价：99.00元
PSN B-2015-498-10/10

贵州房地产蓝皮书
贵州房地产发展报告No.5（2018）
著(编)者：武廷方　2018年7月出版 / 估价：99.00元
PSN B-2014-426-1/1

贵州蓝皮书
贵州册亨经济社会发展报告（2018）
著(编)者：黄德林　2018年6月出版 / 估价：99.00元
PSN B-2016-525-8/9

贵州蓝皮书
贵州地理标志产业发展报告（2018）
著(编)者：李发耀 黄其松　2018年8月出版 / 估价：99.00元
PSN B-2017-646-10/10

贵州蓝皮书
贵安新区发展报告（2017~2018）
著(编)者：马长青 吴大华　2018年6月出版 / 估价：99.00元
PSN B-2015-459-4/10

贵州蓝皮书
贵州国家级开放创新平台发展报告（2017~2018）
著(编)者：申晓庆 吴大华 李泓
2018年11月出版 / 估价：99.00元
PSN B-2016-518-7/10

贵州蓝皮书
贵州国有企业社会责任发展报告（2017~2018）
著(编)者：郭丽　2018年12月出版 / 估价：99.00元
PSN B-2015-511-6/10

贵州蓝皮书
贵州民航业发展报告（2017）
著(编)者：申振东 吴大华　2018年6月出版 / 估价：99.00元
PSN B-2015-471-5/10

贵州蓝皮书
贵州民营经济发展报告（2017）
著(编)者：杨静 吴大华　2018年6月出版 / 估价：99.00元
PSN B-2016-530-9/9

杭州都市圈蓝皮书
杭州都市圈发展报告（2018）
著(编)者：洪庆华 沈翔　2018年4月出版 / 定价：98.00元
PSN B-2012-302-1/1

河北经济蓝皮书
河北省经济发展报告（2018）
著(编)者：马树强 金浩 张贵　2018年6月出版 / 估价：99.00元
PSN B-2014-380-1/1

河北蓝皮书
河北经济社会发展报告（2018）
著(编)者：康振海　2018年1月出版 / 定价：99.00元
PSN B-2014-372-1/3

河北蓝皮书
京津冀协同发展报告（2018）
著(编)者：陈璐　2017年12月出版 / 定价：79.00元
PSN B-2017-601-2/3

河南经济蓝皮书
2018年河南经济形势分析与预测
著(编)者：王世炎　2018年3月出版 / 估价：89.00元
PSN B-2007-086-1/1

河南蓝皮书
河南城市发展报告（2018）
著(编)者：张占仓 王建国　2018年5月出版 / 估价：99.00元
PSN B-2009-131-3/9

河南蓝皮书
河南工业发展报告（2018）
著(编)者：张占仓　2018年5月出版 / 估价：99.00元
PSN B-2013-317-5/9

河南蓝皮书
河南金融发展报告（2018）
著(编)者：喻新安 谷建全
2018年6月出版 / 估价：99.00元
PSN B-2014-390-7/9

河南蓝皮书
河南经济发展报告（2018）
著(编)者：张占仓 完世伟
2018年6月出版 / 估价：99.00元
PSN B-2010-157-4/9

河南蓝皮书
河南能源发展报告（2018）
著(编)者：国网河南省电力公司经济技术研究院
　　　　　河南省社会科学院
2018年6月出版 / 估价：99.00元
PSN B-2017-607-9/9

河南商务蓝皮书
河南商务发展报告（2018）
著(编)者：焦锦淼 穆荣国　2018年5月出版 / 估价：99.00元
PSN B-2014-399-1/1

河南双创蓝皮书
河南创新创业发展报告（2018）
著(编)者：喻新安 杨雪梅
2018年8月出版 / 估价：99.00元
PSN B-2017-641-1/1

黑龙江蓝皮书
黑龙江经济发展报告（2018）
著(编)者：朱宇　2018年1月出版 / 定价：89.00元
PSN B-2011-190-2/2

皮书系列 2018全品种 — 地方发展类-经济

湖南城市蓝皮书
区域城市群整合
著(编)者：童中贤 韩未名　2018年12月出版 / 估价：99.00元
PSN B-2006-064-1/1

湖南蓝皮书
湖南城乡一体化发展报告（2018）
著(编)者：陈文胜 王文强 陆福兴
2018年8月出版 / 估价：99.00元
PSN B-2015-477-8/8

湖南蓝皮书
2018年湖南电子政务发展报告
著(编)者：梁志峰　2018年5月出版 / 估价：128.00元
PSN B-2014-394-6/8

湖南蓝皮书
2018年湖南经济发展报告
著(编)者：卞鹰　2018年5月出版 / 估价：128.00元
PSN B-2011-207-2/8

湖南蓝皮书
2016年湖南经济展望
著(编)者：梁志峰　2018年5月出版 / 估价：128.00元
PSN B-2011-206-1/8

湖南蓝皮书
2018年湖南县域经济社会发展报告
著(编)者：梁志峰　2018年5月出版 / 估价：128.00元
PSN B-2014-395-7/8

湖南县域绿皮书
湖南县域发展报告（No.5）
著(编)者：袁准 周小毛 黎仁寅
2018年6月出版 / 估价：99.00元
PSN G-2012-274-1/1

沪港蓝皮书
沪港发展报告（2018）
著(编)者：尤安山　2018年9月出版 / 估价：99.00元
PSN B-2013-362-1/1

吉林蓝皮书
2018年吉林经济社会形势分析与预测
著(编)者：邵汉明　2017年12月出版 / 定价：89.00元
PSN B-2013-319-1/1

吉林省城市竞争力蓝皮书
吉林省城市竞争力报告（2017~2018）
著(编)者：崔岳春 张磊
2018年3月出版 / 定价：89.00元
PSN B-2016-513-1/1

济源蓝皮书
济源经济社会发展报告（2018）
著(编)者：喻新安　2018年6月出版 / 估价：99.00元
PSN B-2014-387-1/1

江苏蓝皮书
2018年江苏经济发展分析与展望
著(编)者：王庆五 吴先满
2018年7月出版 / 估价：128.00元
PSN B-2017-635-1/3

江西蓝皮书
江西经济社会发展报告（2018）
著(编)者：陈石俊 龚建文　2018年10月出版 / 估价：128.00元
PSN B-2015-484-1/2

江西蓝皮书
江西设区市发展报告（2018）
著(编)者：姜玮 梁勇
2018年10月出版 / 估价：99.00元
PSN B-2016-517-2/2

经济特区蓝皮书
中国经济特区发展报告（2017）
著(编)者：陶一桃　2018年1月出版 / 估价：99.00元
PSN B-2009-139-1/1

辽宁蓝皮书
2018年辽宁经济社会形势分析与预测
著(编)者：梁启东 魏红江　2018年6月出版 / 估价：99.00元
PSN B-2006-053-1/1

民族经济蓝皮书
中国民族地区经济发展报告（2018）
著(编)者：李曦辉　2018年7月出版 / 估价：99.00元
PSN B-2017-630-1/1

南宁蓝皮书
南宁经济发展报告（2018）
著(编)者：胡建华　2018年9月出版 / 估价：99.00元
PSN B-2016-569-2/3

内蒙古蓝皮书
内蒙古精准扶贫研究报告（2018）
著(编)者：张志华　2018年1月出版 / 定价：89.00元
PSN B-2017-681-2/2

浦东新区蓝皮书
上海浦东经济发展报告（2018）
著(编)者：周小平 徐美芳
2018年1月出版 / 定价：79.00元
PSN B-2011-225-1/1

青海蓝皮书
2018年青海经济社会形势分析与预测
著(编)者：陈玮　2018年1月出版 / 定价：98.00元
PSN B-2012-275-1/2

青海科技绿皮书
青海科技发展报告（2017）
著(编)者：青海省科学技术信息研究所
2018年3月出版 / 估价：98.00元
PSN G-2018-701-1/1

山东蓝皮书
山东经济形势分析与预测（2018）
著(编)者：李广杰　2018年7月出版 / 估价：99.00元
PSN B-2014-404-1/5

山东蓝皮书
山东省普惠金融发展报告（2018）
著(编)者：齐鲁财富网
2018年9月出版 / 估价：99.00元
PSN B2017-676-5/5

地方发展类-经济

皮书系列 2018全品种

山西蓝皮书
山西资源型经济转型发展报告（2018）
著（编）者：李志强　2018年7月出版 / 估价：99.00元
PSN B-2011-197-1/1

陕西蓝皮书
陕西经济发展报告（2018）
著（编）者：任宗哲　白宽犁　裴成荣
2018年1月出版 / 定价：89.00元
PSN B-2009-135-1/6

陕西蓝皮书
陕西精准脱贫研究报告（2018）
著（编）者：任宗哲　白宽犁　王建康
2018年4月出版 / 定价：89.00元
PSN B-2017-623-6/6

上海蓝皮书
上海经济发展报告（2018）
著（编）者：沈开艳　2018年2月出版 / 定价：89.00元
PSN B-2006-057-1/7

上海蓝皮书
上海资源环境发展报告（2018）
著（编）者：周冯琦　胡静　2018年2月出版 / 定价：89.00元
PSN B-2006-060-4/7

上海蓝皮书
上海奉贤经济发展分析与研判（2017～2018）
著（编）者：张兆安　朱平芳　2018年3月出版 / 定价：99.00元
PSN B-2018-698-8/8

上饶蓝皮书
上饶发展报告（2016～2017）
著（编）者：廖其志　2018年6月出版 / 估价：128.00元
PSN B-2014-377-1/1

深圳蓝皮书
深圳经济发展报告（2018）
著（编）者：张骁儒　2018年6月出版 / 估价：99.00元
PSN B-2008-112-3/7

四川蓝皮书
四川城镇化发展报告（2018）
著（编）者：侯水平　陈炜　2018年6月出版 / 估价：99.00元
PSN B-2015-456-7/7

四川蓝皮书
2018年四川经济形势分析与预测
著（编）者：杨钢　2018年1月出版 / 定价：158.00元
PSN B-2007-098-2/7

四川蓝皮书
四川企业社会责任研究报告（2017～2018）
著（编）者：侯水平　盛毅　2018年5月出版 / 估价：99.00元
PSN B-2014-386-4/7

四川蓝皮书
四川生态建设报告（2018）
著（编）者：李晟之　2018年5月出版 / 估价：99.00元
PSN B-2015-455-6/7

四川蓝皮书
四川特色小镇发展报告（2017）
著（编）者：吴志强　2017年11月出版 / 定价：89.00元
PSN B-2017-670-8/8

体育蓝皮书
上海体育产业发展报告（2017～2018）
著（编）者：张林　黄海燕
2018年10月出版 / 估价：99.00元
PSN B-2015-454-4/5

体育蓝皮书
长三角地区体育产业发展报（2017～2018）
著（编）者：张林　2018年6月出版 / 估价：99.00元
PSN B-2015-453-3/5

天津金融蓝皮书
天津金融发展报告（2018）
著（编）者：王爱俭　孔德昌
2018年5月出版 / 估价：99.00元
PSN B-2014-418-1/1

图们江区域合作蓝皮书
图们江区域合作发展报告（2018）
著（编）者：李铁　2018年6月出版 / 估价：99.00元
PSN B-2015-464-1/1

温州蓝皮书
2018年温州经济社会形势分析与预测
著（编）者：蒋儒标　王春光　金浩
2018年6月出版 / 估价：99.00元
PSN B-2008-105-1/1

西咸新区蓝皮书
西咸新区发展报告（2018）
著（编）者：李扬　王军
2018年6月出版 / 估价：99.00元
PSN B-2016-534-1/1

修武蓝皮书
修武经济社会发展报告（2018）
著（编）者：张占仓　袁凯声
2018年10月出版 / 估价：99.00元
PSN B-2017-651-1/1

偃师蓝皮书
偃师经济社会发展报告（2018）
著（编）者：张占仓　袁凯声　何武周
2018年7月出版 / 估价：99.00元
PSN B-2017-627-1/1

扬州蓝皮书
扬州经济社会发展报告（2018）
著（编）者：陈扬
2018年12月出版 / 估价：108.00元
PSN B-2011-191-1/1

长垣蓝皮书
长垣经济社会发展报告（2018）
著（编）者：张占仓　袁凯声　秦保建
2018年10月出版 / 估价：99.00元
PSN B-2017-654-1/1

遵义蓝皮书
遵义发展报告（2018）
著（编）者：邓方　曾征　龚永育
2018年9月出版 / 估价：99.00元
PSN B-2014-433-1/1

地方发展类-社会

安徽蓝皮书
安徽社会发展报告（2018）
著(编)者：程桦　2018年6月出版 / 估价：99.00元
PSN B-2013-325-1/1

安徽社会建设蓝皮书
安徽社会建设分析报告（2017~2018）
著(编)者：黄家海　蔡宪
2018年11月出版 / 估价：99.00元
PSN B-2013-322-1/1

北京蓝皮书
北京公共服务发展报告（2017~2018）
著(编)者：施昌奎　2018年6月出版 / 估价：99.00元
PSN B-2008-103-7/8

北京蓝皮书
北京社会发展报告（2017~2018）
著(编)者：李伟东
2018年7月出版 / 估价：99.00元
PSN B-2006-055-3/8

北京蓝皮书
北京社会治理发展报告（2017~2018）
著(编)者：殷星辰　2018年7月出版 / 估价：99.00元
PSN B-2014-391-8/8

北京律师蓝皮书
北京律师发展报告No.4（2018）
著(编)者：王隽　2018年12月出版 / 估价：99.00元
PSN B-2011-217-1/1

北京人才蓝皮书
北京人才发展报告（2018）
著(编)者：敏华　2018年12月出版 / 估价：128.00元
PSN B-2011-201-1/1

北京社会心态蓝皮书
北京社会心态分析报告（2017~2018）
北京市社会心理服务促进中心
2018年10月出版 / 估价：99.00元
PSN B-2014-422-1/1

北京社会组织管理蓝皮书
北京社会组织发展与管理（2018）
著(编)者：黄江松
2018年6月出版 / 估价：99.00元
PSN B-2015-446-1/1

北京养老产业蓝皮书
北京居家养老发展报告（2018）
著(编)者：陆杰华　周明明
2018年8月出版 / 估价：99.00元
PSN B-2015-465-1/1

法治蓝皮书
四川依法治省年度报告No.4（2018）
著(编)者：李林　杨天宗　田禾
2018年3月出版 / 定价：118.00元
PSN B-2015-447-2/5

福建妇女发展蓝皮书
福建省妇女发展报告（2018）
著(编)者：刘群英　2018年11月出版 / 估价：99.00元
PSN B-2011-220-1/1

甘肃蓝皮书
甘肃社会发展分析与预测（2018）
著(编)者：安文华　谢增虎　包晓霞
2018年1月出版 / 定价：99.00元
PSN B-2013-313-2/6

广东蓝皮书
广东全面深化改革研究报告（2018）
著(编)者：周林生　涂成林
2018年12月出版 / 估价：99.00元
PSN B-2015-504-3/3

广东蓝皮书
广东社会工作发展报告（2018）
著(编)者：罗观翠　2018年6月出版 / 估价：99.00元
PSN B-2014-402-2/3

广州蓝皮书
广州青年发展报告（2018）
著(编)者：徐柳　张强
2018年8月出版 / 估价：99.00元
PSN B-2013-352-13/14

广州蓝皮书
广州社会保障发展报告（2018）
著(编)者：张跃国　2018年8月出版 / 估价：99.00元
PSN B-2014-425-14/14

广州蓝皮书
2018年中国广州社会形势分析与预测
著(编)者：张强　郭志勇　何镜清
2018年6月出版 / 估价：99.00元
PSN B-2008-110-5/14

贵州蓝皮书
贵州法治发展报告（2018）
著(编)者：吴大华　2018年5月出版 / 估价：99.00元
PSN B-2012-254-2/10

贵州蓝皮书
贵州人才发展报告（2017）
著(编)者：于杰　吴大华
2018年9月出版 / 估价：99.00元
PSN B-2014-382-3/10

贵州蓝皮书
贵州社会发展报告（2018）
著(编)者：王兴骥　2018年6月出版 / 估价：99.00元
PSN B-2010-166-1/10

杭州蓝皮书
杭州妇女发展报告（2018）
著(编)者：魏颖
2018年10月出版 / 估价：99.00元
PSN B-2014-403-1/1

地方发展类-社会

皮书系列
2018全品种

河北蓝皮书
河北法治发展报告（2018）
著(编)者：康振海　2018年6月出版 / 估价：99.00元
PSN B-2017-622-3/3

河北食品药品安全蓝皮书
河北食品药品安全研究报告（2018）
著(编)者：丁锦霞
2018年10月出版 / 估价：99.00元
PSN B-2015-473-1/1

河南蓝皮书
河南法治发展报告（2018）
著(编)者：张林海　2018年7月出版 / 估价：99.00元
PSN B-2014-376-6/9

河南蓝皮书
2018年河南社会形势分析与预测
著(编)者：牛苏林　2018年5月出版 / 估价：99.00元
PSN B-2005-043-1/9

河南民办教育蓝皮书
河南民办教育发展报告（2018）
著(编)者：胡大白　2018年9月出版 / 估价：99.00元
PSN B-2017-642-1/1

黑龙江蓝皮书
黑龙江社会发展报告（2018）
著(编)者：王爱丽　2018年1月出版 / 定价：89.00元
PSN B-2011-189-1/2

湖南蓝皮书
2018年湖南两型社会与生态文明建设报告
著(编)者：卞鹰　2018年5月出版 / 估价：128.00元
PSN B-2011-208-3/8

湖南蓝皮书
2018年湖南社会发展报告
著(编)者：卞鹰　2018年5月出版 / 估价：128.00元
PSN B-2014-393-5/8

健康城市蓝皮书
北京健康城市建设研究报告（2018）
著(编)者：王鸿春　盛继洪
2018年9月出版 / 估价：99.00元
PSN B-2015-460-1/2

江苏法治蓝皮书
江苏法治发展报告No.6（2017）
著(编)者：蔡道通　龚廷泰
2018年8月出版 / 估价：99.00元
PSN B-2012-290-1/1

江苏蓝皮书
2018年江苏社会发展分析与展望
著(编)者：王庆五　刘旺洪
2018年8月出版 / 估价：128.00元
PSN B-2017-636-2/3

民族教育蓝皮书
中国民族教育发展报告（2017·内蒙古卷）
著(编)者：陈中永
2017年12月出版 / 定价：198.00元
PSN B-2017-669-1/1

南宁蓝皮书
南宁法治发展报告（2018）
著(编)者：杨维超　2018年12月出版 / 估价：99.00元
PSN B-2015-509-1/3

南宁蓝皮书
南宁社会发展报告（2018）
著(编)者：胡建华　2018年10月出版 / 估价：99.00元
PSN B-2016-570-3/3

内蒙古蓝皮书
内蒙古反腐倡廉建设报告 No.2
著(编)者：张志华　2018年6月出版 / 估价：99.00元
PSN B-2013-365-1/1

青海蓝皮书
2018年青海人才发展报告
著(编)者：王宇燕　2018年9月出版 / 估价：99.00元
PSN B-2017-650-2/2

青海生态文明建设蓝皮书
青海生态文明建设报告（2018）
著(编)者：张西明　高华　2018年12月出版 / 估价：99.00元
PSN B-2016-595-1/1

人口与健康蓝皮书
深圳人口与健康发展报告（2018）
著(编)者：陆杰华　傅崇辉
2018年11月出版 / 估价：99.00元
PSN B-2011-228-1/1

山东蓝皮书
山东社会形势分析与预测（2018）
著(编)者：李善峰　2018年6月出版 / 估价：99.00元
PSN B-2014-405-2/5

陕西蓝皮书
陕西社会发展报告（2018）
著(编)者：任宗哲　白宽犁　牛昉
2018年1月出版 / 定价：89.00元
PSN B-2009-136-2/6

上海蓝皮书
上海法治发展报告（2018）
著(编)者：叶必丰　2018年9月出版 / 估价：99.00元
PSN B-2012-296-6/7

上海蓝皮书
上海社会发展报告（2018）
著(编)者：杨雄　周海旺
2018年2月出版 / 定价：89.00元
PSN B-2006-058-2/7

社会建设蓝皮书
2018年北京社会建设分析报告
著(编)者：宋贵伦 冯虹　　2018年9月出版 / 估价：99.00元
PSN B-2010-173-1/1

深圳蓝皮书
深圳法治发展报告（2018）
著(编)者：张晓儒　　2018年6月出版 / 估价：99.00元
PSN B-2015-470-6/7

深圳蓝皮书
深圳劳动关系发展报告（2018）
著(编)者：汤庭芬　　2018年8月出版 / 估价：99.00元
PSN B-2007-097-2/7

深圳蓝皮书
深圳社会治理与发展报告（2018）
著(编)者：张晓儒　　2018年6月出版 / 估价：99.00元
PSN B-2008-113-4/7

生态安全绿皮书
甘肃国家生态安全屏障建设发展报告（2018）
著(编)者：刘举科 喜文华
2018年10月出版 / 估价：99.00元
PSN G-2017-659-1/1

顺义社会建设蓝皮书
北京市顺义区社会建设发展报告（2018）
著(编)者：王学武　　2018年9月出版 / 估价：99.00元
PSN B-2017-658-1/1

四川蓝皮书
四川法治发展报告（2018）
著(编)者：郑泰安　　2018年6月出版 / 估价：99.00元
PSN B-2015-441-5/7

四川蓝皮书
四川社会发展报告（2018）
著(编)者：李羚　　2018年6月出版 / 估价：99.00元
PSN B-2008-127-3/7

四川社会工作与管理蓝皮书
四川省社会工作人力资源发展报告（2017）
著(编)者：边慧敏　　2017年12月出版 / 定价：89.00元
PSN B-2017-683-1/1

云南社会治理蓝皮书
云南社会治理年度报告（2017）
著(编)者：晏雄 韩全芳
2018年5月出版 / 估价：99.00元
PSN B-2017-667-1/1

地方发展类 - 文化

北京传媒蓝皮书
北京新闻出版广电发展报告（2017～2018）
著(编)者：王志　　2018年11月出版 / 估价：99.00元
PSN B-2016-588-1/1

北京蓝皮书
北京文化发展报告（2017～2018）
著(编)者：李建盛　　2018年5月出版 / 估价：99.00元
PSN B-2007-082-4/8

创意城市蓝皮书
北京文化创意产业发展报告（2018）
著(编)者：郭万超 张京成　　2018年12月出版 / 估价：99.00元
PSN B-2012-263-1/7

创意城市蓝皮书
天津文化创意产业发展报告（2017～2018）
著(编)者：谢思全　　2018年6月出版 / 估价：99.00元
PSN B-2016-536-7/7

创意城市蓝皮书
武汉文化创意产业发展报告（2018）
著(编)者：黄永林 陈汉桥　　2018年12月出版 / 估价：99.00元
PSN B-2013-354-4/7

创意上海蓝皮书
上海文化创意产业发展报告（2017～2018）
著(编)者：王慧敏 王兴全　　2018年8月出版 / 估价：99.00元
PSN B-2016-561-1/1

非物质文化遗产蓝皮书
广州市非物质文化遗产保护发展报告（2018）
著(编)者：宋俊华　　2018年12月出版 / 估价：99.00元
PSN B-2016-589-1/1

甘肃蓝皮书
甘肃文化发展分析与预测（2018）
著(编)者：马廷旭 戚晓萍　　2018年1月出版 / 定价：99.00元
PSN B-2013-314-3/6

甘肃蓝皮书
甘肃舆情分析与预测（2018）
著(编)者：王俊莲 张谦元　　2018年1月出版 / 定价：99.00元
PSN B-2013-315-4/6

广州蓝皮书
中国广州文化发展报告（2018）
著(编)者：屈哨兵 陆志强　　2018年6月出版 / 估价：99.00元
PSN B-2009-134-7/14

广州蓝皮书
广州文化创意产业发展报告（2018）
著(编)者：徐咏虹　　2018年7月出版 / 估价：99.00元
PSN B-2008-111-6/14

海淀蓝皮书
海淀区文化和科技融合发展报告（2018）
著(编)者：陈名杰 孟景伟　　2018年5月出版 / 估价：99.00元
PSN B-2013-329-1/1

皮书系列 2018全品种

河南蓝皮书
河南文化发展报告（2018）
著(编)者：卫绍生　2018年7月出版 / 估价：99.00元
PSN B-2008-106-2/9

湖北文化产业蓝皮书
湖北省文化产业发展报告（2018）
著(编)者：黄晓华　2018年9月出版 / 估价：99.00元
PSN B-2017-656-1/1

湖北文化蓝皮书
湖北文化发展报告（2017~2018）
著(编)者：湖北大学高等人文研究院
　　　　　中华文化发展湖北省协同创新中心
2018年10月出版 / 估价：99.00元
PSN B-2016-566-1/1

江苏蓝皮书
2018年江苏文化发展分析与展望
著(编)者：王庆五 樊和平　2018年9月出版 / 估价：128.00元
PSN B-2017-637-3/3

江西文化蓝皮书
江西非物质文化遗产发展报告（2018）
著(编)者：张圣才 傅安平　2018年12月出版 / 估价：128.00元
PSN B-2015-499-1/1

洛阳蓝皮书
洛阳文化发展报告（2018）
著(编)者：刘福兴 陈启明　2018年7月出版 / 估价：99.00元
PSN B-2015-476-1/1

南京蓝皮书
南京文化发展报告（2018）
著(编)者：中共南京市委宣传部
2018年12月出版 / 估价：99.00元
PSN B-2014-439-1/1

宁波文化蓝皮书
宁波"一人一艺"全民艺术普及发展报告（2017）
著(编)者：张爱琴　2018年11月出版 / 估价：128.00元
PSN B-2017-668-1/1

山东蓝皮书
山东文化发展报告（2018）
著(编)者：涂可国　2018年5月出版 / 估价：99.00元
PSN B-2014-406-3/5

陕西蓝皮书
陕西文化发展报告（2018）
著(编)者：任宗哲 白宽犁 王长寿
2018年1月出版 / 定价：89.00元
PSN B-2009-137-3/6

上海蓝皮书
上海传媒发展报告（2018）
著(编)者：强荧 焦雨虹　2018年2月出版 / 定价：89.00元
PSN B-2012-295-5/7

上海蓝皮书
上海文学发展报告（2018）
著(编)者：陈圣来　2018年6月出版 / 估价：99.00元
PSN B-2012-297-7/7

上海蓝皮书
上海文化发展报告（2018）
著(编)者：荣跃明　2018年6月出版 / 估价：99.00元
PSN B-2006-059-3/7

深圳蓝皮书
深圳文化发展报告（2018）
著(编)者：张骁儒　2018年7月出版 / 估价：99.00元
PSN B-2016-554-7/7

四川蓝皮书
四川文化产业发展报告（2018）
著(编)者：向宝云 张立伟　2018年6月出版 / 估价：99.00元
PSN B-2006-074-1/7

郑州蓝皮书
2018年郑州文化发展报告
著(编)者：王哲　2018年9月出版 / 估价：99.00元
PSN B-2008-107-1/1

社会科学文献出版社　　皮书系列

✤ 皮书起源 ✤

"皮书"起源于十七、十八世纪的英国，主要指官方或社会组织正式发表的重要文件或报告，多以"白皮书"命名。在中国，"皮书"这一概念被社会广泛接受，并被成功运作、发展成为一种全新的出版形态，则源于中国社会科学院社会科学文献出版社。

✤ 皮书定义 ✤

皮书是对中国与世界发展状况和热点问题进行年度监测，以专业的角度、专家的视野和实证研究方法，针对某一领域或区域现状与发展态势展开分析和预测，具备原创性、实证性、专业性、连续性、前沿性、时效性等特点的公开出版物，由一系列权威研究报告组成。

✤ 皮书作者 ✤

皮书系列的作者以中国社会科学院、著名高校、地方社会科学院的研究人员为主，多为国内一流研究机构的权威专家学者，他们的看法和观点代表了学界对中国与世界的现实和未来最高水平的解读与分析。

✤ 皮书荣誉 ✤

皮书系列已成为社会科学文献出版社的著名图书品牌和中国社会科学院的知名学术品牌。2016年，皮书系列正式列入"十三五"国家重点出版规划项目；2013~2018年，重点皮书列入中国社会科学院承担的国家哲学社会科学创新工程项目；2018年，59种院外皮书使用"中国社会科学院创新工程学术出版项目"标识。

中国皮书网

（网址：www.pishu.cn）

发布皮书研创资讯，传播皮书精彩内容
引领皮书出版潮流，打造皮书服务平台

栏目设置

关于皮书：何谓皮书、皮书分类、皮书大事记、皮书荣誉、
　　　　　皮书出版第一人、皮书编辑部
最新资讯：通知公告、新闻动态、媒体聚焦、网站专题、视频直播、下载专区
皮书研创：皮书规范、皮书选题、皮书出版、皮书研究、研创团队
皮书评奖评价：指标体系、皮书评价、皮书评奖
互动专区：皮书说、社科数托邦、皮书微博、留言板

所获荣誉

2008年、2011年，中国皮书网均在全国新闻出版业网站荣誉评选中获得"最具商业价值网站"称号；

2012年,获得"出版业网站百强"称号。

网库合一

2014年，中国皮书网与皮书数据库端口合一，实现资源共享。

权威报告·一手数据·特色资源

皮书数据库
ANNUAL REPORT(YEARBOOK) DATABASE

当代中国经济与社会发展高端智库平台

所获荣誉

- 2016年,入选"'十三五'国家重点电子出版物出版规划骨干工程"
- 2015年,荣获"搜索中国正能量 点赞2015""创新中国科技创新奖"
- 2013年,荣获"中国出版政府奖·网络出版物奖"提名奖
- 连续多年荣获中国数字出版博览会"数字出版·优秀品牌"奖

成为会员

通过网址www.pishu.com.cn或使用手机扫描二维码进入皮书数据库网站,进行手机号码验证或邮箱验证即可成为皮书数据库会员(建议通过手机号码快速验证注册)。

会员福利

- 使用手机号码首次注册的会员,账号自动充值100元体验金,可直接购买和查看数据库内容(仅限使用手机号码快速注册)。
- 已注册用户购书后可免费获赠100元皮书数据库充值卡。刮开充值卡涂层获取充值密码,登录并进入"会员中心"—"在线充值"—"充值卡充值",充值成功后即可购买和查看数据库内容。

数据库服务热线:400-008-6695　　　图书销售热线:010-59367070/7028
数据库服务QQ:2475522410　　　　　图书服务QQ:1265056568
数据库服务邮箱:database@ssap.cn　　图书服务邮箱:duzhe@ssap.cn

未来媒体蓝皮书

BLUE BOOK OF FUTURE MEDIA

中国未来媒体研究报告（2018）

ANNUAL REPORT ON FUTURE MEDIA IN CHINA (2018)

厦门理工学院
国家广播电视总局发展研究中心 / 编

主　编／林小勇　张苗苗

图书在版编目(CIP)数据

中国未来媒体研究报告. 2018 / 林小勇，张苗苗主编. -- 北京：社会科学文献出版社，2018.9
（未来媒体蓝皮书）
ISBN 978-7-5201-3353-1

Ⅰ.①中… Ⅱ.①林… ②张… Ⅲ.①新技术应用-传播媒介-发展-研究报告-中国-2018 Ⅳ.①G219.2

中国版本图书馆 CIP 数据核字（2018）第 199842 号

未来媒体蓝皮书

中国未来媒体研究报告（2018）

主　　编／林小勇　张苗苗
副 主 编／张　庆　贺　莹

出 版 人／谢寿光
项目统筹／周　琼
责任编辑／周　琼　刘　翠

出　　版／社会科学文献出版社·社会政法分社（010）59367156
　　　　　地址：北京市北三环中路甲 29 号院华龙大厦　邮编：100029
　　　　　网址：www.ssap.com.cn

发　　行／市场营销中心（010）59367081　59367018
印　　装／三河市龙林印务有限公司

规　　格／开本：787mm × 1092mm　1/16
　　　　　印张：23　字数：346千字
版　　次／2018 年 9 月第 1 版　2018 年 9 月第 1 次印刷
书　　号／ISBN 978-7-5201-3353-1
定　　价／108.00 元

皮书序列号／PSN B-2018-749-1/1

本书如有印装质量问题，请与读者服务中心（010-59367028）联系

▲ 版权所有 翻印必究

《中国未来媒体研究报告（2018）》编委会

编撰单位　厦门理工学院
　　　　　　国家广播电视总局发展研究中心
　　　　　　福建省社会科学研究基地文化产业研究中心
　　　　　　福建省高校新型特色智库两岸文创研究院

主　　任　朱文章　崔承浩

副 主 任　吴克寿　罗昌智

主　　编　林小勇　张苗苗

副 主 编　张　庆　贺　莹

撰 稿 人（按姓氏笔画排序）
　　　　　　王　兰　王　涛　王兆楠　田小军　邢　峥
　　　　　　朱　凯　刘　枭　刘晓敏　孙　宇　孙　璐
　　　　　　孙盛楠　李　珊　李　啸　李建勋　杨　阳
　　　　　　何　帆　冷莹莹　宋西顺　张　庆　张苗苗
　　　　　　陈文伟　陈　璐　林小勇　罗　惠　钟昊熹
　　　　　　宫承波　贺　莹　贺　涛　钱黎明　倪英伟
　　　　　　韩丽楠　程　婧　鞠在秋

主要编撰者简介

林小勇 厦门理工学院文化产业与旅游学院教授，高级编辑，福建省高校新型特色智库两岸文创研究院未来媒体方向负责人，福建省社会科学研究基地文化产业研究中心研究员，厦门市"五个一批"人才。曾任职于中央人民广播电台、中国广播影视集团和厦门广播电视集团等单位，从事采编、管理和研究工作，2016年调入厦门理工学院从事教学研究工作至今。主要研究方向为未来媒体、广播电视与互联网等。作品曾获中国新闻奖特别奖、中国广播电视新闻奖一等奖、福建省电视艺术奖一等奖等国家级、省部级奖项30多项。曾主持国家新闻出版广电总局部级社科研究重大、重点项目和福建省社科规划重大项目等多项省部级课题，出版论著2部，在《中国电视》《中国广播电视学刊》等核心期刊发表学术论文30多篇，多篇被人大复印报刊资料《新闻与传播》全文转载。论文论著曾多次获全国广播影视优秀学术论文论著二等奖、福建省电视艺术论文奖一等奖等奖项。多篇研究报告被国家广电总局采纳。研究成果曾获国家新闻出版广电总局2016年度网络视听年度优秀案例（优秀研究成果）。

张苗苗 国家广播电视总局发展研究中心副研究员，主任编辑，2018年广电蓝皮书编辑部副主任。曾在电视台工作多年，积累了扎实的采编工作经验。从事广播影视及网络视听领域政策研究工作已10余载。近年来主要研究方向包括广电新业态研究、广电供给侧结构性改革研究和智慧广电研究等。先后主持或作为主要执笔人完成共计40余项科研项目（含内参报告），主要包括：承担11部国家广电总局重点科研项目"中国广播电影电视年度发展报告"（广电蓝皮书）的编撰工作，该报告已成为业界、学界了解传媒行业的重要研究成果和风向标；承担多项国家广电总局相关职能监管司局和直属机构委托项目，研究成果深受主管部门肯定；承担多项业界委托课题，撰写的调研报告能准确发现问题，并能提供有效对策路径，深受委托机构好评。在《新闻战线》《中国广播电视学刊》《传媒》等学术期刊发表论文20多篇。

张　庆　集美大学计算机工程学院讲师。曾任教于华南理工大学计算机工程学院，现任教于集美大学计算机工程学院，主要从事移动计算、人机交互技术等研究和iOS应用开发、UI/UE设计、多媒体技术与应用等教学工作，是交互设计师课程、高校移动互联课程的认证教师，所讲授的"数据结构"曾获福建省省级精品在线课程。在《中国电视》等核心期刊发表学术论文多篇，研究报告曾被国家新闻出版广电总局采纳。曾主持和参与多项省厅级以上课题，曾主持企业委托横向课题10多项，多次指导学生参与全国和省级程序设计比赛并获全国二等奖、省级特等奖等奖项。

贺　莹　厦门理工学院文化产业与旅游学院副教授。2007～2012年留学韩国期间，荣获"韩国未来100年人文奖"、连续五年（2007～2012年）获"留韩全额奖学金"。2016年入选福建省高校杰出青年科研人才支持计划。主要从事文化产业国际竞争力、媒体智能化应用等领域的研究。已主持福建省社科规划项目3项、主持省教育厅项目2项、参与省社科规划项目3项、参与省教育厅项目3项。独立撰写出版学术专著《中韩广播电视行业国际竞争力比较研究》1部，在国内外核心期刊发表论文10余篇、研究报告8篇。

摘　要

未来媒体是在全球媒体融合转型的大趋势下，特别是在移动互联网、人工智能、大数据、虚拟现实、5G等新技术以及经济社会发展强烈需求的共同驱动下，迅速发展壮大的新兴领域。《中国未来媒体研究报告（2018）》是厦门理工学院和国家广播电视总局发展研究中心联合编撰的关于未来媒体行业领域的年度发展报告，该报告及时反映我国未来媒体发展成果，填补了国内尚无未来媒体发展年度报告的空白。

《中国未来媒体研究报告（2018）》由"总报告""发展篇""热点篇""环球视野篇""案例篇"五大部分构成。报告整体分析了中国未来媒体的年度进展、发展状况、行业热点及案例等，既整理汇集中国未来媒体的年度进展和重要发展，又立足经济社会发展全局深入分析未来媒体发展热点及趋势等；既对国内有关媒体发展状况进行重点个案分析，又对国外主要国家的媒体人工智能应用进行重点研究分析。"总报告"提纲挈领展现了2017年我国未来媒体发展的整体环境及其在移动创新、智能创新、场景创新等方面取得的新进展、新亮点，并从未来媒体的概念界定、发展现状和特点等方面着手，探索研究未来媒体的发展趋向。"发展篇"重点从媒体融合、智能化发展、大数据应用、"VR/AR+内容产业"、短视频发展、机器新闻发展、移动新闻客户端产品等方面，分析2017年前后中国未来媒体发展现状与特点。"热点篇"针对移动端人机交互技术发展趋势、广播与AI音箱的跨界发展、融媒体生产指挥调度中心、三维码运用、未来媒体的法律规制等热点重点问题进行深入研究，兼具实践指导和理论参考意义。"环球视野篇"聚焦德国、日本和韩国等国家的媒体人工智能应用发展情况。"案例篇"精选年度行业发展的部分典型案例，试图从不同侧面、不同视角分析其发展经验

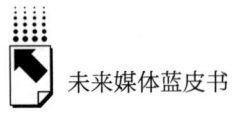

与发展路径，以期提供借鉴和启示。

在信息技术和社会生活融合度越来越高的时代，媒体都在进行智慧化改造和升级，以适应用户未来的各种智慧化需求，未来媒体应运而生，呈现融媒化、众媒化、智媒化等特征。近两年，国家连续出台一系列与未来媒体发展紧密相关的政策文件，扶持推动与引导监管并重，使未来媒体发展的环境不断优化。2017年，未来媒体新技术不断完善，未来媒体的业态、内容和传播方式等不断丰富和提升，在移动创新、智能创新、场景创新等方面取得初步进展。

本报告认为，除融合化、移动化、智能化和场景化等发展趋势之外，未来媒体发展还将在新思维、新空间和新交互等方面发力，"区块链+未来媒体发展"、"5G+未来媒体发展"、无界面交互等皆充满无限可能和机遇。

本报告致力于探索中国未来媒体发展的导向趋势和基本规律，为中国未来媒体大发展、大繁荣提供智力支持。

关键词： 未来媒体　智慧媒体　人工智能

目 录

Ⅰ 总报告

B.1 中国未来媒体发展报告（2017）
.... 林小勇　张苗苗 / 001
　　一　未来媒体的概念变迁洞悉 .... / 002
　　二　未来媒体发展的环境分析 .... / 006
　　三　未来媒体发展的热点创新 .... / 013
　　四　未来媒体发展的前景趋势 .... / 021

Ⅱ 发展篇

B.2 移动交互与文化重塑
　　——中国未来媒体融合发展报告（2017）
.... 宫承波　孙　宇 / 027
B.3 中国未来媒体智能化发展报告（2017）　……　林小勇　罗　惠 / 048
B.4 VR/AR＋内容产业发展报告（2017）　　　　　　宋西顺 / 066
B.5 未来媒体大数据应用发展报告（2017）　………………　刘　枭 / 074
B.6 短视频发展报告（2017）　…………………………………　孙　璐 / 088
B.7 中国机器新闻发展报告（2017）　……………………　李　啸 / 108

001

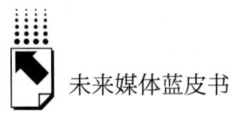

B.8 中国移动新闻客户端产品发展报告（2017）……………… 冷莹莹 / 126

B.9 台湾智慧媒体发展报告（2017）……………………………… 邢　峥 / 145

Ⅲ 热点篇

B.10 移动终端人机交互技术发展趋势 ……………………………… 张　庆 / 160

B.11 从"简单相加"到"相通相融"：广播与 AI
音箱的跨界之路 ………………………………………………… 李　珊 / 173

B.12 未来媒体的法律规制 …………………………………… 田小军　何　帆 / 185

B.13 全 IP 化融媒体生产指挥调度中心的设计 …… 刘晓敏　陈文伟 / 192

B.14 三维码在未来媒体的运用 …………………………………… 李建勋 / 208

Ⅳ 环球视野篇

B.15 德国媒体人工智能应用发展报告（2017）…………… 贺　涛 / 219

B.16 日本智慧媒体发展报告（2017）……………………………… 杨　阳 / 230

B.17 韩国媒体人工智能应用发展报告（2017）…………… 贺　莹 / 243

Ⅴ 案例篇

B.18 应急广播与新媒体在突发公共事件传播中的融合之道
……………………………………………………………………… 孙盛楠 / 257

B.19 从"快笔小新"到"媒体大脑"
——国家通讯社业务智能化实践探析 …… 钟昊熹　程　婧 / 270

B.20 腾讯：AI＋内容，做未来媒体生态"连接器"
……………………………………………………………………… 王　兰 / 277

B.21 云＋端：爱奇艺智能视频综合服务实践
…………………………………………………………… 王　涛　王兆楠 / 290

B.22 美图：人工智能技术应用探索 ………… 陈　璐　倪英伟 / 301
B.23 新媒体语境下信息传播的十个关键词 ………… 钱黎明 / 309
B.24 爱青岛：城市智慧媒体大数据平台探索
　　　　………………………… 韩丽楠　鞠在秋　朱　凯 / 325

Abstract ……………………………………………………… / 333
Contents ……………………………………………………… / 335

皮书数据库阅读**使用指南**

总报告

General Report

中国未来媒体发展报告（2017）

林小勇 张苗苗*

摘 要： 在大数据、移动互联网、人工智能、量子信息、虚拟现实、5G等新技术以及经济社会发展强烈需求的共同驱动下，在传统媒体与新兴媒体融合发展的大趋势下，我国未来媒体发展方兴未艾。近年来，随着国家信息化、人工智能和战略性新兴产业等发展战略的实施推进，我国未来媒体发展的整体环境良好，跨界融合不断延伸渗透到其他相关行业，未来媒体不断呈现更多可能。未来媒体的新技术、新业态、新趋势层出不穷；未来媒体发展在移动创新、智能创新、场景创新等方面成为年度热点。除融合化、移动化、智能化、

---

* 林小勇，厦门理工学院教授，高级编辑，主要研究方向为未来媒体、广播电视与互联网等；张苗苗，国家广播电视总局发展研究中心副研究员，主任编辑，2018年广电蓝皮书编辑部副主任，主要研究方向为广电产业（广电新业态）、智慧广电、内容创作等。

场景化的发展趋势外,区块链技术将为未来媒体发展带来新思维,5G技术将为未来媒体发展带来新空间,无界面交互设计将为未来媒体发展带来更多符合人的本性的产品设计。

关键词: 未来媒体　智慧媒体　媒体融合

在传统媒体与新兴媒体融合发展的大背景下,在大数据、移动互联网、人工智能、量子信息、虚拟现实、5G等新技术以及社会经济发展强烈需求的共同驱动下,以用户为核心,以互联网为主导,以信息技术为主要驱动力的未来媒体发展得如火如荼。未来媒体的边界不断扩大,也不断模糊;在媒体融合发展、信息化发展和战略性新兴产业发展等相关国家战略的指导下,未来媒体在数字化、网络化基础上呈现融媒化、众媒化、智媒化等特征。未来媒体作为迅速发展壮大的新兴领域,也是我国媒体从业人员和教育工作者需要学习和探索的重要领域。探寻未来媒体发展的新业态、新形式、新渠道、新空间等,构筑中国特色未来媒体发展的理论体系,既是中国新闻传播理论与时俱进的必然要求,也是构建新时代中国特色媒体框架体系和推进国家治理能力现代化的必然要求,更是发展新时代中国特色社会主义文化,实现中华民族伟大复兴中国梦的重要使命。

一　未来媒体的概念变迁洞悉

媒介随着技术的发展而不断变化,我们从未来媒体的概念变迁角度进行归纳,尤其是通过对媒体融合节点前后的比较,初步得出以下五点结论。

1. 新媒体是个阶段性相对概念

从时间上看,后一种媒介形态相对之前的形态,就是新媒体。因此,传统媒体与新媒体仅是一个相对的概念,新媒体并非某种媒介的专指。1967

年美国哥伦比亚广播电视网（CBS）技术研究所所长 P. 戈尔德马克最早提出的"新媒体"其实是电子录像 EVA，与当下人们所熟知所接触的新媒体有很大不同。现在许多人将诞生于 1969 年美国军方部署的 ARPA 网基础上的互联网等同于新媒体，其对后来互联网发展之快、应用之广产生了深刻的影响。国际上，互联网的媒体属性真正被认可是在 1998 年。那一年 5 月，在联合国新闻委员会年会上，互联网被正式称为继报刊、广播、电视等传统大众传媒之后的"第四媒体"。在联合国正式将互联网称为"第四媒体"之后的 2000 年前后，中国国内"网络媒体"一词开始流行并成为"热词"，"网络媒体"的叫法不胫而走，并逐步被人们所认可。按照国外学者的标准，当一种媒体使用的人数规模达到全国人口总数的 20% 以上时，其才能被称为大众传媒。① 2008 年底，中国互联网络信息中心（CNNIC）在其第 23 次《中国互联网络发展状况统计报告》中宣布，中国网民规模已达 2.98 亿，普及率达 22.6%，中国网络媒体正式成为大众传媒的元年可认定为 2008 年。

截至目前，并没有哪一种新媒体取代了传统媒体。广播没有取代报刊，电视也没有取代广播，互联网到目前为止也没有取代广播、电视或其他任何一种传统媒体。而且，即使在科技如此发达的今天，原始传播、口耳相传等方式也并没有因为各种新兴媒体的强势发展而消失，在大量移动互联网产品——各种表情包、衣着配饰乃至道具等中依稀可见原始传播的影子。

2. 媒体不同发展阶段的矛盾重叠

以我国为例，21 世纪以来我国媒体的发展，实际上是一种跨越式的发展。其显著特点就是，媒体发展的一个阶段还没有结束，另一个新的阶段便开始出现，导致二者叠加并存，不同发展阶段的阶段性特征并存，不同发展阶段的矛盾也同时存在。比如，目前我国早已进入移动互联网时代，但出现移动互联网产品与传统门户网站、电子版报纸等并存发展的情况；我国媒体发展不平衡不充分，一方面信息过载，另一方面受众用户对信息文化的高质

---

① 闵大洪：《中国网络媒体 20 年》，电子工业出版社，2016。

量个性化需求又不断增加；我国广播电视播出机构有2500多个，广播电视节目4300多套（不含数字付费广播电视节目），但是频道频率定位节目存在同质化、专业化创新度偏低等情况，不能充分满足广大受众用户的需求；又如，我国中东西部地区由于经济发展程度不同，广播影视行业发展也不平衡，同时，一些经济欠发达地区，既要大力培育新兴媒体抢占互联网舆论阵地，又要巩固发展传统媒体主阵地，有时难以统筹兼顾；等等。当然，即使同一阶段也会因为不同媒体的实际情况导致发展道路大相径庭。总之，目前，媒体不同发展阶段的矛盾重叠，甚至出现了顾此失彼、左支右绌的情况。这也是未来媒体发展的新挑战。

3. 媒体变迁过程中呈融合发展趋势

后出现的媒介形态总以这种或那种方式向之前的媒介形态学习，并改造、修正和融合前媒介形态。新媒体就是这样，在学习传统媒体的基础上，不断改造和修正传统媒体。当然，互联网、移动互联网出现之后，给媒体带来的变革远比之前的新媒体大得多。尤其是近些年来，传媒领域的融合实践在业务融合、内容融合、技术融合的基础上逐步进行跨界融合，并呈现出移动为先、泛媒体化、交叉融合的特点，不少媒体主动与相关科技公司联合打造融媒体产品，技术融合不断深入，媒体的跨界融合让未来媒体呈现更多的可能性，未来媒体的边界也越来越模糊。同时，媒体融合也呈明显的交叉融合且彼此相互作用。媒体融合的概念是在新媒体概念提出之后才产生的。进入21世纪以来，依靠大数据、云计算等技术以及资本，媒体融合发展实践进入深度融合阶段，各媒体纷纷探索实践多媒体多终端等一体化模式。我们可以看到，"媒体融合"是基于互联网的出现及计算机信息技术的发展而出现的，呈明显的"相互作用"效应。一方面，媒体融合随着数字化、网络化技术的发展，不断打破不同媒介的界限，为不同媒介实现融合提供了基础；另一方面，媒体自身发展的需求也加快推动了"媒体融合"的发展。

4. 全媒体、融媒体等概念是我国传媒业融合的本土化探索

在"媒体融合"学理性概念引入国内之前，我国传媒业已经开始了融

合的路径探索,"全媒体"是我国对传媒业走向融合所进行的本土化概括。由于全媒体常被解读为品类齐全的声、屏、报、网等各类媒体资源的汇总,往往容易忽略整合各类媒体资源,使其真正融为一体,因此,2009年"融媒体"概念被首次提出。相较于"全媒体",作为媒体融合更高级阶段的"融媒体"概念带来的是"媒介门类融会贯通"的理念更新。之后,不断有学者和业界人士建议用"融媒体"代替"全媒体"。除了包含全媒体之"全"的意思外,"融媒体"更注重各媒介之间的"融",也就是打通不同介质、平台,再造新闻生产与消费各相关环节流程,并熟悉各类采编技能等,能以最小的运营成本达到最好的传播效果。[①]

5. 未来媒体是当下媒体与未来发展走向的标示

从媒体的概念变迁中我们也可以看到,关于"未来媒体"学界和业界尚未形成明确而统一的概念。本报告采用"未来媒体"的概念,主要是强调其战略性和方向性,而不是阶段性和相对性。当然,未来媒体与当下媒体的联系是紧密的,未来媒体的发展根植于当下媒体,通过当下媒体的发展可以探究未来媒体的发展趋势。因此,本报告中的未来媒体,实际上是指当下媒体与未来发展走向的标示,是在大数据、移动互联网、人工智能、量子信息、虚拟现实、5G等新技术以及经济社会发展强烈需求的共同驱动下,基于传统媒体与新兴媒体融合发展大趋势,以用户为导向,以数字创意为基础,以互联网为主导,以计算机信息技术为驱动的新型媒介和新型媒介组织,主要包含三层含义。一是从字面上看,未来媒体即未来的媒体,即现在之后所有的媒体形态。为方便研究,这个时间跨度一般为5~10年。时间跨度太短则变成了当下媒体,时间跨度太长又会因为媒体技术的迅速革新而失去现实意义。二是从内涵上看,未来媒体即超媒体,它既包含也拓展了媒体的内涵,未来媒体以新兴媒体为核心层,外延至由AR、VR、MR构成的强调体验的混合现实互联网和以大数据为核心的智能互联网(含物联网)等;

---

① 李玮:《跨媒体·全媒体·融媒体——媒体融合相关概念变迁与实践演进》,《新闻与写作》2017年第6期。

未来媒体蓝皮书

同时，未来媒体又超出了传统意义上媒体的范畴，除了具备传递信息的基础功能之外，还集合了社交关系、产品服务、使用场景等要素，未来媒体的平台性作用越来越凸显；媒体的跨界融合，使媒体向其他行业延伸，融合出新的媒介产业类型，媒体外延性不断增强，未来媒体不断呈现更多可能。三是从趋势上看，未来媒体是泛媒体，"万物互联，万物皆媒"的现实越发明显。正如牛津大学互联网研究院院长卢西亚诺·费洛里迪在《第四次革命》一书中所言"任何技术都有一个显著的特性——媒介"，从某种意义上说，每一次与媒体有关的技术变革，都是对未来媒体的开启。

二 未来媒体发展的环境分析

2016～2017年，中国政府相关管理部门连续出台一系列与未来媒体发展紧密相关的具有重要意义的政策文件，扶持推动与引导监管并重，使未来媒体发展的环境不断优化，具备了较强的推动力。尤其是党的十九大开启了新时代中国特色社会主义新征程，标定了党和国家事业发展新的历史方位，也为中国未来媒体发展提供了新的时代坐标和历史机遇。

（一）媒体融合发展已成常态，平台整合运营趋势明显

2017年，距中央全面深化改革领导小组2014年第四次会议审议通过《关于推动传统媒体和新兴媒体融合发展的指导意见》，将媒体融合发展战略上升为国家战略已有三年。2017年，媒体融合发展逐步向纵深推进，融媒体传播渐成常态。

2017年5月，中共中央办公厅、国务院办公厅正式印发《国家"十三五"时期文化发展改革规划纲要》，明确提出"现代传播体系逐步建立，传统媒体与新兴媒体融合发展取得阶段性成果，形成一批新型主流媒体和主流媒体集团"的目标任务，并提出"推动融合发展尽快从相'加'迈向相'融'，形成新型传播模式"。同时，纲要强调"进一步强化文化科技支撑，拟通过优化整合后的科技计划（专项、基金等），支持符合条件的文化科技

项目。运用云计算、人工智能、物联网等科技成果，催生新型文化业态。加强虚拟现实技术的研发与运用"。

2016年7月和2017年9月，国家新闻出版广电总局先后发布了《关于进一步加快广播电视媒体与新兴媒体融合发展的意见》和《新闻出版广播电视"十三五"发展规划》，提出了"把深度融合、一体发展作为关系行业生存发展的战略工程"，要"以自我革命的精神推进融合发展"。同时，提出了与未来媒体发展紧密相关的"抢占网络信息技术制高点，开展云计算、大数据、智能技术等关键技术研发和应用，完善以云平台、大数据等先进技术为核心的广播电视融合技术支撑体系"等内容任务，明确提出"智慧广电"战略全面推进等目标，开始迈出从"功能广电"向"智慧广电"升级的实质步伐。

2017年，"融合"成了未来媒体发展最鲜明的特征之一。主要表现在以下几方面。一是多种终端。用户面前不仅有手机，还有PC、Pad、穿戴式设备及其他互联网终端等。二是多元需求。用户不只是在包括互联网在内的媒体上寻找资讯，也将其当成一种休闲娱乐方式，同时还在媒体上从事工作和学习活动。三是多元群体。各类媒体的用户群体较为广泛，媒体中即使是互联网，其用户也日益广泛，并不只是年轻人。四是融合场景。很少用户只是在单一场景下使用单一终端，越来越多的用户在融合场景下自由地交替使用不同媒体终端以满足自己的多元需求。

2017年，以人民日报、央视新闻等为代表的主流媒体新媒体平台纷纷借助融合技术、内容、渠道的优势，形成新时代融合发展的新姿态，以自身为核心，推动不同范围内行业平台的整合运营。2017年2月，中央电视台推出"央视新闻移动网"，定位为平台型产品，尝试推动各级电视台的融合发展，同时也推动各级电视媒体与新媒体的深度融合发展，初步形成了广电主题主线报道的"国字号联合舰队"。而以湖北、浙江、山东等为代表的地方广电机构也大多结合各自实际建立了自己的融媒体中心或平台，推动自身媒体转型升级，同时积极探索平台整合运营，主要有三种模式。一是省级区域的云平台模式，其主要特点有三。①云平台就是打造一个"资源池"，以

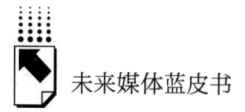

云平台一体化共享化的思维重新整合系统内局部之间的关系。②云平台既是媒体云,又都有向"新闻+政务+服务"综合云发展的趋势。③云平台作为支撑全媒体运行的后台,具有虚拟化、通用性、高伸缩性、廉价性和超大规模计算能力等显著优势,目前主要以湖北、江苏、浙江等为代表。如湖北广播电视台,以省域为基础搭建打造"长江云"融媒体平台,将之打造成为服务省、市、县各级媒体、政府机构的平台。浙江省广电集团以"中国蓝"云平台和融媒体中心为依托,对浙江省、市、县的新闻、政务及服务资源进行聚合与分发,形成全省区域媒体的联盟。二是津云模式,又称全媒体融合模式。津云平台融合了天津市广电、报刊和网络等主流媒体,包括中央驻津媒体、天津广播电视台、天津日报、今晚报、北方网等的相关优质资源,积极探索"播、视、报、网"的全媒体融合新模式。三是市县台联(融)合的平台模式。以山东"轻快"手机台为代表,进行全国跨区域的市县台联合、融合发展的探索。人民日报则对自己正在搭建的"党媒平台"如此介绍,"人民日报之前积极建设中央厨房,是解决人民日报自身融合的问题;现在正在积极搭建'党媒平台',并将其视为全国党报公共的中央厨房。要在市场竞争中取得传统媒体应有的对话权和溢价权,就必须实现行业内部的融合,党媒平台建立的目的在此"。

各主流媒体的融合发展探索实践也取得了一定成效。一方面,逐步抢占了一席之地,并逐步成为传播党的声音的主要阵地。如截至 2017 年底,央视新闻移动网的用户规模突破 100 万,其中日均活跃用户数达 18.7 万,央视新闻移动客户端的下载量达 6000 多万次。① 这些广电新媒体在重大主题宣传报道中与传统主流媒体相辅相成、同频共振,作用日益凸显。如党的十九大开幕当天,国内重点视听节目网站关于十九大开幕的视频总播放量达 2.18 亿次,总访问人数达 1.25 亿;而 IPTV 的总播放量达 5945 万次,访问

---

① 《央视新闻移动网用户数突破百万》,中广互联,http://www.tvoao.com/a/191910.aspx, 2018 年 1 月 5 日。

人数达3695万。① 另一方面，逐步成为培育新经济的重要引擎，产业规模日益壮大。如芒果TV2017年营业收入约33.85亿元，较上年增长86%，净利润达到4.89亿元，同比增长270%，芒果TV成为国内主流视频中第一个实现盈利的综合性视频平台。②

（二）政策与技术双轮驱动，人工智能战略日益强化

经过60多年的演变，尤其是在大数据、超级计算、脑科学、传感器技术与移动互联网等新理论新技术的推动下，人工智能呈飞速发展态势，目前已具有跨界融合、深度学习、人机协同等新特点。2017年，与信息化、大数据、人工智能等相关的诸多政策密集出台、技术创新不断涌现，使未来媒体发展具备了政策和技术的双重支持和保障。

2017年1月，工业和信息化部正式发布《大数据产业发展规划（2016－2020年）》，明确了"十三五"时期大数据产业的发展思路、原则和目标，进一步明确了促进我国大数据产业发展的主要任务、重大工程和保障措施；2017年12月，中共中央政治局就实施国家大数据战略进行第二次集体学习，习近平总书记强调，力争主动实施国家大数据战略，加快建设数字中国。

作为引领未来的战略性技术，人工智能日益成为全球竞争的新焦点。世界主要发达国家大都出台了规划和政策，把人工智能提升至国家竞争力和国家安全的重大战略层面，都力图在新一轮国际科技竞争大潮中掌握主导权。2017年3月，"人工智能"第一次被写入政府工作报告。2017年7月，国务院正式印发《新一代人工智能发展规划》，提出了"三步走"的战略目标。文件明确提出了建立包括跨媒体感知计算、大数据智能、人机混合智能等基础理论研究在内的新一代人工智能基础理论体系和建立包括跨媒体分析推理技术、混合增强智能新架构与新技术、虚拟现实智能建模技术等在内的新一

---

① 田进2017年中国网络视听大会主论坛演讲"深入学习贯彻党的十九大精神，奋力开创新时代中国网络视听新局面"。
② 《湖南快乐阳光互动娱乐传媒有限公司（芒果TV运营主体）2017年审计报告及财务报表》，http://corp.mgtv.com/a/20180402/1703577703.html。

代人工智能关键共性技术体系等重点任务。新一代人工智能发展规划是关系全局和长远的前瞻谋划,必然会给未来媒体发展带来重大历史机遇,面对新形势新需求,未来媒体必须主动求变应变,紧扣发展、研判大势、主动谋划、把握方向、抢占先机,引领媒体发展新潮流,带动国家媒体竞争力整体跃升和跨越式发展。

在国务院发布《新一代人工智能发展规划》之后,北京、上海、武汉等地相继出台推动促进新一代人工智能发展的实施意见或人工智能产业的培育行动计划等相关配套政策,部分地区还设立了人工智能产业发展专项资金。人工智能政策正在从中央到地方自上而下发酵,我国进入人工智能发展的"黄金窗口期",预计在不久的将来,会有更多地方性政策文件出台,从而形成多点齐放的局面。

2017年11月,科技部在新一代人工智能发展规划暨重大科技项目启动会上正式公布百度、阿里、腾讯、科大讯飞等首批4家国家新一代人工智能开放创新平台名单,这也标志着新一代人工智能发展规划和重大科技项目正式进入全面启动实施阶段。

2017年12月,工业和信息化部发布《促进新一代人工智能产业发展三年行动计划(2018-2020年)》,从推动产业发展的角度出发,以2018~2020年三年为期限,对国务院《新一代人工智能发展规划》的相关任务计划进行具体细化和落实。因具有较强的操作性和执行性,该行动计划在业界引起了较大反响。

以BAT(百度、阿里、腾讯)为代表的科技企业2017年纷纷对外发布各自的人工智能发展战略及技术成果。6月,腾讯宣布正式进军AI,向外开放其在智能语音识别、计算机视觉和自然语言处理等领域的人工智能技术。7月,百度正式宣布推出Apollo和DuerOS两个开放平台,并喊出了"All in AI"的口号。随后,腾讯也将自己原有的"Make AI Everywhere"的口号改为"AI in All"。10月,阿里成立达摩院,其主要研究领域涉及量子计算和机器学习等,涵盖基础科学和颠覆式技术创新的研究,正式启动人工智能领域争夺战计划。至此,BAT三巨头在人工智能领域的布局初步形成。2017

年 11 月，源自中国科学院计算技术研究所的寒武纪科技公司发布适合多种人工智能应用场景的全球新一代人工智能芯片，包括寒武纪 1M、1H8、1H16 等系列。2017 年 12 月 3 日，在第四届世界互联网大会"世界互联网领先科技成果发布活动"上，人工智能技术相关产品更是集中亮相，微软小冰——情感计算人工智能、阿里巴巴集团的"ET 大脑"、北京百度网讯科技有限公司的"DuerOS 对话式人工智能系统"、滴滴大脑等多项新技术被推荐为本届世界互联网大会领先科技成果，人工智能成为最突出的亮点。

随着这些互联网巨头在人工智能领域布局的深入，未来媒体 AI 领域必将进入"群雄割据"时代。我国人工智能发展具有巨大的开放市场及其所带来的海量数据资源等独特优势，也必将积极倒逼技术革新，最终在国家战略及政策的指导下，形成政策、技术和市场共同驱动的局面。而随着人工智能在未来媒体行业的应用不断深入，应用的业务范围和场景逐渐扩大，我们认为，媒体行业可能将迎来更巨大、更具颠覆性的变革。

（三）产业跨界加速，未来媒体与战略性新兴产业融合发展

2016 年 12 月 19 日，国务院正式印发《"十三五"国家战略性新兴产业发展规划》，将信息技术产业、高端装备与新材料产业、新能源汽车业和数字创意产业等列为支柱产业，提出实施网络强国战略，加快建设"数字中国"，力争到 2020 年总产值规模超过 12 万亿元，在新一代信息技术产业薄弱环节实现系统性突破。与未来媒体紧密相关的高速光纤网、新一代无线宽带网、下一代广播电视网、大数据、人工智能、数字创意等皆在其中。

战略性新兴产业代表新一轮科技革命和产业变革的方向，加快战略性新兴产业发展，是引领产业结构优化升级、转变经济发展方式、抢占未来发展制高点的重要途径。而未来媒体产业在大数据、移动互联网、人工智能、量子信息、虚拟现实等技术的推动下，横跨新一代信息技术产业（如包含新型显示终端 VR 等在内的新型显示产业、"互联网 +"、大数据和云服务、新一代无线宽带网、下一代广播电视网等）、高端智能制造业（如机器人写作、传感器新闻等）和数字创意产业（如虚拟现实、增强现实、全息成像、

手机动漫、影视传媒、网络视频等）等，甚至延伸至新能源汽车、新材料产业等领域。未来媒体产业既是新媒体产业，更是战略性新兴产业的重要内容和组成部分。未来媒体产业与战略性新兴产业呈现出强烈的融合发展特征。

自《"十三五"国家战略性新兴产业发展规划》发布以后，未来媒体产业与战略性新兴产业融合发展加速，产业结构不断优化、产业投资不断升温、产业创新不断涌现，未来媒体产业已经成为战略性新兴产业的重要力量。

（四）监管与引导并重，未来媒体发展步入良性轨道

移动互联网以其泛在、连接、智能、普惠等优势，已成为创新发展新领域、公共服务新平台、信息分享新渠道。移动互联网新技术、新应用、新业态不断快速发展，一方面，移动互联网在人们学习、工作和生活中的重要性日益凸显，已成为人们新的重要空间；另一方面，移动互联网的安全问题也日渐突出，并逐步向相关领域传导渗透。2017年1月16日，中共中央办公厅、国务院办公厅正式印发《关于促进移动互联网健康有序发展的意见》，为促进我国移动互联网健康有序发展提出了指导意见。尤其是在防范移动互联网安全风险、推动移动互联网创新发展、强化移动互联网驱动引领作用等方面都有明确意见，力图全方位推进移动互联网健康有序发展。

2017年6月1日，这是我国互联网界一个具有标志性意义的日子。出台于2016年11月7日的《中华人民共和国网络安全法》自这一天起正式实施。它是我国第一部关于国家实施网络空间管辖的综合性法律，表明我国将已有的网络安全实践上升为法律制度。网络安全法既通过立法形式为网络强国战略提供制度保障，也对网络安全挑战这一全球性问题提出了中国方案。

2017年，互联网新闻信息服务领域的相关法律法规也进一步健全，互联网新闻信息服务行业的发展会更加规范。由国家互联网信息办公室发布的《互联网新闻信息服务管理规定》自2017年6月1日起开始施行，同步施行的还有《互联网新闻信息服务许可管理实施细则》与《互联网信息内容管理行政执法程序规定》。这一系列管理规定的出台，标志着网信执法进入实质性阶段，真正意义上的依法管网、依法治网的时代已经到来。随后，《互联网跟帖评论服务管理规定》(2017年8月25日)、《互联网论坛社区服务管理规定》(2017年8月25日)、《互联网群组信息服务管理规定》(2017年9月7日)、《互联网用户公众账号信息服务管理规定》(2017年9月7日)、《互联网新闻信息服务单位内容管理从业人员管理办法》(2017年10月30日)、《互联网新闻信息服务新技术新应用安全评估管理规定》(2017年10月30日)等文件也相继出台。

2017年,在国家连续出台互联网行业政策的背景下,国家新闻出版广电总局作为网络视听行业主管部门,从调控管理入手,相继发布了一系列文件、公告,包括公布调整《互联网视听节目服务业务分类目录(试行)》的通告,印发《关于进一步加强网络视听节目创作播出管理的通知》《关于加强网络视听节目领域涉医药广告管理的通知》等,注重引导和培育,为网络视听发展营造有序空间,促进网络文化繁荣健康发展。2018年3月以来,国家广播电视总局继续出台系列整改举措,肃清网络视听空间,特别是责令个别视听新媒体平台关停、整顿其相关问题视听产品,"出重拳、下狠手"的整改举措受到社会各界人士的普遍称赞,要求各平台强责任、修内涵、知底线的舆论呼声越来越高。这一系列举措传递着行业监管贯彻"线上线下标准一致"的管理原则,加大企业的违法成本,严厉打击"一边写检讨,一边挑战底线"的擦边球行为。让违法违规者明白,依靠挑战底线获得的利润只是一时的,最终将得不偿失;更让用心提供向上向善的优质网络视听内容、主动承担社会责任的传播主体明白,正能量的成果是受到保护和鼓励的。

以上一系列文件的出台,促使未来媒体发展步入良性发展轨道,为未来媒体发展进入规则监管下的理性繁荣奠定了基础,也为未来媒体的业态创新和加速发展带来了机遇。

三 未来媒体发展的热点创新

2017年,随着移动互联网、大数据、人工智能、虚拟现实等新技术新应用与未来媒体的发展不断深度结合,未来媒体新技术不断完善,未来媒体

的业态、内容和传播方式等不断丰富和提升，在移动创新、智能创新、场景创新等方面不断取得进展。

（一）移动创新

2017年，随着用户使用习惯的改变，移动互联网及智能设备的进一步普及再次掀起了我国媒体在移动端应用快速发展的热潮，移动创新无疑成为中国媒体发展的主流方向，移动端产品成为媒体产品的标配，呈现以下三个特点。

1. 移动端规模已趋成熟

据App Annie的统计，截至2017年底，全球App年度下载量（包括中国第三方Android App下载量）达1781亿次，其中，中国地区高达793亿次，位居全球第一。网络新闻等基础应用和视频、游戏、文字等娱乐类应用进一步向移动端转移，使用率在一年内平均增长11.3%。中国互联网络信息中心统计数据显示，截至2017年12月底，我国手机网民规模已达7.53亿，网民使用手机上网的占比由2016年的95.1%提升至2017年的97.5%。其中，手机网络新闻用户规模达到6.20亿，占手机网民的82.3%，年增长率为8.5%。[①] 在移动端规模继续扩大的同时，我们也发现：一是未来媒体移动端产品和服务已覆盖新闻媒体、社交媒体、视听媒体、搜索引擎、知识平台等，类型日趋多样化；二是移动端网民的增长开始转入缓慢上升阶段，且整体增速均呈下降趋势，人口流量红利消失殆尽。TalkingData发布的《2017年移动互联网行业发展报告》显示，中国移动智能终端规模增速自2016年第二季度起连续七个季度低于2%。

2. 移动端黏度继续增长

艾瑞咨询mUserTracker监测数据显示，2017年新闻媒体的移动客户端月度使用时长较2016年增长均在40%左右。用户使用时长增加的原因主要有：一是用户对视频新闻的接受度日益攀升，从接触普通文字新闻逐步升级为视频新闻；二是各大新闻媒体根据自身优势不断推出相关节目来吸引用户；

---

① CNNIC：第41次《中国互联网络发展状况统计报告》，2018年1月。

三是个性化推荐以及新技术的应用，如 VR/AR 加入新闻报道等。

3. 移动端体验不断优化

从移动终端设备的使用情况来看，媒体移动端产品的使用和阅读体验正在不断优化。以对体验要求较高的网络视频为例，随着智能手机的普及化和大屏化，通过手机收看视频的体验与电视、电脑等设备的差距明显减小，加上手机在便携性、碎片化及私密性等方面的优势，网络视频消费的手机终端移动化趋势日益显著。中国网络视听节目服务协会 2017 年网络视频用户调研报告显示，网络视频用户的智能手机使用比例高达 95%，遥遥领先，比第二位台式电脑和第三位智能电视的比例总和还高（见图1）。用户在台式机、手机、平板电脑和电视等每天都看的设备中，对比 2016 年和 2017 年用户使用情况，只有手机呈上升趋势，其余皆有所下滑，具体如表1所示。

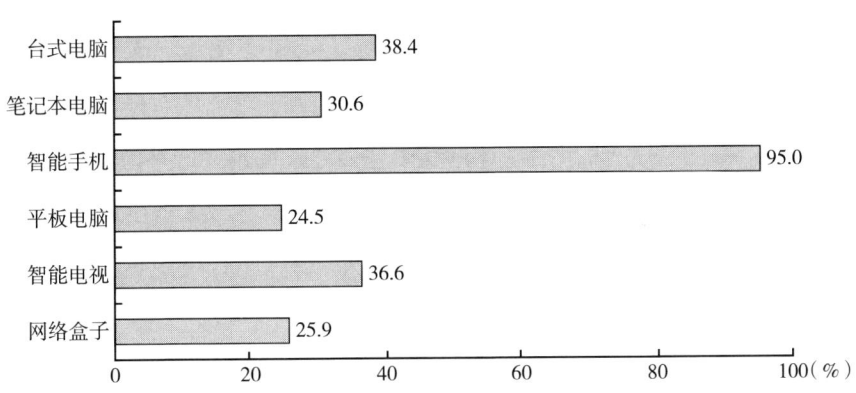

图 1　2017 年网络视频用户设备接触使用情况

表 1　网络视频用户设备接触使用情况（2016~2017 年）

单位：%

每天都看的设备	2016 年	2017 年	基本不看的设备	2016 年	2017 年
台式机	47.8	38.4	台式机	6.5	29.6
手机	45.8	56.1	手机	6.5	13.2
平板	50.4	18.3	平板	3.9	39.7
电视	56.4	28.5	电视	4.4	33.6

资料来源：2017 中国网络视听节目服务协会网络视频用户调研。

（二）智能创新

我们正处于移动互联网向智能时代过渡的时代，这也是未来媒体发展的大趋势。2017年，被誉为中国人工智能的应用元年，人工智能技术正加快寻求在传媒等行业落地融合的步伐。智慧媒体建设离不开大数据、人工智能等新兴技术的融入，以加速推动整个未来媒体行业的升级和变革。人工智能技术将来可以应用到包括制作、集成、传输、分发、接收等环节在内的整个未来媒体产业链条。目前，主要被应用到媒体的内容制作、智能化服务运营和智能家居场景建设等方面，二者融合呈现新态势，带给用户新体验，并呈现如下特点。

1. AI+平台：智能化平台

2017年12月26日，新华社推出"媒体大脑"，并正式对外服务。"媒体大脑"向媒体用户提供2410（智能媒体生产平台）、新闻分发、采蜜、智能会话、语音合成、版权监测、人脸核查和用户画像等八个模块功能，从策划到采访、编辑再到分发最后到评论反馈等全链条覆盖。这是国内第一个媒体人工智能平台，标志着国内媒体的智能创新已从单一产品向平台升级。"媒体大脑"就是以互联网为基础设施，利用丰富的媒体数据资源，对用户进行全局的即时分析。

在未来媒体发展中，数据资源将会比其他资源更重要，这是媒体智能化平台最基本的生产要素，将为未来媒体发展带来三个方面的突破。一是媒体治理模式的突破。向数据要人力，向数据要服务能力，解决媒体治理中的突出问题。二是媒体服务模式的突破。媒体的公共服务，如资讯推送，将进入精准和高效时代。三是未来媒体产业的突破。犹如电力、石油对其他产业发展的带动，开放的媒体数据资源作为重要基础资源，将推动媒体产业升级转型、创新产业发展。媒体智能化平台不仅是技术创新，更是机制创新。它必然加速数据从封闭到开放的观念转变，从而打通未来媒体的神经网络，对所有媒体用户进行即时分析和研判，让数据帮媒体思考、决策和运营。

2. AI+内容：智能化生产

2017年，各大媒体陆续布局并应用人工智能，加快向智能媒体、智慧媒体方向迈进的步伐。"主持机器人""写稿机器人"等层出不穷，"内容和演员选择""节目价值评价"等系统崭露头角，AI逐步应用到内容创作和传播过程当中，实现了新闻采编和节目制作的智能化生产与呈现。主要有以下几种表现。一是机器新闻技术更新换代，由以模式化新闻生产为技术核心的中国第一代机器新闻技术向以智能化为核心的中国第二代机器新闻技术过渡，信息抓取更加高效，新闻生产效率更高，同时具备自主学习功能。据统计，仅在2017年两会期间担任时事新闻写作及报道的机器人就有15个。而智能机器人微软小冰于2016年12月就以人工智能特约记者的身份入职钱江晚报。小冰除了人工智能特约记者的身份外，还兼当机器人客服。上线才半年，小冰已在版面和客户端累计发稿300多篇，服务用户总数高达122万人次。[①] 二是人工智能应用节目生产评价日益增多。如中央电视台2017年12月推出的《渴望现场》节目，基于深度学习的人工智能算法和海量音乐专家的评分数据，人工智能"小渴"从音准、音域、语感、乐感、节奏、调性等六大维度，自动学习专业评审的评判标准和音乐中的优秀元素两者之间的内在关联，经过海量实例分析学习，形成了一套相对客观的评判系统，对18位来自不同行业的音乐爱好者进行科学评分。同时，"小渴"又进一步通过节目录制采集到的声音案例，继续为其下一步的升级研发做准备。三是无人机、无人船等已较广泛应用于媒体内容生产。

整体而言，许多媒体已经初具布局"AI+内容"的基础和条件，人工智能将从内容获取与展示、内容生产与制作、内容分发与传播、内容聚合与监管等层面助力未来媒体实现更高效的产出、更低成本的运作，实现内容与用户的智能化传播与互动，革新用户体验和内容价值，打造智慧化媒体。

3. AI+运营：智能化服务

目前，人工智能技术已初步应用到媒体运营中，精准聚焦目标用户，实

---

① 《钱江晚报发布首个人工智能机器人客户端"浙江24小时"》，http://www.xinhuanet.com/zgjx/2017-08/24/c_136551102.htm。

施智能化服务。主要包括三大类：一是节目内容运营，如电视购物等；二是广告运营，如广告精准投放等；三是用户分析服务，包括用户画像、客户服务和用户关怀等运营环节。新疆广电网络推出基于人工智能的多屏智能门户管理系统，包括：①基于用户行为数据可形成自定义门户、应用；②基于多屏融合的用户关怀管理系统，针对不同用户进行管理、分析、关怀和运营，从而提高针对性，提高用户忠诚度，延长用户生命周期；③基于多屏融合的支付管理系统，以用户为中心，建立高效、稳定、安全、功能齐全的支付服务体系等，为运营商重构用户价值。

牛津路透新闻研究所2017年6月发布的年度新闻业报告（*Reuters Institute Digital News Report 2017*）显示，54%的受访者更喜欢通过算法来筛选新闻，这大大超出选择编辑或记者"把关人"模式下的比例（44%），对于年轻用户和智能手机用户来说更是如此。而人工智能基于对用户的使用习惯的交互沟通越多，其对用户的理解就越深、越准确，从而在后台建立完整的用户画像，并尝试进行情感识别，为用户推荐更加个性化、定制化的内容，用户使用越多，人工智能的推荐就越贴合用户需求，用户点击率也会越高，从而真正实现精准化运营。

4. AI + 场景：智能化生态

人工智能一定要与具体场景相结合，才能发挥真正价值。应用场景不同，各应用场景的人工智能相关度也有所不同。以人工智能的语音交互技术涉足未来媒体的应用场景为例，智能语音识别技术是人工智能近些年发展较为迅速、较为充分的领域，也是打造智能家居生态体系的重要入口，iiMedia Research（艾媒咨询）的调查数据显示，语音识别的人工智能是最受手机用户认可的，高达46%，比第二位的智能家居高5.5个百分点，这也直接体现在2017年AI音箱的火爆上，以至于有人戏言2017年是AI音箱"百箱大战"的一年。目前国内智能音箱产品主要有三类。一是以喜马拉雅"小雅"为代表的产品，大多是做音频产品出身，与传统音箱最为接近，由于其在内容资源上有一定积累，较注重内容智能，能够提升用户的交互体验。二是以Rokid、出门问问等智能公司为代表的产品，这类产品虽然也有音乐、有声小说等音频内容，但这只是其产品的众多功能之一，产品的重点和亮点更多的是在语音交互和连接智能家居上。三是以阿里、京东、小米、联想等公司为代表的产品，这些产品的背后有着强大的智慧化商业生态。当然，智能音箱绝不仅是一种音箱或音响产品，它更是一个跨界融合产品，是涵盖了内容服务、互联网服务及语音交互功能的智能化产品，既具备互联网连接功能，提供信息查询、网购等互联网服务，也能提供广播、音乐、有声读物等音频内容服务，且还能与智能家居实现连接，实现场景化智能控制。

智能语音交互技术让用户从过去的手机物理界面中解脱出来，也从纷繁复杂的工具栏以及菜单选项中解脱出来，既提升了与智能终端交互的便捷高效性，也提升了人机交互的流畅度。近年来，广电行业一直努力探索智能语音技术的应用，主要表现在三个方面。一是积极探索将智能语音技术应用到广播电视节目制作的全流程。如合肥广播电视台，与科大讯飞公司合作开展智能语音技术在节目制作中的应用，建立了全新的人机交互机制，实现了智能虚拟播报系统、智能文稿唱词系统、智能会议系统和智能编目检索系统等功能，既改变了传统广电节目制作方式，也大大提升了节目制作的质量和效率。二是属于智能终端制造的智能电视。建立在智能语音识别技术基础上的智能电视被视为下一个"风口"，许多智能终端制造企业和互联网巨头纷纷布局涉足。三是探索智能语音技术在智能家居领域的应用模式。如作为智能家居产业链中重要主体的广电网络运营商，不再将自己定位为简单通过专用有线广电网络提供有线电视服务的运营商，而是将自己定位为提供包括从互联网接入、视频点播、云存储和应用等在内的物联网服务的综合服务提供商，视频服务仅是所提供的综合服务的一部分。广电网络依托家庭用户的优势，以"AI+场景"为出发点，积极探索打造智能家居生态体系。

随着移动互联网和人工智能技术的不断发展，加上各种应用的日益普及，场景的价值越来越大，如何实现人工智能的场景化，使"人工智能时代"与"场景时代"更好结合，将是未来媒体努力的一大方向。

（三）场景创新

业界、学界宣布"场景时代"已经到来，并提出构成场景的五种原力为移动设备、社交媒体、大数据、传感器和定位系统。未来媒体的发展离不开技术的创新，也离不开场景的创新。在移动化和智能化两大因素的推动下，我国未来媒体的应用场景创新日益凸显，场景创新呈现碎片化、多样化、互补性和即时性等特征。

1. 碎片化

随着生活节奏的加快，人们所处的场景更加碎片化。2017年，以手机为首的移动终端已经成为我国媒体用户的第一设备，占据了用户90%以上的时间，也占据了大多数用户的碎片化空间场景。如在线音频，因为其碎片化和伴随性特点，用户在跑步健身、开车、家务、睡前睡醒后等各类场景中都在使用。而这种时间、空间的碎片化，一方面不断放大了"长尾理论"的特征效果；另一方面用户使用媒介的总时间也不断攀升，媒介的使用和替代也不再是简单的"零和游戏"。

2. 多样化

被形容为"人体器官的延伸"的移动端设备正从随身变得贴身，其优势就是把卧室、客厅、书房等生活、学习和休闲场景既不断切割细分同时又在有限时空里努力开放扩张，用户也由此逐步习惯于通过场景感知来快速高效解决问题的"场景时代"。2017年场景创新之所以会以智能音箱切入，主要因为：一是家庭环境中的私密性较好；二是语音干扰较少；三是家里的移动Wi-Fi网络可以支撑智能语音助手随时在线；四是家居场景的多样化，家居包括生活、休闲和学习等场景，需要智能语音助手服务的场景较为多样，比如听广播、听音乐、找手机、开关灯、叫外卖等，而最重要的是，这些皆可通过和智能音箱进行语音交互完成，比手机更便捷。

3. 互补性

不同终端之间有场景应用的互补性。如PC端和手机端之间，如果说PC

端的场景应用更多的是专业工作和学习的情感属性，移动端则多了些休闲的情感和社交属性。用户在不同终端中的使用行为往往是关联互补的，而非割裂的，不同终端的使用行为共同构成了用户的媒体应用场景，这也就有了视频应用的大小屏互投连续观看的场景应用。

4. 即时性

传感器延长了人类的感官，也延伸了人们的感知力；定位系统不断提升着各种基于位置的应用服务；VR/AR/MR 重构"在场"效果。随着传感器网络、定位系统和 VR/AR/MR 的不断融合，其所触及的场景不断丰富，可以持续提供给用户即时所需的"实时体验"场景。如中超足球联赛 2017 赛季微鲸 VR 直播，尽管还有很多需要继续提升的地方，但其 180°VR 直播已让用户有一种坐在场边上的特等席观看比赛的体验。

四 未来媒体发展的前景趋势

除融合化、移动化、智能化和场景化等发展趋势之外，未来媒体至少还有以下三种发展趋势。

（一）新思维：区块链+未来媒体发展

区块链技术，简言之，就是一种去中心化的、共享和加密的分布式账本技术。主要有三个特点：一是去中心化，故具有无须中介参与的优势；二是可追溯，过程高效透明且成本很低；三是不可篡改，因此数据安全度高。2016 年 12 月 27 日，国务院印发《"十三五"国家信息化规划》，提出强化包括区块链在内的新技术基础研发和前沿布局，构筑新赛场先发主导优势。有观点认为近段时间以来区块链媒体备受资本"宠爱"，区块链媒体投资过于"疯狂""浮躁"，区块链投资充满泡沫等。当然，对于区块链技术在媒体的应用应保有理性，但区块链作为价值互联网的底层技术，其对未来媒体行业产生的正面影响绝不可忽视。区块链技术可在四个方面给未来媒体发展带来新思维、新思路。

1. 推动并改变内容生产方式

一方面，区块链技术的"去中心化"特点将会使未来媒体的组织架构真正实现扁平化，从而实现内容资源的统一、集约利用、挖掘和再开发，带来媒体相关职能和流程的转变。基于区块链网络，未来媒体在全球各地建立虚拟编辑部将不再是幻想。另一方面，区块链技术将进一步推动内容生产的社会化、多元化。内容生产者能够通过区块链技术的智能合约，直接对自己所生产制作的内容进行相应定价，其收入将从相应的打赏或内容订阅的费用中获得，通过区块链技术一种新型的内容付费模式将就此形成。而未来媒体还可以通过区块链数字认证来搭建社群媒体平台，将UGC（用户生产内容）变为PGC（专业生产内容），这不仅将大幅度降低新闻线索搜寻成本和新闻采编成本，也将实现线索—采编—发布—反馈的全过程透明高效的"流水线"工作协同。

2. 内容版权将得到更好保护

区块链的可追溯和不可篡改的技术特点，可帮助构建全网侵权监测系统和版权自助交易平台。区块链的大规模应用，可以为内容作品跨平台的版权交易和数据增值服务提供可靠保障，届时侵权和盗版将几乎不可能实现，内容的真实性也将大大提高；也可以为内容生产者、制作者享受到作品的版权收益和知识付费价值提供保障。同时，区块链技术还可追踪新闻来源，实现媒体信源认证。2017年6月9日，中国数字内容区块链版权联盟正式成立，尝试构建一个去中心化的、可信的、可追溯的数字版权内容流通生态。日本Tech Bureau公司的"猕讯"（Mijin）也已在探索实践中。

3. 内容付费模式将更加创新

首先，区块链的应用将使内容生产制作过程更加高效和透明，也能更准确追踪所有内容产品的版权归属，从而更好地保障内容生产制作者和所有者的合法收入。其次，区块链可以为内容付费提供更灵活多样的微支付模式，甚至可以为单个单次喜欢的内容付费，而不需要包月或按季度，更无须按年度支付。再次，区块链的微支付模式将有效降低金融手续费，从而使更多方受益。这是用户、内容生产者、媒体平台三方共赢的商业模式。"区块链+

未来媒体产业"是内容付费模式的创新,未来媒体的产业盈利必将很快产生新的模式。

同时,媒体广告投放更加精准。2018年2月8日,美国互动广告局(IAB)发布首部关于区块链技术白皮书《区块链在视频广告的应用:发行商和广告主使用案例市场快照》,该报告显示,区块链技术非常适用于数字视频广告尤其是OTT广告,可带来更高效和更可靠的供应链,降低发布商和广告主的成本并减少广告欺诈问题。目前广告投放、监测和效果评估都依赖投放平台自己或第三方,数据来源不一,也无法避免数据造假问题。通过区块链的智能合约等方式,对数据进行安全防篡改,且过程可以回溯,从而较有效避免作弊行为的出现;再通过P2P分布式节点的记账,也能较好地实现广告的价值。

4. 媒体跨区域运营可能破题

新兴媒体从其诞生之日起大都没有行政边界的束缚,也就没有跨区域运营的困扰。而以广播电视等为代表的传统媒体,尤其是地方媒体则至今依然受到行政边界的限制,如各地市地面频道依然无法进行跨地区传播运营,1982年确立的广播电视"四级办"的体制,曾大大调动了地方的积极性,全国广播电视得到了繁荣和发展。但到了今天,在互联网背景下,广电媒体如何突破现存体制机制之间的矛盾,进行"跨地区、跨媒体"融媒体发展探索,"四级办"传统广电体制如何构建广电新型传播体系,也许"去中心化"的区块链技术可能为之破题。

尽管"区块链+智能媒体"的未来媒体生态尚未成型,但已隐约展露出诸多机会和可能。

(二)新空间:5G+未来媒体发展

《"十三五"国家信息化规划》已明确提出"到2020年,5G技术研发和标准制定取得突破性进展并启动商用"。中国移动、中国联通和中国电信三大运营商也都已开始布局5G网络建设和5G技术测试实验。与4G相比,5G网络技术主要有三大特点:一是极高的速率eMBB(Enhanced Mobile

Broadband),速度是4G的10~100倍;二是极大的容量mMTC(Massive Machine Type Communication),可以实现同时接入网络的终端数量达到4G的1000倍;三是极低的时延URLLC(Ultra Reliable Low Latency Communications),网络时延能缩短到1毫秒以内,是4G的1/50,甚至更短。

2G时代,手机的主要功能是打电话,2G时代本质上还是人与人连接;3G/4G时代,随着速率的增加,在人与人连接的同时,开始尝试人与物连接,人们刷各种二维码就是例子之一;到了5G时代,人与人连接将同人与物连接、物与物连接等共同形成一个连接矩阵,每个人、每个物都会成为这个矩阵中的一个小节点,智能机器人、智能汽车、智能家居、智慧城市等,人人、人物和物物之间都在5G信息高速公路上相互交互数据,形成一个大的数据网络。如果说2G向3G的转变是实现由基本通信向个人应用的跨越,4G向5G的转变则将实现由个人应用向行业应用的转变。5G时代,未来媒体将发生以下变化。

1. 新兴移动视频应用爆发

主要表现在两大方面。一是大视频时代将真正到来。5G的网络峰值速率可达10Gbps,用户下载1部超清电影理论上仅需1秒钟,大视频驱动流量将继续爆发,加上90后和00后年轻消费者逐渐成为消费主体,综合视频、短视频、视音频直播等将成为新闻资讯和信息消费的主流方式,而且,随着人们对视频清晰度的体验要求逐步提升,在线视频市场将攀升至更巨大规模。二是各种移动视频的新应用将层出不穷,"百花齐放"。如参与留言跟帖或话题讨论的互动方式将可能是视频评论、短视频留言等新形式。

2. 传输和分发将更加多元

5G传输技术具有可以同时接入4G的1000倍终端数量的极大容量,这也将改变媒体的传输与分发渠道。首先,新闻的采集传输将大量采用5G传输技术;其次,传统有线电视网络在广播电视节目传输领域独领风骚的格局将被打破,其引以为傲的"可上传上百套直播广播电视节目"将不再具有优势;最后,随着5G传输分发管道的提升,更加个性化、窄播化的内容分发将成为可能。

3. VR/AR/MR 技术将普及应用

由于 4G 无线网络传输速率较慢、传输时延较长，现有的大多 VR/AR/MR 设备既限制了用户的使用范围，也影响了用户体验。而 5G 的毫秒级极低时延特性将有效解决当下虚拟现实体验时的时延所导致的眩晕感这个难题。当下 VR/AR/MR 还暂时无法大面积普及的原因有很多，其中之一就是清晰度不够，这也大大影响了用户沉浸体验的效果。但在 5G 时代，除时延外，5G 的超高传输速率也能很好地满足 VR/AR/MR 对数据传输的要求。

4. 可穿戴设备将大大增加

智能可穿戴设备作为媒介延伸了人的感官，不仅为信息提供简单的传播功能，同时亦包含媒介的述行性"制造者"功能。[①] 目前，可穿戴设备的市场有点模糊，发展略显尴尬，主要原因有两点。一是大部分可穿戴产品的很多功能实现需要手机端配合完成，导致用户觉得可穿戴设备缺乏实用性而更愿意使用手机。二是目前的可穿戴设备的功能趋同，甚至可以说严重同质化。大部分可穿戴产品功能大同小异，需求难以爆发。到了 5G 时代，超高速率、超低时延、超高密度将为可穿戴设备功能创新提供可能，而 5G 与 AI（人工智能）结合，可穿戴设备或将引来 5G 时代未来媒体应用的一个大爆发。

5. 媒体融合的维度进一步拓宽

基于 5G 技术，媒体融合的维度进一步拓宽，不仅包含传统媒体与新兴媒体的融合，还包含媒体与通信计算的融合、媒体与物联网的融合等，尤其是媒体与物联网的融合将是 5G 时代的一大重点，万物互联、万物皆媒的情形将日益明显，未来媒体产业的竞争格局将再次发生巨变。媒体融合的范畴将逐步突破媒体自身，同其他行业领域"跨界融合"。而跨界融合的趋势已初现端倪。如北京日报与银行业的跨界融合，南方财经与房地产业的跨界融合等。

---

① 王雅楠：《感官媒介·身体理性：智能可穿戴设备的审美分析》，《江汉学术》2018 年第 1 期。

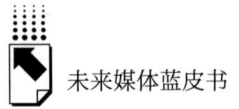

（三）新交互：无界面交互

媒体产品的发展是与用户不断交互成长的结果。目前，媒体产品的交互体验设计绝大多数从屏幕界面方案入手，而随着人工智能技术、5G技术和VR/AR技术的融合，更贴近人的本性的非屏幕无界面方案（语音交互、表情交互、眼动跟踪交互、多模态交互、情感计算交互等）将会如雨后春笋般涌现。如你早上起床，打个响指或语音交互，AI广播就为你播出；在你刷牙洗脸时，你前方的玻璃镜子（眼动跟踪技术）就会为你打开当天的最新视频新闻；当你走进汽车准备去上班，无须唤醒手机或者汽车音响屏幕，你定制的个性化频道便已为你打开……当然，VR/AR也将是用户与产品交互的最佳界面之一，人们将在虚拟与现实两个世界中来回穿梭，将在虚拟现实的世界完成诸多学习、工作和生活任务。或许电影《黑客帝国》中"你有过这种感觉没有，就是你吃不准自己是醒着还是在做梦""什么叫真实？你怎样给真实下定义，如果你说的真实就是你能感觉到的东西，你能闻到的气味，你能尝到的味道，那么这个真实就是你大脑做出反应的电子信号"的情形将会成为现实。无界面交互将以更符合我们的生活方式的形式自然出现，同时还将悄悄地改变我们的生活。

总体来看，随着我国互联网人口红利的逐步消失，未来媒体发展将逐步由用户增长驱动向用户价值驱动转变。用户的价值驱动将真正回归。除技术推动外，在未来媒体发展中，以用户为中心，以人为本的人性关怀和情感传播才是真正的竞争内核所在。

发 展 篇
Development Reports

B.2
移动交互与文化重塑

——中国未来媒体融合发展报告（2017）

宫承波 孙 宇*

摘 要： 在媒介融合不断深化、人工智能技术进步、传媒生态持续重构的背景下，未来媒体融合发展的时代已经到来。2017年，传媒领域的融合实践呈现移动为先、泛媒体化、交叉融合的特点。业务融合领域，形成了从中央到地方的"中央厨房"建设潮流；内容融合领域，传统媒体主动与技术公司联合打造有影响力的融媒体产品，网络文化环境得到重塑；技术融合领域，人工智能技术的发展深刻改变了内容生产和分发、媒介交互手段；跨界融合让未来媒体融合呈现更多的可能性，

---

* 宫承波，文学博士，中国传媒大学新闻学院教授，博士生导师，主要研究方向为传媒理论、媒体创意及文化创意产业；孙宇，中国传媒大学新闻学院硕士研究生。

产业融合的界限越来越模糊。以此为线索，未来媒体融合发展的基本趋势是智能融合、边界消融、垂直细分和万物皆媒。

关键词： 未来媒体融合　智能融合　万物皆媒　跨界融合

一　未来媒体融合发展的背景与相关概念

进入21世纪后，传统媒体逐渐意识到与新媒体合作的必要性，利用新技术对自身改造的同时谋求与新媒体的融合；2014年以后，移动互联技术深刻改变了媒介生态，特别是智媒技术的发展，让媒介融合呈现多种可能。

媒介融合是未来媒体融合的理论渊源。关于未来媒体融合的讨论，从2015年末就已经开始，但不论是从时间上还是从讨论的内容来看，未来媒体融合的研究依然处于起步阶段。这一方面是由媒介技术的快速发展导致的，另一方面则是由社会文化和媒介内容的复杂性决定的。不能否认的是，在眼花缭乱的未来媒介融合进程中，依然存在特定的融合规律，这也是我们关注未来媒体融合的重要原因。要想把握这一规律，就要站在当下这一节点上，以未来媒体融合的发展轨迹为基础，去展望未来媒体融合的发展趋势。因此，理清2017年未来媒体融合发展的思路，有助于我们掌握未来媒体融合发展的规律，预测未来媒体融合发展的方向，从而为行进到岔路口的各个媒介产业指明前进的道路。

本报告探究的是未来媒体的融合发展，以近几年媒体行业发展数据分析为基础，从业务融合、内容融合、技术融合和跨界融合四个角度分析2017年未来媒体融合的发展情况，对未来媒体融合的发展趋势做出预测，并提出建议。

智能媒体是未来媒体融合的理论核心。从技术上看，社会化应用、移动互联网、大数据计算使媒体愈加智能化，媒体自身形态和要素发生了剧烈改变；从内容上看，媒体的内容更能理解人的需求，体现着个性化和细分化的优势。智能媒体的实质就是传统媒体和新兴媒体融合演化、升级形成的媒体形态，代表着未来媒体融合的具体形态，未来媒体融合的核心逻辑就是智能化媒体。

需要指出的是，由于未来媒体融合概念的趋势性，对未来媒体融合的研究基本都是探索性的，但这并不妨碍我们去理解它。事实上，未来媒体融合的时代已然到来。

1. 未来媒体的概念

未来媒体，顾名思义，就是未来的媒体，它描述的不是过去，也不是现在，而是未来。既然是未来的媒体，它便可以指代此刻之后所有的媒体形态。但为了便于研究，一般以年份作为时间标准，这个时间跨度往往是5～10年。5～10年正好是能够把握的时间跨度，如果太短则研究的对象就会变成当下媒体，太长又会因为媒体技术的迅速革新而失去现实意义。

从字面上看，未来媒体包含了媒体的内涵，但已经超出媒体的意义。一方面，媒体超媒化，媒体除了传递信息的基础功能之外，还集合了社交关系、产品服务、使用场景等要素；另一方面，非媒体媒体化，随着媒体外延性的增强，越来越多非媒体的行业和企业，如金融、环境、科技等都将增加媒体业务。

此外，未来媒体与当下媒体的联系是紧密的，未来媒体的发展根植于当下媒体，通过当下媒体的发展可以探究未来媒体的发展趋势。

2. 未来媒体的融合

通过未来媒体的概念，我们可以看出，未来媒体是传统媒体和新兴媒体碰撞交流，升级演化成的全新的媒介形态，这个概念本身就有融合的含义。而谈论未来媒体融合，加上融合二字，一方面强调了未来媒体中融合的重要性，另一方面也对未来媒体的研究范围做出了限定。因为未来媒体的概念势必是极其宽广的，涵盖的领域特别庞杂，如果对未来媒体各个方面都做出论述，显然不太现实，而融合特别是智能融合是未来媒体的核心，从融合的角度来把握和理解未来媒体将是一个重要途径。

3. 平台型媒体

有学者对平台型媒体进行了定义：平台型媒体是既拥有媒体的专业编辑

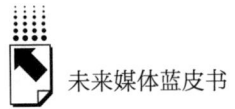

权威性,又有面向用户平台所特有的开放性的内容实体。① 简单来说,平台型媒体就是不仅仅依靠平台运营方进行内容的生产和传播,而是面向平台内所有用户,按照一定的规则,让他们有机会提供自己的内容和服务,展现自己的价值。平台型媒体不等于微博、微信等自媒体平台,它是一个开放性的服务平台,类似于各大网络服务商打造的开放性平台,如小程序就已有了平台型媒体的雏形。因而,平台型媒体与互联网的传播逻辑是相符合的,被认为是未来媒体融合发展的主流模式。

4. 沉浸媒体

沉浸媒体是能够使人进入沉浸式传播状态的媒介形态,主要包括虚拟现实、网络直播、人工智能等,由这些媒介形态产生了一批浸媒体产品,如VR新闻、脸书直播、谷歌连接等。当然,由于技术的限制和终端的昂贵,浸媒体产品许多还在实验阶段或是初步推广阶段,但是沉浸媒介让阅读新闻变成体验新闻、获取信息变成感受信息,对各类媒体起到了整合作用,让媒体进化和升级,在一定意义上说,未来媒体就是沉浸媒体。

5. 万物皆媒

万物皆媒实质是描述未来泛媒化的趋势。首先,它指的是物体的媒介化,依靠物联网技术、人工智能技术、云计算技术,各个物体间都能够进行互联,实现基础的媒介化;其次,万物皆媒指的是人体的媒介化,目前通过可穿戴设备已经能够让人体作为发射和接收信息的终端。在未来,万物皆媒将进一步向纵深发展,物体的媒介化将更加智能,人和物媒、穿戴设备的融合将更加紧密。

二 2017年未来媒体融合发展总览

经过多年的实践探索,中国媒介融合的领域不断拓展、程度不断深化,

---

① 喻国明等:《平台型媒体的缘起、理论与关键操作》,《中国人民大学学报》2015年第6期,第120~127页。

2017年已经进入深水区,面临一定的发展瓶颈。一方面,传统媒体遭到新媒体的严重冲击,一些媒体不得不转型或关停;另一方面,在政府的引导和支持下,一些媒体正寻求新的融合突破口。纵观2017年媒介融合发展的历史可以发现,最具活力的依然是媒介技术的变革特别是人工智能的发展导致融合主体、信息分发、互动方式方面出现新的特点和趋势,表明未来媒体融合潜力无限。

(一)融合在深化中进入瓶颈期

2014年以来,在中央对传统媒体和新兴媒体融合发展的意见指导和激励下,全国范围内的媒体对媒体融合实践进行了各种各样的探索,取得了一定的成果,给传统媒体和新媒体都带来了新的发展动力,但也遇到了许多困难。2017年,媒介融合进入深化阶段,但面临进一步发展的瓶颈。

2016年末到2017年初,《东方早报》休刊和《京华时报》停刊的消息给传统媒体带来巨大冲击,虽然纸媒遭受新媒体冲击已有一段时间,但这两份报纸的休刊和停刊还是给媒体行业带来思考。作为传统媒体,《东方早报》和《京华时报》都曾积极参与到媒介融合的大潮中来。

早在2012年,《京华时报》就发布云报纸产品,成为首家将图像识别技术与纸媒相结合的媒体,颠覆了纸媒的展现形式、传播方式及运营模式,一度被认为全新云媒体时代到来的标志,被评为当年中国传媒十大新闻事件。接下来的几年,《京华时报》也增设了微博、微信等新媒体业务,但始终无法扭转困境重重、亏损严重的境况,最终突围未果,于2017年1月1日停刊。

《东方早报》与《京华时报》的情况相似。2014年7月,《东方早报》正式上线澎湃新闻网站,作为纸媒转型和融合的新媒体产品,取得了巨大成功。但是其最终休刊,仍然证明了纸媒面临的窘境。

《东方早报》与《京华时报》的休刊、停刊也说明了媒介融合不能是简单的相加,而应该是深度的融合。目前,中国的媒体行业基本上已经结束了相加阶段,但在相融相生阶段遇到了瓶颈。突破目前遇到的瓶颈,实现化学

质变的新融合，未来媒体融合发展才能取得更大的突破。2017年的媒介融合中，虽然部分纸媒遭到关闭，但这让纸媒将主要精力转移到新媒体特别是移动终端上来，为之后的新融合蓄力。算法推荐的精准化、内容厨房的改良、智能技术的推出让我们看到了未来媒体融合的发展出路。

（二）政府引导推进融合有序化

媒体行业在初步探索媒介融合路径的时候，拥有很大的自由度，寻找适宜的发展方式，但是当媒介融合发展到一定程度之后，政府需要对媒介融合中出现的问题进行监管和引导，以提高融合的质量和效率。无论是传统媒体、新兴媒体，还是融合媒体，都必须坚持正确的舆论导向。

首先，政府的引导体现在资金的支持上。一些传统媒体由于业务下滑，本身就难以支撑日常运营的资金运转，更不用说投入大笔资金到媒介融合中去，这就需要政府给予一定的补贴，使其有能力进行融合。近两年，各级政府拿出大量资金支持媒体进行融合建设。2016年12月，河北省发布文件加强了对新闻媒体的财政支持力度，对省内各级新闻媒体的资金支持实现立体性覆盖。重庆市在给予传统媒体融合发展直接资金支持的基础上，还减免了税收并提供相关资源支持。深圳市和广州市也决定每年拿出一定财政收入用于支持相关报业集团的转型和媒体融合。政府的资金支持为传统媒体开展媒体融合提供了可能。

其次，政府的引导体现在政策的支持上。传统媒体担负着舆论引导的职责使命，政府对媒体融合的政策支持有利于新闻媒体发挥积极的舆论引导作用。2017年2月，中央全面深化改革领导小组通过了《关于深化中央主要新闻单位采编播管岗位人事管理制度改革的试行意见》等12个文件，增强了新闻舆论工作队伍的事业心、归属感、忠诚度，为媒介融合事业及传媒行业长远健康发展提供了坚实有力的人才支撑。[1] 对于媒介融合中的乱象，相

---

[1] 黄楚新、任芳言：《现阶段媒体融合发展问题与建议》，《中国记者》2017年第3期，第68~71页。

关部门也出台了一定的规定进行监管和治理。2017年，在国家连续出台互联网行业政策的背景下，国家新闻出版广电总局作为网络视听行业主管部门，从调控管理入手，相继发布了一系列文件、公告等，为网络视听发展营造有序空间，促进网络文化繁荣健康发展。4月7日，总局公布调整《互联网视听节目服务业务分类目录（试行）》的通告。6月1日，总局印发《关于进一步加强网络视听节目创作播出管理的通知》，对网络视听节目的创作播出进一步提出要求，强调网络视听节目与广播电视节目标准同一；未通过审查的电视剧、电影，不得作为网络剧、网络电影上网播出；导向不正确的电视综艺节目，不得以网络综艺节目的名义在互联网、IPTV、互联网电视上播出；不允许在广播电视播出的节目，同样不允许在互联网（含移动互联网）上播出；不得在互联网（含移动互联网）、广播电视等任何平台上以任何形式传播所谓"完整版"、"未删减版"、"未删节版"及"被删片断"等节目（含镜头片段）。8月15日，总局发布了《关于加强网络视听节目领域涉医药广告管理的通知》，网上网下共同治理违规广告，也表明广电行业主管部门对视听节目传播秩序的管理进一步升级。

2018年3月以来，国家广播电视总局出台系列整改举措，肃清网络视听空间，特别是责令个别视听新媒体平台关停、整顿其相关问题视听产品，"出重拳、下狠手"的整改举措受到社会各界人士的普遍称赞。2017年5月，国家互联网信息办公室发布《互联网新闻信息服务管理规定》，对通过互联网站、应用程序、论坛、博客、微博、公众号、即时通信工具、网络直播等形式提供信息服务予以明确规定。① 政府对媒介融合在资金和政策上的引导，有利于媒体融合朝着有序化、健康化、规范化方向发展，给媒介融合注入动力，是未来媒体融合发展的保障者。需要注意的是，未来媒体融合还在探索阶段，在传播渠道、发展途径、使用手段上并没有固定模式，政府的监管和引导是方向性的，而不能面面俱到，限制了发展的思路。但对于媒介

---

① 《网信办关于〈互联网新闻信息服务管理规定〉答记者问》，凤凰科技，2018年5月3日，http：//tech.ifeng.com/a/20170503/44581723_0.shtml。

融合中出现的重复建设、资源浪费的情况,政府有必要引导媒体制定出科学的发展方案。

(三)技术导向型的多层次融合

从传媒产业的形态来看,媒介融合可以划分为内容融合、网络融合和终端融合三大媒介产业活动环节,由此媒介融合产业就包含了内容融合产业、渠道融合产业和终端融合产业。未来媒体的融合将是无边界的融合,对于2017年的媒介融合来说,各大媒介融合产业依然存在一定的边界,但已经具备了新的面貌,如打破融合产业边界的业务融合、跨界融合,由内容产业升级为大内容产业的内容融合,由媒介技术特别是人工智能技术引发的技术融合。

不论是早期的媒介融合,还是未来媒体融合,技术的应用都是融合发展的直接推动因素,融合的过程表现出明显的技术导向性。随着数字技术、卫星技术、互联网技术、多媒体技术的进步,这些技术在传媒领域的应用日益成熟,而以数字技术为代表的新技术的高度渗透性和无边界性使得相同技术可以应用于不同媒体终端,从而导致不同媒体之间的界限日益模糊,新的媒体形态不断出现[1],这是传统媒介融合的基本逻辑。

在传统媒介融合的基础上,由于人工智能技术的发展,未来媒体融合除了包含不同媒体之间的融合外,还包括人体和媒体、人体和物体、媒体和物体之间的更多层次的融合,未来媒体融合是技术导向型的多层次融合。

三 业务融合:从中央到地方的"中央厨房"建造

顺势而为,主动应对媒介市场变化、参与媒介融合创新,理应是媒介融合环境中各方的积极策略,但实际上,许多媒介融合主体是被迫卷入媒介融合进程中来的。不参与到媒介融合浪潮中来,就注定被市场淘汰。在这种形

---

[1] 宫承波:《媒介融合概论》(第二版),中国广播影视出版社,2016,第23页。

势下，市场环境倒逼媒介融合，出现了以"中央厨房"为代表的极具特色的媒介融合新模式。

（一）"中央厨房"建设的全面普及

近年来，全国各级媒体都在积极建设和打造"中央厨房"，形成了中央到地方的"中央厨房"的全面建造形势，"中央厨房"成为2017年媒体融合的主流。

媒体中的"中央厨房"借用了餐饮业的概念，是指内容素材进入"中央厨房"素材库当中，供媒体机构内各种传播渠道、下属媒体部门进行编辑、加工和使用，生产出各类新闻产品，提供形态各异的媒体服务，并逐级发布和传播。这种内容素材的集约化管理，能够提高内容的使用率，减少同一内容的重复采集，提高传播效果，降低传播成本。最有代表性的是人民日报的"中央厨房"，它不仅为人民日报内部服务，还通过合作方式为全国媒体提供内容服务，最大程度地利用内容资源。

2017年两会期间，中国青年报推出了自己的"中央厨房"工程——"融媒小厨"，将着力点放在移动端上，把视频作为融合的汇合点，不同部门和产品都与融媒小厨相连接，推动报网融合和落实"部门主导，三端融合"。

地方媒体上，广西日报推出了"广西云"融媒体生态系统，将广西传统媒体和新兴媒体深度融合，可以概括为"一个系统，三个平台，四种形态，五类产品"，包括"新闻+政务+服务"三个平台，汇聚"报、网、端、微"四种形态，形成"网站+手机网站+手机客户端+微博+微信"五类产品矩阵。

（二）"中央厨房"内业务融合特点

各式各样的"中央厨房"是在市场压力下媒体做出的新应对模式，这种模式一般带有自身特色，基本以传统媒体为主导，"中央厨房"的功能不断扩展，运营思维逐步清晰。

这些"中央厨房"将传统新闻的采编流程整合到一套人马之下,人力、内容、渠道等资源得到统一调配和处理,在一定程度上提高了各类新闻素材的利用效率和传播效率,有利于打造融媒体产品。但这种业务融合需要大量的基础设施和人员,成本较高,一些媒体建设完"中央厨房"却较少使用,部分县级媒体也在打造"中央厨房",这势必造成资源的浪费,与融合的目的背道而驰。

四 内容融合:媒体积极打造现象融媒体产品

内容融合产业位于媒介融合产业链上游,指的是不同媒介形态的内容,依靠数字技术和数字化终端形成跨平台、跨媒体的使用,多层次、多类型的内容融合产品。①

(一)主流媒体与新兴技术联合

在过去,媒介融合中的内容融合产品基本都由市场化网络媒体和互联网技术公司主导,传统媒体很少涉足。而2017年传统媒体主动打造或与新媒体技术公司合作,推出众多融媒体产品,不仅吸引了原有用户的关注,还吸引了90后、00后年轻群体的关注。传统媒体推出的融媒体产品许多成为现象级产品,既有效宣传了主流意识形态,传播了积极的能量,又表现出传统媒体勇于创新、坚持融合的决心。

2017年,人民日报新媒体中心抓住重大节日、社会热点和政治话题,开展"我爱你中国——唱出我们的爱"网络众筹活动,调动众多明星、网友参与,共同演唱了《我爱你中国》,制作出的融媒体产品爆红网络,被社交媒体广泛转发,激发了人们的爱国热情。最有社交媒体互动属性的应该是人民日报在2017年建军节期间推出的《快看呐!这是我的军装照》H5互动新闻产品,该产品由人民日报提供创意和内容,由腾讯天天P图团队提

---

① 宫承波:《媒介融合概论》(第二版),中国广播影视出版社,2016,第33页。

供技术和运营支持，具有极强的游戏性和互动性。这一产品将过去90年的军装照加载到上面，用户可以把自己的面部照片上传，H5利用人像识别技术和图像结合技术，生成用户穿着军装的照片。上线不到一周，浏览量突破10亿次，单个用户访问量突破1亿次，1分钟最高访问量突破100万次，在微博、微信掀起了全民拍军装照的热潮，成为现象级融媒体产品。

新华社微纪录片《国家相册》栏目在2017年举办"一带一路"合作高峰论坛期间，推出微视频《大道之行》。这一视频将文字、图片、3D动画等要素融合在一起，引领观众走入"一带一路"建设的世界，"一带一路"的理念、情景、畅想，都在精彩和震撼的视听画面中展现出来。使这个微视频颇具影响力的不仅仅是制作和发布平台，更是因为习近平总书记亲自担任配音，让国内外媒体和网友惊叹不已，一个月播放量超过5亿次。此外，新华社还推出了建党96周年纪念视频《无悔的誓言》、动画视频《习近平关心的这六件事》等均取得了很好的反响。

中央电视台打造了大型文博类探索节目《国家宝藏》，该节目每期都会选取一个博物馆的三件镇馆文物，并由明星国宝守护人以舞台剧的方式，讲述这些珍品的前世今生。《国家宝藏》节目获得了极高的收视率，在视频网站、社交媒体广泛传播，使文化类节目年轻化，每期节目都引发了网民的关注和热议。

从以上案例中我们可以总结出2017年内容融合的主要发展情况：我国主流媒体特别是中央级媒体对内容融合的引领作用明显，尝试将主流价值观、网络流行内容和新媒体技术结合起来；内容融合与技术融合相互配合，将内容升级为产品；新闻内容逐步泛化，边界拓展，内容与场景、社群、互动、体验等结合，未来媒体大内容产业趋势初显。

（二）传统媒体与移动视频直播

截至2017年12月，我国网民规模达7.72亿，其中，手机网民规模达7.53亿，手机上网人群的占比由2016年的95.1%提升至2017年的97.5%；与此同时，台式电脑、笔记本电脑、平板电脑的使用率均出现下降，手机不

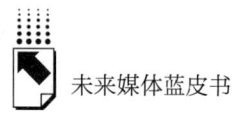

断挤占其他个人上网设备的使用。① 以手机为核心的移动设备规模的扩大，使移动互联网服务场景日益丰富，实时的移动视频直播成为人们日常生活的一部分。

如果说2016年是中国移动直播元年，那么2017年则可以看作中国移动直播火爆发展的一年，iiMedia Research数据显示，2017年中国在线直播用户规模达到3.92亿，较2016年增长26.5%。② 移动直播改变了传统媒体的新闻直播方式，形成移动新闻直播新生态；在一定程度上改变了用户传播视频和观看视频的方式。

对于传统新闻媒体来说，移动直播是进行媒介融合的重要机遇。2017年2月19日，人民日报推出全国移动直播平台——人民直播，该平台由人民日报新媒体中心和新浪微博等机构共同建设，目的是打造一个良好的直播环境，吸引了许多媒体、政府机构、知名人士入驻平台。新华社也推出了类似的移动直播平台——"现场云"，它是面向媒体的新闻直播服务平台，全国的媒体都可以入驻平台面向观众进行直播。

对于移动网民来说，移动直播是他们参与和建设移动内容的重要方式，观看直播也成为他们文化生活的一部分。2017年，移动直播个人用户除了持续生产直播内容外，还催生了短视频行业的崛起，在短视频行业中，基本由用户生产短视频内容，迎合了碎片化的阅读习惯，与较长时间的直播相比，亮点也更为集中，短视频成为2017年移动直播的新模式。此外，移动网民通过直播实时发布和记录身边的情况，这些直播往往会成为新闻事件特别是突发事件的重要资料，让全民得以"在场"观看新闻事件。

总之，移动先行是为了人们全方位、全时段获取信息，当移动先行发展到极致，就成了万物皆媒。

---

① 《CNNIC发布第41次〈中国互联网络发展状况统计报告〉》，中国网信网，2018年1月31日，http://www.cac.gov.cn/2018-01/31/c_1122346138.htm。
② 《上半年中国在线直播行业研究报告》，艾媒网，2017年8月10日，http://www.iimedia.cn/54120.html。

（三）内容融合下的网络文化重塑

在全新的媒介融合环境下，每个用户和组织都是媒介融合的节点，成为媒介融合的主体。用户参与和接触媒介信息的主动性大大增强，这种主动性重新塑造着网络文化，2016年的"帝吧出征"事件、2017年丧文化的崛起都与此相关。

"帝吧出征"事件是贴吧网友自行发动网络社群去外国社交媒体反击"台独"言论，表达爱国热情的事件。吧友们形成的社群组织有纪律、分工明确，在发起前广发招募贴，号召网民参与。在"出征"国外社交媒体的过程中，兵分6路前往不同账号，有人负责发图，有人负责发文字，有人负责举报，有人负责翻译。具体言论有理有据、理性分析，不失爱国素养。在实际操作过程中，要求所有图片和表情不得使用国家领导人图像和违规图片，主要采用中国的山水美食、人文科技等图片，还强调组织的民间性，努力给官方辟谣。这样的社群威力，不仅给各种"台独"势力以强大的回击，也点燃了青年的爱国热情。"帝吧出征"事件的背后是粉丝文化，更加理性化、组织化的粉丝文化将在网络不断蔓延。

2017年，以丧文化、佛系青年文化等作为突出代表的网络亚文化的影响深化。丧文化描述的是青年群体面对生活压力，在语言、图片和视频中带有悲观和绝望色彩，反映了青年的集体焦虑，但蕴含了自我狂欢、自嘲、反思等丰富的文化内涵，如"葛优躺""四肢的咸鱼"等。网络亚文化的崛起，正体现出媒介融合环境下信息科技和内容对文化生态、精神观念的重构和塑造。

在媒介技术快速迭代的大背景下，人们的阅读方式也发生了深刻的变化，人们更愿意阅读碎片化、精短化的内容。这样的内容更容易使人处于放松的状态，获得浅阅读时的精神快感和愉悦感，但很难引起深刻的思考。一方面，在信息数量呈现几何级爆炸式增长的情况下，网络中的大众传媒和社交媒体时刻发布各类信息，造成无形的信息压力；另一方面，由于市场经济的发展，人们的社会价值观发生变化，阅读倾向也随之改变，传媒业推出的

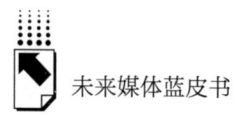

各类传媒产品也倾向于满足人们的需求,强化了这种碎片化的阅读习惯。2017年,浅阅读形式的内容异常火爆,如我们前面提到的短视频。卡思数据显示,2017年下半年国内短视频领域总播放量以平均每月近10%的速度爆炸性增长,月更新短视频节目平均增速更是接近16%。人民日报、央视、光明日报等主流媒体都有涉及短视频领域。人民日报推出短视频栏目《两会夜归人》,聚焦参与两会的媒体记者与编辑,几天内在秒拍平台的播放量就突破了500万次;央视推出"V观"短视频,发布短视频《习近平:我们的工作必须夯实基层》,仅在央视平台的播放量就突破200万次;光明日报推出《光明的故事》《握手瞬间》等系列短视频,并在今日头条、西瓜视频等短视频平台发布,累计播放量达到1.2亿次。

综上所述,媒介融合不仅深刻改变了媒介生态环境,还影响着网络文化环境和人们接触网络文化的内容和方式。

五 技术融合:人工智能作为标配的交互变革

交互方式的变革一直是媒体革新的重要标志,交互程度的高低是传统媒体和新兴媒体的标志性差异。人工智能的快速发展让人们与媒介的交互方式不断升级,沉浸媒体、算法推荐和机器新闻是2017年媒介融合中媒体交互方式持续巨变的代表。

(一)沉浸媒体:从阅读新闻到体验新闻

与沉浸媒体相对应的就是虚拟现实技术,虚拟现实技术能够打造一个虚拟的体验环境,将观看、阅读媒介内容升级为体验、参与媒介现场。2017年,微鲸在沉浸媒体产业方面做了诸多尝试:10月8日,微鲸VR与灿星合作,同步直播在鸟巢进行的《中国新歌声》第二季总决赛;微鲸VR还与中国国家地理影视中心合作,制作《本色中国》宣传片,作为对外宣传中国美景的代表作品。沉浸媒体在2017年的发展没有取得特别大的突破,但相关事件引发了网友的巨大关注,为沉浸媒体之后的普及打下了良好的基础。

过去几年，各大媒体纷纷布局自己的新闻客户端应用，把新闻客户端作为自己融合创新、移动先行的主要手段。新闻客户端由于数量众多、同质化明显，竞争比较激烈，发展的空间极其有限。而基于场景化的思维布局移动应用，可以给移动内容的传播带来更多种可能。场景化的应用能够让用户的现场感升级为在场感，用户希望"进入"事件发生的现场，以自己的视角来观察和体验现场环境。2017年北京两会期间，千龙网开辟"VR新闻"专栏，利用全景相机全流程记录两会代表和委员的工作历程，并对开闭幕式进行了现场报道，制作出《北京市政府部门两会"摆摊"现场答疑解惑》《市政协副秘书长宗朋作客千龙访谈间》等多篇全景报道。

网络融合产业的代表形态主要是IPTV。随着IPTV产业链的延伸和相关技术的成熟，2017年IPTV VR也成为亮点，将成为未来IPTV的重点发展对象。2017年12月19日，中国智慧家庭产业联盟发布的《IPTV VR技术产业白皮书》提到，IPTV在支持4K视频的基础上，再结合客厅场景，可以形成影院级的体验，客厅VR巨幕影院即将普及。除了客厅VR巨幕影院，IPTV VR全景视频、IPTV VR购物、IPTV VR直播、IPTV VR游戏等都将成为新的互动方式，改变人们的生活，开拓新的市场和产业增长点。

在未来，沉浸媒体很可能会造成人们时刻被媒体所笼罩，而处于"沉浸生存"的状态。

（二）算法推荐：从自主搜寻到智能分发

智能技术是未来媒体融合的核心，而算法推荐是智能技术的核心，算法推荐是机器能够理解用户的直接技术之一。用户以往主要通过自己浏览、搜索或人工推荐的方式寻找自己想要获得的信息，而算法推荐是根据用户的阅读行为、社交圈喜好来推荐与之相关内容的技术，体现着内容分发领域的变革。2017年，不仅一些网络平台采用个性化推荐新闻客户端技术，传统新闻客户端、内容资讯平台、视频直播平台等也纷纷采用算法推荐，以此来提高用户的黏性。

一些短视频社交平台在2017年短视频排行榜中名列前茅，这与其个性

化的推荐算法密切相关。他们基于用户与软件的交互和特征来推荐用户想看的视频,将多种内容推荐算法重叠,弥补了不同算法的缺陷,使推荐结果更加精准,增加了用户的留存度。

当然,这种推荐算法尚存有缺陷,部分平台已经注意到相似内容会使用户产生厌倦心理,因此不断完善算法推荐方式,推荐互补内容和增加优质内容引导。

(三)机器写作:从人工采写到人机合一

机器新闻写作是利用算法程序和数据库,采集各种素材和数据,利用人工智能技术实现对数据和内容的认识、理解和编写,其实质是一种自然语言生成技术,它体现的是新闻生产领域的变革。2017 年多家媒体推出和升级自己的新闻机器人,并应用到两会等重要新闻事件上。据不完全统计,至少有 10 家新闻媒体推出了 13 个智能新闻机器人产品或应用,进行线上线下融合创新报道。① 这里从交互的角度介绍一下光明日报推出的新闻机器人"小明 AI",它被展示在光明日报客户端底层中间位置,用户可以和他进行语音、文字或图片的交互,此外"小明 AI"也会定时生成一定数量的新闻。用户通过与新闻机器人的交互了解新闻内容,让获取新闻变成与机器"聊"新闻。

机器新闻写作技术让记者从部分新闻采写工作中解放出来,能够集中关注深度报道等领域的新闻报道,在一定程度上机器新闻和记者应是互补的关系。但是,机器很难对价值观、道德取向等内容进行分析和处理,仍然需要记者编辑来加工和把关。综上,未来媒体融合中的新闻生产将由人机合作完成。

算法推荐和机器新闻可能使人们处于算法和机器构建的新闻事实场域当中,媒体和用户的关系正在被重构。

---

① 《厉害了,我的"神器" 2017 两会报道中的智能新闻机器人》,人民网传媒频道,2017年3月15日,http://media.people.com.cn/n1/2017/0315/c14677-29146493.html。

六　跨界融合：预见未来媒体融合的多种可能

跨界融合是传媒产业与非传媒产业的联合，在过去，这种联合大多是互联网公司对媒体的收购，而2017年传统媒体开始主动与非传媒行业融合，其目的是提高产业收益和降低运营成本。媒体的跨界融合，使媒体向其他行业延伸，融合出新的媒介产业类型，使未来媒体融合呈现多种可能，是最具活力和自由度的融合方式。

（一）媒体+互联网：地方台与阿里的跨界融合

2017年10月24日，国内多家广电媒体，如四川广电、安徽广电、南京广电等地方电视台与阿里文娱达成战略合作，与阿里文娱大鱼号实现全方位的接入和精准化的分发，未来将有200多家地方电视台持续接入阿里文娱的分发体系当中。这些地方电视台将为阿里文娱提供持续的内容资源，而阿里文娱将为广电媒体提供数据服务，让媒体洞悉自身热点及全网热点，同时进行用户画像，让媒体知己、知彼、知用户、知价值。

（二）媒体+银行：北京日报与银行的跨界融合

2017年3月，北京日报报业集团与中国工商银行、交通银行、华夏银行合作，签约共同设立50亿元的产业基金，这笔产业基金将用于金融产业、文化产业、新兴产业、基础设施产业的投资，这些投资将重点用于报业集团的重点产业、优质项目和创新项目，优化媒体自身的产业布局，推进报业集团的融合、转型和升级。传统媒体与银行的融合，有利于媒体获得更多的资金，延伸传媒投资产业。

（三）媒体+置业：南方财经与地产的跨界融合

2017年12月，南方财经全媒体集团在广州国际金融城买下一块地，南方财经将在竞得的地块建设南方财经全媒体集团总部大楼，并致力于将其打

造成广州的一个重要公共文化空间。一方面,这个公共文化空间不仅包括南方财经下属的13家媒体和其他业务部门,还包括一些全球知名金融公司、数据公司和财经媒体,这些机构将在交流碰撞中融合,为南方财经向更综合的资讯集团发展打下基础;另一方面,这一空间会充分考虑当地市民的体验感,在对标科技前沿,强调科技感和人文性的同时,致力于体现开放性和亲民性。

七 未来媒体融合产业发展趋势

在对未来媒体融合发展环境、产业资料、年度特点进行分析的基础上,探索从表现方式、融合主体、传播结构、互动渠道四个关键角度来分析未来媒体融合产业的基本发展趋势。

(一)表现方式:智能融合

未来媒体融合不再是简单的迁移或相加,也不仅仅是全方位的融合,而是在融合的各个环节上表现出智能融合的特点。智能融合是指基于智能技术发展,人体、物体、内容、数据、终端以高效率的方式无缝连接,包含但不限于渠道、终端、机制、机构、内容等领域和要素的整体融合,呈现生态型融合的状态。

首先,传统的将媒介融合划分为内容融合、网络融合、终端融合的方式已不再适用,融合的层次将会更多、广度将会更深,且被统合到智能融合这个大的概念之下。

其次,人体和媒介的关系将进一步得到改变,机器、物体将与人智能融合,形成新的互动,直至人机合一,人对机器的驾驭能力增强,机器对人的理解能力增强。

最后,从信息和内容生产、传播的角度来看,智能融合下的媒体将由智能化的机器完成信息的采集、写作、加工的流程,人机协作完成新闻生产;智能化的媒体将智能推荐个体所需要的信息产品与服务;智能化的媒体生产出的内容将更具体验感、真实感、临场感。

目前，机器人新闻写作、算法推荐机制、传感器新闻（如无人机新闻）的发展都可以看到未来媒体融合走向智能融合的趋势，信息传播链条的智能化升级即将完成。但是目前的智能融合还处于初级阶段，存在诸如信息同质化、内容低俗化、信息茧房化的问题，"智"的程度还需要进一步提高，这需要对技术不断进行完善。

（二）融合主体：边界消融

媒介的本质说到底就是连接。在媒体技术发展尚未充分完善之时，媒介的连接是有限的：传统媒体如报纸、电视连接读者与观众，新兴媒体"三微一端"连接的是移动端用户。二者所对应的用户虽未刻意区隔，也有差异。

未来媒体的融合，将打破这种差异。依靠物联网技术、人工智能技术、云计算技术，传统媒体与新兴媒体开始迅速、快捷地连接，作为核心的用户本身也成为"万物皆媒"的一部分，开始身处一个没有边界的媒体环境中，因为媒体的边界将因连接而消融。

在这里需要指出的是，未来媒体的边界消融并不意味着"同化"，而是指创新组合与连接的方式。在这一过程中，媒体仍然保留各自的媒介特性，形成一种和谐共生的关系。也即是说，媒介融合不是"合二为一"的过程，而是一个在冲突中对话、在协商中共谋的动态发展过程。[1]

呈现这一融合特征的也将不仅仅是媒体，作为融合主体的终端、产业、内容，以及作为核心的用户，也将处于边界消融的环境中。平台型、接口型媒体将成为未来媒体的主流，为媒体的异质连接提供条件；各类终端将极大地提高包容性，能够呈现更多元的内容；产业链将更为贯通，让内容的生产、传输更为集约化；内容生产将因为不用考虑传播媒介的限制而更加富有个性、

---

[1] 宫承波、郝丽丽：《间性思维视野下的中国媒介融合发展路径分析》，《当代传播》2017年第5期，第13~16页。

创意;作为核心的用户,因为媒体传播的包围而无时无处不被连接,却能因为内容的智能化、个性化、多样化而不至于沦为一个个同质的个体。

简言之,未来媒体的边界消融不是同化,而是一种保持主体特性的、更为"高级"的连接。

(三)传播结构:垂直细分

垂直细分的传播结构将是未来媒体融合的生动外在表现。这一传播结构的形成折射了媒体融合建构的传播生态:人和媒介世界。

一方面,未来媒体的融合让外界世界越来越媒介化。物联网将物体连接至网络,互联网运用网络连接,云计算和人工智能技术使得庞大的、基于比特的数字化网络得以在一定程度上实现自我管理,形成一个有序的、易于接入的媒介世界。另一方面,"媒介是人体的延伸",随着可穿戴设备让人体作为发射和接收信息的终端,人的媒介化程度越来越高,媒介作为人体的延伸将人与媒介化的外部世界无缝对接。这种无缝对接带来的是人对信息的直接接收。

当然,内容的生产也是二者中间的重要一环。未来的媒体内容生产,为了吸引人的注意力,将更加注重人的参与,更加注重个性化——因为人们的注意力在媒介信息爆炸的时代将变得越来越稀缺,内容生产与提供必须增强与个人的联系。与此同时,未来媒体的融合也将为这种生产理念提供结果的土壤。不同媒介形态的内容,依靠数字技术和数字化终端形成跨平台、跨媒体的使用,多层次、多类型的内容融合产品。这些都将增强内容的可接收性、可使用性。

(四)互动渠道:万物皆媒

万物皆媒描述了未来泛媒化的趋势,指的是在智能融合基础上实现物体的媒介化和人体的媒介化,即人机合一、万物皆媒。万物皆媒最终改变的是人和媒介的互动关系,人本身是媒介、一切物体都是媒介,可达到高维的互动层次。

一方面，人本身即是媒介，机器理解人的障碍减少，意味着机器能根据人的状态、需求来提供相应的互动，这种互动将是低成本的，不需要人发出过多的指令就可以做到，而且机器将会实现自我进化，提升人的媒介互动体验。

另一方面，万物皆媒使人处于泛媒化的环境当中，人们每做一个动作都将是与媒介的互动，每接触一个物体都将是与媒介的互动，这些数据、信息都将被记录，这意味着我们将全方位、全时段处于同媒介的互动当中，真实的现实环境真正成为媒介环境。

B.3
中国未来媒体智能化发展报告（2017）

林小勇　罗惠*

摘　要： 当下，物联网、云计算、大数据、人工智能、虚拟现实等技术，正在改变媒体行业。未来媒体智能化发展的技术环境、政策环境和内部环境都在不断优化向好。2017年，越来越多的人工智能技术已在媒体内容生产、分发和管理等方面得到应用，媒体正在经历一场由人工智能技术推动的变革。新闻生产、内容分发方式等智能化日益普遍，未来媒体智能化发展呈现个性化凸显、盈利模式多元化、媒体版权意识不断加强等特点。未来媒体智能化发展也呈现人机关系新形态、场景化应用更丰富、单产品发展向平台化发展和媒体生态智慧化等趋势。

关键词： 未来媒体　人工智能　大数据　智能化

从原始传播、口口相传到甲骨文等符号信息再到纸质媒介，从电报电话到广播电视再到互联网，媒介形态的革新不断推动传媒行业的转型与变迁。媒体形式的历史变迁，也是一场从人工到智能的革命。算法推送、智能语音交互、机器人写稿……未来媒体智能化发展的趋势越来越明显。

---

* 林小勇，厦门理工学院教授，高级编辑，主要研究方向为未来媒体、广播电视与互联网等；罗惠，新闻学硕士，厦门广播电视集团融媒体中心编辑，主要研究方向为新媒体。

一 未来媒体智能化发展的环境分析

（一）未来媒体智能化发展的技术环境

技术发展改变了人类信息交流的方式，传媒行业一场重大而深刻的变革正因技术的飞速更新而发生，从分发、管理、创作等方面带来了传播革命，以物联网、云计算、大数据、虚拟现实、人工智能等技术为代表的科技突破，为未来媒体智能化发展打下了坚实的基础。

1. 物联网

如今，物联网技术已被广泛应用于智能基础设施建设的各个方面，对建设智慧城市、工业制造等都带来了巨大价值，市场前景广阔。可穿戴设备、智能家居、移动支付、共享单车等都显示着物联网技术也正融入我们的生活与工作中。数据显示，2017年，全球对物联网的部署呈持续稳定增长态势。2016年接入物联网的有线和无线端口数量仅为1300万，而2017年则飙升至6600万；2017年全球物联网平台数量超过450个，同比增长了25%。[①] 作为一种联通人与万物的媒介技术，物联网将"人的延伸"发展到极致，人与物、物与物之间实现了信息交换。对于未来媒体来说，通过传感器，物联网设备能够获取可用于新闻生产的公共信息及用户的个人数据信息，增加了新闻信息资源的来源。而那些掌握了智能设备、传感数据的互联网巨头和物联网企业在新闻生产领域也将掌握话语权，成为新闻生产主体。随着物联网技术的不断发展成熟及物联网设备的广泛运用，未来，这些扮演着媒介角色的智能设备将无处不在，为未来媒体智能化发展提供保障。

2. 云计算

2009年中国"云计算"进入实质性发展阶段，2009年7月，中化企业

---

① 《2017年全球物联网领域大事记》，《人民邮电报》2018年2月2日。

"云计算"平台诞生,这是中国首个企业"云计算"平台。2014年,阿里云启动云合计划。2015年,华为宣布"企业云"战略。2016年,腾讯云战略升级,并宣布云出海计划等。2017年,中国云计算行业主流厂商竞争激烈,以阿里云、腾讯云、金山云、青云等为主的多云并存的市场格局基本形成。经过多年发展,云计算已经成为提升信息化发展水平和打造数字经济新动能的重要支撑。对媒体而言,云计算对内容生产、管理和分发等环节都具有重要意义。借助云计算技术,媒体机构通过搭建数据处理平台,可以对资源与信息进行整合与共享,从海量数据中对有用内容进行有效加工,实现随时随地的新闻采编与内容分发,降低节目制作成本、减少时间。

3. 大数据

近些年来,大数据广泛应用于社会保障、电子政务、健康医疗、交通运输等诸多领域,成为各个领域重要的生产要素。大数据已经成为企业的重要战略资源,在政府和市场力量的推动下,我国大数据产业支撑体系逐渐完善,2017年我国大数据产业依旧保持高速增长态势。数据显示,2017年我国大数据市场规模已达358亿元,年增速达到47.3%,规模已是2012年35亿元的10倍。预计2020年,我国大数据市场规模将达到731亿元。[①] 在媒体领域,大数据已成为核心资源,通过挖掘、分析和使用数据,可以进行快速有效的舆论监测,深化新闻报道,对未来进行分析预判,为用户提供个性化服务。以前的媒体产品,功能一定是它的主要价值,而互联网时代的媒体产品,除功能外,数据可能才是其真正的价值所在。

4. 虚拟现实与增强现实

2016年被称为"虚拟现实产业元年"。虚拟现实(Virtual Reality,VR)技术利用虚拟现实设备让用户沉浸在一个虚拟空间中,如利用VR头盔用户就能沉浸在虚拟世界中玩游戏、看电影等。中国虚拟现实产业发展迅猛,部分技术参数和设计理念已走在世界前列,在交互技术、光场技术、行业应用

---

① 《2018年中国大数据发展现状及未来趋势分析》,中国产业信息网,2018年3月21日,http://www.qianjia.com/html/2018-03/21_287647.html。

领域均有突破。目前虚拟现实技术的应用已经涉及游戏、教育、医疗、设计、影视、新闻等多个领域，媒体行业运用虚拟现实技术，以用户体验与关注为核心打造了VR全景新闻视频和VR直播，为用户带来了全新的视听体验。

2017年，增强现实（Augmented Reality，AR）超越虚拟现实，成为舆论与社会关注点，增强现实行业逐渐升温。增强现实技术能够把虚拟世界融合到现实环境中并进行互动，具有开放和分享的特性，以及一定的交互性。体验设备较虚拟现实设备更具轻便性，手机、平板、AR眼镜等都是实现增强现实技术的智能终端，线上、线下均可灵活演示，适用场景较虚拟现实也更多。近年来，增强现实技术日益受到广泛关注，已应用于零售、汽车、医疗、培训、娱乐等领域。因其强大的现场还原功能以及实时交互的特点，增强现实实现了多样化的信息传播，给用户带来了独特的视听体验。

5. 人工智能

2016年3月，阿尔法围棋（AlphaGo）打败李世石可以说是人工智能历史上的标志性大事件，人工智能再次被引爆。随着近几年算法及大数据的发展，人工智能的发展与应用进入快车道，涵盖机器人、语言识别、图像识别、自然语言处理等方面。互联网风云背后的人工智能发展简史见表1。

表1 互联网风云背后的人工智能发展简史

阶段	事件
启蒙阶段（1955~1958年）	达特茅斯会议的召开标志AI的诞生 第一款神经网络-感知机将AI推向第一个高峰
低潮时期（1958~1970年）	由于计算能力有限没能使机器完成大规模数据训练和复杂任务，AI进入第一次低谷
复兴阶段（1970~1986年）	反向传播算法获得广泛关注，AI进入第二个黄金时期
遇冷时期（1986~1991年）	DARPA失败，政府投入缩减，AI第二次跌入谷底
快速发展（1991~2017年）	深度卷积神经网络提出，AI加速发展 AlphaGo挑战人类围棋冠军引发关注

2017年,人工智能成了科技界最热门的话题,不管是国家还是企业都在大力投入人工智能领域。以BAT(百度、阿里、腾讯)为首的互联网大咖企业相继发布了各自的人工智能发展战略:2017年6月,腾讯正式对外宣布开放在智能语音识别、计算机视觉、自然语言处理等相关领域的人工智能技术;2017年7月,百度推出DuerOS(对话式人工智能系统平台)和Apollo(面向汽车行业及自动驾驶领域的合作伙伴提供的软件平台)两个开放平台;2017年10月,阿里正式宣布成立达摩院,主要研究领域涉及量子计算和机器学习等。2017年12月3日,在"世界互联网领先科技成果发布活动"上,人工智能产品集中亮相,成为最突出的亮点。

(二)未来媒体智能化发展的政策环境

政策利好是行业发展的重要推动力。这几年,支持物联网产业、云计算、大数据、人工智能发展的政策频出,相关的政策内容已经从总体的指导规划延伸到各细分领域,各互联网巨头也纷纷布局相关领域。从近几年的相关政策来看,物联网、云计算、大数据和人工智能的关系越走越近,正处于共同发展、相互促进的阶段。在此环境下,中国智能制造产业有望迎来黄金发展期。

物联网方面:自2013年2月国务院办公厅正式发布《国务院关于推进物联网有序健康发展的指导意见》以来,相关部委相继出台一系列扶持促进物联网发展的政策文件,如国家发改委等14个部委于2013年9月下发的《关于印发10个物联网发展专项行动计划的通知》等。2015年,党的十八届五中全会通过了《中共中央关于制定国民经济和社会发展第十三个五年规划的建议》,助力物联网行业加速发展。2017年1月,工业和信息化部正式发布《物联网"十三五"规划》,明确了物联网产业在"十三五"时期的发展目标;同年6月,工业和信息化部办公厅发布《工业和信息化部办公厅关于全面推进移动物联网(NB-IoT)建设发展的通知》。

云计算方面:2015年1月,国务院正式印发《关于促进云计算创新发展培育信息产业新业态的意见》(国发〔2015〕5号),提出了壮大新业态、强化产业支撑和加强安全保障等三大方面的六项任务,提出"到2020年,云计算要成为我国信息化重要形态和建设网络强国的重要支撑"的发展目标。2017年4月,工业和信息化部正式印发《云计算发展三年行动计划(2017-2019年)》。

大数据方面:2014年3月,大数据首次被写入政府工作报告。2014年12月2日,全国信标委大数据标准工作组成立,统筹开展我国大数据标准化工作。2015年8月,国务院正式发布《促进大数据发展行动纲要》,将大数据正式上升为国家战略。2016年,国家发改委、环保部、工信部、国家林业局、农业部等推出关于大数据的相关发展意见和实施方案。2017年1月,工业和信息化部正式印发《大数据产业发展规划(2016-2020年)》,明确了"十三五"时期大数据产业的发展思路、原则和目标,进一步明确了促进我国大数据产业发展的主要任务、重大工程和保障措施。2017年12月8日,中共中央政治局就实施国家大数据战略进行第二次集体学习。

人工智能方面:2015年3月,工信部正式印发《关于开展2015年智能制造试点示范专项行动的通知》。2015年5月,国务院印发《中国制造2025》。2016年3月,工信部发布《关于开展智能制造试点示范2016专项行动的通知》和《智能制造试点示范2016专项行动实施方案》。2016年4月,国务院发布《装备制造业标准化和质量提升规划》,要求对接《中国制造2025》,推动重点领域标准化。2016年5月,工信部、国家发改委联合发布《机器人产业发展规划(2016-2020年)》。2017年3月,"人工智能"首次被写入政府工作报告。2017年7月,《国务院关于印发〈新一代人工智能发展规划〉的通知》发布,意味着人工智能已上升为国家战略。2017年12月,工信部印发《促进新一代人工智能产业发展三年行动计划(2018-2020年)》,明确了人工智能在2018~2020年的重大作用和具体目标。2018年3月,"人工智能"再次被写入政府工作报告。

(三)未来媒体智能化发展的内部环境

1. 生存挑战

随着新媒体的快速崛起,传统媒体的生存空间不断被挤压,在用户、内容、广告和人才等方面都受到了强烈的冲击,面临着生存挑战。截至 2017 年 6 月,中国网民规模达 7.51 亿,中国手机网民规模达 7.24 亿。① 移动互联网正成为亿万网民获取信息和交流信息的主要渠道。2017 年末,国内 10 多家纸媒宣布休刊停刊,另有多家报纸缩减出版周期。据不完全统计,2009～2017 年,有 40 多家报纸宣布停休刊。受新兴媒体的冲击,传统媒体纷纷探索转型之路,以互联网思维开展新媒体业务,传统媒体的数字化趋势加快。

2. 发展转型

媒介环境日趋复杂,新兴媒体之间存在竞争的关系,与其他新生事物也同样存在竞争关系,想要拥有强有力的竞争力就必须紧紧抓住用户的注意力与黏着度。强化内容品质与形式、订阅制、个性推荐……新兴媒体也在运用技术的发展进行转型升级,数据化、可视化、智能化已成为媒体发展的方向。

二 2017 年度未来媒体智能化发展状况

2017 年,媒体领域的新闻生产与传播的整个流程都被大数据、人工智能等技术所影响。这些新技术为媒体行业注入了新生力量,提高了媒体的生产效率,为用户带来了全新的体验。对媒体行业来说,技术带来的是机遇也是挑战。

(一)新闻生产智能化

1. 机器人写稿应用更为普遍

机器人写稿 2009 年便已出现,当时一款名为 "StatsMonkey" 的人工软件完成了世界上首篇机器稿件。随后的两年内,包括《福布斯》在内的顶

---

① 第 40 次《中国互联网络发展状况统计报告》,CNNIC,2017 年 8 月 4 日,http://www.cac.gov.cn/2017-08/04/c_1121427728.htm。

级媒体纷纷尝试机器人写稿。2014年7月,美联社宣布他们将开始使用新闻书写软件处理美国企业财报报道。2015年9月,腾讯开发的自动化新闻写作机器人"Dreamwriter"在国内最先开始尝试发表财经新闻。2015年11月,新华社推出写稿机器人"快笔小新",其擅长体育、财经类相关稿件。2016年5月,第一财经联合阿里巴巴推出写稿机器人"DT稿王"。2017年,写稿机器人越来越多地应用于新闻业务实践中。2017年1月,南方都市报社的写稿机器人"小南"正式上岗,首篇文章一秒完成,率先进军民生领域。2017年8月,九寨沟地震后,中国地震台网的机器人用时25秒,完成了第一条关于此次地震的速报。机器人写稿的优势明显——毫秒级的写稿速度、惊人的产量以及精准的信息抓取。2017年12月26日,新华社正式上线"媒体大脑",这是中国首个媒体人工智能平台。"媒体大脑"依托大数据会将新理解的内容与已有数据进行关联,并对语义进行检索和重排,以智能生产新闻稿件;同时,"媒体大脑"还将基于文字稿件和采集的多媒体素材,经过视频编辑、语音合成、数据可视化等一系列操作,最终生成一条富媒体新闻。① 随着近年来机器学习技术的不断发展,写稿机器人智能化水平也在不断提高,未来,写稿机器人将具备更强的理解力、判断力和写作能力,负责更多领域的内容生产工作。

2. 智能平台助力新闻生产

2017年,各媒体或搭建或升级了自己的"中央厨房",统筹策采编发。此外,一些媒体还搭建"公共平台",推动媒体间资源整合。2017年2月,央视新闻移动网上线,这是央视新闻打造的移动融媒体新闻平台。央视新闻移动网包含记者视频回传系统(VGC)、用户交互系统(有效UGC)、移动直播系统(正直播)、账号矩阵系统(央视新闻矩阵号)、信息核查系统五个主要功能系统。通过此平台,一方面,用户能够直击新闻现场;另一方面,记者可以完成现场的采集(拍摄)、编码、传输等环节。同年2月,新

---

① 《新华社发布国内首条MGC视频新闻,媒体大脑来了!》,新华社客户端,2017年12月26日,http://www.xinhuanet.com/newmedia/2017-12/26/c_1122170364.htm。

华社推出"现场云"平台,该平台对外开放,提供"一站式"整体解决方案,可与国内媒体共享"现场新闻"直播产品。记者通过"现场云"平台只需一部手机即可实现素材采集和同步回传,后方编辑部可实时在线编辑和播发,可大大增强报道的全时性和即时性。① 2017年5月,江西日报社自主研发的"赣鄱云"对第十三届深圳文博会进行了现场视频直播。"赣鄱云"以移动互联网技术、云计算及大数据技术为支撑,可支持500个"中央厨房"站点、5000个媒体终端同时运行,可实现省、市、县三级在内容、用户、技术、终端纵向打通共享,重新构建一键发布、多种生成、多元传播的新闻生产流程。

3. 无人机成为媒体采集新闻素材的重要手段

近年来,随着技术的发展,无人机在续航时间、控制范围等方面有了很大的优化,也朝着更轻便、更智能的方向发展。2017年7月26日,国务院发布《新一代人工智能发展规划》,无人机被列入规划内容中。具备巡航和记录功能的无人机以其独特视角、更多摄像机机位选择等特点也被各大媒体看中,成为采访新闻的基础装备。2015年6月,新华网便率先组建国内媒体首个新闻无人机队,并在31个省区市(不包括港澳台)成立中队,截至2017年7月,新华网已有24台无人机导航直播车正式投入使用。新华网无人机队曾在国内重大突发事件新闻报道中发挥了重要作用,并以俯瞰视角打造了"飞阅"中国、新华鹰等无人机品牌图片和视频栏目。同样在2015年6月,搜狐网和搜狐新闻App同时上线了搜狐新闻无人机频道。2017年,无人机航拍镜头频频出现在新闻节目中,极具冲击力和震撼力。截至2017年11月28日,新华网发布航拍图片作品超过887部、视频作品超过267部。在春运、广州塔灯光秀、国际自行车节、漠河冰雪马拉松等新闻报道中,新华网都运用了无人机航拍技术。②

---

① 《新华社推出"现场云"全国服务平台 助力传统媒体"一站式"迈入直播时代》,新华社,2017年2月19日,http://www.xinhuanet.com/politics/2017-02/19/c_1120490015.htm。

② 张志安、李霭莹:《2017年中国新闻业年度发展报告》,《新闻界》2018年第1期。

（二）新闻报道方式多样化

1. AR/VR 被广泛应用于新闻报道

AR 技术以其虚实结合、实时交互的特点，具有更强的扩展空间表现力，能够实现信息传播的多样性，为用户提供更多元的新闻体验方式。2016年9月，中央电视台首次在国内新闻报道中将 AR 技术应用在 G20 峰会现场新闻播报中。2016 年 12 月，常州《翠苑》杂志试水 AR 技术，通过手机或平板电脑扫一扫，读者便可以体验"视、听、玩"的立体阅读模式。2017年央视 3·15 晚会采用 AR 技术，以情景剧、实验室测试、晚会现场测试等相结合的方式揭开骗局内幕。2017 年全国两会期间，广州日报社运用 AR 技术让报纸"活"起来，读者通过手机扫一扫报纸上的新闻图片，便可在手机上直接观看相关视频报道。2017 年 7 月，解放军报社推出了 AR 读报系统，丰富了庆祝建军 90 周年专题报道形式。2017 年 10 月，杭州日报社增设 AR 新闻版块，用互动方式展示新闻人物。2018 年 2 月，中央电视台打造央视影音 AR 平台，推出《央视网络春晚》AR 互动、《挑战不可能》AR 拜年互动等 AR 互动体验，吸引观众参与节目互动。2018 年全国两会期间，新华社移动新闻客户端发布《AR 看两会丨政府工作报告中的民生福利》，用户使用 AR 功能扫描身份证背面便可浏览政府工作报告，科技感十足。南方日报社则运用 AR 技术打造商业化版块，如 2017 年 10 月推出广东联通"互联网家"新闻发布会 AR 产品互动应用等。在"2018 跨年演唱会"上，东方卫视、湖南卫视等纷纷运用 AR 技术实现虚拟与现实表演的结合，科技感和未来感十足，突破式的视觉创新给用户带来了全新的娱乐体验。

VR 技术可以让人处于立体的虚拟世界中，"沉浸感"的虚拟互动模式能让用户处于"仿真"的新闻场景中，身临其境地去感受新闻，让新闻报道变得更直观、更生动、更具体。2017 年，众多媒体频频在重大活动、重大主题的报道中使用 VR 技术，各卫视、各地方电视台纷纷对 VR 产业链进行布局，以 VR 全景新闻视频和 VR 直播吸引受众。江苏卫视、湖南卫视、央视、无锡广电等也纷纷选择在 2017 年跨年晚会、春晚上运用 VR 技术。

2017年3月,光明网"钢铁侠"多信道直播云台应用于全国两会报道,VR直播也在其功用之列,引发广泛关注。2017年5月,在"一带一路"国际合作高峰论坛上,人民日报海外网运用了VR全景视频直播技术,首次打通PC端和移动端的VR全景视频直播。同年5月,南方日报社运用VR技术报道了《不能忘却的纪念——汶川大地震九周年》。2017年9月,厦门市政府新闻办公室、厦门日报社联合制作发布VR720°全景看厦门。2017年12月,中国广电与三次方联合正式发布"中国广电VR","中国广电VR"集合了当前成熟的智能应用技术、多屏互动技术,可实现多屏互动与信息内容的实时共享,具有全景互动功能,支持VR直播。此外,VR技术在演唱会、体育赛事中的应用越来越广泛。2016年,央视首次采用"360度全景"直播2015年体坛风云人物颁奖典礼,2017年央视继续运用VR全景直播了2016年体坛风云人物颁奖典礼。

2. 智能语音互动吸引眼球

2017年春节来临之际,人民日报通过微博、微信、客户端、人民网等平台推出人工智能机器人"小融"与网友互动,陪全国人民聊过年。机器人"小融"能够分析语义,做出相应回答,并配合各类表情。2017年全国两会,机器人"小融"进驻人民日报"中央厨房",担任导览、互动小助手。"小融"会互动聊天,也能进行会议提醒。此外,"小融"还能对两会期间的热点舆情进行语音播报。给"小融"一个语音命令,就可以查询前方记者的通信方式,提高报道的协同作战和沟通效率。2017年博鳌亚洲论坛,人工智能机器人"汪仔"全程担任会务服务的工作,解答各种论坛相关的问题。

3. 机器人记者、机器人主播与人交互采访

2017年两会期间,新华社派出见习机器人记者"i思"采访代表委员,与受众互动。在浙江卫视《E眼看两会》节目中,浙江广电机器人"小聪"作为"机器人嘉宾主持"在节目中回答主持人的问题,与主持人进行播报互动。2017年4月,新华社特约机器人记者"佳佳"与美国著名科技观察家凯文·凯利以网络视频的形式进行了交互对话,"佳佳"不仅有表情,还

能察言观色。除了采访凯利外,"佳佳"还与多名计算机专家及媒体代表进行了互动。专家认为这对未来的新闻采访具有重要意义。2017年11月,机器人主播"石榴娃"亮相西安广播电视台《西安新闻》节目的直播间,与主持人进行人机互动的新闻播报。2018年全国两会,湖北广电派驻的机器人记者"云朵"已经是第三年参加两会报道,"云朵"不仅能独立采访,还能进行简单的融媒体报道。自2018年3月5日起,湛江云媒App正式启用机器人做主播,推出音频新闻栏目《云媒早报》。

(三)内容分发方式智能化

互联网特别是移动互联网的发展,使得用户的内容消费数据越来越丰富,"用户画像"也越来越清晰,基于大数据分析的智能推荐渐渐成为主流的内容分发方式,传统意义上的头条被重新定义。诞生于移动互联网时代的一些聚合类新闻App,本身并不生产新闻,但通过人工智能算法可以依据内容标签、用户标签和情景信息,计算用户对相关内容感兴趣的概率,更好地满足用户的个性化需求,实现个性化的新闻定制。一些移动阅读客户端、浏览器、搜索应用、社交平台纷纷拥抱算法推荐。

三 未来媒体智能化发展的年度特点分析

(一)个性化日益凸显

随着移动互联网的发展,用户获取信息的习惯越来越个性化,以兴趣为导向的信息消费习惯越来越明显。企鹅智酷调查显示,2017年,算法首次在用户感知上超越新闻和社交推荐,其推荐不准确的比例最低。相比于传统的时效性强的资讯,以兴趣为导向的资讯消费,在年轻人中首次实现超越。[1] 借

---

[1] 《中国新媒体趋势报告2017:通向媒体新星球的未来地图》,企鹅智酷,2017年11月20日,http://tech.qq.com/a/20171120/025254.htm#p=46。

助大数据技术和智能算法，根据目标用户和潜在用户的个人信息数据、消费偏好数据、社交关系数据进行分析，使得"用户画像"越来越清晰，个性化推荐和营销也更加精准。萧山日报社就探索了一条"大众新媒"和"小众融媒"相结合的道路。"大众新媒"就是以《萧山日报》为统一品牌建设的纸媒、微博、微信等平台，主要是为打造《萧山日报》的影响力而服务；"小众融媒"则定位为行业"小系统"的媒体平台，即根据后台相关数据和用户体验等，细分目标用户，针对不同用户发布不同类型的内容产品，吸引集聚不同类型的用户，进而进行服务和营销，增加用户的黏性。[①] 未来媒体，主要就是解决媒体的供给与用户的需求两者之间的高度智能匹配问题，不仅是要识别用户、发现需求，还要智能匹配媒体供给，以满足用户需求，将来更重要的是生成用户、创造需求，并在此基础上加以智能匹配供给，以引领需求。

（二）盈利模式多元化

技术的日渐成熟和人们消费结构的升级，极大地改变了人们尤其是年轻人群的媒体消费习惯，媒体的盈利模式也变得更加多元化。技术打破了传统行业的边界，媒体、政务、电商、游戏等行业都可以贯通，而媒体也早已实现跨界经营，盈利模式多元化。2013年，浙报传媒集团斥资收购浩方、边锋，布局"新闻+娱乐+社区化"全媒体平台；2017年，浙报传媒出售新闻传媒类资产，更名"浙数文化"，公司未来将布局数字娱乐产业、竞技直播及大数据产业。2017年，河南日报报业集团通过金融投资、户外广告、教育、酒店等产业单元，多元产业收入占总收入比重已经超过65%。2017年全国广播电视广告收入首次负增长，广告产业结构发生重要变化。虽然传统广告收入仍在持续减少，但新媒体融合所带来的广告增量快速提升，活动营销类广告收入也显著增长，此外，电视媒体还积极创新"广告+"的运营模式，陆续推出了"广告+旅游推广""广告+产品""广告+服务"等

[①] 《用互联网精神解决自身痛点——以萧山日报为样本探讨区域传统媒体的发展路径》，中国产业经济信息网，2017年5月2日，http://www.cinic.org.cn/index.php?m=content&c=index&a=show&catid=128&id=385231。

多种经营模式。2017年我国网络表演（直播）市场营收达到304.5亿元，比2016年增长39%①，直播平台消费成为网民文化娱乐消费的重要形式。2017年，"直播+"模式逐渐成型，电商直播、公益直播、政务直播等多种内容并存，行业营收模式日益多元化。

（三）媒体版权意识正在被唤醒

长期以来，新闻内容被侵权的情况屡见不鲜，移动互联网时代尤甚，传统媒体遭侵权的情况愈演愈烈，今日头条屡陷版权纠纷，微信公众号抄袭屡禁不止。很多原创新闻作品被肆意转载甚至不标注转载，还有大量作品被改头换面、拼凑嫁接、断章取义，甚至被抄袭剽窃，各种乱象层出不穷。为了促进未来媒体行业的良性发展，2017年4月27日，人民日报社、新华社、中央电视台等多家主要中央新闻单位和新媒体机构联合发起成立"中国新闻媒体版权保护联盟"，并发布《关于加强新闻作品版权保护的声明》，抵制新闻侵权行为，助力新闻作品进入版权保护新时代。2017年8月25日，《南方周末反侵权声明》在传媒圈刷屏，版权问题又一次引发业界学界热烈讨论。移动互联网时代，内容生产量成几何级数增长，碎片化、煽情化的信息无处不在，优质内容越来越珍贵。版权之战是促进媒体回归"内容生产"与"求真"属性的一个重要切入点，版权生态的良性发展也是未来媒体智能化发展的新态势。

四 未来媒体智能化发展的趋势

在互联网，特别是移动互联网发展的浪潮中，媒体进入了前所未有的新旧更替期，物联网、云计算、大数据、VR/AR和人工智能等技术都在推动媒体朝着智能化方向发展。

---

① 《中娱智库发布2017中国网络直播行业发展报告：全年营收304.5亿，生态链逐渐成型》，中娱智库，2018年1月19日，http://mp.weixin.qq.com/s/SSQg2t9Ts0bTJazPwkWvQg。

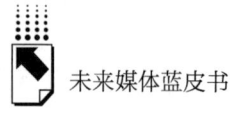

(一)"人机关系"新形态

机器人写稿、语音播报……新闻业正在经历技术大变革,媒体智能化不断提高。"过去的媒体是以人为主导的媒体,而未来,机器及各种智能物体都有媒体化可能。"① 手机、平板电脑、可穿戴设备等移动端设备,让人与机器的关系变得更加密切。未来,万物都有可能成为新闻生产者,新闻行业里机械重复性的工作将被机器所取代,但人与机器并不是对立的取代关系,而是协同合作的关系。机器可以帮助工作人员进行新闻素材的采集、对数据进行采集分析,也可以与工作人员一起做好内容分发、对传播效果进行预判等工作,深度参与到新闻传播的整个流程中,把工作人员从琐碎的事务中解放出来,使其将注意力放在更加有创造性和有价值的事情上。

(二)场景化应用更丰富

中国互联网络信息中心(CNNIC)发布的第41次《中国互联网络发展状况统计报告》显示,截至2017年12月底,我国手机网民规模达7.53亿,手机上网使用率为97.5%,各类手机应用的用户规模不断上升,场景更加丰富。② 而2017年中国智能可穿戴市场规模达到352.6亿元,增长率达35.7%。2018年中国可穿戴市场规模预计将达到446.0亿元。③ 智能手机、可穿戴设备等移动设备的广泛使用正在重构场景,用户不再局限于具有台式电脑才可以上网的固定场景,移动设备的出现改变着媒体的使用场景,卧室、卫生间、餐桌、商场、公交等都是用户的移动场景,场景不同用户对信息的需求也不同。随着移动设备、社交媒体、大数据、传感器和定位系统等

---

① 彭兰:《智媒化:未来媒体浪潮——新媒体发展趋势报告(2016)》,《国际新闻界》2016年第11期。
② 第41次《中国互联网络发展状况统计报告》,CNNIC,2017年8月4日,http://www.cac.gov.cn/2017-08/04/c_1121427728.htm。
③ 《可穿戴市场已经凉了?阿迪、耐克等运动品牌又悄悄上架了新品》,OFweek可穿戴设备网,2018年3月13日,http://wearable.ofweek.com/2018-03/ART-8500-5006-30209082.html。

"场景五力"①的逐渐齐备,场景时代已经开启。新闻媒体除了要满足用户常规性的需求,还要运用智能技术结合用户的行为偏好、逻辑习惯为之进行场景化适配,满足用户在不同时间段、不同地点的信息需求,新闻信息的传播与营销日益场景化。

(三)客厅经济模式崛起

随着人工智能的深度应用,家电领域正刮起"智慧"风潮,建立在语音交互技术基础上的智能电视被视为下一个"风口"。智能电视已从"尝鲜"变成主流产品,电视受众也从传统电视向智能电视转移。如今,智能电视的消费已经超过普通彩电,智能电视的销售额达到63.8%,截至2017年6月,全国有26.7%的网民使用智能电视。工信部预测,到2020年,智能电视的市场渗透率达到90%以上。② 相比PC和手机,智能电视的大屏观感以及可互动的点播方式带来了崭新的视听体验,游戏、视频、应用,全新的交互形式改变了用户的消费观念和习惯。与传统电视相比,智能电视重视生态内容的建设,改变了之前仅靠硬件盈利的简单模式,点播费、会员费、应用下载、游戏等增值服务收入成为新的赢利方式。利用大数据技术,智能电视能够对用户的使用偏好进行分析,能够精准定位特定受众群体,为用户提供个性化的产品和服务,为客厅经济的盈利模式提供依据。所谓客厅经济,即"在客厅场景中,以客厅智能硬件为依托,以智能电视为核心,以家庭互联网为纽带,具有多人互动、轻松休闲等特色,以满足多成员、多年龄段的娱乐教育、健康医疗、安全防护等需求而获得经济价值的一种经济模式"。③ 以智能电视为核心的客厅经济促使BAT、小米等互联网企业以及传统电视厂商竞相争夺,未来客厅经济也将蓬勃发展。

---

① 〔美〕罗伯特·斯考伯、谢尔·伊斯雷尔:《即将到来的场景时代》,赵乾坤等译,北京联合出版公司,2014。
② 《看好智能电视市场前景 工信部准备这么做!》,中国智能制造网,2018年3月20日,http://www.gkzhan.com/news/detail/108607.html。
③ 《我国"客厅经济"市场规模2018年将达2300亿元》,中国经济网,2016年11月8日,http://www.ce.cn/xwzx/gnsz/gdxw/201611/08/t20161108_17603089.shtml。

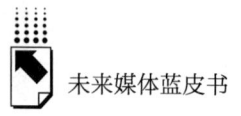

（四）单产品发展向平台化发展

与传统媒体的传播不同，互联网上的信息能够在一个平台上实现互动分享，不同的供需方放在一个平台上打通，各种资源能够在同一个平台上聚合。技术的发展也推动了媒体融合发展，中央及地方主要媒体以数据技术平台为基础搭建了适合自身需要的"中央厨房"，力求实现"一次采集、多元生成、多渠道传播"。新华社2017年推出的"媒体大脑"则是中国第一个媒体人工智能平台，就像是一个丰富而可靠的媒体工具箱，它涵盖了版权监测、新闻分发、采蜜、语音合成、用户画像、人脸核查、2410（智能媒体生产平台）、智能会话八大功能，在更高层面上，把人与物的延伸连接起来。从"中央厨房"到"媒体大脑"，媒体的智能化已经从单个产品向平台升级。在未来，媒体人工智能平台的运用也将更加广泛。

（五）媒体生态智能化趋势

未来媒体智能化发展依赖于互联网连接的升级。过去互联网发展的重点是建立在人与人、人与内容、人与服务的关系上，但在物联网技术背景下，人与物、人与现实环境、物与物等更多关系维度将构成互联网服务的新的基础。未来，现实与虚拟，以及不同的虚拟环境之间的关系，都将拓展互联网服务的维度。升级后的连接，也会带来"万物皆媒"的可能。技术重塑了媒介形态，也重构了媒体生态。未来，人工智能、大数据、物联网、VR/AR技术等将实现媒体全链条的渗透，从模式创新走向生态重构，而用户、内容、渠道、技术则构成了未来媒体生态系统中不可或缺、同等重要的环节。

未来的用户平台将是由三大系统互动形成的大平台，分别是：人与人的社交平台；与人相关的物体平台，如可穿戴设备、智能音箱、智能汽车等；与人相关的现实环境与虚拟环境（见图1）。相关的用户分析也将是对这三类数据的协同分析，以此提供可量化、可跟踪、更精准的服务。社交平台仍是用户平台的核心，基于社交黏性的平台才是可持续的；物体平台则提高了人的"可跟踪性"和"可量化度"，通过物来了解人可能是未来用户分析研究的另一种主要途径；基于现实环境，可利用用户场景提供更精准服务，虚拟环境是内容服务的基础，基于 AR/VR 带来了全新的体验。

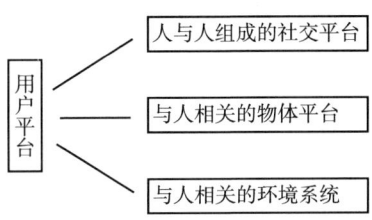

图 1　三大系统互动形成大用户平台

在未来的新闻生产人机协同阶段，从信息的采集到加工再到分发等各个环节，参与的主体不仅是人，也可能是手机、传感器等，万物都可能成为信息的采集者。机器承担的角色从内容分发向内容创造转移，可根据不同用户喜好写不同文章；基于机器学习，未来机器可将内容进行智能分析并建模，为不同读者提供不同内容，可根据不同终端特性写不同文章；随着自主意识的增强，机器可独立完成更丰富的内容创造，自动完成内容、标题和摘要。

B.4
VR/AR+内容产业发展报告（2017）

宋西顺[*]

摘　要： 继2016年"VR元年"后，2017年VR产业不如预料的火爆，遭遇了新挑战，也迎来了新机遇，引发了社会的广泛关注。VR/AR+内容产业将有新的发展。本报告归纳了业界对VR技术的部分实践与应用，简要分析VR/AR+内容产业所存在的硬件支撑问题、内容缺失问题以及体验不便问题，并从内容核心、融合发展、技术进步和知识产权保护的角度，对VR/AR+内容产业未来的发展走向进行展望。

关键词： VR/AR+内容　产业发展　技术创新　融合发展

信息产业是国民经济的基础性、战略性、先导性产业，虚拟现实行业是信息产业的重要组成部分。人工智能、虚拟现实等新技术日新月异，虚拟经济与实体经济的结合，将给人们的生产方式和生活方式带来革命性变化。

VR是虚拟现实（Virtual Reality）创建和体验虚拟世界的计算机仿真系统的缩写，能够用计算机生成多源信息融合的、交互式的三维动态视景和实体行为的仿真，因用途广泛而有巨大的产业潜力。AR（增强现实）是在真实环境中创造部分虚拟物体，让真实环境与虚拟物体实时叠加，实现虚拟世界和现实世界的互动。2016年是VR/AR行业发展的元年，2017

---

[*] 宋西顺，硕士，厦门理工学院文化产业与旅游学院副教授，研究方向为文化产业、影视产业。

年则是行业的洗牌年。VR/AR 内容产业迎来发展机遇,成为 VR/AR 行业发展的新动能。

一 VR/AR + 内容产业发展环境分析

1. VR/AR + 内容产业成为国家战略

《国民经济和社会发展第十三个五年规划纲要》、《"十三五"国家科技创新规划》、《"十三五"国家信息化规划》、《"十三五"国家战略性新兴产业发展规划》、《信息化和工业化融合发展规划(2016 – 2020 年)》、《信息产业发展指南》和《"互联网+"人工智能三年行动实施方案》等都明确把虚拟现实以及与虚拟现实相关产业作为科技产业发展的国家战略,在政策和财政上给予重点支持。[①] 随着人工智能、物联网、大数据等新技术的发展,未来媒体将朝着"场景传播""沉浸传播""共享传播"的方向发展。

2. 新技术成为 VR/AR + 内容产业发展的重要支撑

云计算、大数据、物联网、移动互联等新技术为 VR/AR + 内容产业发展打下了坚实基础。同时,数字技术、网络技术和信息技术的融合发展,也为新媒体提供了新路径,为文化业态创新带来了新机遇。VR/AR + 内容产业与互联网新技术的相互促进、协同发展正成为 VR/AR + 内容产业市场发展的新特点。头戴式眼镜和交互输入设备是 VR 产业的物质基础,不同输入、输出方式的三维虚拟环境系统是 VR 内容呈现的基础,传感器、追踪、视频流处理、视频拼接、声音处理、引擎、交互等是 VR 关键性技术节点,这些为内容产业开发等提供了新技术支撑,使 VR 设备从沉浸感、便携性、交互性、满意度方面都增加使用的体验效果,推动产业的发展。国内 VR 产业技术在高性能的传感器、底层开发技术、图像拼接和播放器等领域与国外存在较大差距,硬件产品存在规格不一、概念混淆、参差不齐等问题。通过

---

① 《2017~2018 年 VR/AR 回顾与展望》,赛迪网,2017 年 12 月 27 日,http://m.ccidnet.com/pcarticle/10347301。

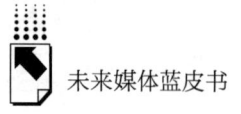

技术创新争取未来发展的主动权是国内VR产业发展的当务之急。

3. 资本成为VR/AR+内容产业发展的推手

2014年，Facebook耗资20亿美元收购VR厂商Oculus是VR资本风潮全球涌动的开始。2015年全球VR投资6.9亿美元，2016年投资23.2亿美元。① 2017年全球VR、AR投资规模达到近30亿美元。中国资本2015年底开始关注VR/AR，上市公司争相逐鹿，"VR概念股"应运而生，在2016年达到阶段性顶峰，2016年A股有70家VR概念上市公司，总市值14351.99亿元。② 2017年，VR/AR投资环境趋于理性，VR/AR技术资本偏爱核心技术与应用的转变。阿里巴巴、谷歌、淡马锡资本、Spark Capital持续看好AR的前景，对AR/VR的投资超过10亿美元。③ 从国内看，2015年、2016年的VR投资规模为21.8亿元和49.8亿元，整体投资规模尚处于起步阶段，但增长幅度惊人。④

二 VR/AR+内容产业发展分析

投资者最初关注的是VR/AR的硬件和内容，现在关注的重点是VR/AR应用工具与VR/AR底层技术和价值产业链。⑤ 预计VR全球产业规模在2020年达到400亿美元，在2025年达到1820亿美元，其中1100亿美元为硬件收入，720亿美元为软件盈收。⑥

---

① 《从狂热到寒潮：2016年VR发展不及预期14位专家评判平均分68分》，中国经济网，2017年1月3日，http://news.17173.com/content/03232017/062441679_2.shtm。
② 《从狂热到寒潮：2016年VR发展不及预期14位专家评判平均分68分》，中国经济网，2017年1月3日，http://www.ce.cn/culture/gd/201701/03/t20170103_19343561.shtml。
③ 《2017~2018年VR/AR回顾与展望》，赛迪网，2017年12月27日，http://m.ccidnet.com/pcarticle/10347301。
④ 《从业者必看！〈2017中国VR产业投融资白皮书〉》，1713VR，http://news.17173.com/content/03232017/062441679_3.shtml。
⑤ 《2017年VR/AR领域投资额近30亿美元垂直领域受青睐》，《21世纪经济报道》2018年3月21日，第16版。
⑥ http://www.sohu.com/a/131456957_212588。

虚拟现实产业是中国信息消费的一个新兴热点。VR 在军事、航空、智慧城市等领域成为行业发展的新信息技术支撑平台，未来将形成大众消费类 VR 产业、行业类 VR 产业、专业化 VR 产业三类新型产业。我国虽然行业发展增速较快，但还存在基础薄弱、硬件低质、内容缺少、资本降温的问题。未来，国家将从产业规划、技术支持、加速产品产业化、推动与行业融合、建设公共服务平台、构建标准体系、引导行业组织等诸多方面推动产业发展。①

1. 产业持续推进

2017 年央视春晚推出 VR 全景直播，为观众提供"VR 版春晚"，支付宝与腾讯 QQ 掀起的 AR 红包大战更是闹得沸沸扬扬，是 VR/AR 行业爆发前的写照。截至 2018 年初，全国有超过 800 家的 VR 企业，深圳就有近 500 家。2017 年中国 VR 市场规模约为 60 亿元。② 在国家部委的支持下，中国虚拟现实产业强化顶层设计、建立标准体系，推动 VR 产业健康有序发展，能够促进我国掌握 VR 领域未来发展的主动权。

2. VR 产业业态初步形成

虚拟现实技术具有沉浸性、交互性和多感知性三个显著的技术特征，能够在虚拟环境中实现身临其境的感受，获得视觉、听觉、触觉、动觉等多种感知，可以生成较为丰富的业态。VR 业态板块有硬件制造和系统研发、VR 内容创作和 VR 传播渠道，衍生出 VR 影视、VR 游戏、VR 直播、VR 主题公园和 VR 网吧等的具体业态。目前，已经有超过 5000 家 VR 线下体验馆，有约 2700 款视频和 800 款游戏在 VR 平台上运营。

VR 产业主要有硬件、软件和内容三大模块，就目前的主要内容业态看，VR 游戏政策解冻，技术逐渐完善，将迎来爆发的时机。VR 游戏是 VR 的重度应用领域，根据对 SteamVR2017 年新上架游戏的统计，《烈火击杀 VR》成为 2017 年销量最高的游戏，而《辐射 4VR》成为年度收入冠军。《烈火击杀 VR》2017 年 5 月 25 日发布，截至 2017 年底共销售出 8.2 万份。

---

① http：//www.xinhuanet.com/vr/2017－06/19/c_129635914.htm.
② http：//www.cqn.com.cn/zgzlb/content/2018－02/13/content_5447147.htm.

售价60美元的《辐射4VR》于2017年12月初上架,仅仅3周过后就销售了6.3万份,总收入378万美元,成为年度收入冠军,3A级游戏大作对重度VR游戏用户有巨大吸引力。①

VR直播以演艺、体育为主,快速发展已经深入生活的方方面面,正在形成独有的盈利模式。广告是内容直播收入的主要来源,虚拟物品销售是社交类直播平台的盈利方式。微鲸VR集中"体育+VR"优势资源,承担了中超足球联赛2017赛季VR直播任务,从VR直播、VR纪录片拍摄制作、VR内容平台出发,打通VR视频内容的上下游。中超VR直播近200万用户观看。② VR视频/影视产业刚刚起步,重点在IP资源的竞争及与国际领先技术的接轨方面,在交互式的电影短片、纪录片、宣传片、娱乐游戏、教育应用、医疗和心理学交互应用等领域较为广泛。VR体验店数量多但规模小,亟须从设备与内容两个方面保证品质与质量才能引发消费者的深度需求。VR内容平台正在打造VR硬件+软件+分发+内容+服务平台业务,积极探讨商业模式创新。VR主题公园建设逐次展开,华谊兄弟、盛大集团通过收购、投资布局VR主题公园,周边产品娱乐、旅游等成为重要经济来源。

三 VR/AR+内容产业年度特点分析

1. 跨界融合,引领VR产业方向

VR是一种工具和跨界技术,跨界性极强,易与游戏、影视、电商、旅游、地产、医疗、教育、培训等其他行业相结合。"VR+行业"成为VR企业2017年重点推进的方向。2016年中国虚拟现实市场总规模为68.2亿元,2017年是VR调整期,2020年后整体市场进入相对成熟期。③

VR内容产业初期是将传统行业虚拟转化,让其内容具备沉浸

---

① 《2018年全球VR/AR产业发展现状分析》,中国报告网,2018年3月2日,http://free.chinabaogao.com/it/201803/03232263H018.html。
② http://tech.ifeng.com/a/20171205/44790433_0.shtml。
③ http://news.17173.com/content/03232017/062441679_1.shtml。

（Immersive）、想象（Imagination）和交互（Interaction）的特征。目前 VR 内容产业的展示主要涉及媒体、教育、游戏，VR 内容的未来将会以视频为主，如电影、电视、直播等。① 媒体 VR 技术可以使观众产生沉浸式的现场体验，增强媒体报道的客观性和真实性。新华网、光明网、人民网、南方报业网等网络传播平台从 VR 技术的传统媒体应用入手，到 VR 视频采集、全景渲染、AR 增强现实、VR 编码，逐渐向规划展示、旅游体验、历史重现、文化交流等领域拓展，实现视频、全景、VR 等内容的同步直播与录制，拓展了媒体新的发展空间。VR 广告技术凸显广告感官体验的沉浸性、信息互动的及时性、用户体验的差异性以及广告投放的高精准性等核心特征，为广告领域提供了新的思路、途径与办法。

2. 内容破局，激发 VR 内容潜力

爱奇艺继续实施 VR 生态激励计划，全面开发和扶持平台优质内容，通过开放全平台资源与合作伙伴共荣。2017 年爱奇艺重点投入上游 IP 内容，对平台的 PPC、PGC 合作伙伴进行开发扶持，以 IP 孵化更多优质 VR 内容，成功践行了 2016 年提出的 "10 + 100 + 1000 计划"。在 10 + IP 视频自制计划中，爱奇艺将 VR 制作纳入基础影视生产流程，联合 VR 视频团队制作一系列作品如《寻人大师》《鬼吹灯之牧野诡事》等，其中《灵魂摆渡》VR 先导片上线 12 小时点击量破 200 万次，最终获得了超过 450 万次的点击，创国内目前单剧集最高纪录。在 100 + IP 游戏合作计划中，爱奇艺通过打通 IP 全产业链资源，实现 IPVR 游戏领域的战略部署，代表作有播放量超过 5 亿次的热血超燃国漫改编、与互联星梦联合制作的 VR 游戏《灵域》，上线小米 VR 渠道后仅一个月的时间便成为小米 VR 渠道付费下载 NO. 1。1000 万 + 中文 VR 用户计划下，爱奇艺插件模式、App 模式累计激活用户分别达 1804.2 万、320.6 万。②

---

① 韩韶君：《VR 产业化历程及趋势》，中国知网，2017 年 12 月 2 日，http://mall.cnki.net/magazine/Article/CMEI201712020.htm。
② http://www.diankeji.com/vr/34234.html.

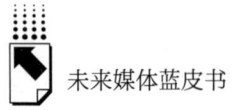

3. 技术创新，提升VR用户体验

业界在内容和技术两个维度不断创新，人工智能和H.265全景编码、全景声、交互式视频等技术已经在业内使用。爱奇艺用大数据揭示VR行业的用户行为及消费习惯，给用户画像，发现VR影视视频制胜的关键时间段，从而快速聚焦用户、增加内容娱乐吸引力以实现留住客户的目标。这对整个VR影视制作行业的发展有着很强的借鉴意义。

4. 打通IP全产业链，构建VR内容生态

VR综合了计算机的图形、仿真、传感器和显示等技术，在多维信息空间中创建虚拟信息环境，广泛应用于影视拍摄、游戏开发、城市规划、室内设计、工业仿真、古迹复原、桥梁道路设计、房地产销售、旅游教学、教育培训等领域，得以延长产业链条。VR产业链包括硬件、软件、应用和服务，内容产业则较为薄弱，需要以IP为核心，打造全产业链。爱奇艺通过IP、VR、影视和游戏的多元化融合，实现IP+VR生态的战略部署，在《醉玲珑》《鬼吹灯之牧野诡事》VR游戏中开启VR+广告的全新商业模式，同时通过合作《寻人大师》《神探蒲松龄之兰若仙踪》等涉足VR影视。①

四 VR/AR+内容产业发展趋势

VR/AR的发展趋于轻量化、移动化、开放化、快捷化、完善化、普及化。VR/AR中的大规模场景真实感建模技术、复杂异构数据转换与集成技术、复杂对象的物理行为建模技术等关键技术进步和内容需求的拉动，必将推动VR/AR+内容产业发展。②

2018年的VR产业将面对诸多不确定因素，VR行业优质内容的缺失、软硬件的限制、最新技术方向和政府政策产业导向将共同影响VR内容产业的发展趋势。

---

① http://www.diankeji.com/vr/34234.html.
② http://www.xinhuanet.com/vr/2017-06/19/c_129635914.htm.

1. VR 游戏和视频融合

在 VR 时代，视频和游戏的制作会融合，以用户体验为核心 VR 进行的是颠覆性创新，游戏会有实景拍摄，视频也能交互操控，会让用户和观众分不清游戏和视频，内容成为 VR 所有商业模式的关键推动力量。VR 游戏、VR 电影将是 VR 内容产业增长的爆发点。

2. VR 终端设备技术加速成熟

国务院《关于促进移动互联网健康有序发展的意见》为人工智能、VR、AR、微机电系统等新兴移动互联网关键技术布局。AI 和 VR 的深度结合给 VR 市场的发展提供全新的应用场景，推动 VR 内容的生产技术进一步突破。爱奇艺发布了全球首款移动 VR 一体机，华为、Intel 和高通角逐 VR 产品线，PC 头显等终端设备也不断革新。运营商、网络设备商将通过千兆到户、5G 等，把 4K、6K 的 VR 视频内容更快地推进家庭用户，追求视听一体的沉浸式体验，快速发展的融合交互技术将为内容和场景创新提供基础。

3. VR 产业链布局逐步完善

VR 内容产业将以 IP 为核心，致力于内容的挖掘、分发与零售，打通内容与服务，从影视和游戏的生产端切入 VR 市场，实现从内容生产到内容播放、网络分发、社交互动、付费分账等多环节的产业链布局。

4. 探索全新的技术形态，实现网络知识产权保护

不断迭代的技术应用在丰富网民生活的同时，侵权行为也在不断出现新形式，如 VR 内容侵权、直播平台违规、微信公众号抄袭、社交网络诈骗等，需要采用新技术手段来防止侵权行为，也需要加大源头版权库的建立、完善许可授权合作机制，从源头遏制侵犯知识产权行为的发生。

B.5
未来媒体大数据应用发展报告（2017）

刘 枭*

摘　要： 随着大数据的深入开发和广泛应用，未来媒体应运而生。未来媒体备受重视，引起业界关注。大数据的战略地位提升、产业规模扩大、应用发展迅猛以及数据管理规范，都为未来媒体提供了稳定的发展环境和成熟的技术保障。未来媒体大数据应用的典型案例是"中央厨房"，其组织架构和运行机制都有别于传统媒体。基于多种推荐算法，并通过数据采集和获取、数据分析和挖掘以及数据智能化服务，大数据实现了未来媒体数据平台的搭建，创造了更为丰富的应用场景。未来媒体表现出人、物、技术、场景优化匹配，搭建信息共享全媒体战略平台及意见领袖舆论影响力持续增强的发展趋势，也面临大数据应用人才紧缺的严峻挑战。

关键词： 未来媒体　大数据　智能算法

一　引言

海量数据与大数据技术紧密结合，为互联网产业的发展创造了更多价值挖掘和价值创造的空间和可能。数字、网络及媒介技术的聚变式发展加速了

---

* 刘枭，管理学博士，厦门理工学院文化产业与旅游学院副教授，主要研究方向为大数据应用、智慧会展。

新旧媒体之间的融合和分化，为传媒产业的转型升级提供了重要的技术保障，也对传媒产业与相关产业之间的跨界融合产生了深远影响。在媒介融合的时代背景下，未来媒体初具雏形，重塑了世界传媒产业秩序，已成为传媒产业未来发展和研究热点问题之一。深入剖析和探讨未来媒体的现状和发展趋势，尤其关注未来媒体在大数据方面的应用，有助于顺应"互联网＋"的时代发展趋势，推动媒体融合发展，加快传媒产业内部的结构调整，促进传媒产业的可持续发展。

二 未来媒体备受关注

未来媒体是指立足于大数据、人工智能、虚拟现实、移动互联网等新兴信息技术，以满足用户个性化需求和提供多样化服务为目标，以新兴媒体为核心层，外延至以 AR、VR、MR 构成的混合现实互联网和以大数据为核心的智能互联网（含物联网）的新型媒介和媒体组织。与传统媒体相比，未来媒体发展更为强调智能化、共享化和用户体验。

（一）政策引导与扶持

2014 年 8 月，中央全面深化改革领导小组第四次会议审议通过了《关于推动传统媒体和新兴媒体融合发展的指导意见》。习近平总书记在此次会议上强调：要推动传统媒体和新兴媒体融合发展，坚持新旧媒体优势互补和一体发展，形成立体多样、融合发展的现代传播体系。2015 年 7 月，《工业和信息化部关于贯彻落实〈国务院关于积极推进"互联网＋"行动的指导意见〉的行动计划（2015－2018 年）》的通知正式印发，"互联网＋全业务/全流程/全网络"成为未来媒体发展的创新力和驱动力。

（二）已成为业界关注焦点

自从媒体融合上升成为国家战略以来，在政府推动和技术发展下，由传统媒体转型而来的未来媒体影响力逐渐提升。为了在未来媒体时代更多掌握话语权,成为现代信息传播的领头人,越来越多的媒体开始重新审视传统媒体的地位,"微传播"逐渐成为重要的传播方式。如2016年两会期间,多家媒体利用先进技术和设备,通过全景视野、立体影像及实况直播等报道形式全程跟进会议内容。[①] 2017年,人民网自制动画短剧《"剧透"2017全国两会》,点击量超过1亿次;与腾讯网联合推出的大型直播节目《两会进行时》,更是创造了中央重点新闻网站两会报道的新纪录(总浏览量超过1.38亿次)。人民日报客户端H5[②]产品《穿越时光,这是我保家卫国的样子》总访问量超过10.4亿次[③],创下单个H5产品访问量最高纪录。以智能化技术和手段嵌入使用者的工作和生活场景,灵活生动地传递两会的信息资讯。

三 未来媒体的大数据发展环境

(一)战略地位不断提升

自2014年3月首次写入政府工作报告以来,大数据即成为我国重要的基础性战略资源和核心资产。2015年8月,《中国制造2025》提出加快新一代信息技术与制造业深度融合,推动传统产业生产方式、产业形态和商业模式的变革,引领我国迈入世界制造强国行列。2016年3月,十三五规划纲要提出"实施国家大数据战略加快数据共享"的口号。2016年12月,工信部发布《大数据产业发展规划(2016-2020)》。2017年10月,党的十九大报告提出推动大数据与实体经济深度融合。作为新一代信息技术中的核心技术,大数据能有效集成信息资源,提供技术支撑,应用前景最为广阔,代表了信息技术创新的前沿发展方向,已成为经济社会发展的新型驱动力。

---

① 刘会:《"全民直播"酿就新报道形式网络视频播报促媒体融合》,《新闻研究导刊》2017年第15期,第32~34页。
② H5是HTML5的简称,作为一种超文本标记语言,HTML5是HTML最新的修订版本。
③ 《2017年新媒体发展回顾》,2018年1月9日,http://wemedia.ifeng.com/44382628/wemedia.shtml。

（二）产业规模持续扩大

根据 2018 年 4 月中国信息通信研究院（CAICT）发布的《中国大数据发展调查报告（2018 年）》，2017 年我国大数据产业[①]总体规模达到了 4700 亿元人民币，同比增长 30%，大数据核心产业[②]规模达到 236 亿元人民币，同比增长 40.5%。从具体细分领域来看，软件占据大数据市场主导地位，硬件市场规模比例略有下降，具体如表 1 所示。根据《中国大数据产业发展评估报告（2018 年）》，2017 年我国大数据产业集聚效应进一步凸显，已基本形成长三角、珠三角、中西部和东北地区大数据产业格局，但各区域大数据产业发展差异化显著。北京、江苏、广东、浙江、上海五省份成为大数据产业发展第一梯队。

表 1　2017 年中国大数据市场细分领域规模及比例变化

单位：亿元，%

	硬件	软件	服务
市场规模	72	104.1	59.9
所占比例	30.50	44.10	25.40
同比变化	-1.6	0.9	0.7

资料来源：《中国大数据发展调查报告（2018 年）》。

（三）应用发展势头迅猛

根据《中国大数据发展调查报告（2018 年）》，我国接近 2/3 的企业已成立数据分析部门，计划成立数据部门的企业占 24.4%，企业对大数据分

[①] 根据中国信息通信研究院的界定，大数据产业指以数据生产、采集、存储、加工、分析、服务为主的相关经济活动，包括数据资源建设、大数据软硬件产品开发、销售和租赁活动，以及相关信息技术服务。
[②] 根据中国信息通信研究院的界定，大数据核心产业指与大数据直接相关的软件、硬件及专业服务。

析及应用的重视程度有所提高。已应用大数据的企业占39.6%,同比增长4.5%。在数据分析方式上,40.3%的企业实时处理动态数据,32.3%的企业分析历史数据,以及25.5%企业通过机器学习完成辅助决策;在数据结果呈现上,报表、图形图标和智能可视化界面是三种主要的数据展示方式,调查企业分别占64.7%、60.3%和55.2%;在数据应用场景上,大数据应用较广的领域分别是营销分析、客户分析、内部运营管理和供应链管理,调查企业分别占63.2%、55.3%、50.7%以及23.4%;在数据应用效果上,大数据帮助企业实现了智能决策,提高了运行效率和风险管理能力。

(四)数据管理日趋规范

由《中国大数据发展调查报告(2018年)》可知,在受调查企业中,我国企业数据资源总量在50TB以下、50～100TB、100～500TB、500TB以上的企业占比分别是4.8%、30.2%、39.1%、20.2%;企业数据来源以内部生产数据、客户/用户数据为主,而互联网公开数据、外部购买以及政府免费数据所占比例较低;87.6%的企业非结构化数据占比超过一半;企业对数据库的分析利用集中在数据库、各类文档文件、图像/视频、社交媒体数据、语音/音频等方面;API接口及托管方式是企业吸纳外部数据、进行数据输出和数据共享的主要方式。部分企业已设立数据管理委员会,并聘用了专职首席数据官(CDO)。

四 未来媒体的数据化进程

(一)互联网普及率提升,网民规模持续扩大

近年来,我国互联网普及率和网民规模持续攀升,直播行业发展迅速,已拥有了庞大的用户群体。根据中国互联网络信息中心(CNNIC)于2018年1月发布的第41次《中国互联网络发展状况统计报告》,截至2017年12月,中国网民规模达7.72亿,其中手机网民规模为7.53亿,网民中使用手

机上网的人群占比提升至97.5%，使用台式电脑、笔记本电脑、平板电脑和电视上网的比例分别为53.0%、35.8%、27.1%和28.2%；互联网普及率达到55.8%，其中城镇地区互联网普及率高达71.0%，相比而言，农村地区互联网普及率较低，仅为35.4%；网络直播用户规模达到4.22亿，年增长率为22.6%，游戏直播用户规模达到2.24亿，增速高达53.1%，真人秀直播用户规模达到2.2亿，增速达51.9%。在线政务服务用户规模达到4.85亿，占总体网民的62.8%。

（二）移动端多渠道传播，公众号影响力显著

在大数据技术与政务服务紧密结合的背景下，各政务新媒体及服务平台（如政务微信公众号、政务微博和政务头条号）不断扩大服务范围、扩充服务内容，推进了媒体信息服务的智能化、精准化和科学化。[①] 人民网和艾瑞咨询的调查数据显示，2016年我国各类传统媒体属报纸媒体融合传播度最高，TOP100报纸和TOP30电视的微信公众号开通率高达100%，报纸转型App比例是93%，TOP100杂志及TOP100广播的微信公众号开通率分别为97%和99%，杂志转型App比例达92%，电视和广播App转型比例相对较低，分别为67%和25%。2017年2月中国时事类微信公众号影响力排行榜显示：传统媒体微信公众号的艾媒指数整体排名靠前，在文章更新数量、用户阅读量、点赞数上占绝对优势，尤以人民日报、央视新闻和人民网影响力最为显著。[②]

（三）多种技术并驾齐驱，全面渗透未来媒体

随着大数据技术的广泛应用和云计算技术的日趋成熟，各种信息成为未来媒体发展的核心数据资源，人们对海量数据的计算能力日益增强。大数据引发的未来媒体的雏形已基本形成，人工智能、VR、AR、MR、GIS及无人

[①] 第41次《中国互联网络发展状况统计报告》，CNNIC，2018年1月。
[②] 《2017年中国新媒体行业全景报告》，艾媒咨询集团，2017年3月29日。

机等则担当着激活未来媒体的重要引擎。未来媒体以数字技术、网络技术和通信技术等新兴信息技术为基础，建立在微博、微信公众号、移动客户端、网络直播、电子杂志、移动数字电视等多种形态的媒介传播载体之上，积累了用户和用户行为的海量数据。这些数据既成为新闻报道的重要资料来源，也为媒体分析用户行为、需求和心理变化等提供了基本依据。从内容生产、关系匹配、用户挖掘到服务创新，大数据实现了对未来媒体行业的全面渗透。根据大数据导向的内容生产统计，最易传播的主题分别是：亲子类、地域类、食品安全类和治安类。① 多样化的技术手段也满足了现代人获取信息、休闲娱乐和社交游戏的多样化需求。

（四）分析工具不断涌现，功能服务日趋完善

近年来，随着大数据技术的不断发展和完善，应用于未来媒体行业的大数据分析工具不断涌现，清博大数据（GSDATA）、新榜内容创业服务平台（NEWRANK）、数说故事（DATASTORY）等公司的产品最具代表性，它们均已实现大数据查询和分析功能。清博大数据主推产品清博指数是"两微一端"（微博、微信、App）大数据平台，其微信传播指数、微博传播指数和App传播指数的权威算法公式已成为行业公认标准。另一主打产品清博舆情通过海量数据库提供海内外全网数据检测，全方位整合传统媒体、门户网站、两微一端等信息矩阵，实现了自主检测、实时抓取、危机预警、舆情分析、事件追踪、舆情报告六大核心功能。②

五 大数据在未来媒体中的应用实例——"中央厨房"

"中央厨房"已成为大数据背景下未来媒体发展的典型应用和重点工程，也是我国地方传媒集团和代表性媒体转型的重要参考。除中央级媒体

---

① 沈阳：《未来媒体趋势报告》，http：//www.cbdio.com/BigData/2015-12/01/content_4245453_all.htm。

② 《清博大数据》，2017年5月27日，http：//home.gsdata.cn/news-report/articles/1802.html。

(如人民日报"中央厨房"、新华社全媒报道平台、央视"融媒体编辑部"、中国广播云平台、经济日报"中央厨房"全媒体中心、光明日报融媒体中心、中国青年报"融媒小厨"、解放军报中央厨房)外,大数据在地方融媒体工程中的应用也日趋成熟和完善,包括天津"津云"平台、西安广播电视台"中央厨房"、湖北广电集团"长江云"、广西日报社"广西云"、江西日报社"赣鄱云"、浙江日报报业集团"中央厨房"、南方报业传媒集团"中央厨房"、广州日报报业集团"中央厨房"、大象融媒体集团"中央厨房"——"新闻岛"、珠海报业集团"融媒指挥中心"、苏州日报报业集团"中央厨房"、河南日报报业集团"中央厨房"、重庆日报报业集团两级"中央厨房"等。[①] 其中,人民日报"中央厨房"获评"2017年大数据优秀应用案例",被誉为媒体融合的"样板间"和"龙头工程"。

(一)什么是"中央厨房"

"中央厨房"最早由麦当劳、肯德基引入,原指餐饮制造业中统一采购、统一配送、标准化生产的菜品配送模式,强调食品制作的标准化和口味的一致性。"中央厨房"的最大优势是通过集中规模采购和集约化生产实现菜品制作的质优价廉。

媒体研究借鉴了"中央厨房"的概念,并将其引入学术研究和产业发展中。"中央厨房"建设项目是以全媒体体系为起点,以全球传播为目标,以汇聚相关资源要素细化分工为抓手,强调"新旧融合、一次采集、多种生成、多元发布、全天滚动、多元覆盖、多渠道传播",实现信息采集、策划指挥、新闻编发、值班调度、数据库管理等功能分区,在协调采编、流程管理和技术保障上实现统一管理,以提升内容质量和产品多样化,将报纸、网络、新闻客户端及微博、微信等平台有机结合,融入微视频、网络直播等多种形式和技术手段,打造出融媒体传播平台和全媒体传播矩阵,以建成融合媒体形态、传播形态和产品形态的未来媒体新型生态系统。

---

① 张洵:《2017年大数据在传媒中的应用》,《新闻战线》2018年第1期,第40~42页。

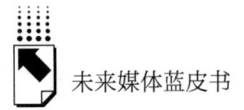

（二）"中央厨房"的组织架构和运行机制

从组织架构来看，"中央厨房"打破原有部门和版面之间的工作界限，将传统媒体与未来媒体进行混合编制，设立总编调度中心并建立采编联动平台，以统一部署和筹划采访力量、编辑力量和技术力量。① 作为"中央厨房"的指挥中枢，总编调度中心负责宣传任务统筹、重大选题策划和采访力量指挥。作为"中央厨房"的常设运行机构，采编联动平台设有采访中心、编辑中心和技术中心，负责执行指令和收集需求反馈。

与组织架构相匹配，如人民日报"中央厨房"通过设立总编协调会、采前会等方式配备了完整的运行机制。总编协调会在每周一下午召开，由总编辑主持，部署当周重要宣传任务，探讨和论证重大报道选题，对一周传播效果进行点评，以及协调采编对接联动。采前会由当班的副总编辑，每天上午召开，会议重点是：汇报选题策划、通报新闻线索、研究当日舆情、确定重点稿件和布置采编对接。② "中央厨房"将传统媒体与未来媒体的生产线与生产力全面整合，最终形成多元化产品矩阵，生产环节的集约化和标准化水平显著提高，建立了"高度调控、灵活运转"的信息处理机制。

（三）"中央厨房"的具体应用效果

"中央厨房"凭借传统媒体的品牌优势，借助大数据、云计算、数据可视化等新技术打造的全新媒体生态平台，整合了纸媒、互联网、客户端的品牌力量，充分激发了内容生产在媒介融合中的创造性和活力，提高了产品吸引力和传播影响力。2017年全国两会期间，人民日报中央厨房"国策说"工作室旗下的"数据社"与贵阳大数据交易所、清博大数据、拓尔

---

① 《我国媒体融合步入深水区 各媒体"中央厨房"建设一览》，人民网传媒频道，2017年8月11日，http://media.people.com.cn/n1/2017/0811/c14677-29464293.html。
② 《人民日报"中央厨房"有什么不一样》，人民网新闻战线，2017年2月23日，http://www.xinhuanet.com/newmedia/2017-02/23/c_136078802.htm。

思、凡闻科技等多家机构合作,首次实现"超链接"分层分析和数据源全打通,对不同平台上的热点进行分析,推出大数据解读节目《国策说》,并在人民日报两会特刊上刊登《数读:绿色发展》及《两会舆情排行榜》。[①] 其中,不足4分钟的人民日报原创短视频《人民代表习近平》累计点击量达到1.1亿次;人民日报客户端的H5《两会喊你加入群聊》不到24小时点击就突破了600万次,另一款H5《2017我来北京开两会》浏览量突破了10万次。

六 基于大数据的未来媒体智能算法解析
——以智慧媒体大数据平台为例

与单一信息技术不同,大数据技术在未来媒体的应用过程中体现了多种技术(云计算、人工智能、物联网等)优势的结合,通过整合多终端数据,构建了以云计算、云存储和大数据为核心的多样化媒体形态技术支撑体系,建立了基于未来媒体业务管理、业务决策和日常运营的支撑平台以及面向互联网应用、具备公共服务能力的社会化制作、播出和发布服务平台。作为大数据的基础,云计算大幅削减未来媒体行业的硬件成本,人工智能则推动大数据从辅助决策转向替代决策,物联网技术将线上、线下数据打通整合,多元化数据来源为未来媒体的大数据应用创造了更为丰富的应用场景。

以东软集团 Neusoft 开发的智慧媒体大数据平台[②]为例,基于云计算的大数据基础平台承担着媒体应用的数据获取、数据存储和数据分析挖掘的任务,从逻辑上分成了数据采集、Hadoop 通用平台、数据分析处理、数据服

---

① 《人民日报中央厨房首推"数据服务",成效如何?》,2017年4月1日,http://www.xinhuanet.com/zgjx/2017-04/01/c_136176113.htm。
② BTV智慧媒体大数据平台属于客户智能分析平台,目前已在央视新闻、新华报业、传媒集团、北京电视台、陕西广播电视台、长江出版集团等多家媒体企业进行了广泛应用。具体参见 http://www.neusoft.com/cn/products&platform/1604/3529094755.html。

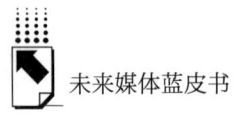

务接口和Hadoop管理五部分。

在数据采集上，智慧媒体大数据平台利用互联网爬虫技术、业务数据库、文本数据、音视频、外部采购数据等多种途径获取数据，数据服务接口包括：Public API[①]、SQL[②]on Hadoop、直接访问RDBMS[③]以及在RDBMS之上的BI[④]。一方面，通过简易脚本以及SDK嵌入方式，降低了数据采集的成本；另一方面，采用分布式消息队列以及分布式流数据的采集架构，确保了数据采集的实时性。

在数据分析和挖掘上，大数据以及用户行为的大数据分析挖掘算法都有支持弹性（Elasticity）和可扩展性（Scalability）的要求，因此，智慧媒体大数据平台在设计上采用分布式并行计算技术，提供多种智能推荐算法为客户提供个性化产品和服务。针对直播节目，采用了移动滑窗手段提高直播节目的推荐准确性；针对点播节目，则提供了包括基于用户行为、基于内容、基于兴趣图谱、基于社交关系以及基于规则在内的五大个性化推荐算法。数据ETL[⑤]包括数据提取、数据转化、数据加载、数据标准化、数据去重和数据过滤。

在数据智能化服务上，智慧媒体大数据平台在智能推荐、行情分析、收视指数、智能云桥、运营统计和决策支持等方面大做文章。与传统推荐"用户－产品"的简单关联关系不同，大数据的内容推荐系统实现了"用户－产品－场景"的匹配关联关系。未来媒体的业务及运营人员通过场景管理系统的推荐算法矩阵，实现对多种推荐算法的自由组合、调序、验证、评测等，通过在线评估以及离线评估两大推荐评估功能完成场景配置优化和调整。基于数据平台的分布式计算和存储能力，智慧媒体大数据平台具备了海量数据和类型的智能分析能力，通过对音频视频内容的多维度智能分析，

---

① API = Application Programming Interface，即应用程序接口。
② SQL = Structured Query Language，即结构化查询语言软件。
③ RDBMS = Relational Database Management System，即关系数据库管理系统。
④ BI = Business Intelligence，商业智能。
⑤ ETL = Extract-Transform-Load，即将数据从来源端经过抽取、交互转换、加载至目的端的过程。

寻找相似用户和相似内容，形成大数据的用户个性画像，提升受众与内容的匹配精准度，克服了精准推荐和智能推荐的技术障碍，其客户智能产品推荐比热门推荐的精确性提高了 3.4 倍。[①]

七 未来媒体大数据应用发展趋势

（一）人、物、技术、场景的优化匹配

互联网进化经历了基于网络互联的 Web 1.0 门户媒体时代、基于社交的 Web 2.0 社交媒体时代和基于移动互联的 Web 3.0 智能场景时代或 Web2.0 后时代的不同阶段。媒体业的传统垄断地位将被打破，每个独立个体都可以通过微博、微信公众号、直播平台等互动式客户端成为信息的制造者和传播者。依托于大数据技术，人与万物置于全方位信息交互的网络环境之中。大数据技术将改变以人为主导的"用户－产品"传统推荐模式，通过用户分析与匹配的场景化和精准化、新闻生产的机器化与分布化、新闻传播的泛在化与新闻体验的临场化以及互动反馈的传感化[②]，从时间和空间维度实现"用户－产品－技术－场景"四者的智能化匹配关联关系。

（二）信息共享全媒体战略平台搭建

随着大数据技术的推广以及媒体功能的拓展和延伸，媒介平台化模式已成为未来媒体转型的发展趋势。多家新闻媒体和出版行业着手实施立体化传播的全媒体平台战略，通过打通 PC 端和移动端的多媒介载体，打造跨平台、广覆盖、细分化、工具化的产品矩阵，形成以内容为支撑，以用户个性

---

① 《BTV 智慧媒体大数据平台》，2018 年 4 月 6 日，http://www.neusoft.com/cn/products&platform/1604/3529094755.html。
② 彭兰：《智媒化：未来媒体浪潮——新媒体发展趋势报告（2016）》，《国际新闻界》2016 年第 11 期，第 6~24 页。

化、定制化需求为导向的信息共享整合平台,促进信息服务、连接与转化。① 在现有数字生产加工平台基础上,继续深入推广"中央厨房"等新媒体运营模式,搭建未来媒体联盟,统筹使用优势资源,创新组织架构、管理体制、人才体系等,建立信息共享平台和宣传联动机制,使各生产要素迸发新的活力,提升未来媒体的传播力、公信力和影响力。

(三)网络公众人物舆论影响力持续增强

在大数据时代,网络传播过程中产生了一类特殊人群,他们是拥有大量粉丝和追随者的网络公众人物,在社会热点事件中掌控着一定的舆论导向,在各社交媒体平台、短视频平台、知识社区平台和兴趣社区平台上具有与媒体争夺话语权的实力和影响力。这类人群被称为意见领袖,也叫舆论领袖,或俗称"大V"。他们深谙受众心理,凭借其传播范围广、受众群体覆盖面大、与受众互动即时等优势,短时间内实现网络集聚。如自媒体大号"咪蒙"通过发布情感类、热点类和自我形象塑造类文章,慰藉了都市人的情感和灵魂,推送的每篇文章都创造了"10万+"的阅读量。2018年5月13日,二更创始人宣布永久关闭微信公众号"二更食堂",起因是该公众号发布了一则不当推文。据两微数据监测,此事在社交平台激起的负面情绪高达65%。该事件反映出意见领袖在追求流量的同时,违背公序良俗不择手段,发布低俗文章,造成了严重的负面社会影响。因此,意见领袖应积极关注大数据在媒介信息传播过程的"双刃剑"角色,适应未来媒体发展需求,进行正面舆论引导,塑造主流民意,引导公众对热点事件的正确认知,以发挥公众事件的积极影响力。

(四)未来媒体大数据应用人才紧缺

新兴行业的出现必然带来工作岗位的需求和缺口,同样,未来媒体在大数据应用方面也会推出一批新的就业岗位,具有丰富经验的媒体数据分析人

---

① 沈阳:《未来媒体趋势报告》,2015年11月12日,www.199it.com/archives/404640.html。

才将成为行业稀缺资源。大数据高端人才涵盖大数据解决方案构架师、大数据系统开发工程师、大数据平台工程师、大数据后台开发工程师、大数据分析师、大数据算法工程师、首席软件工程师等多个方面。在未来媒体行业中，大数据应用的相关岗位需要的是复合型人才，既要具备基本的采访、写稿和编辑能力，也要掌握一定的数学、统计学、研发架构和数据分析等多学科知识。原有媒体人才面临从单一写作型向多样技能型的转变，而高校在媒体数据人才培养和大数据课程内涵建设方面也要进行更多探索和尝试，以进一步推动媒体人才的供给侧结构性改革。

B.6
短视频发展报告(2017)

孙璐*

摘　要： 2017年，伴随着移动互联网技术的进一步发展，泛娱乐内部各业态之间深度融合、泛娱乐产业与实体经济加速融合，中国短视频内容产业迎来了大发展，短视频产业以文化作品为内容，以IT技术创新驱动为引领，不断创新组织形态和商业模式，短视频日益成为我国网络媒体的新业态。

关键词： 短视频　移动互联　投融资

一　宏观发展环境分析

(一)移动互联网用户状况

截至2017年12月，我国网民规模达7.72亿，全年共计新增网民4074万人。我国网民使用手机上网的比例达97.5%。互联网普及率为55.8%，截至2017年12月，网络视频用户规模达5.79亿。

2017年网络视频行业保持良性发展，国内网络视频用户付费比例达到42.96%，相比2016年增长7.4个百分点，预计未来仍将保持较高速的增长趋势。从行业自身发展来看，网络视频行业移动化、精品化、生态化进程在2017年得到持续推进。

---

* 孙璐，管理学博士，厦门理工学院文化产业与旅游学院教授，研究方向为创意媒体。

随着电视在年轻用户群体中的地位持续下降,手机用户沉浸时间增加,同时碎片化现象加剧,图文类内容饱和,网络视频内容出现很大缺口。

移动智能终端设备与移动网络、AI 技术收看视频的效果越来越好,非常适合现代社会视听习惯碎片化的特点,使得用户愈发倾向使用手机收看网络视频。目前,手机网络视频用户规模达到 5.49 亿。面对巨大的手机网络视频消费市场,大量资本与技术开始涌进短视频产业,这其中包括阿里、360 等大型厂商,2016 年至 2018 年,短视频内容需求创业方向已产生超过 30 笔融资。

(二)法律监管环境

随着网络媒体的发展,各类网络 App 占据了广大网民的智能手机。由网络直播引发的各类"新闻"也屡屡成为媒体关注的焦点。然而热闹的背后却不乏乱象,一些网络视听节目制作与播出不规范的问题越加突出。有的节目恶搞、歪曲、丑化经典文艺作品;有的节目擅自篡改、拼接、截取经典文艺作品和广播影视节目等,还有一些节目游走在法律边缘,涉及黄、赌、毒范畴,严重败坏社会公序良俗。

2018 年 4 月,《新闻 1+1》曝光在一些视频网站上出现了大量的少女妈妈或者说早孕妈妈,其中有一些甚至是未成年人,这类节目在社会上造成了极其恶劣的影响,为进一步规范网络视听节目的传播秩序,国家广电总局、工信部等各部委及地方政府和行业协会颁布了相应法规和条例。

为了净化网络环境,使网民言论更趋理性和规范,提升网络环境治理能力、传播正能量,国家部委、行业协会等颁布了很多法规文件:2016 年 4 月,20 家网络直播平台共同发布《北京网络直播行业自律公约》;2016 年 6 月《专网及定向传播视听节目服务管理规定》发布;2016 年 8 月《关于进一步加强社会类、娱乐类新闻节目管理的通知》发布;2016 年 12 月《关于加强对微博、微信等网络社交平台传播视听节目管理的通知》发布;2017 年 3 月《关于调整互联网视听节目服务业务分类目录(试行)》发布;2017 年 6 月《关于进一步加强网络视听节目创作播出管理的通知》发布;2017

年1月《网络表演经营活动管理办法》发布；2016年8月《移动互联网应用程序信息服务管理规定》发布；2017年6月《互联网新闻信息服务管理规定》发布；2017年6月中国网络视听节目服务协会发布《网络视听节目内容审查通则》。

2017年4月，国家互联网信息办公室会同有关部门关停了18家传播色情淫秽内容的直播企业；2017年6月，文化部关停12家网络表演平台；2017年6月，文化部对50家主要网络表演经营单位进行集中执法检查，30家网络表演平台内容违规被依法查处；2017年7月，国家网信办要求全国互联网直播服务企业向属地网信办登记备案。

2018年4月，国家广电总局针对"今日头条""快手"两家网站播出有违社会道德节目的问题，立即会同属地管理部门严肃约谈了两家网站负责人，并责令其快速整改。

经过多年监管，网络视听产业标准逐渐完善，企业自律性逐渐加强，行业正进入规范化发展轨道。

二 短视频产业资料分析

所谓短视频即短片视频，是一种互联网内容传播方式，时长一般在5分钟以内，以明星、网红、PGC（Professional-generated Content，指专业生产内容，经由传统广电从业者按照几乎与电视节目无异的方式进行制作，但在内容的传播层面，却必须按照互联网的传播特性进行调整）、UGC（User-generated Content，用户生产内容，也称UCC，User-created Content）生产的内容为主。

在内容形式、创作者属性、运营方式上，短视频平台和传统视频网站之间形成了明显的产业边界。传统视频网站电影、电视剧、卫视综艺节目、网综网大网剧类，时长在30分钟以上以版权购买为基础运营方式。[1] 传统电

---

[1] 《2016年短视频内容生态白皮书》，一下科技，2016。

视台的内容实际上被视频网站和短视频网站瓜分，观众在电视上观看电视台的非影视剧、非大型综艺节目的时间正在被短视频自媒体占用。

2016年短视频内容创业风潮从三个角度让短视频具备了商业化能力。首先，从绝对播放值来看，20亿次的日均播放量为广告商们提供了足够大的广告池。其次，从行业细分来看，40个垂直分类已经能够满足不同类别客户的投放需求。最后，从营销能力来看，短视频内容在体验营销、效果营销和精准营销中的作用已经显现，它逐渐被一些客户认可。

（一）产品特点

1. 短视频内容更聚焦

短视频通常集中在某个主题或垂直化内容领域。短视频已经在搞笑、美食、星座和电影等领域形成了一些头部"大V"。这种短视频内容更容易吸引粉丝，实现商业变现。因为内容是垂直细分的，短视频开头和结尾部分通常被广告植入，或者是围绕短视频主题的软广告植入，类似于植入软文本。

由于短视频的内容更加集中，商品化模式更加灵活，因此用户接受度更高。由此可见，以内容运营为核心卖点的商业化变现，比以网红为卖点的变现更有效。

2. 应用更便捷

短视频核心功能点之一就是娱乐和传播，帮助用户以更低成本娱人娱己，更快速高效地实现内容传播、收获粉丝是创新App实现弯道超车的有力武器，也就是说对于新特效玩法的研发将会始终持续。但是制作工具的便利性会让人把更多精力用于内容创作本身，更多地展示出节目的内涵而不仅是形式。

从用户的角度来看，对于越来越多的90后，甚至更年轻的用户来说，他们可以更容易制作出一些原创的、个性化的视频内容。在国外Instagram、Vine、YouTube等平台上，年轻拍客很活跃。短视频无疑更适合各种移动领域和场景中用户的视觉表达。在这个意义上讲，短视频的使用门槛显然低于

未来媒体蓝皮书

网络直播。

3. 更适合投资

目前移动互联网用户增长已经趋缓，在流量价格不断上涨、微信公众号流量出现饱和的情况下，短视频流量却在不断增长，这主要是因为短视频更加符合消费者有图有真相信息消费升级的特点。

短视频未来显然会吸纳更多资本进入，PGC制作将更加具有针对性，专业性也会不断增强，并且运用广告创意植入电商导流模式变现，个人短视频UGC的制作者将受到市场需求的激励，生产更多产品。关于直播平台未来发展，产品形态与内容的组合创新是必须加以关注的，否则同质化竞争必将导致产业衰退。

（二）产业生态圈状况

1. 技术、设备支撑环境

首先，短视频的拍摄可以是便利的手机也可以是高级专业数字摄影机，制作软件包括PR、AI、AE、Maya等。另外，短视频产业的发展离不开技术，大数据技术使得短视频平台在研究用户的一系列数据的基础上，判断用户喜好，构建分发机制，为更多小众但精品的内容提供浮出水面的机会，在提高信息流广告精准推送的技术基础的同时，也能在一定程度上解决广告位短缺和转化率低迷等变现问题。

其次，图像识别技术在视频内容的标签化及鉴黄鉴暴等方面的应用，可以在极大程度上解决人工审核时代的效率问题；人脸识别技术则可为短视频平台提供美颜、AR效果等趣味性较强的拍摄功能。

最后，短视频节目的变现离不开便捷的支付系统，尤其是网络支付工具支付宝和微信的支持。

2. 短视频产业链分析

首先产业链上游，明星、网红、PGC、UGC作为内容创作者是短视频产业的上游，其中PGC变现能力强，而UGC的创作活力对平台生态的形成至关重要，PGC因具备较强的流量变现能力，是各平台之间竞争的焦点之一。

相对于 PGC 用户，UGC 群体基数大、与平台的消费人群重合度较高，同时在一定程度上也是社区氛围的维护者，UGC 的创作活力对平台生态的形成至关重要。

之前的业界形态，创作者基于个体兴趣，依靠个体或者小团队生产制作内容，生产的稳定性、中长期规划能力、商业化能力不足，成功风险大，概率低。[①]

传统视频平台多以版权采购等形式来获取内容生产者的内容，但视频网站的流量过于集中在头部用户。伴随影视剧、大型综艺节目版权费用的上涨，视频网站大多陷入版权大战之中，没有多余的财力采购短视频栏目版权，同时也没有过多的流量分发给短视频栏目，视频出品方虽然可以靠版权售卖覆盖成本，依靠广告分成获得少量收益，但对内容生产者本身带不来任何的成长和品牌价值。

2016 年，YouTube 的 MCN 模式在中国市场被快速复制，一批头部短视频公司 MCN（Multi-Channel Network，一种多频道网络的产品形态，将 PGC 内容联合起来，在资本的有力支持下，保障内容的持续输出，从而最终实现商业的稳定变现）化，通过签约等形式和个体内容生产者/网红达成合作，系统地帮助他们运营推广、获取流量、树立品牌、构建商业变现模式。

目前内容行业呈现明显的金字塔结构，马太效应明显。超过 23000 家内容团队处于金字塔底层；综合能力突出，且在新媒体内容行业领跑的内容团队仅 10 余家；塔尖目前尚没有新媒体内容团队。[②]

2016 年市场上 65% 的资金投入了短视频内容创作方，垂直细分领域的短视频内容更是达到了 76%。

其次产业链下游，2017 年短视频行业竞争激烈，其竞争力主要体现在优质内容的持续产出能力和产品迭代能力上，短视频内容头部生态逐渐确立。在内容垂直分化发展的大趋势下，区域化内容由于地缘特点对受众情感

---

① 《2016 年短视频内容生态白皮书》，一下科技，2016。
② 《2017 短视频垂直行业白皮书》，卡思数据，2017。

心智的打动更具优势，行业参与者纷纷启动区域化布局，对区域内容团队成长起到重要作用。短视频内容制作从"野蛮生长"走向"专业化制作"，辅之以精细化运营，整合当地资源推出更具市场竞争力的短视频内容。

短视频产业下游的短视频平台从功能角度可以分为三种：用于个人制作短视频需求的工具类平台、资讯类平台、满足用户社交需求的社区类平台。工具类短视频平台易形成短期的高流量，但用户兴趣减弱后，流量的丧失也极其迅速，目前工具产品也逐步融入了社交元素以保持用户黏性；资讯类短视频依托大流量平台，用户被动使用占比较高，同样也存在社交内容匮乏的问题，所以与其他社交平台横向联合形成矩阵、互相导流是这类平台的一大特色；而社区类短视频则具备黏性较高、互动频繁等特征，具有较浓厚的社交氛围和强烈的平台调性。

短视频产业生态系统建立在互联网传播的基础之上，这个生态系统，不是单纯做内容，而是要做生态，生态是一个良性的循环，其实可以理解为一种社群经济，每个人都会贡献，同时提出自己的需求，然后共同完成一个社群任务，是一种非常理想的状态，也是未来发展的方向。

（三）技术水平与国际差距

短视频依靠的视频云服务是技术驱动与产品驱动紧密结合的领域，其技术主要体现在三个层面，第一为底层技术，第二为视频相关技术，第三为场景应用技术。

第一层主要是云计算基础服务，在基础服务层，国内的技术水平与国外相比仍有差距，但是整体的技术环境正在向好的方向发展，国内厂商加强了底层技术的研发，并且也不断在国外的开源技术社区贡献代码，与国外技术进行接轨，国内的传统企业也更容易接受云计算的技术，为技术实践提供了良好的基础，但是国内的技术社区仍旧需要产业链中的厂商及个人提供更多的共享内容。

第二层为视频相关技术，目前广泛使用的编解码技术为 H.264，国外的编码标准在 H.265 与 VP9 之间竞争，国内自主研发的 TIVC7 技术推广难度仍旧很大，国内华为、阿里云、金山云、乐视云等已经能够支持H.265技术，4K、VR、AR等技术的核心技术仍在国外。

第三层为场景应用技术，由于视频应用的广泛性，不同的应用场景需要不同的技术标准，国内厂商的技术越来越贴近企业用户的具体需求，技术环境良好。

三 短视频2017年度特点分析

（一）发展速度快、规模大

2017年，短视频用户规模不断扩大，达到2.42亿，增长率为58.2%。而长视频平台由腾讯、爱奇艺两家形成垄断态势。

以秒拍为例，2016年秒拍视频日均播放量高达20.4亿次，然而年初仅为3.4亿次，平台入驻明星达3000位以上，超10000名垂直"大V"、媒体、网红等，日覆盖用户超7000万。另外，各行业资本已有数十亿元投入短视频领域。截至2017年2月，快手用户突破4亿，然而截止到2015年8月，其用户仅为1亿。

2017年秋季QuestMobile报告显示，整个短视频领域的MAU（月活跃用户）已经突破3亿，同比增长超过4.1%。用户消费短视频的月均使用时长为765分钟，月均使用次数为201.2次，增速超过310%；很多平台的短视频消费时长已超过长视频内容，且用户增长仍未到天花板。[①]

2017年9月短视频用户使用总时长渗透率为4.1%，位于细分行业第五名，但同比增长率达到了311.3%，领跑其他所有细分行业。另外，短视频综合平台人均单日启动次数和使用时长也处于稳步攀升阶段（见图1）。

从播放角度看，秒拍App视频日均播放量在2016年初仅为3.4亿

---

① 《2017年中国移动互联网年度报告》，QuestMobile，2017。

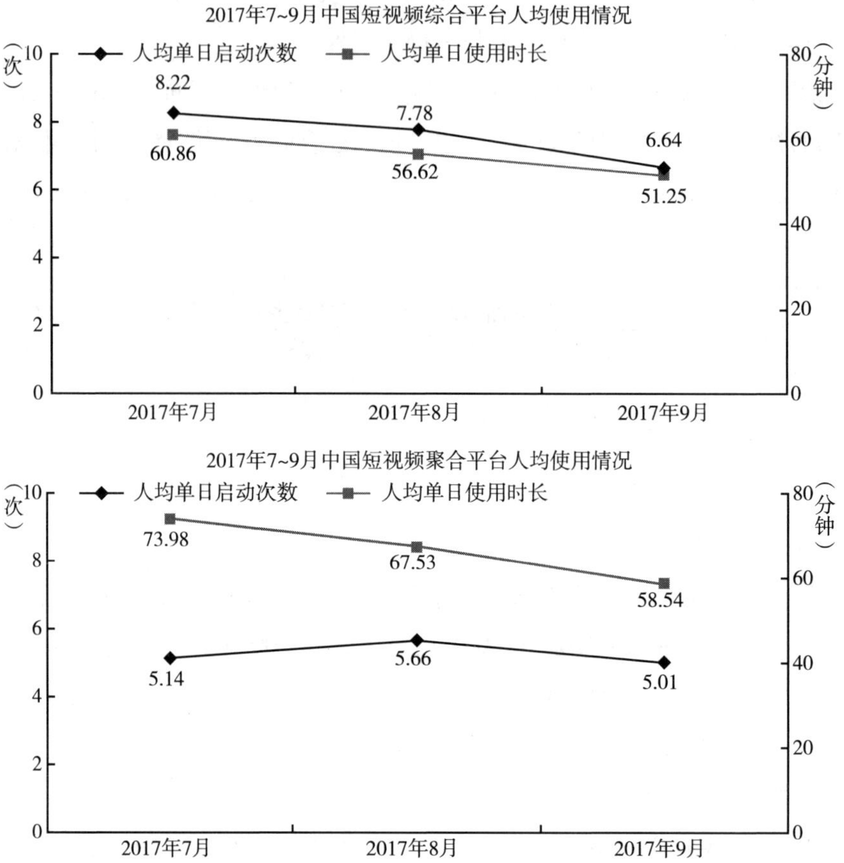

图1 2017年短视频综合平台人均单日启动次数和使用时长

资料来源：卡思数据。

次，至2016年11月播放量则达到20.4亿次，涨了5倍。据卡思数据2017年统计，短视频总播放量以平均每月10%的速度爆炸式增长，用户的观看习惯愈发成熟。在更节目的平均增速已达到每月16%，更多的创作者入局求发展，短视频的覆盖范围极速扩张，影响力越来越大。2017年，短视频TOP10的流量占到总播放量的20%，TOP100的流量占到总播放量的50%，剩下10000+档节目只分得50%的流量，且TOP30~100的区域不断萎缩。

（二）垂直品类多元化、行业两极化

2016年，专注于美食、美妆、生活方式等垂直领域的创作者制作了大量短视频，其他垂直品类也开始逐步出现短视频内容创作者，至2016年第四季度，短视频创作者覆盖的垂直品类已经超过40个。

从秒拍App来看，最新一期原创作者榜单中，TOP50中只有15个属于搞笑分类，其他35个创作者分别来自8个垂直品类，尤其以美食、美妆类居多，分别上榜11人和10人。而在2015年，排名靠前的几乎全部为搞笑类内容（见图2）。①

之前，非娱乐明星、非新闻现场、非纯搞笑内容获得流量的比例不足20%；2016年，各垂直类内容的流量占比累计已经超过了60%。

2016年，在用户市场、商业市场的共同驱动下，垂直类内容增速非常迅猛。伴随着各个垂直品类的内容创作者入局、用户市场对垂直内容消费的需求逐渐显露。创作者们都在以各种形式打造自身的独特性，多元化成为必然的趋势。比如美食类节目2017年度关键词居然是"古风、创意、大胃王"。前两个方向的关注度贯穿全年，而单纯的大胃王类节目在年中开始走向疲软。

竞争白热化让精耕细作刻不容缓，除了制作精良，差异化和创意玩法也决定着节目的生命力。以竞争最为激烈的美食、生活资讯类为例，前者TOP5节目风格独特、类型各异，后者的优质内容已涉及"生活"的各个维度，非常全面。逐步分化发展中的短视频在深耕垂直内容的同时，创新性地涌现出一批音乐短视频App，以95后人群为目标用户，利用海量流行乐库、炫酷音效画面，与热门综艺和人气明星的合作赢得用户青睐。同时作为一下科技、今日头条、musical.ly等业内巨头旗下的独立App，还负担着与其他产品线联合作战迎接未来用户多样化需求的重任。但目前各个主要音乐短视频App还处于用户积累阶段，在界面设计、产品功能、社区运营、营销方式

---

① 《2016年短视频内容生态白皮书》，一下科技，2016年。

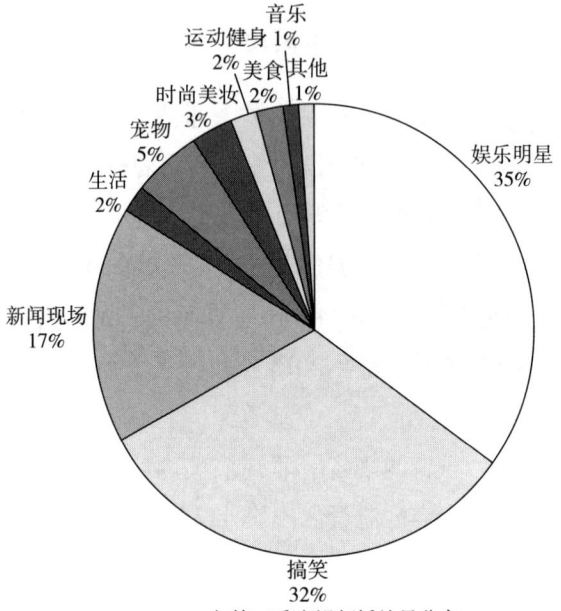

2015年第四季度视频播放量分布

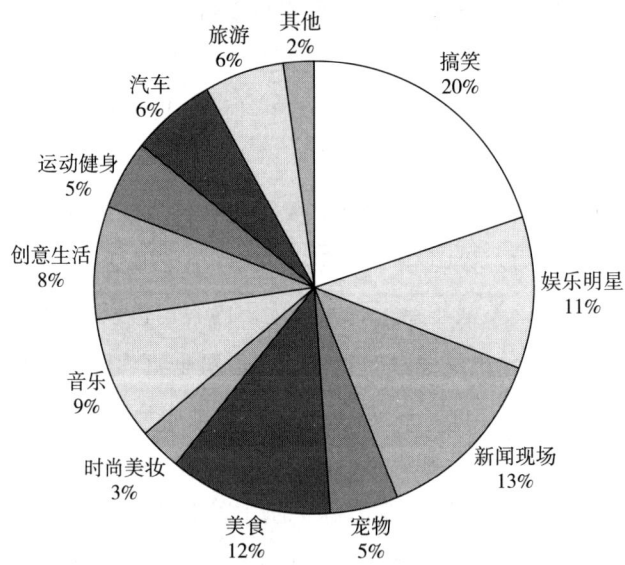

2016年第四季度视频播放量分布

图2 2015~2016年视频播放量分布

资料来源：腾讯研究院。

上都存在明显的同质性,下阶段应注重平台差异化竞争力的培养和强化,通过产品、运营等手段推动更具创造力的内容产出并鼓励长尾内容的衍生创作。

与此同时,卡思数据流量调查发现TOP5的行业占总流量的七成,余下的12个行业只能瓜分仅剩的三成份额(见图3)。强者更强的态势不但在2017年持续强化,还将在2018年继续。分行业显现出流量两极化的状态。

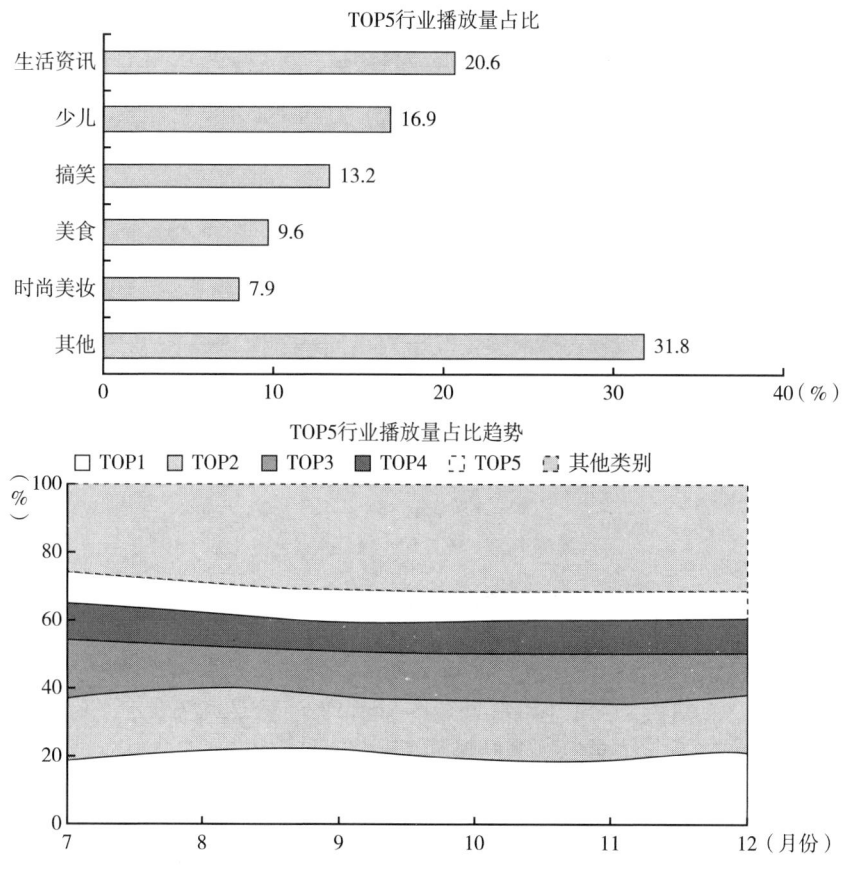

图3 2017年TOP5播放量占比

资料来源:卡思数据。

（三）消费者画像逐渐清晰

最喜欢看短视频的是什么人？卡思数据的全网用户画像显示：18～24岁的年轻女性。此年龄段的人群容易冲动消费、超前消费，理财观念薄弱，她们处在消费升级的前夜，正在成长为高需求高消费人群。地域播放占比为广东10%、北京7%、江苏7%、浙江6%、山东6%，从城市类别看，一线城市比例最高（见图4）。

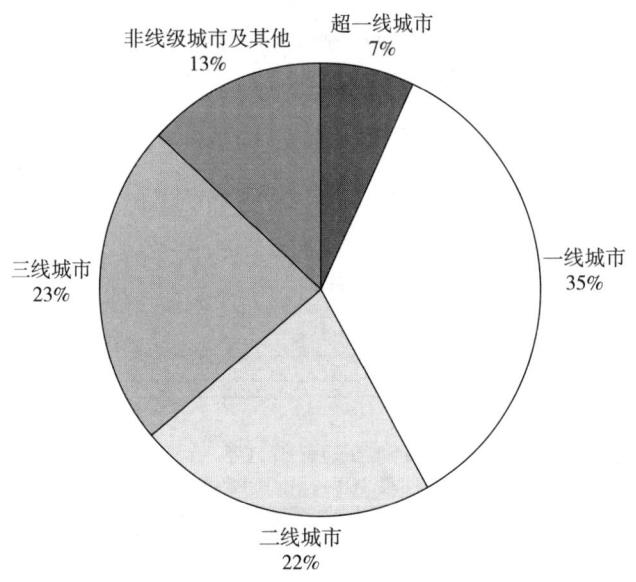

图4　短视频观众城市分布

说明：超一线城市指北上广深，一线城市指经济发达的省会城市、沿海城市，二线城市是经济发展水平较高的地级市省会及大中型城市，三线城市是经济水平一般的地级市及中型城市，非线级城市及其他是经济水平较弱的地级市及县级市城镇等。
资料来源：《2016短视频产业白皮书》。

克劳锐分析了多个短视频平台的用户数据后发现，六成以上用户是大专及以上学历，其中本科学历占比最大。需要指出的是，快手因定位于三、四线城市及农村地区，用户学历相对较低。

从年龄角度来看，18～35岁的观众是主力军，中老年市场有待开发（见图5）。

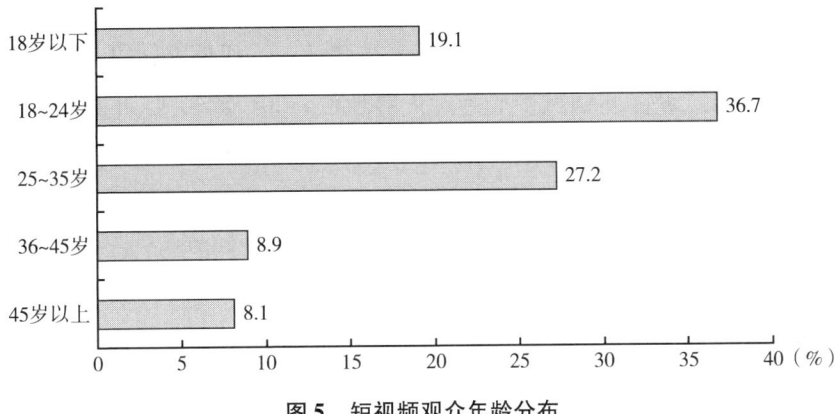

图5 短视频观众年龄分布

资料来源：《2016短视频产业白皮书》。

从收入水平来看，短视频观众目前主要为中低收入群体，针对高收入群体的短视频节目有待开发（见图6）。

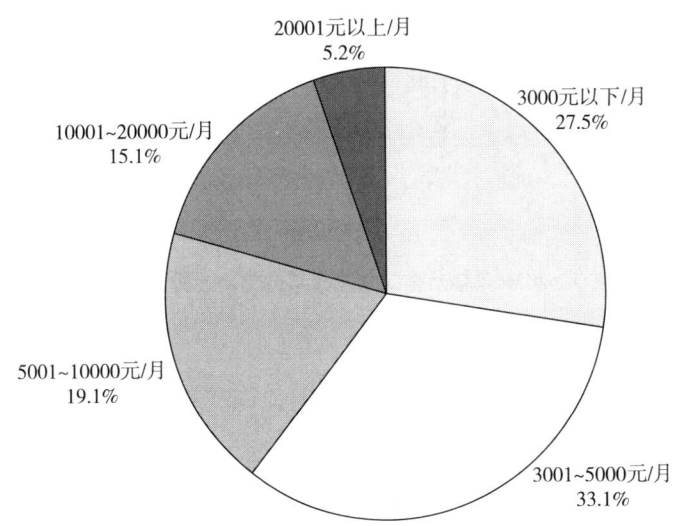

图6 短视频观众收入分布

资料来源：阿里研究院。

（四）竞争格局未定

比达咨询（BDR）数据中心监测数据显示，2017年12月主要短视频App月活跃用户中，快手以15460.0万人排名第一，西瓜视频以13669.5万人排名第二，二者在同领域中居绝对优势地位。2017年主要短视频平台同领域用户渗透率中，快手渗透率最高，为51.6%；西瓜视频排名第二，渗透率为51.4%；抖音短视频排名第三，为20.4%。快手凭借庞大的活跃用户数量，领跑短视频App市场。随着各大企业资本的大量投入，其他短视频App紧跟步伐，竞争日益强烈，从2016年到2017年的统计数据变化可以看出短视频市场格局仍不稳定（见图7至图10）。

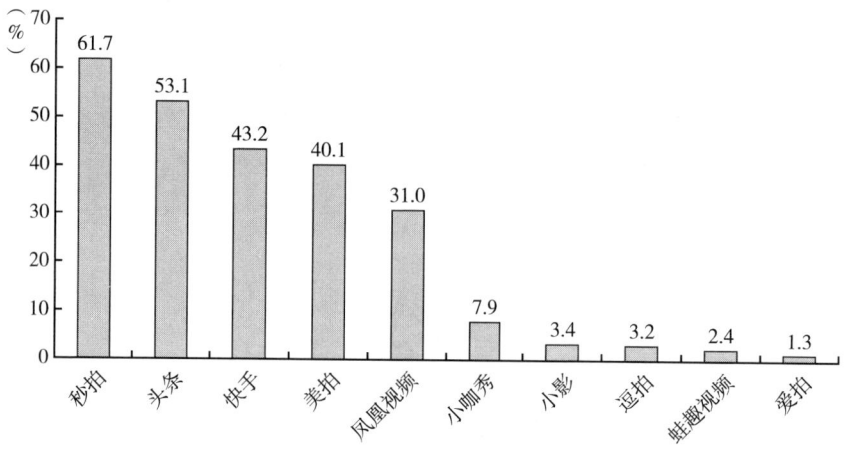

图7　2016年移动全网短视频平台用户渗透率TOP10

资料来源：比达咨询。

（五）短视频行业投融资火热

中国短视频市场的竞争十分火热，BAT三大头纷纷入局。腾讯"复活"微视，领投快手；阿里文娱布局土豆转型短视频，淘宝短视频蓬勃发展；百度投资人人视频、上线好看视频。这些无不佐证短视频产业正处于火热发展期。

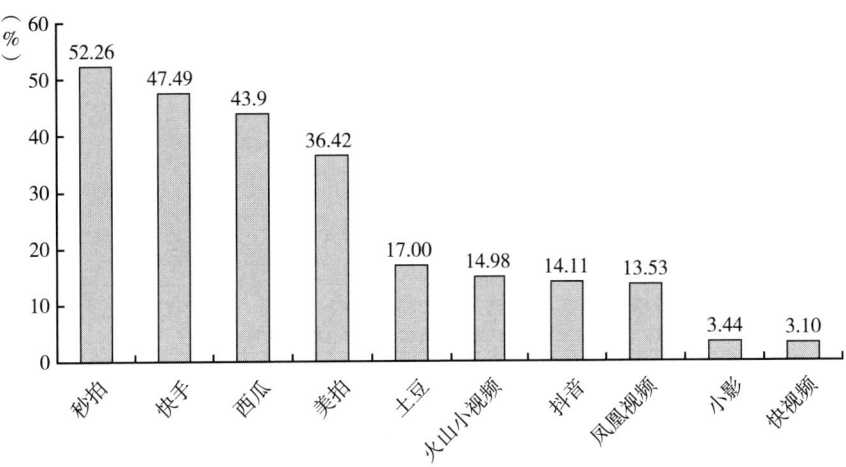

图8　2017年9月移动全网短视频平台用户渗透率TOP10

资料来源：比达咨询。

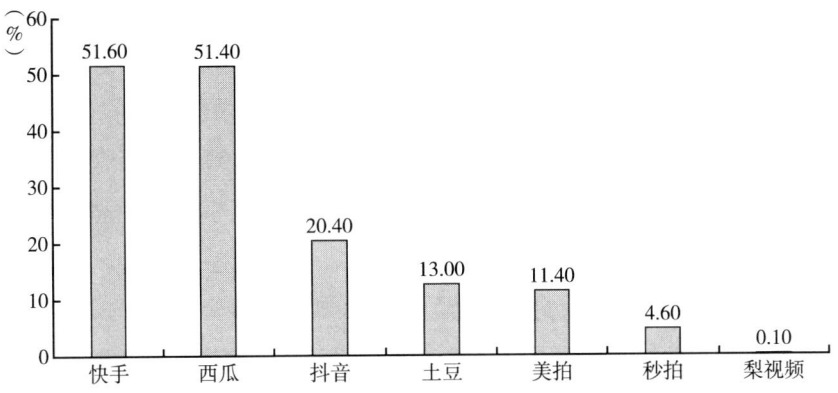

图9　2017年12月移动全网短视频平台用户渗透率TOP10

资料来源：比达咨询。

当下，BAT、今日头条等纷纷斥重金投入短视频。易观分析数据显示，2015年、2016年和2017年三年中国短视频领域发生的投融资事件数分别为64起、102起和91起，投融资金额分别达20.16亿元、62.4亿元和53.97

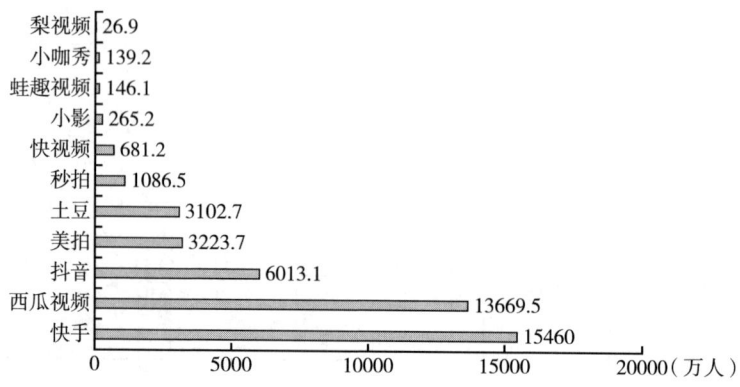

图10 2017年12月短视频月活跃用户数

资料来源：比达咨询。

亿元。① 其中，2017年，快手完成由DMC中国、腾讯华兴资本领投的3.5亿美元D轮融资。

2016年7月，梨视频A轮融资数千万元（来自华人文化产业基金投资）；2016年9月，百度和腾讯斥资10亿元扶持短视频内容创业者；同年9月，今日头条方宣布未来一年内将拿出至少10亿元扶持短视频内容创业者；2016年11月，一下科技计划出资10亿元，用于扶持短视频创业者。短视频产业之所以得到众多资本青睐，是因为该行业技术门槛低、传播速度快、社交媒体属性强、易于产生流量红利等。

2016年11月一下科技确认完成5亿美元的E轮融资，此次投资方除了有新浪微博和上海广播电视台之外，还融合了上海文化广播影视集团有限公司旗下产业投资基金、光控-分众新产业投资基金、微影时代、凤凰投资、尚城资本、乐逗、Axiom Asia等，经过此轮融资后，一下科技估值已达30亿美元。

2017年，母婴类移动社交平台辣妈帮获得了由苏宁集团投资的D轮融资。

---

① 《短视频融资超300亿 互联网巨头"砸钱"入局短期内不追求盈利？》，http://www.nbd.com.cn/articles/2018-04-02/1204639.html。

截至 2018 年 1 月，快手从 2012 年的天使轮到如今的 E 轮融资，总共获得近 14 亿美元投资；抖音背后的今日头条，5 年来获得的投资额近 12 亿美元；一下科技（秒拍母公司）截至 2016 年，共获得近 8 亿美元投资。

除了平台方，短视频垂直细分的内容方也受到资本关注。2017 年 8 月，二更获 1 亿元人民币投资；2017 年 9 月，一条科技获得超 4000 万美元投资；2018 年 1 月，一条科技再次获得 C + 轮融资，具体数额不详。

艾瑞分析数据显示，从行业整体融资分布轮次看，79.55% 的企业集中在天使轮和 A 轮，B 轮以上的企业仅占 12.5%。Analysis 易观分析报告也指出，从融资轮次来看，短视频市场处于发展初期。

从资本投入的类型来看，资本进入短视频行业以平台方为主，平台方的吸金能力明显高于内容制作。相关研报数据也显示，2012～2017 年短视频平台方的融资事件占比达到 44.8%。

平台融资规模之所以大，主要是因为内容的收益不如平台高，盈利空间不如平台大。不过，渠道优先和内容为王一直是资本所要考虑的两个问题。随着行业的升温，相关数据显示，2017 年内容方投融资事件次数以 47.9% 的占比成为资本聚焦点。

在完成了平台布局后，接下来的融资或主要集中在两个方向：第一是继续投平台；第二是投一些产业链上下游，比如做内容的做用户流量等。

据了解，短视频的商业变现方式主要依赖流量所带来的广告收入、电商模式以及打赏等用户付费等。此前，今日头条在《2017 年短视频创作者商业变现报告》中指出，47.9% 的短视频团队不能盈利，30.25% 略有盈余。让人意外的是，平台贴补成为内容团队最大的收入来源，占 72.58%。

不过，关于短视频的盈利，也有业内人士给出了不一样的观点，"未来 3 年短视频不应该过于关注盈利"，未来视频社交是关键，而且是具有排他性的，一定会有一个在战争中脱颖而出的赢家，就像微信。一旦打通市场，要把市场份额占到 80%～90% 以后再考虑盈利。

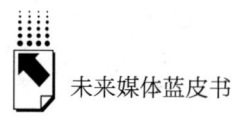

四 短视频产业发展趋势

（一）市场持续增长

短视频产业的未来发展空间，从国际角度来看，截至2017年4月，我国智能手机渗透率为51.7%，与美国69.3%、阿联酋80.6%相比，还有很大的发展空间。

从国内角度来看，我国城乡互联网普及率差距较大。截至2017年6月，我国农村互联网普及率上升至34.0%，但仍低于城镇35.4个百分点；在互联网应用层面，即时通信差异较小，其他应用使用率差异较大，农村互联网市场的发展潜力十足。

从移动端角度来看，2017年上半年，我国移动视频月活人数在9亿左右，而更细分的短视频领域月活人数不到2亿，占比不足22%，存在长足的可进步空间。

在创投方向选择上，我们认为虽然平台和内容创作者的准入门槛都有了较大提升，融资速度和额度也在加大，但更新鲜的盈利模式、更垂直的细分内容仍是在创投方向选择上值得大力关注的。

相比于单调的文字和静态的图片，短视频更为直观，包含的信息也更丰富；相对于长视频，短视频耗费的流量较少，阅读成本更低，更适合移动化、碎片化的消费场景，大部分新闻客户端内嵌短视频，资讯终端视频化趋势日益明显。

另外，短视频画面感强，满足受众心理，"短视频+美食"成为餐饮业除传统宣传以外的补充，还有"短视频+音乐""短视频+旅游"体现短视频在传播领域的优势。把短视频放置在需求场景下，用户可以借助短视频表达和满足社交需求。

而且，随着资本和用户不断涌入短视频产业，短视频平台发展速度加快，短视频营销时机逐渐成熟，未来更多传统品牌广告主的营销方式将转移到短视频营销方面。长远来看，短视频将在互联网行业扮演主要角色。

（二）内容更精细化

目前，垂直品类开发已经多元化，互联网用户关注的内容也在从泛娱乐化向垂直领域延展，但是大部分品类内容泛娱乐化、表层化现象明显，缺乏内涵与服务深度，在内容领域只有少数头部流量大咖，制作的短视频质量也不够稳定，内容领域还缺乏大量精耕细作的短视频，无论从整体流量的分布比例，或是从各品类内容的增速来看，垂直类内容都仍有较大的开发空间，医疗、财经、教育等资讯类、专业知识类、购物类内容可能会更受消费者青睐。各短视频平台应从泛娱乐化转向精细化，以提升用户体验。

（三）技术助推产业发展

人工智能也对短视频产业的发展起到了极大的驱动作用并发展出了更多新奇的玩法。2016年9月，快手内部成立专注于前沿科技的Y-Lab实验室，研究领域涉及人工智能、机器学习、计算机视觉和计算机图形学等，意图将过去仅在PC端方便实现的科技体验转移到手机端，以带给用户更新奇的记录体验。实现方式主要有：在算法层，对模型大小和计算量进行数量级缩减；在底层，对硬件架构进行高度的性能优化。目前，快手已推出了动态人像背景替换、AR虚拟体验以及以人体姿态捕捉技术为基础的一系列新奇体验。未来还可通过智能技术和VR技术应用，提升短视频内容丰富度和用户交互度。未来5G网络成功实现商用后，将吸引更多移动终端用户观看短视频。

B.7
中国机器新闻发展报告（2017）

李 啸*

摘　要： 2017年，中国机器新闻的发展方兴未艾，相关技术的研究水平得到提高，机器新闻应用领域不断扩大，机器新闻技术产业也开始出现。在人工智能技术逐渐普及的今天，如何使机器新闻的生产过程更加拟人化及智能化，并在以人为本的前提下进一步提高人机协作效率，是中国机器新闻面临的最大问题。本文将首先通过对机器新闻的发展历程进行梳理，展示机器新闻的技术及应用发展过程；其次通过对2017年中国机器新闻的发展状况进行总结，展现机器新闻在当前中国新闻领域中的具体应用；再次总结归纳机器新闻的发展特点，揭示中国机器新闻发展的核心方向；最后通过对近些年机器新闻发展过程当中出现的焦点问题进行分析，探讨今后中国机器新闻的发展方向。

关键词： 机器新闻　新闻机器人　人机协作

机器新闻的具体定义，本文认为应分为广义和狭义两种。所谓广义的机器新闻，即包含所有利用机器的智能化及机械化对新闻生产过程加以介入的新闻活动，如新闻的智能推送、新闻数据的智能化处理、计算机辅助新闻以

---

* 李啸，新闻学博士，厦门理工学院讲师，主要研究方向为文化传播学、新闻史及媒体经营与管理。

及新闻写作机器人技术。而狭义的机器新闻,即特指当前应用较为广泛的新闻写作机器人及其相关技术。目前学界及业界的研究者和从业者,更多的是从"基于数据生产"、"语言自动生成"以及"脱离人工干预"三个方面来对机器新闻进行定义。以这三个方面为核心,对狭义的机器新闻在我国的发展进行归纳总结,是本文所论述的主要内容。

一 机器新闻的发展历程

从20世纪80年代开始,随着计算机技术逐渐成熟,计算机被应用于包括新闻生产在内的各个领域。以数据处理为开端,电子计算机辅助人类进行新闻生产成为一种趋势,由此产生计算机辅助新闻报道。进入20世纪90年代后,随着计算机自然语言处理技术的飞速发展,搜索引擎技术、拼写纠正技术、语音识别技术、图像文字识别技术陆续问世,计算机也逐渐介入新闻文本的处理工作当中。

进入21世纪后,写稿机器人开始出现。这种集数据处理及文字编辑功能于一身的机器新闻技术在新闻领域的首次应用,目前学界及业界基本认定为是一篇有关美国棒球比赛的新闻稿件,2009年由美国西北大学智能信息实验室研发的StatsMonkey系统所撰写。在这篇稿件中,StatsMonkey通过对比赛数据进行分析,同时总结整场比赛的过程,自动编写了一篇比赛报道。[1] 以这次尝试为开端,机器新闻写作正式问世。

自2010年以来,机器新闻技术和信息产业及传媒领域结合得更加密切,目前,越来越多的国外新闻组织开始利用智能写作机器人技术来获得更加高效和更多数量的新闻报道。他们当中较为知名的有使用Blossomblot机器人系统筛选文本并进行网络平台推送的《纽约时报》,该系统每天可向社交网站推送50篇新闻,且文章的平均阅读量是普通文章的3.8倍[2];使用

---

[1] 徐曼:《国外机器人新闻写手的发展与思考》,《中国报业》2015年第23期,第32~34页。
[2] 刘峣:《机器人要抢媒体人饭碗?》,《中国报业》2015年第21期,第84~85页。

Heliograf 程序核实新闻准确性的《华盛顿邮报》，该机器人在2016年里约奥运会体育报道上成绩斐然①；从2013年开始使用机器人系统进行长篇报道并自动排版生成纸媒产品的《卫报》；在2014年美国加州地震期间使用写稿机器人Quakebot撰写新闻的《洛杉矶时报》，该机器人凭借从采写到发布仅用时3分钟的效率发布了全美第一条有关地震的报道。国外媒体对于写作机器人技术的积极应用，说明机器新闻已经成为大型媒体单位所热衷使用的新闻生产手段之一。

机器新闻在中国新闻领域的最早应用，应追溯至2015年腾讯新闻财经频道用自行研发的新闻写作机器人Dreamwriter发布的一篇名为《8月CPI同比上涨2% 创12个月新高》的报道。②之后，国内以互联网公司为代表的商业媒体，在技术、资金等优势资源的支撑下，在机器新闻领域取得了较快的发展。继腾讯新闻机器人问世之后，互联网公司阿里巴巴与第一财经联合推出了"DT稿王"，信息资讯公司今日头条开发了新闻机器人"张小明"（见表1）。这些新闻机器人的上线拉开了机器新闻在中国的发展序幕。

表1 国内外新闻写作机器人发展脉络

名称	所属机构	上线时间	应用报道领域	写作表现
Narrative Science	福布斯	2010.5	体育、财经	30秒完成稿件写作
Quakebot	洛杉矶时报	2014.3	突发灾害	三分钟发送
Wordsmith	美联社	2014.7	财经	每季度3000篇以上
Blossomblot	纽约时报	2015.5	新媒体推送	每天300篇
Dreamwriter	腾讯	2015.9	财经	一分钟内完成稿件写作
DT稿王	第一财经、阿里巴巴	2016.5	财经	每分钟1680字
张小明	今日头条	2016.8	体育	两秒内完成稿件写作
Heliograf	华盛顿邮报	2016.8	体育	850篇每年
小南	南方都市报	2017.2	民生	一秒内完成稿件写作

资料来源：薛龙、张学霞：《机器新闻写作的兴起历程与技术后果》，《西安工业大学学报》2017年第6期，第487~491页。

---

① 《〈华盛顿邮报〉首次采用机器人记者报道里约奥运会》，《作文通讯》（初中版）2016年第11期，第54页。

② 四月：《狂飙突进的写稿机器人大军来袭》，《商业文化月刊》2017年第13期，第46~52页。

在技术层面，机器新闻实际上是一种结合了数字技术和智能写稿编程技术的综合科技系统。当世界进入信息时代后，面对海量的数据信息，人工处理的速度及效率要远远落后于机器，因此在公司公告、官方发布、财务报表、证券行情、社交平台信息推送等信息发布环节上，机器新闻的工作效率要远远高于人工新闻生产，可以节约大量的新闻生产成本。机器新闻涉及的相关技术众多，如数据采集、语言的自然化处理、深度学习、信息搜索等。但综观世界范围内的新闻机器人系统，目前基于机器新闻技术的新闻生产有以下三个主要技术流程。

首先，新闻模板的设立。新闻模板是指新闻撰写所遵循的固定格式，是将新闻生产方式予以固定化及标准化的成果，是机器新闻标准化的重要前提。机器新闻模板，主要是通过自动化的方式，在前期人工输入的模板当中选取最适合信息内容的模板进行新闻撰写。例如，新华社于2015年10月上线的新闻机器人"快笔小新"，其写作系统当中，就存储有500~600个不同类型的新闻模板。机器可以根据不同的要求来选择模板，以便完成新闻稿件的自动化写作。

其次，信息要素的抽取。信息要素抽取技术，在搜索引擎软件中十分常见。机器新闻中的信息要素抽取，是以关键字、关键词、关键句以及相关图片为目标，以词句长度、词句位置、词句与标题相似度等数据为变量，对海量信息中需要被重新编辑的素材进行从搜索到筛选再到应用的过程。以微软互联网工程院为《钱江晚报》开发的新闻机器人"小冰"为例，其最为重要的一项功能就是从互联网大数据和社交网站信息数据中抓取图片、短评、标题等新闻素材，为下一步新闻文本的生成提供要素。

最后，新闻文本的生成。作为新闻信息的物质载体，新闻文本的撰写生成效果，是衡量一款新闻机器人优劣的最重要依据（见图1）。2016年里约奥运会上，今日头条开发的新闻写作机器人"张小明"（xiaomingbot）在奥运会开始后的16天内，共撰写了456篇体育赛事新闻报道，平均每天撰稿数量在25篇以上。[①] 不仅稿件生产的质量接近人工撰稿水平，而且在撰稿速度和数量上相

---

① 李凤：《今日头条推出国内首个写稿机器人》，《齐鲁周刊》2016年第29期，第53页。

比人工更加具有优势。在"张小明"的工作原理中，非常重要的一个环节就是通过语法合成与排序自动生成新闻。在新闻生成环节中，"张小明"不仅可以通过图片检索功能自己选择新闻配图，还能仿照人类语气，以口语化的方式编写文本。

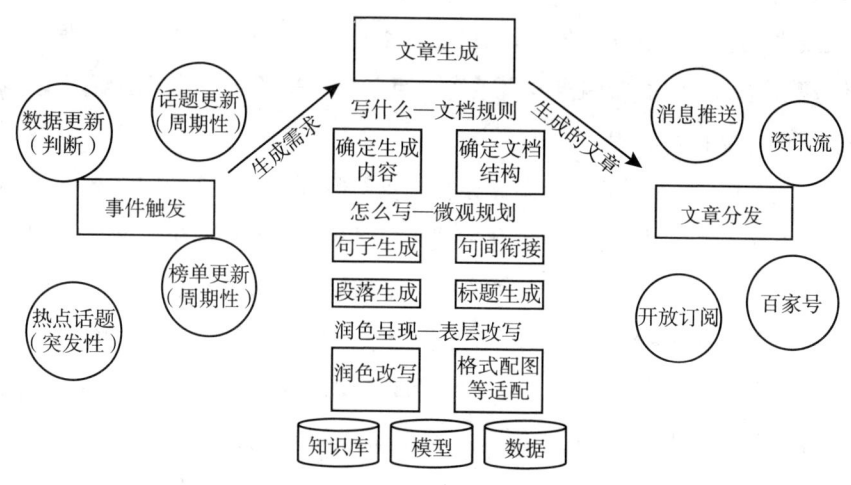

图1　新闻机器人文本生成过程

资料来源：《揭开百度机器写作Writing-bots背后的奥秘》，2017年6月23日，https://www.jianshu.com/p/8189494e088f。

二　2017年中国机器新闻发展概况

2017年，中国机器新闻从总体上呈现良好的发展态势，具体表现为第二代新闻写作机器人的开发及应用、机器新闻应用领域的扩大、商业化新闻机器人的出现，以及人机差异化情况的变化等。

（一）第二代机器新闻技术开始出现

如果说2009年是真正意义上的机器新闻元年的话，那么2017年就可以被看作机器新闻技术更新换代的一年。相比于以"快笔小新"及

Dreamwriter 为代表的、以模式化新闻生产为核心技术的中国第一代机器新闻技术，信息抓取更加高效、新闻生产效率更高，同时具备自主学习功能、以智能化为核心的中国第二代机器新闻技术，已经在 2017 年开始被普遍应用。

相比于第一代机器新闻技术，第二代机器新闻科技不仅增添了最新的语言自然化处理技术、图像处理技术以及自主学习功能，在语法合成和词句排序方面更加先进，同时在新闻生产速度上也有了极大的提升。另外，一直被用户所诟病的第一代机器新闻产品语句生硬、模式单一、行文晦涩等问题，在第二代机器新闻中也有所改善。除此之外，第二代机器人除了在原先的新闻写作能力上有所提高外，还融合了多项人工智能技术，如新闻抓取、自主学习、语音生成等。而第二代机器新闻相比于第一代最为优化之处，则体现在个性化和互动性两个方面。

机器新闻个性化，首先指的是不同企业及媒体单位的新闻机器人所生产的新闻产品具有不同风格。例如，深圳《晶报》新闻机器人的首要功能便是按照该报刊的受众群体需要，利用人工智能及知识图谱技术，打造符合特定要求的人工智能媒体产品。机器新闻的个性化同时也是指新闻机器人根据不同用户所提供的个性化新闻产品。智搜公司为康康在线提供的机器人，便是通过机器人与资讯系统的对接，从而使机器人可以根据用户的个人爱好及产品使用习惯通过单个用户的 App，向其提供个性化的资讯传递。

而机器新闻的互动性主要体现在新闻机器人可以根据不同用户的个性化反馈，使用自有的语言及文字处理技术了解用户的资讯需求，并随后以大数据为支撑，为用户提供相应的信息反馈。目前中国的新闻机器人行列当中，可以与独立用户交流互动的新闻机器人不在少数。例如，封面传媒旗下的新闻机器人便可以使用语音识别及意图识别技术，与个人用户就新闻资讯、兴趣爱好、生活知识等展开互动交流。

中国第二代机器新闻技术的首次亮相，开始于今日头条在 2016 年里约奥运会上所使用的写稿机器人"张小明"。该机器人技术在 2017 年被第七届"吴文俊人工智能科学技术奖"评定为人工智能技术发明奖二等奖。

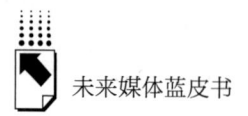

2017年1月,南方都市报社旗下的新闻机器人"小南"问世。2017年春节期间,人民日报的机器人"小融"首次与用户见面,并通过人民网及"两微一端"等平台与网友互动。同年,国内首家写作机器人销售企业智搜公司开发的 Giiso 资讯机器人亮相第19届高新技术成果交易博览会。2017年11月,封面传媒自主开发的新闻机器人"小封"正式上线。这些新闻机器人有一个共同特点,即融入了人工智能技术。

使机器新闻技术更加智能化,赋予其机器学习功能,从而可以与用户展开互动,并最终为大众提供个性化新闻产品,不仅是机器新闻技术领域的大势所趋,同时也是对中国未来媒体提出的一项基本要求。

(二)机器新闻应用领域得到扩展

2017年,机器新闻的应用领域也得到了扩展。机器新闻在新闻产业当中最早被应用于数据处理以及各种报表的定期生成。当2015年腾讯首先在国内引入新闻机器人技术时,财经新闻报道是其最主要的应用领域。中国第一篇由新闻机器人撰写的新闻报道《8月CPI同比上涨2% 创12个月新高》,就是一篇典型的机器人通过数据比对后生成的新闻作品。与腾讯的新闻机器人类似,阿里巴巴集团与第一财经合作开发的新闻机器人"DT稿王",也是一款基于数据分析比对后生成新闻作品的机器人系统。

除财经新闻领域外,体育新闻稿件的撰写也是机器新闻近年来涉及较多的一个领域。同财经新闻类似,机器新闻技术可以通过各类体育赛事的技术统计结果,自动生成一篇近似于财务简报的体育赛事简讯。例如,曾在2016年奥运会期间撰写过多篇新闻稿件的今日头条"张小明"系统,就是最早在中国使用机器新闻技术撰写体育赛事新闻的新闻机器人之一。而新闻机器人在体育新闻领域的尝试,也是中国机器新闻应用领域拓展的开始。

进入2017年后,随着第二代新闻机器人技术逐渐得到开发和应用,机器新闻所涉及的领域也迎来了更大的拓展。

首先,机器新闻在时事政治新闻领域的拓展。以往,由于在信息处理方面技术不高,新闻机器人无法涉及一些需要深度报道的新闻领域。但随着自然语言处理技术的加载，中国第二代新闻机器人拥有了处理更加复杂文字及语言的能力。因此，当前的时事新闻领域逐渐成为新闻机器人的主要应用领域。例如，2017年的两会便是中国第二代新闻机器人展现各方实力及技术进步的重要舞台。据统计，在两会期间担任时事新闻写作及报道的机器人共有15个（见表2），这些新闻机器人的参与不仅是新闻报道手段的创新，也是中国机器新闻的一次集体亮相。

表2 两会期间参与报道的新闻机器人

名称	所属单位	主要功能（除新闻写作功能外）
小融	人民日报	语音交互问答、舆情播报、日程提醒
小端	人民日报	语音交互问答
i思	新华社	语音交互问答、主持采访、两会知识查询
快笔小新	新华社	语音交互问答
小明AI两会	光明日报	语音交互问答、日程提醒、代表委员查询
阿里云ET机器人	人民网	语音交互问答、舆情播报
军视侠001	中国军视网	语音交互问答
读特	深圳特区报	语音交互问答、主持采访
小聪	浙江卫视	语音交互问答、舆情播报、新闻写作、主持采访
阿同	广州日报	语音交互问答
阿乐	广州日报	语音交互问答
飞象V仔	河南广电	语音交互问答、舆情播报
小南	南方都市报	舆情播报、新闻写作
云朵	湖北广电	语音交互问答
小宝	香港大公文汇传媒集团	语音交互问答、新闻写作

资料来源：王芳菲：《智能新闻机器人助力两会融合传播——以2017年全国两会报道为例》，《新媒体研究》2017年第7期，第64~65页。

其次，机器新闻也开始涉及自然灾害类的新闻报道。自然灾害及气象变化往往带有突发性，而新闻机器人通过对自然信息和气象信息的搜集处理和分析，可以在极短的时间内对灾害发生情况加以报道。2017年8月九寨沟地震发生25秒后，中国地震台网中心旗下的地震信息播报机器人就自动编写了题为《四川阿坝州九寨沟县发生7.0级地震》的信息。这则信息全文540字，配图4张，内容包括震区气候状况、自然状况、人口状况、地震相关参数等。① 其实早在2014年，美国《洛杉矶时报》就已经将机器新闻应用于自然灾害报道方面。中国自主研发的地震信息播报机器人在经过长时间测试后，于2016年末开始向公众资讯平台提供资讯服务。当前，地震信息播报机器人不仅会在地震灾害发生后极短的时间内发布简讯，同时还会定期发布地震信息服务月报等简易报告。机器新闻在当前自然灾害报道方面的深入应用，说明其技术的成熟度及信息生产效率得到了大众的广泛认可。

（三）商业性新闻机器人开始出现——以深圳智搜公司为例

2017年，深圳智搜公司成为国内首家推出商业化新闻机器人产品的企业。深圳报业集团、南方报业传媒集团、时代传媒集团、康康在线等国内数十家企业及媒体单位均已开始使用智搜集团的商业化新闻机器人为各自旗下的资讯平台提供信息产品。

从2013年开始，智搜公司研发团队基于大数据技术及深度学习技术开发出了独特的语义识别系统。该系统的最高识别精度可达到92.67%，平均精度可达到84.22%。这一数值在目前同类产品当中处于最高水平。此外，研发团队还通过建立机器人知识图谱，使机器人可以快速地学习并掌握各类内容处理方式。同时，智搜机器人还可以生成用户画像，追踪用户真正感兴趣的资讯。在知识图谱技术的支持下，智搜机器人的信息追踪处理最高精度可以达到95.06%，平均精度也高达94.52%，远高于传统新闻机器人的信息搜索及处理能力。

在多种专利技术支撑下，智搜公司相继开发了采集、编辑、写作、推荐、分析等五款机器人产品。其中，采集机器人可以使用智能语义技术，通过全网搜索及分类，为用户提供资讯追踪、资讯搜索、相似资讯匹配等服

---

① 杜一娜：《记者不能因机器可写作丢弃基本功》，《中国新闻出版电视报》2017年8月10日。

务；编辑机器人可以通过语义识别技术，通过特定的计算机算法，对文本进行实体词提取、智能分词并标注相关词性、自动分类、提取关键词等处理；写作机器人则可以通过智能压缩算法，在保留信息原意的情况下，对各种资讯进行提炼，生成一篇150字左右的短文；而推荐机器人则可以自动选择当前资讯热点，对全网热点资讯进行智能分类，并自动抓取相关热门资讯，为用户提供垂直化的热门资讯服务；分析机器人则不仅可以对当下的热点资讯进行分析，提供自主智能化解读，还可以通过追踪各类机器人服务，对信息的传播情况进行统计分析，从而使用户对相关信息的传播效果、舆论反馈进行掌握。

当前，智搜机器人产品按照包年或包月的方式，由智搜公司向用户提供，并可以根据用户的个性化需求提供相应的服务。在智搜机器人安装后，机器人的售后维护及升级由产品提供商负责。用户则需要根据机器人类型及所购买的相应服务，缴纳一定的服务费用。目前该公司产品及服务价格在几十万至数百万不等。其当前的服务群体主要为媒体行业、垂直媒体行业、互联网公司以及其他以财经金融、房地产及汽车为主的垂直行业。

由于在自主研发能力上具有优势，智搜公司所提供的新闻机器人服务广受用户好评。时代传媒新媒体中心在使用智搜机器人后，认为智搜写作机器人是当前同类产品中逻辑思维最为清晰、写作作品可读性最高的一款。深圳当地门户网站"深圳之窗"在使用智搜机器人后，在减少劳动力的同时还保证了新闻内容的质量，其幕后运营团队给予了智搜公司"资讯网站革新者"的称谓。而中国国内最早与北斗卫星导航系统合作进行商业化开发的研强通信技术有限公司则十分看重智搜机器人所具有的人工智能技术及语义识别技术优势。

作为中国第一家商业新闻机器人产品提供商，智搜公司的出现代表了中国当前的机器新闻已经继技术研发和产品应用之后，初步发展到了产业化阶段。在智搜公司看来，新闻机器人在媒体领域的应用已是大势所趋，其自身所拥有的技术及产业优势，能够助力新闻媒体行业快速进入智能时代。我国在2016年3月发布的《中华人民共和国国民经济和社会发展第十三个五年规划纲要》中提到,要大力发展机器人行业,并推动人工智能技术在各领域的商业化进程。同年,由工信部、国家发改委及财政部联合发布的《机器人产业发展规划(2016-2020年)》中也提到,到2020年,中国服务机器人年销售收入预计将超过300亿元。目前,国内一些研究显示,截至2016年9月,中国的服务性机器人企业数量已经超过1500家,2016年全年销售额可达到142亿元。[1]但是,当前我国的商业化服务机器人以教育机器人、家庭机器人、餐饮机器人、军用机器人和医疗机器人为主,在新闻机器人商业化发展方面还相对较弱。这也从另一个层面说明,新闻机器人商业化在我国仍有广阔的发展空间。

(四)机器新闻生产与人工新闻生产差异性仍然较大

全球新闻领域,运用机器新闻技术生产出来的新闻产品数量正在逐渐上升,预计不久的将来,机器新闻产品将成为整个新闻界的主流产品之一。但是机器新闻技术产生的目的,是以满足人类需求为前提,帮助人类提高新闻生产效率,增加新闻生产的数量。机器新闻的核心是辅助人类进行新闻活动,而不是改变人类阅读方式,从而取代当前的人类新闻活动。因此,机器新闻技术在帮助人类进行新闻活动时,也必须遵循人类的语言习惯、阅读习惯及报道习惯等。目前,由于机器新闻技术产生时间相对较短,技术标准化尚未完成,机器新闻生产与人工新闻生产之间仍然存在很大的差异。

在新闻报道内容上,这种差异表现在对新闻内容客观性的追求。为了最大限度地消除人与机器的隔阂,当前的机器新闻技术在新闻内容写作过程当中,大多会基于用户数据来进行新闻内容的编辑和生成,因此,这些新闻的内容也大多是基于用户需要或个人喜好所生产出的新闻产品。但是,在机器新闻消除这种隔阂感的同时,却往往忽略了新闻活动中关于"指导性"的基本原则。而人工新闻生产过程当中,人工编辑往往会通过新闻报道对人们的思想和行为进行影响和指导,在新闻指导性与用户喜好两方面寻找到平衡点。

---

[1] 工业和信息化部赛迪研究院:《中国机器人产业发展白皮书》,2016年3月。

而在新闻报道深度上,机器新闻与人工新闻的差异也十分明显。采访与写作是新闻报道的核心。采访是报到者了解信息情况的必要的社会活动。第一代机器新闻技术只能按照程序员预先设定好的新闻模板对已有的新闻信息进行编辑,缺乏自主采访的能力。第二代机器新闻虽然为新闻机器人增加了人工智能技术及自主学习功能,但也仅仅是在新闻报道方面有了提高,在新闻信息的采访及获取方面仍然无法达到人工新闻的深度。

另外,机器新闻与人工新闻在新闻伦理上的差异同样明显。2017 年 5 月,我国首届机器人伦理标准研讨会在清华大学举办。在这次研讨会上,与会专家专门就机器人的智能化及情感化设计规则进行了讨论。机器人伦理问题之所以在当前需要被讨论,是因为机器新闻在生产过程当中对新闻伦理的考虑与人工新闻差异明显。由于在灵感、知识、想象力、审美能力及伦理思考等方面的数据抓取能力较弱,新闻机器人在进行新闻生产过程当中一直都是遵循先制造后控制的基本理念,而人工新闻生产则是在伦理约束前提下进行的新闻活动,是一种先控制再制造的过程。在这两种理念指导下的人工新闻及机器新闻,在当前技术条件下还将在新闻伦理方面存在很大差异。

三 2017年中国机器新闻的发展特点

(一)机器新闻逐渐普及

2016 年,一些研究者预测新闻写作机器人在不久的将来会被国内各大新闻媒体机构普遍应用,基于机器新闻科技所生产出的新闻产品在所有的新闻产品当中所占的比例也会越来越大。一年后,中国机器新闻已经开始了普及化的过程,主要体现在使用技术的普及、使用范围的普及以及使用单位的普及三个方面。首先,技术的普及主要体现为第一代新闻机器人的广泛应用,使得热点信息抓取与文字自动生成等技术已经成为目前国内一些大型新闻媒体机构以及互联网资讯企业必备的基本科技。同时,具备计算机自主学习、深度信息识别等技术功能的第二代机器新闻技术也从 2017 年开始逐渐普及。其次，使用范围方面的普及则体现在新闻写作机器人的涉入领域已从最初的财经新闻，发展到2016年的体育类新闻，再发展至2017年以春运报道为代表的民生新闻、以地震灾害报道为代表的突发性新闻、以两会报道为代表的政治新闻及简单采访，涵盖了新闻报道的各个主要领域。再次使用单位方面的普及，则体现在当前使用机器新闻技术从事新闻活动的单位，已经基本呈现出了互联网资讯企业首先尝试，国家级媒体及时跟进，随后推广至地方性媒体单位的普及路线。以2017年两会期间的新闻机器人报道活动为例，在使用新闻机器人进行新闻活动的12家媒体中，中央媒体5家，占比41.67%，地方媒体7家，占比58.33%。这说明在接受机器新闻科技方面，地方媒体的表现甚至比中央媒体更加积极。

（二）新的新闻生产分工情况出现

每当一项新的科技出现时，就会引起一次社会分工调整。社会分工的标志，就是尽可能地让每一个工作单位，都发挥自己最大的优势，提高工作"数量"和"效率"。和传统的新闻工作者相比，机器新闻写作技术可以瞬间完成海量信息浏览，并根据互联网相关数据的分析，瞬时筛选出所要报道及编辑的热点新闻，然后通过计算机算法快速生成新闻。写稿机器人两秒内自动生成新闻稿件的速度相比于人工新闻生产具有绝对的优势，同时，写作速度也带来了写作数量的优势，再加上机器新闻生产的精确度不断提升，拟人化、情感化技能的不断增强，机器新闻在新闻生产上的数量及效率要远远超过人工新闻，而人工新闻则在新闻报道深度及情感方面具有优势。以一场体育赛事报道来说，新闻机器人在报道时通常会以输或赢作为新闻标题，但难以做到赞颂比赛胜利者的同时，用"虽败犹荣"这样的词和情感来安慰失利者一方。① 因此，在机器新闻技术的推动下，新闻生产的分工现象逐渐明显。

---

① 张治中、倪梅：《"新闻机器人"与记者角色的转型》，《中国社会科学报》2018年3月8日。

（三）技术融合现象明显

智能化背景下，向独立个体传递个性化、智能化的信息，已经是当今信息科技发展的重要目标之一。无论是谷歌的 AlphaGo 在面对人类顶级棋手时所获得的一系列胜利，还是当前的云技术按照用户的指令创作出标准的诗歌、小说、海报以及乐曲，都可以看作个性化人工智能科技所取得的重要成就。而自动写作技术与人工智能科技基础上的第二代机器新闻技术，则代表着机器新闻技术与人工智能、自主学习、深层次信息识别等技术的融合。

首先，这种技术融合体现为新闻线索获取速度的提高。运用最新的人工智能技术，可以使新闻机器人通过网络自动获取实时信息，然后进行内容特征词的抽取计算，快速提取发现新闻线索，再通过多渠道验证和排重等，排除无效内容，判断消息真伪，从新闻时效性和真实性上提升内容质量。

其次，机器新闻技术融合的现象体现在新闻信息处理效率方面。基于人工智能技术，第二代新闻机器人得以更加迅速地从互联网信息当中摘取网络热点信息、舆论核心观点、事件发展趋势、舆情变化等内容，并同时分析出信息传播路径，让新闻生产者迅速了解整个事件的来龙去脉，提供创作思路，从而缩减创作时间，升华新闻价值。[1]

最后，机器新闻技术融合体现在内容创作能力的提升之上。第二代机器新闻技术所具有的自主学习功能，可以使新闻机器人在一定的条件下，根据信息及数据的变化，对变化的信息主题进行学习和分析，并自主判断和采用适合的方式生成新闻产品。

（四）学界参与度上升

2017 年中国机器新闻发展的另一大特点，是学界在机器新闻领域参与度的上升。学界对机器新闻领域的参与，主要体现在技术参与与学术讨论两

---

[1] 耿磊：《机器人写稿的现状与前景》，《新闻战线》2018 年第 1 期，第 43~46 页。

个方面。

在技术参与方面,我国当前的新闻机器人研发部门与高校及研究机构的联系日渐紧密。这些联系主要存在于机器人开发、技术测试、后期维护等环节。2017年,南方都市报社、凯迪网络与北京大学计算机科学技术研究所三方联合成立了智媒体实验室。该实验室研发出的新闻机器人"小南"在当年的春运报道期间表现突出。同时,在今日头条写作机器人"张小明"的研发过程中,中国计算机科学技术研究所万小军博士所率领的团队也为其开发做出了重要贡献。另外,深圳智搜公司的研发团队,也与清华大学、北京大学、国防科技大学等高校有着密切联系。

在学术讨论方面,来自各大高校及研究所的新闻传播学科、计算机学科、经济学等专业研究者在近些年也就新闻机器人的技术伦理、新闻专业性、行业发展、技术趋势等内容进行了热烈的讨论,且讨论热点主要围绕人工智能、机器新闻生产、人机协同、数据新闻、机器新闻算法等领域。有关机器新闻的学术关注度及传播度在2017年也都有了长足的进步,分别达到了13.0%和22.9%。①

四 中国机器新闻的未来发展态势

对于中国机器新闻来说,2017年是第二代技术更新及产业发展之年。接下来的发展,则将在继续技术革新及产业扩展的同时,加强对人机分工及人机协作方面的关注。

(一)机器新闻无法取代人工新闻,但差异性将逐渐缩小

目前,机器新闻的写作比例越来越大,效率也越来越高,但是从整体情况来看,机器新闻仍无法取代人工新闻。主要原因是,当前的机器新闻技

---

① 《机器人新闻学术指数查询》,2018年4月10日,http://epub.cnki.net/kns/brief/default_result.aspx。

在三个方面仍然存在欠缺。

第一，新闻现象的原因分析能力。新闻现象即新闻学视野下人类社会及自然界中日常发生的现象，是新闻信息的来源。当前的机器新闻技术在新闻生产过程当中所能做到的大多是对具体现象进行描述，仍旧无法就具体现象的具体成因进行深入分析，也无法找出导致某一现象的具体原因。

第二，举证能力。举证能力指的是在提出某一观点后，为了印证观点的正确性及普遍性，需要找到一些普遍性例证来对观点进行支撑。但在机器新闻缺乏原因分析能力的当下，大部分新闻机器人也并不具备举证能力。

第三，采访能力。采访是新闻写作的重要环节，尤其是深度报道和访谈类稿件，采访更是重中之重。在以往的人工新闻生产中，新闻记者通过与采访对象建立联系、观察对方语气神态、感受人物内心等一系列行为，再通过对前期资料的分析及整理，对新闻信息进行判断，并最终生产出体现自身价值观、观点及人文关怀的新闻稿件。但是对于机器新闻来说，由于新闻机器人目前还无法做到完全的自我思考，因此也就无法处理这些包含情感工作在内的新闻报道。这也正是长久以来机器新闻致力于人工智能技术融合的目的所在。正如人民日报副总编辑卢新宁在2017年媒体融合发展论坛上所言："作为记者，我为地震颤抖，但机器人不会。"①

目前，写稿机器人所能做到的，只是依靠既有的数据资料及预先设定好的程序模板进行新闻生产，还不具备完全独立的思考能力，更不用说如同人类一样处理涉及复杂情感的工作。因此，当前新闻机器人所撰写的新闻稿件，基本集中在较为简单客观的资讯类新闻领域，而对于需要拥有个人观点及分析具体成因的深度性新闻事件的报道则能力不足。在目前机器新闻生产过程当中，人类仍旧需要对机器人稿件进行控制及指导，否则机器人便无法独立完成较为复杂稿件的撰写。例如，2016年，由日本名古屋大学佐藤松崎研究室研发的机器人撰写了一篇名为《计算机写小说的那一天》的科幻

---

① 卢新宁：《"你就是我，我就是你"——聚焦2017媒体融合发展论坛——"内容+"将成为媒体融合关键词》，《中国报业》2017年第17期，第16~20页。

小说，入围了日经新闻社文学奖的初审。在该文学奖评委看来，这篇由机器人撰写的小说架构严谨，内容毫无破绽。但同时，评委也特别指出，他们在评价该文时仅仅是"把不出现奇怪的日语放在第一位，暂时不考虑是否生动有趣"。而该机器人研发团队成员松原仁教师也表示在这篇小说中，人类的参与程度大概达到了"八到九成"，也就是说机器人只是完成了不足20%的创作工作。① 由此，我们也可以看到要使新闻写作机器人具有完全的自主创作能力，仍然有很长的路要走。

（二）从人机分工到人机协作

在机器新闻技术最开始出现时，社会舆论普遍认为生产效率及数量更高一筹的新闻机器人终有一天会取代人工新闻生产。但是从2009年机器新闻诞生至今，机器新闻不仅没有取代人工新闻，反而是在人工新闻面前暴露出了诸如深度不足、写作方式单调等一系列问题。由于新闻生产活动是基于社会现象分析而进行的综合性工作，因此，相较于将新闻生产简单区分为机器新闻生产与人工新闻生产，我们更应该在当前的技术条件及新闻环境下通过机器和人工的协作来推动新时期新闻事业的建设。人机协作一体化，不仅是机器新闻发展的趋势，也是新闻技术发展的未来。使用机器辅助人类，从而提高新闻报道的信度与效度，则更加符合新闻事业的内在需求。因此，理性地看待科技进步及发展，客观地评估新科技所带来的行业影响，科学地开发与运用人机协作功能，是当下时代对新闻工作者提出的新要求。

此外，由于新闻机器人在简单的重复性信息发布环节比人工更加具有优势。通过合理利用机器新闻这一优势，可以将人们从单调的简单工作当中解放出来，去处理更加复杂的工作。同时，机器新闻技术在深度报道方面的劣势，也给予了人工新闻生产存在和发展的空间。拥有专业新闻素养和复杂文字处理能力的新闻工作者在当今的新闻产业当中仍然占有一席之地。

---

① 唐欢：《人工智能写小说：机器人创作入围日本文学奖》，2016年3月24日，http://news.chengdu.cn/2016/0324/1774920.shtml。

纵观科技发展的历史可知，每一次技术的革新所带来的都不是人类工作的消亡，而是人类社会及某一行业发展的动力。因此，机器新闻技术的出现，也终将为新闻工作者及新闻行业的发展提供新的机遇。这种现象对促进新闻行业的升级创新以及提升新闻工作者整体业务水平而言是件好事。对于每一个新闻工作者来说，只有更加深刻地理解新时代条件下新闻行业的发展趋势，同时积极地运用科学技术进一步提升自身的工作效率，才能在人机协作时代拥有未来。

机器只有在被人类使用的过程中才具有价值，新闻也只有和人们的生活息息相关才拥有受众。在机器新闻方兴未艾的今天，客观公正地看待机器新闻对新闻行业的影响，提升人机协作效率，并进一步在相关技术层面进行升级，才是中国机器新闻发展应该走的道路。

B.8
中国移动新闻客户端产品发展报告（2017）

冷莹莹*

摘　要： 随着互联网用户趋近饱和，2017年中国移动新闻资讯行业的跨边界竞争愈发激烈，平台不断融合、分化与升级，争夺重点从初始阶段的流量战、内容壁垒构筑，转向价值回归、深耕存量用户，并利用大数据、云计算、人工智能等技术赋能平台生态，打造AI+媒体，探索智能社交，加速产业发展和传媒生态变革。移动资讯领域仍处于快速发展阶段，行业格局呈现头部效应；自媒体平台经历野蛮生长洗牌后进入理性发展期，用户内容消费升级，政府行业监管也更加严格；依靠公信力与权威性，央媒领跑的传统主流媒体类手机新闻客户端显示出较强的发展潜力；在代际更替的背景下，各方对新一代消费主力的争夺战也悄然开始。

关键词： 移动新闻客户端　手机新闻客户端　新闻App

一　移动新闻客户端发展环境

（一）网络用户移动化，App路径依赖已养成

移动互联网概念自2010年被提出之后在我国经历了一段快速成长期，互

---

* 冷莹莹，新闻学硕士，厦门文化传媒技术有限公司编辑，主要研究方向为网络传播、新媒体发展等。

联网入口也随之从PC端向移动端快速迁移。近年来，网民和移动端网民增长转入缓慢上升阶段，且整体增速均呈下降趋势，人口流量红利逐渐淡去。

庞大的网络用户规模背后是新闻传播方式的颠覆性变革，是媒介生态和传播格局的系统重塑，是社会经济与生活方式的深刻改变，移动社交、移动支付、移动阅读、移动购物、移动视频……互联网的使用愈发分散与多元，并呈现出移动化、碎片化、场景化等特征，广大网络用户也相应移动化。

一是从移动网民数量角度看，根据中国互联网络信息中心（CNNIC）第41次《中国互联网络发展状况统计报告》，截至2017年底，我国互联网普及率为55.8%，手机网民占比高达97.5%（见图1）。

二是从触网时长和流量角度看，网民人均周上网时长为27.0小时，日均约3.86小时。2017年1~11月，移动互联网接入流量累计达212.1亿G，比2016年同期累计增长158.2%。工信部统计数据显示，以2018年2月为例，全国通信用户户均移动互联网接入流量达到2.63G，同比增长151%。

三是从上网终端的使用情况来看，智能手机高达97.5%，台式电脑、笔记本电脑上网比例下降，电视上网比例有所提升。以手机为中心的智能设备成为"万物互联"的基础，且随着移动互联网个性化、智能化应用场景不断丰富、移动终端规模加速提升、移动数据量持续扩大，网络用户已形成移动依赖。

PC时代，浏览器是用户接触网络最主要的入口；移动互联网时代，App取而代之。越来越多的人，从早上睁开眼睛、上下班途中、工作开会、吃饭聚餐到晚上睡觉前，频繁打开各类手机应用，从工具类、生活类到纯娱乐类，App成为一种公共开放的社会服务平台。

中国市场上App数量超过406万个，从用户使用场景和日常需求来看，35个App足以满足娱乐、资讯、电商、工具等多样化的使用要求。[1] 在白热化的市场竞争和成熟的用户基础上，用户的App路径依赖也已经养成。

---

[1] 《2017年中国移动互联网年度报告》，QuestMobile，http://www.questmobile.com.cn/blog/blog_127.html。

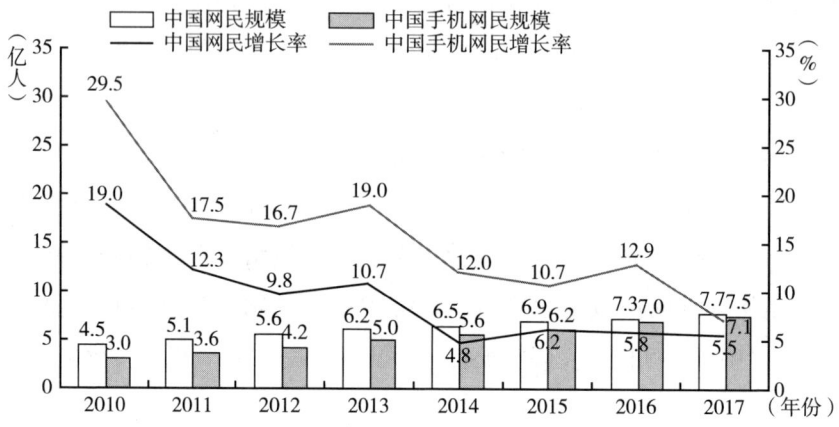

图1 2010~2017年中国网民及移动网民规模

资料来源：CNNIC：《中国互联网络发展状况统计报告》。

（二）新闻资讯作为移动流量入口的地位依然坚固

2017年第四季度末，我国手机新闻客户端用户规模为6.36亿，年增长率为1.3%，季度用户增长率平均2%且稳中有降。[①] QuestMobile2017年12月调查数据指出，新闻资讯用户的月人均消费时长为980分钟，行业渗透率55.7%，位居全行业第四。通过监测2016年1月至2017年6月资讯类App月度覆盖独立设备数据可知，资讯类App覆盖率在逐月上升，2017年6月达到6.2亿台，资讯类App越来越成为网民移动设备的重要组成部分。[②]

基于用户使用深度和黏性都较高，新闻资讯仍是移动互联网重要的流量入口，移动新闻资讯应用成为获取信息的主流渠道之一。此外，手机新闻客户端作为新兴媒体的组成部分，也是传统主流媒体融合发展战略的重要切入

---

① 《2017~2018年度中国手机新闻客户端中高端用户专题报告》，艾媒咨询，http://www.iimedia.cn/60658.html。
② 《众媒渠道下移动资讯APP媒体价值研究报告》，艾瑞咨询，http://report.iresearch.cn/report_pdf.aspx?id=3040。

点，而技术风口的加速到来和成果化应用，为传媒业带来了全新的信息获取方式，更为新闻资讯领域注入了极强的活力。

（三）政策严管，行业发展环境更加规范

近年来，为加强互联网内容建设，规范网络传播秩序，营造清朗的网络舆论空间，我国相继出台了一系列互联网新闻管理政策。2017年，国家互联网信息办公室先后发布《互联网信息内容管理行政执法程序规定》《互联网新闻信息服务管理规定》《互联网新闻信息服务许可管理实施细则》《互联网论坛社区服务管理规定》《互联网跟帖评论服务管理规定》《互联网群组信息服务管理规定》《互联网用户公众账号信息服务管理规定》《互联网新闻信息服务新技术新应用安全评估管理规定》《互联网新闻信息服务单位内容管理从业人员管理办法》等规章和规范性文件，从资质核审、内容管理、网络安全、综合执法等角度，加快健全和完善互联网新闻信息服务的核准和监管机制，并在整体上呈现出政策严格化、管理全面化、规定具体化、条例可执行化、执法规范化的特点。

以2017年6月1日正式实施的《互联网新闻信息服务管理规定》为例，原互联网新闻信息服务管理规定于2005年施行，鉴于网络技术与社会时代背景均已发生重大改变，新规重新明确了互联网新闻信息服务的许可、运行、监督检查、法律责任等，并将互联网站、应用程序、公众账号、即时通信工具、网络直播等各类新媒体纳入管理范畴。鉴于新闻资讯服务的跨边界拓展，对于直播、短视频、社交传播等界限相对模糊的互联网信息服务领域，除了从业资质核查更加严格，还要求平台方完善内容审核管理机制，并用正确的价值观指导算法，积极传播正能量，形成健康的网络文化氛围。

2017年，今日头条、火山直播、花椒直播等涉嫌违规提供涉黄内容被依法查处；北京市网信办依法约谈微博、今日头条、腾讯、一点资讯、优酷、网易、百度等网站，责令网站切实履行主体责任，加强用户账号管理，积极培育和践行社会主义核心价值观；新浪微博、ACFUN、凤凰网等未取得互联网视听节目服务相关资质网站的视听节目服务关停；自媒体八大乱象

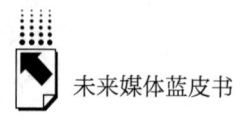

典型案例被公布；八部门整治互联网低俗色情信息，今日头条、网易、凤凰网被处罚；因持续传播色情低俗信息、违规提供互联网新闻信息服务等问题，今日头条、凤凰新闻手机客户端企业负责人被约谈。

因长期无视法规训诫，今日头条沦为低俗内容重灾区，2018年4月今日头条以其并不情愿的姿态成为"头条"。4日，今日头条全面清查库存节目，停止新增视听节目上传账户；9日，各大应用市场下架今日头条客户端，并暂停服务三周；10日，今日头条旗下"内涵段子"客户端软件及公众号永久关停；11日，头条系的抖音App删除所有用户评论；11日凌晨，今日头条CEO张一鸣发表公开信致歉反思。

网络不是法外之地，也不是舆论飞地，互联网主管部门强有力的监管既保障了移动新闻资讯行业的良性发展，又有利于健康网络生态环境的营造。

二 移动新闻客户端发展现状

（一）行业格局初定，头部效应显现

移动新闻客户端产品众多，主要包括以网易、新浪、腾讯等为代表的传统门户（细分、综合、多元），以今日头条为代表的算法聚合（有趣、丰富、新奇）和传统媒体（深度、理性、专业）三类。

根据易观数据2017年12月综合媒体类App TOP25榜单，月度活跃用户在2亿人以上，属于移动新闻客户端第一梯队，呈现出明显的头部效应。第二梯队月活用户量在千万级别，包括搜狐新闻、天天快报、凤凰新闻、新浪新闻、趣头条、一点资讯等。第三梯队则在百万级别，如UC头条、人民日报、ZAKER、央视新闻、澎湃新闻等。二、三梯队差距巨大，共同构成腰部平台。总体上，移动新闻资讯领域行业格局初定，但仍有变量，未来用户还会向第一、第二梯队进一步集中，马太效应更加明显。值得注意的是，榜单上以人民日报、央视新闻、澎湃新闻等为代表的传统媒体，转型成绩亮眼，未来发展潜力强劲（见表1）。

中国移动新闻客户端产品发展报告（2017）

表 1　2017 年 12 月综合媒体类 App TOP25 榜单

单位：万人，%

排名	App 名称	月度活跃用户规模	活跃用户环比增幅
1	腾讯新闻	23375.739	11.93
2	今日头条	23226.386	54.61
3	网易新闻	6117.352	13.03
4	搜狐新闻	5572.113	30.31
5	天天快报	5264.587	-10.06
6	凤凰新闻	4856.468	-2.20
7	新浪新闻	4723.321	58.46
8	趣头条	3417.525	570.43
9	一点资讯	1744.658	-10.01
10	东方头条	484.822	104.34
11	今日十大新闻	320.695	188.96
12	UC 头条	317.859	13.06
13	人民日报	294.583	-12.79
14	中青看点	257.667	—
15	今日热点头条	254.994	714.13
16	ZAKER	170.231	-48.64
17	搜狐新闻(资讯版)	167.666	—
18	央视新闻	142.783	-11.05
19	百度新闻	142.514	-14.05
20	知乎日报	138.703	-52.66
21	参考消息	130.926	-43.08
22	澎湃新闻	122.906	-22.65
23	即刻	116.696	64.10
24	浙江新闻	106.349	29.53
25	Flipboard 新闻	84.006	-48.80

资料来源：易观数据 2017 年 12 月综合媒体类 App TOP25 榜单。

（二）用户特征与使用行为分析

1. 用户使用频率高，使用场景碎片化

移动新闻客户端是网民获取新闻资讯的主渠道，男性用户居多；超六成用户为 30 岁以下群体；73.7% 的受访手机新闻客户端用户每天都会打

131

开应用,每天使用3次以上的用户达24.0%;用户使用移动客户端的场景多样化碎片化,午餐及睡前是用户阅读新闻资讯的高峰时段;近七成受访用户更换过常用手机新闻客户端;头条信息流与视频是用户最关注的内容板块,图文结合成用户最偏好新闻资讯形式,且用户内容偏好因性别不同存在差异,男性对时事、财经、科技等的关注度高,女性偏爱时尚、娱乐、美食等内容。①

2. 目标用户呈现年龄分化和地域差异

随着移动互联网的进一步普及,用户下沉,一、二线城市90后、00后群体,三、四线及以下城市青年已成为移动互联网消费市场的重要力量。各类移动资讯平台实行差异化运营,目标用户群体也呈现出年龄分化和地域差异特征。

年龄分化:50岁是新媒体使用的分水岭,年龄越大,使用人群比例越小。用户对热点新闻的偏好程度会随年龄增加而增加,50岁及以上群体最偏向热点新闻,年轻用户更重兴趣类资讯,19岁以下用户对个人兴趣类资讯偏好度最高。②

应因平台属性差异,在30岁以下年轻用户群体占比中,新浪新闻客户端达到74.1%,在90后、95后年青一代群体中有着较高的品牌信任度,而以新华社为代表的专业媒体机构年轻用户占比最低,为27.5%。③

地域差异:2017年,新闻资讯领域杀出了一匹黑马——趣头条,其精准抓取三、四线城市人群,建立起了一套完善的任务机制和用户激励体系,成立不到两年,便已成为移动互联网新的流量入口和移动资讯平台级应用。众多新兴互联网产品和服务对下沉市场的渗透率还不高,三、四线及以下城市用户的需求尚未被充分满足,其巨大的市场潜力,已经受到各方关注。

---

① 《2017~2018中国手机新闻客户端市场研究报告》,艾媒咨询,http://www.iimedia.cn/60894.html。
② 《中国安卓生态大数据报告:门户新闻客户端信任度超电视》,中国网,http://science.china.com.cn/2016-11/22/content_9173471.htm。
③ 《2017~2018年度中国手机新闻客户端中高端用户专题报告》,艾媒咨询,http://www.iimedia.cn/60658.html。

3. 中高端用户偏好传统媒体类新闻客户端

中国手机新闻客户端市场增量逐渐缩小，客户端之间的竞争将回归对存量用户的争夺，而中高端用户作为高净值用户，商业价值变现能力相对较高。如果将月收入10000元以上定位为高收入群体，那么新华社、央视新闻客户端、人民日报等专业媒体高端用户群体占比最高，分别为35.4%、27.7%和26.6%。相应地，传统媒体新闻客户端专业的媒体操守、权威报道和舆论导向，收获的网友评价，尤其是中高端用户评价也最高。①

4. 新闻内容专业性差成用户最大痛点

用户使用移动新闻客户端最重要的动机是获取信息（获取最新资讯和重大资讯、获取自己关注的信息）、打发时间和信息权威解读。②众媒时代，自媒体内容平台发展迅猛，在内容消费极大丰富的同时，也充斥着诸多虚假、低俗、缺乏营养的垃圾信息，56.9%的受访用户认为手机新闻客户端的新闻内容专业性差，高质量新闻资讯供给与需求的不平衡成为用户目前的最大痛点。

（三）内容生态系统优化创新

1. 生产主体多元化，内容扶持战况升级

在大众传媒时代，少数平台或一小部分专业人士主导内容生产，但众媒时代、智媒时代，"谁来生产"的界限不再分明，用户与生产者的界限被打破，PGC、UGC、PUGC、DGC（Data-generated Content）、MGC（Machine-generated Content，机器生产内容）、IGC（Intelligence-generated Content，智能化内容生产）、KGC（Key Opinion Leader-generated Content，头部用户或意见领袖内容生产）、TGC（Team-generated Content，分布式协作）等新概念层出不穷。移动互联网上的每个人都是不同类型的用户，也是特定内容的生

---

① 《2017~2018年度中国手机新闻客户端中高端用户专题报告》，艾媒咨询，http://www.iimedia.cn/60658.html。
② 何凌南、张志安、李威、赖凯声：《两微一端——用户使用行为与动机研究》，《传媒》2016年第16期。

产者。不管内容生产主体如何变化,确保优质内容供给,提供用户互动交流的平台并沉淀用户,都是内容生态系统打造的逻辑起点。

为了聚合更多优质生产者,在高品质内容道路上探索破局新模式,扶持与补贴成为内容平台的"标配"。2017年各资讯平台纷纷加码,升级自媒体计划和补贴力度,为内容生产者提供"一点接入,多点分发,多重收益"的整合服务,帮助内容创作者与平台共同成长、共享收益,构建起良性运转的自媒体内容生态圈。对内容创作者而言,随着自媒体上升通道变窄,除了可以享受到流量扶持、权益提升,平台是否能为品牌和内容带来实质影响,包括版权保护、创作力提升、形象提升、商业营销等方面的助力显得更为关键(见表2)。

表2 2017年中国移动新闻资讯平台内容创作扶持梳理

平台	内容
今日头条	2015年提出"千人万元"补贴计划,宣布至少保证1000个优质头条号每月从平台上获得不低于10000元的收入 2016年9月宣布10亿元人民币补贴短视频创作者,助力短视频创作的爆发 2017年9月再拿出10亿元补贴悟空问答答主,推出"千人百万粉"计划
腾讯	2016年3月1日,腾讯公司宣布正式启动"芒种计划" 2017年2月推出"芒种计划2.0",投入12亿元供给内容创作者,其中包括10亿元的现金补贴和首期2亿元的内容投资资金
网易	2017年4月网易传媒宣布了"媒体合伙人2.0"战略,将从智能分发、原创保护、流量补贴、平台功能、粉丝转化、大数据挖掘、品牌推广、商业化变现等多个维度同内容创作者展开全面合作 2018年网易号将全力助攻短视频,投入15亿元补贴内容创作者
UC	2016年12月,阿里文娱发布"W+"量子计划,宣布投入10亿元内容扶优基金 2017年3月,UC订阅号、优酷自频道账号统一升级为"大鱼号",投入金额达20亿元
百度	2017年百度"百亿分润计划",向内容生产者分成100亿元,所有个人和机构内容生产者都可以入驻百家号,参与百亿分润
凤凰新闻	2017年,凤凰新闻客户端开启"大风计划",投入10亿元级自媒体收入分成与扶持投入,为自媒体人提供"名""利"和"成长"三项红利
新浪	2017年12月新浪公布了三项"创作者计划":针对大咖级创作者的"百择计划",针对潜力、成长型创作者的"千与计划",针对所有创作者的"新浪看点学院"

2. "算法推荐+人工干预"重塑内容分发机制

基于兴趣的算法推荐已成为各大资讯平台的基本配置，然而算法趋同，致使推荐页面越来越单一和机械化，阅读体验同质化突出。用户阅读被兴趣包围，新鲜感消退，形成"信息茧房"。2017年，基于兴趣的个性化推荐遇到瓶颈，其弊端引发业界和用户热议，如何找到更智能更人性的新算法，在碎片化时间得到更有价值更高品质的内容，成为广大用户的迫切需求。越来越多的资讯平台开始主动求变，采取"算法推荐+人工干预"的内容分发机制，并渐成行业趋势。

如凤凰新闻客户端以"编辑+机器"的混合智能推荐，取代编辑主体分发，将通过算法推荐和编辑把关的优质内容作为内容基础池，再从知识图谱和用户分组画像上扩展，从而保证内容精准度、丰富度和优质度。搜狐新闻也采取"编辑流+算法推荐流"模式，前者打造新闻阅读的"头部内容"，后者满足用户个性化阅读需求。

不仅如此，新浪新闻客户端还另辟蹊径，强化基于用户即时兴趣、动态化场景、网状知识图谱和社交关系的机器学习和产品创新能力，通过"即时推""明日头条""二楼"等创新产品，对用户的阅读方式进行立体化、多维度探索和尝试。"即时推"结合用户即时兴趣，动态推送内容，强化精准性和延续性阅读体验；"明日头条"则从未来角度，预测用户兴趣，以"3D Carousel"悬浮卡样式提前推送内容；"二楼"主打高品质内容，可在精品阅读与随意性阅读模式间自由切换，意在碎片化阅读场景中探索深度沉浸式资讯服务。

3. 内容表达载体蓬勃发展，短视频成流量驱动新引擎

互联网技术风口的渐次爆发，带来了信息获取方式的持续性革新，富媒体资讯成为重点。移动新闻客户端的内容载体主要包括文字、图片、视频（含短视频）、语音、直播及H5、VR、AR等形式。多元内容载体的蓬勃发展，见证了网民内容消费习惯和偏好的不断升级，未来针对用户的争夺将更加激烈。

2017年，最显著的内容载体要数短视频。碎片化使用、内容的丰富性

促使短视频在线总时长暴涨,占移动互联网总使用时长的 5.5%,而这一数据在 2016 年仅为 1.3%。① 各大资讯平台频频布局,今日头条旗下独立短视频 App 头条视频更是更名为西瓜视频,升级为独立品牌,意欲在短视频行业拥有更清晰的品牌辨识度。2015 年、2016 年和 2017 年中国短视频领域投融资事件分别为 64 起、102 起和 91 起,投融资金额分别达 20.16 亿元、62.4 亿元和 53.97 亿元。② 碎片化时代,短视频更符合用户在碎片时间接收信息的需求特征,成为继网络直播之后,移动互联网新的流量入口。

(四)渠道拓展,内容平台"出海"方兴未艾

为讲好中国故事、传播好中国声音,国内传统主流媒体和互联网企业开始借力新媒体,或自主研发或投资收购,推出移动新闻客户端海外版本,探索、抢滩新大陆,以提升国际传播能力和全球化水平。

2014 年 11 月 6 日,人民日报海外版新闻客户端——"海客"亮相;2015 年,国内一点资讯创办人基于对美国乃至全球用户的理解创办 News Break,将"兴趣引擎"模式复制到海外;2015 年 12 月,今日头条自主研发 News Master 客户端于谷歌应用商店上线;2016 年 5 月 30 日,湖北日报传媒集团自主研发的动向新闻客户端海外版在马来西亚吉隆坡上线;2016 年 6 月,UC 在印度宣布推出战略级产品 UC News,2017 年初公布其印度自媒体战略,3 月又正式推出 UC News 自媒体扶持计划的进阶版本——UC We-Media Reward Plan 2.0;2016 年 8 月,猎豹移动 5700 万美元收购美国版今日头条 News Republic;2016 年 10 月,印度本地新闻聚合平台 Dailyhunt 对外宣布,获得由今日头条领投的 2500 万美元 D 轮融资;2017 年春节,今日头条收购美国移动短视频平台 Flipagram;2017 年 7 月,由中国国际广播电台和"今日俄罗斯"国际新闻通讯社联手打造的移动应用——"中俄头条"

---

① 《2017 年中国移动互联网年度报告》,QuestMobile,http://www.questmobile.com.cn/blog/blog_127.html。
② 《短视频融资超 300 亿 互联网巨头"砸钱"入局 短期内不追求盈利?》,每日经济新闻,http://epaper.mrjjxw.com/shtml/mrjjxw/20180402/141468.shtml。

双语客户端上线，这既是中俄关系的重要里程碑，也是国内传统主流媒体融合发展战略的延续和发展；2017年10月，人民日报推出英文客户端，定位为"连接中外、沟通世界"的权威资讯类平台，同时突出"服务"功能，力争打造连接国外用户与国内用户的桥梁。

现下，内容技术双输出，中国内容平台"出海"正在成为中国互联网全球化大潮中的一支新生力量，但如何克服文化和语言障碍，扬长避短，未来还需要更多探索与磨合。

（五）商业变现途径拓展，用户付费意愿增强

移动新闻客户端在打造内容生态的同时，也在积极探索可行的盈利路径，秉持尊重用户、满足用户需求、尽可能不打扰用户的原则，将产品服务进一步延伸，加强流量变现。虽然在信息流广告、电商、游戏、直播、互动营销、精准营销、付费视频、打赏、数据服务等方面做了不少有益尝试，但尚不足以形成规模效应，平台整体盈利模式仍处于探索状态，还是以广告收入为主。广大自媒体创作者同样面临商业变现的困局。2017年短视频创作者商业变现报告指出，47.9%的短视频团队不能盈利，30.25%略有盈余，平台贴补成为内容团队最大的收入来源，占到72.58%。

不过，伴随着知识经济的发展，2017年知识付费模式有所突破，代表性事件是财新网于2017年11月全面建立新闻付费墙，对主要新闻内容实行收费或分时收费，用户每年共需支付498元。财新网的大胆尝试赢得了业界支持，但财新付费产品仅占其总收入的10%，更有早前就以收费起步的"上海观察"，在经历艰难运营之后转向免费下载的行业，财新网始终认为高质量新闻不可能永远免费，并在致用户的公告中说"这是财新学习国际同行经验、寻求基业长青的关键一步"。主打中高端客户的凤凰新闻客户端也进行了一系列付费探索，上线付费FM为用户筛选优质音频内容，未来还将探索优质自媒体付费内容。

随着各新闻平台在产业链上下游进行深度布局，用户内容消费也在升级，除了基本的资讯需求，娱乐、社交、个性化消费等都潜藏着用户付费的

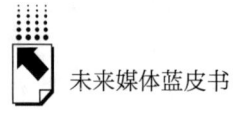

巨大潜力,可以预见,未来移动端新闻资讯行业的商业变现空间和方式一定会拓宽和增加。

三 移动新闻客户端年度特点分析

(一)双轮驱动

即采取"技术+内容"双轮驱动的发展方略,一手抓媒介内容生产,一手抓媒介技术创新与运用。国内移动新闻客户端的发展大致经历了三个阶段:首先是早期红利期,移动新闻资讯平台的战略重点在于整合渠道,建立流量基础;其次是竞争重点从争取用户规模向争取用户注意力转化,平台对优质内容的需求不断提升;最后是内容格局建立后,通过技术加深平台壁垒,赋能内容分发和商业化,成为移动新闻客户端打造竞争力的关键。

无论是互联网企业,还是进行转型探索的传统媒体,技术革新引发媒介生态的颠覆式变革,新闻早已不再是旧日时光里的模样,大数据新闻、机器人写稿、语音智能交互、VR/AR新闻等产品形态都需要有强大的技术系统作支撑。移动资讯行业一方面要立足根基,建立起内容生态壁垒;另一方面还要将前沿技术落地,在智能传播技术的基础上,提升内容技术融合度,更加注重内容、个性、定制和精准性,以引领发展方向,保持行业竞争力。

(二)"两栖作战"[①]

一是技术和人工"两栖作战"。主要内容就是上文提到的"算法推荐+人工干预"内容分发机制,在内容的生产、策划和推荐等环节,让技术与人工协作,以满足不同用户的精准化差异阅读需求,解决个性化阅读之殇,确保平台品质和调性。

---

① 《资讯App排行榜出炉,凤凰新闻客户端如何成了变量?》,百家号罗超频道,https://baijia.baidu.com/s?old_id=818915。

二是数量和质量"两栖作战"。众媒时代，内容生产的门槛大幅降低，人人都是自媒体，人人都是传播者和生产者，然而内容爆炸的同时，也产生了无效信息和垃圾产品。内容平台一方面继续吸引用户聚集，另一方面通过升级自媒体扶持战略，来保障优质内容的供给。

三是自主和生态"两栖作战"。在移动新闻客户端起步阶段，传统媒体及门户多是依托自身资源单打独斗，但互联网的本质是连接，靠一己之力做平台根本不可能，寻找不同领域的合作者，甚至是同一行业的竞争者，扬长避短、资源互补、相互协作才是发展之道。如梨视频获人民网基金1.67亿元战略入股，界面新闻与蓝鲸·财联社合并，目标直指"中国彭博"等。此外，与政府、社交媒体、电商平台、直播平台、版权平台、泛娱乐公司，包括广大自媒体创作者建立最广泛的连接与深度合作，都是移动资讯行业构建平台生态的重要渠道。

（三）升级回归

党的十九大报告指出，中国特色社会主义进入新时代，我国社会主要矛盾已经转化为人民日益增长的美好生活需要和不平衡不充分的发展之间的矛盾。消费者诉求由物质满足逐渐向精神满足过度，内容消费升级成为必然，移动资讯领域专业价值回归成为显著特征。

在移动资讯行业，用户内容消费升级主要表现为目的性增强、个性化内容消费需求凸显；垂直品类崛起，健康类资讯和财经、科技等实用型资讯走热；对内容丰富度、内容时效性和内容价值期望值较高；对"标题党""低俗化"现象等厌恶不满；短视频成为主要信息载体之一，富媒体形式整体走热等。[①]

此外，中国手机新闻客户端市场增速放缓，增量空间逐步缩小，客户端之间回归对存量用户的争夺，中高端用户作为高净值用户，较高的商业价值

---

① 《2017年中国网民消费升级和内容升级洞察报告》，艾瑞咨询，http：//report.iresearch.cn/wx/report.aspx?id=3008。

转换率对高质量内容建设也起到一定引领作用。

经历过野蛮生长期的自媒体行业,在市场自我净化淘洗之后,正迎来精耕细作的品质化和品牌化发展期,加之政府与行业监管态度趋紧,令内容生产从单纯的迎合、媚俗、恶搞、娱乐趋向真实、品质和品牌化。2017年,超过2/3的用户关注的自媒体账号数量不再增加,其中1/4还有所下降,分享欲望也在冷却,近30%用户比上一年减少了分享自媒体文章。① 新闻专业主义价值开始回归,内容生产高度细分与垂直,影响力建设得到高度重视,版权意识持续提升,用户付费意愿进一步增强,移动新闻资讯行业正在重新定义好内容。

(四)融合分化

媒体具有平台属性,以往媒体主要以资讯满足用户的信息需求,但未来的手机新闻客户端应该是一个生态系统,以移动服务为中心,连接线上线下的闭环生态圈,一个集内容、社交、服务于一体的互联网平台级入口。手机新闻客户端作为拥有海量级用户的移动应用,正经历着多样平台的融合与分化,边界不断被打破,短视频、直播、社交、电商、资讯、生活服务等,既可以是独立的App平台,也可以融合在手机新闻客户端中,实现"你中有我,我中有你"的属性互补。

移动新闻客户端早期主要通过资讯服务聚集了大批粉丝用户,网络的自由连接和传播反馈双向性为社交活动提供了土壤。大部分新闻客户端开通投票、评论、分享等社交互动功能,网友评论等社交属性一度成为网易新闻等App的特色标签,在同行中占取先机。如今,社交功能深化,向泛社交、智能社交进军,像今日头条推出的"微头条"、搜狐新闻推出的"狐友",产品均类似于微博和微信朋友圈,依托智能推荐,用户可通过关注获取动态信息列表,进行评论、点赞、转发互动。

---

① 《中国新媒体趋势报告2017:通向媒体新星球的未来地图》,企鹅智酷,http://tech.qq.com/a/20171120/025254.htm#p=1。

从线上到线下，从场景到现实，除了新闻资讯，移动客户端也发挥了平台聚合作用，提供入口，逐步探索O2O本地化生活服务模式，实现用户与商家的连接。人民日报的生活服务板块、央视新闻的发现板块、澎湃的海贝商城以及新浪新闻的"发现"，都是此类服务平台的范例。一批党媒和地方城市媒体，发挥本地优势，着力打造集手机客户端、微博微信群、手机报、网络电台电视台等于一体的跨终端、全网化移动矩阵，以及集纳新闻资讯、政务查询办理、天气、交通、挂号、缴费、电商等民生服务的掌上互动社区，最终成为生态级应用平台。

四 移动新闻客户端发展趋势

（一）资讯边界拓展，移动新闻客户端平台面临更多挑战

新闻传播行业正在快速演变中，传统的新闻报道和新闻调查依然是新闻资讯的核心范畴，但以知识科普为代表的软资讯和以评论观察为特点的自媒体文章，均得到半数以上网民的认可，辟谣求证类、数据分析类的可视化内容，也得到1/3以上用户的认可。越来越多的行业"跨界"涉足内容服务行业，新闻和非新闻类内容的界限也更加模糊。

在用户选择新闻资讯的入口上，新闻类网站/客户端仍是移动用户看新闻的首选，占比高达63%，而社交应用作为新闻渠道的比例接近半数，占49.4%，成为超过传统媒体和电视的第二大新闻入口渠道。[①]

微信、微博社交类平台、手机浏览器、购物平台甚至长视频平台都新增了信息服务，体现出媒体属性。微信公众号是目前国内最大的自媒体平台；微博在经历了一段低迷期后社交属性降低，媒体特性增强；UC浏览器推出UC订阅号功能，欲在内容领域分一杯羹；电商平台纷纷推出内容

---

① 《中国安卓生态大数据报告：门户新闻客户端信任度超电视》，中国网，http://science.china.com.cn/2016-11/22/content_9173471.htm。

导购和资讯服务；更有新兴流量入口针对短视频、问答等新型资讯内容的争夺。

媒体行业的边界正慢慢消融，未来一定会在更多领域发生深度融合，移动新闻客户端也将面临更加严峻的平台竞争。

（二）众媒向智媒跨越，AI+媒体将呈现更多想象空间

AlphaGo 与李世石的人机世纪大战落下帷幕后，人工智能也迎来了一轮新的热潮。国内外各大互联网科技公司纷纷加入人工智能，积极布局智能时代，包括智能机器人、无人驾驶汽车、智能家居等。在移动新闻客户端领域，基于 AI 算法的个性化推荐愈发成熟，机器人写稿应用范围越来越广，语音互动聊新闻成为最新潮流，新闻体验临场化成为人们感知世界的新方式。

以聊新闻为例，中央人民广播电台"下文"新闻客户端采用对话这种全新的人机智能语音交互技术和用户聊新闻，让看新闻变得更加自然，在"想知道的"和"应该知道的"之间取得平衡，与之相似的还有百度新闻和封面新闻的"聊新闻"功能。其实，"聊天式新闻"最早起于 Facebook 和微软，直到美国新媒体网站 Quartz 旗下的 Quartz 新闻客户端上线，才引爆了这种全新的新闻阅读方式。

2017 年 5 月 4 日，封面新闻客户端在上线一周年之际发布 3.0 版本，更加深度地应用人工智能技术，坚定朝"AI+媒体"领域进军。自主开发的"小封机器人"可与用户交流新闻观点，语音识别、意图识别等 AI 技术可基于新闻、兴趣、生活与用户展开互动，机器人写作技术开启快速服务通道，数据挖掘能对用户进行精准画像。封面还将不断拓宽 AI 的使用场景，从素材收集、筛选、分析、成文，甚至最后的内容分发，从新闻线索搜集到写作到事实核查，每一个环节都有人工智能的深度参与，推动新闻生产流程的智能化变革。①

---

① 《封面迭代 3.0：重新定义资讯产品　重新定义媒体融合》，《华西都市报》2017 年 5 月 5 日。

2017年12月26日，新华社发布中国第一个媒体人工智能平台——"媒体大脑"，拥有2410（智能媒体生产平台）、新闻分发、采蜜、版权监测、人脸核查、用户画像、智能会话、语音合成八大功能，覆盖报道线索、策划、采访、生产、分发、反馈等全新闻链路，国内各媒体机构认证后均可使用"媒体大脑"的各项功能和产品。

技术赋能媒体，媒体努力为技术提供内容想象力，人工智能、物联网、VR、AR等新技术都在爆发临界点，新闻传播的泛在化、智能化与新闻体验的临场化，互动反馈的传感化与智能化，必将推动移动新闻客户端向智媒化转型，打造出一个多维度、多元化的移动式新闻生态。

（三）央媒领跑，传统媒体类手机新闻客户端发展潜力大

从门户时代的"+互联网"渠道拓展，到移动互联网时代用户流失、阵地失守的焦虑，再到"媒体大脑"平台，传统主流媒体的角色由技术追随者向传播革新者转变。随着内容平台建设回归新闻本质，传统媒体类手机新闻客户端专业价值凸显，表现出较强的发展潜力。与此同时，媒体融合进入向纵深推进的关键阶段，中央电视台、人民日报、新华社等中央级媒体领跑传统主流媒体融合发展，新闻客户端影响力位居主流媒体前列。

截至2017年12月，"央视新闻"客户端用户总数累计突破6000万，成为业界最具影响力的新媒体平台之一，其中高端用户占比领跑行业，用户满意度较高，媒体价值普遍受到用户认可。在"中央厨房"机制的带动下，人民日报融媒体工作室成立"麻辣财经""学习大国""国策说""碰碰词儿"等40个工作室，推出文字、音视频、图解、H5等融媒体作品千余件，综合点击率超过1亿次，转载媒体过百家。

地方级新闻客户端方面，澎湃新闻已进入中国互联网原创新闻第一阵营，未来将向全国性新型互联网主流媒体平台级产品迈进。还有一些省级媒体主办的新闻客户端，将移动政务作为突破重点，结合自身优势，增强本地生活服务功能，也取得了不错的成绩。

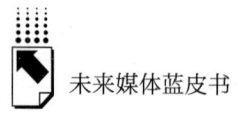

（四）人即信息，智能社交或将是资讯客户端共同的方向

当前移动客户端大多采取编辑人工把关加技术过滤的方式提供个性化的服务，但由于编辑自身水平和技术过滤的局限性，不能高度精准匹配用户需求。社交平台作为最大的信息原生地和中转地，平台影响力较大，其主要通过社会关系实现信息过滤，这种过滤方式用户满意度更高，也是提升用户黏性的秘密武器。

移动新闻客户端在自媒体订阅号建设的基础上，开始强化手机新闻客户端的社交功能，把社交关系链条由外部物理捆绑转向内部化学聚合，以期在平台内部孵化出独立的社交体系，并主打智能推荐以更有效率地获取粉丝。如果说以往编辑把关的陈列式信息是"人找信息"，智能算法带来的是"信息找人"，那么智能社交则进入了"人即信息"新阶段，是从智能分发走向智能分发和粉丝分发相结合的新机制，或将迎来社交媒体2.0时代。

（五）抓住年轻人，新一代消费主力争夺战即将全面开打

当规模化的人口红利消失之后，互联网就需要抓住未来的、消费能力更强的目标人群，完成新老用户交替。80后仍是互联网消费主力，90后、95后堪称移动互联网的黄金用户群，如何拓展和服务新生代消费主力，是各移动新闻客户端已经开始面临的课题。如随着移动互联网用户下沉，以三、四线及以下城市的90后为主的"小镇青年"群体正在成为一股不可小觑的力量，走向大众视野，搞笑视频等内容是他们喜爱的娱乐方式。QuestMobile数据显示，2018年2月小镇青年规模高达2.12亿，在移动互联网中的渗透率不断增加，其助力快手、拼多多、趣头条等App爆发式增长，已成为移动互联网消费市场的重要力量。

得年轻人者得天下，新闻客户端如何抓住不看报纸、较少看电视的90后、00后？许多互联网公司越来越看不懂年轻人的喜好，不理解以后互联网主流用户的使用习惯是什么。对移动新闻客户端来说，如何应对这股年轻化趋势，进行差异化竞争，将是接下来最大的挑战。

B.9 台湾智慧媒体发展报告（2017）

邢峥*

摘　要： 2017年，台湾继续积极布局未来的数字建设基础，智慧媒体的发展处于起步阶段。互联网以及移动互联网技术、社会化媒体的应用、直播、VR/AR等技术和应用正在带动媒体转型。社交分享在媒体消费体系中的地位越发重要，Facebook、Line、Google等跨国媒体继续以新技术工具主导整体发展，同时台湾本地新兴的媒体平台也不断涌现，影音产业竞争白热化，直播市场爆发性成长，传统媒体也积极推动转型计划，进行跨平台经营，媒体融合正在进行，融合趋势和方向正处于探索中。

关键词： 台湾　智慧媒体　互联网

2017年，台湾媒体环境持续变动，媒体进一步融合，新科技、网络社群等继续改变媒体生态，带动市场与产业变化，互联网公司成为资讯平台的分发与流量入口，社交平台持续占据极为重要的地位。除Facebook、Line、Google等外来跨国媒体继续以新技术工具主导整体发展外，台湾这一两年也出现了很多本地新兴的媒体平台，传统媒体也积极推动转型计划，进行跨平台经营，传统新闻媒体投入数位转型的努力也开始发酵。

---

* 邢峥，厦门理工学院文化产业与旅游学院讲师，研究方向为创意媒体。

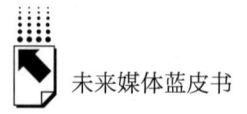

一 智慧媒体产业发展环境分析

（一）台湾智慧媒体发展的政策环境

台湾智慧媒体的发展正处于起步阶段，互联网以及移动互联网技术、社会化媒体的应用、大数据、云计算这些技术和应用目前处于酝酿期或爆发临界点，为媒体的智慧化做着基本的技术铺垫并正在驱动台湾媒体产业的升级转型。而台湾传统的强项在硬件与半导体，在软件与移动互联网产业方面处于弱势，本土人工智能（AI）的应用与服务尚未发展起来，台湾的数据资料被Facebook与Google等国际公司掌握，本土的企业很难积累海量数据。

在数字创新经济的浪潮下，从2017年起，台湾开始执行为期8年（2017~2025年）的创新经济发展方案（简称"DIGI+方案"）。DIGI+首先制订了7个行动计划作为整体架构，7个行动计划包括"构建有利数位创新的基础环境"、"研发先进数位科技"、"培育跨域数位人才"以及"营造友善法治环境"等。其中数位创新基础环境行动计划，预算为94.8亿元新台币。依据DIGI+方案架构规划，台湾数字建设的目标是完善发展"数位台湾、创新经济"所需要的基础环境，跳出传统硬件思维，将网络安全、数字文创、智慧城乡、智慧学习以及科研设施等问题都视为基础建设，从人工智能、虚拟现实（VR）、增强现实（AR）、智慧机器人及物联网等前瞻应用开始打下基础，从而进一步迈向数字4.0超宽频网络社会。[①]2017年，台湾当局还提出AI行动计划，希望通过建立AI创新研究中心、人工智慧创新研究中心、物联网整合服务中心等，发展AI前瞻研究网络体系与平台。此外，2017年，微软在台湾设立研发中心，台湾开始构建AI创新枢纽。

---

① 郭耀煌：《数位台湾创新经济发展方案》，https://issuu.com/pdis.tw/。

（二）台湾智慧媒体发展的技术基础

互联网的连接、升级、拓宽与加速，是智慧媒体发展的物理基础，2017年，台湾继续积极布局未来的数字建设基础。

财团法人台湾网路资讯中心（TWNIC）"台湾宽频网络使用调查"结果显示，2017年全台湾地区上网人数已达1879万，整体上网率达80%。至2017年7月，台湾固定网络宽带家户普及率约为66.3%。[①]

在加速宽带云端基础建设方面，2017年台湾完成4G第三批牌照发放，并设立目标在2020年前，90%以上家庭宽带联网超过Gbps（Gb）级宽带联网速度，以便支持未来物联网、虚拟现实、增强现实以及移动支付等的应用。[②]

在移动网络方面，台湾移动基础设施水平和4G网络条件优越，成长快速。目前台湾已全面进入移动时代，台湾"通讯传播委员会"（以下简称"NCC"）数据显示，台湾移动宽带服务越来越完善，2017年台湾移动网络覆盖率为100%，同时2017年开始提升公共空间中的移动通信服务品质，如开始在大众运输系统上提供稳定足够带宽的无线网络服务，提供上网频宽5Mbps以上服务，以及提供4G上网服务。

有线电视硬件建设方面，根据NCC统计，2017年底，台湾数字机顶盒安装率达99.5%，台湾有线电视数字化程度高，除花东离岛外，已达到全面数字化的环境，具备提供丰富多样的融合服务的基础条件。

（三）台湾智慧媒体的用户基础

目前台湾智能手机普及率高，4G条件优越，已全面进入移动时代。NCC和台湾"发展委员会"的相关资料均显示，手机已经成为台湾民众使用率最高的上网设备。随着移动网络、智能手机的普及与便利性的提高，台

---

① 《台湾宽频网络使用调查》，财团法人台湾网路资讯中心（TWNIC），2017。
② 郭耀煌：《数位台湾创新经济发展方案》，2017年8月17日，https://issuu.com/pdis.tw/docs/2017-08-17-digiplus-meeting。

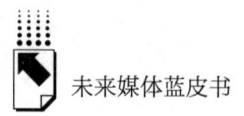

湾民众新闻资讯获得方式与浏览习惯也发生了改变，使用智能手机接收新闻资讯的比例明显增长。依据台湾"发展委员会"公布的资料，2017年7月台湾移动通信用户数约为2871万，平均每100位民众约持有122个手机号码。台湾实际使用手机上网的用户数由2011年9月底的587万攀升为2016年7月底的1946万再攀升为2017年7月底的2270万，移动上网率已接近八成（79.1%，含3G、4G及移动网卡）。调查还发现，12岁以上民众的移动上网率已达80.2%，较2016年大幅上升7.2个百分点。高品质移动联网经验也改变了网络用户在住所申请安装固定网络的意愿，居家只依赖手机上网的手机族达18.7%。①

此外自2014年5月开始提供4G移动宽带服务后，台湾移动宽带用户数快速成长，4G用户数占移动通信总用户数的比从2016年的54.0%大幅提高为2017年的73%，3G用户数只剩27.0%，这是台湾通信产业近一年最大的变化。②

从不同年龄层民众手机上网的使用情形来看，各年龄层中以20～39岁手机族移动上网比例最高，但60岁以上手机族也有超过半数通过手机上网，2017年数据较2016年增加近20个百分点。手机上网族平均每日上网时间由2011年的92分钟、2015年的179分钟、2016年的201分钟，略增为2017年的204分钟。调查显示，手机移动上网族目前通过手机从事的活动前五名是社交应用（如Line、Facebook）、资讯应用（如搜寻引擎、网络新闻、E-mail、地图）、影音应用（如拍照、修图、影片剪辑）、娱乐应用（如游戏、影片、直播、音乐、唱歌）、工具服务（云端硬盘、QR Code扫描、文书、杀毒），其中社交媒介的应用居首，使用频率也最高。③

民众媒介使用习惯的改变进一步改变了台湾媒体广告的营收结构，从2017年开始，以互联网为基础的数字媒体成为广告投放的主流。台北市媒体服务代理商协会（MMA）公布的数据显示，台湾网络媒体广告加速成长，

---

① 台湾"发展委员会"：《106年持有手机民众数位机会调查报告》，2017年9月。
② 台湾"研考会"：《93～99年个人家户数位落差调查/100～105年个人家户数位机会调查》。
③ 台湾"发展委员会"：《106年持有手机民众数位机会调查报告》，2017年9月。

传统媒体加速衰退，传统媒体与数字媒体消长的变化更快。2016年，台湾整体广告费用604.6亿元，其中，网络广告以258.7亿元新台币，首度超越电视（包含有线与无线电视）广告的225.3亿元，继2009年超越杂志、2012年超越报纸后，再度实现突破，并跃居第一大媒体。①

（四）智慧媒体发展的法律法规保障

在数字技术和宽带建设发展的基础下，台湾继续致力于构建完备且具有弹性的法制环境，为智慧媒体的发展提供保障。作为通信传播管理机构的NCC提出"以宽频社会（broadband society）驱动数位转换（digital transformation），经由通传产业法制革新及各领域法规调适，带动数位经济（digital economy）典范转移与稳健发展"。2017年台湾"广电三法"开启新局面，同时媒体融合法制向前跨出了一大步。

2017年，台湾继续实施2016年修订后的"广电三法"，截至2017年1月6日，台湾新"广电三法"（"卫星广播电视法""有线广播电视法""广播电视法"）的相关子法修订完成，台湾的通信传播法治环境更为完备。在新广电三法修法要点上，"广播电视法"与"卫星广播电视法"均新增赞助与植入性营销规范，放宽置入植入营销与冠名赞助方法，为节目制作引入资源活水，有利于提升节目品质及促进内容多样化。"卫星广播电视法"与"有线广播电视法"，共同修正管理办法，明确规定直播卫星广播电视服务事业播出的购物频道数量应低于频道总数之10%，有利于保护影视内容的多元发展。有线广播电视法放宽有线电视跨区经营范围，鼓励系统经营者使用可行的技术及设备提供服务，扩大系统经营者经营区及鼓励新进企业进入市场，并朝向平台化方向发展，使所有频道经营者均受统一化的管制，建立公平的竞争环境。

2017年11月，台湾有关部门通过"电信管理法""数位通讯传播法"两草案以完善通信传播融合的法制环境。"数位通讯传播法"首立互联网治

---

① 台北市媒体服务代理商协会：《2017年台湾媒体白皮书》，2017年7月，https://mma.31app.tw。

理机制,以公开、参与、多元价值为最大目标,"电信管理法"则一改高度管制旧思维,赋予创新应用更高价值,汇流融合法制向前跨出一大步。

在视听内容传播应用领域,因产业链生态处于创新服务阶段,NCC继续调整有关广电规范和政策,建构层级化的规管基础环境,同时导入层级化管理思维,加速与平稳推动广电产业数字转型、调和广电的内容、营运管理机制,适度解除不合时宜的管制,增加产业经营弹性与管理效率,协助广电产业调整变化。如之前台湾有线电视收视用户支付新台币600元以下的费用,就可收看100多个基本频道,收费模式僵化,限制了频道商的发展。2017年12月27日,台湾通过"有线电视多元选择付费机制规划"草案,解除有线电视月费新台币600元资费上限,让频道商自组套餐。这项政策赋予收视用户更大的权利,也让频道商能够自组套餐并为之定价,频道商拥有更大议价能力,能直接面对有线电视订户,以优质内容争取消费者支持,进而吸引广告资金注入,带来正向循环。

二 智慧媒体产业年度特点分析

(一)社交分享在媒体消费体系中的地位越发重要

台湾民众网络应用情况调查发现,超过89%的人每天使用社群软件,社交软件的整体使用率高达96.8%。① 年青一代用户更看重"新闻本体"之外的增值信息与功能。兴趣标签成为年轻用户非常重要的内容消费行为,"社交+新闻"的重要性增长。

1. Facebook演算法左右新闻生产流通

近年来,台湾媒体竞争态势使传统媒体发行量急速下滑,传统新闻媒体接触读者的能力大不如前,但新闻网站成长未能持续。社交媒体因能有效接触新闻受众,成为各大新闻网站的入口,其中Facebook成为众多媒体竞争

---

① 台湾"发展委员会":《106年持有手机民众数位机会调查报告》,2017年9月。

流量、到达率的主战场。

2017年,台湾传统媒体继续利用Facebook汇集读者的优点,通过Facebook为受众提供广泛的新闻资讯。但与此同时,当读者日渐习惯从社交媒体获取新闻时,社交媒体逐渐对新闻媒体形成强大压力,新闻媒体逐渐失去对其读者的掌握。

Facebook机器智能算法改变了媒体信息分发机制,智能算法与基于兴趣的推荐,在提升内容与受众的个性化匹配的同时,扮演裁决分配能见度的角色。由于Facebook在新闻流通与发布上拥有极端权力,台湾新闻业正被不透明且无法预测的演算法过滤筛选,也促使新闻媒体投入操作与争夺有限能见度的竞争。Facebook对动态消息演算法宣称"将正确的内容在正确的时间展示给正确的人",并确保"最高品质的内容"被生产、露出、分享,让使用者对动态消息的内容感兴趣。Facebook略微调整演算法就能搅动甚至颠覆新闻业的规则,这让许多不适应演算法机制的传统媒体逐渐失去影响力,给台湾媒体生态与新闻业带来剧烈变迁。

2. LINE成为最重要的资讯来源和移动新闻入口

社交软件LINE在台湾的应用情况和地位类似大陆的微信,是2017年台湾通信领域第一大App。LINE拥有海量用户数据,目前正在从通信软件出发,延伸多元创新服务。2017年LINE推出各项新服务,迅速成长为"智慧入口"。

尼尔森2017 LINE使用行为研究调查显示,LINE在台湾有1800万用户,成为台湾用户重要资讯来源和最大移动新闻入口。"LINE TODAY" 2016年6月上线开始提供新闻服务,2017年2月正式在LINE使用者界面中成为独立页面。用户在LINE上主要从事的行为中,阅读新闻显著增长,达到39%,60%的LINE用户天天看LINE TODAY新闻,主力人群年龄为30~49岁。[①] 从2017年开始,"LINE TODAY"不只提供新闻,还进一步导入更

---

① 《2017年使用行为调查报告》,LINE公司,2017年11月,https://zi.media/@saydigi/post/NpPQVz。

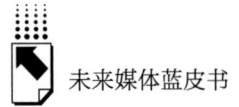

多直播、短视频与 LINE TV 戏剧，同时网罗网红、博客等各领域的个人内容提供者、自媒体加入。截至 2017 年底，LINE TODAY 内容合作伙伴有 280 家，每日供应 2000 条内容，涵盖 20 种以上类别。LINE TODAY 在 2017 年第四季度增加了影音内容，特别是新闻、生活娱乐、生活风格的影音。同时也进一步强化直播内容，直播合作方向为优质、大型活动的转播，让用户能够通过直播即时参与无法到达的现场活动，此外 LINE 还宣布更强大的 LINE Live 直播功能于 2018 年初正式上线。

此外 LINE 正在投入资源发展聊天机器人、人工智能、资料探勘等技术，以"通信""内容""生活"为关键词，打造"智慧入口"，目标是把台湾用户手机中的 App 集结变成 LINE 一个入口，形成完整的移动生态圈。

（二）机器写作处于初级阶段

新闻与传媒产业的智能化在 2017 年依然是 Facebook、Google 等大公司关注的项目，2017 年台湾亦有相关创业项目推出。2017 年 7 月，台湾人工智慧实验室推出人工智能记者"记者快抄"，这代表台湾人工智能写作上线并开始了初步的发展演进。

"记者快抄"网站的运作方式是通过 AI 技术将台湾活跃度最高的开源线上论坛平台 PTT 版上的热门文章重新撰写为新闻，快速出产大量读者感兴趣的文章。PTT 类似于大陆的"天涯社区"，是很多台湾本土热门话题的发源地，目前拥有超过 150 万用户，总共有超过 2 万个版块在谈论不同的话题，一天能产生约 50 万条回复。AI 记者则从 PTT 上择取重要的文章，将文章拆解成句子，通过自然语言处理技术和深度学习演算法，将文字转成数字化的资料来计算，并给予每个句子与其他句子相关联程度的分数，撰写成新闻。同时 AI 记者还会收集每一篇文章所有的回复，来了解大众对于该篇文章的反应。"记者快抄"每天可以从 PTT 热门文章中，自动产出大约 500 篇文章，还能通过训练了图片搜寻引擎的 RNN 模型，比对文章和图片描述的文字相似度，寻找选择与文章内容较相近的图片作为新闻配图。

目前"记者快抄"人工智能机器写作的水平和应用范围还相当初级，

未来该项目还将导入人脸和语音识别技术，让 AI 记者可以从网络影片中搜寻名人对特定议题的评论。机器协助选题，帮助人进行数据采集、分析，为信息生产提供全面、深层的依据，有助于提高报道的广度和深度以及预判内容传播的效果，未来能协助记者产出更高品质的新闻。

（三）影音产业 OTT 的竞争白热化

2016 年被称为"台湾 OTT 元年"，2017 年台湾 OTT 竞争继续白热化。OTT（Over The Top），就是以互联网为基础提供给终端用户的应用服务，只要连接上网，不需要电信企业再提供技术支援，便可以使用这些服务，目前台湾 OTT 中最受关注的是以影视音为内容的视听新媒体产业。

2016 年台湾 OTT 市场战局拉开，全球最大付费影音龙头美国 Netflix、视频网站爱奇艺均进入台湾市场，同时台湾本土电视台与电信企业、网络集团也争相推动各自的专属 OTT 平台。2017 年 OTT 竞争继续白热化，台湾市场上主要可分为美国、中国大陆、日韩和中国台湾本土企业这四大类型。其中网络影音主要平台包括 Netflix、爱奇艺、KK TV、CHOCOLABS、Catchplay on Demand、Yahoo TV、LINE TV 等。台湾传统电视相关企业如凯擘、三立电视也分别推出 SuperMod 和 Vidol 平台。台湾五大电信企业也积极在 OTT 方面布局。如亚太电信整合爱奇艺、Netflix、CatchPlay On Demand 和 myVideo 四大平台，推出 BANDOTT 影音服务；台湾之星则和爱奇艺、Li TV 合作；而"中华电信"则是和 Netflix 进行策略联盟。

随着观众兴趣的多元化，各影音平台也着手进行差异化内容的打造，一方面投入资金获取独家播映权，同时也投资参与节目制作，各平台主打内容不同，有台剧、大陆剧、韩剧、日剧、美剧等，各自营造出不同的特色。来自美国的 Netflix 和亚马逊 Prime Video 虽有雄厚资金后盾和国际经验，但内容本地化程度不高，以美剧主打仅能抓住美剧观看人群，对台湾 OTT 市场影响有限。更贴近台湾多数用户视听需求的大陆、台湾本土企业在用户数量规模的表现上更加突出，另外移动装置和电视无缝接轨的多屏体验成为技术重点，台湾原生网络影音企业在竞争中动作很快，而传统电视行业动作相对较慢。

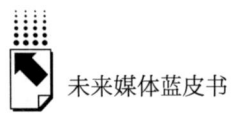

（四）直播市场爆发性成长

继2016年台湾直播市场兴起后，2017年台湾手机直播产业呈爆炸性增长趋势，规模扩大到新台币120亿元以上，整体产值已近乎每年电视广告预算（新台币250亿元）的一半。[1] 除了个人类、商业类的直播应用，台湾新闻传播行业也积极投入直播行列，网络视频直播有广阔空间，直播也正在重塑媒体的表达与外延。

2016年Facebook全面向使用者、粉丝团开放直播功能后，台湾直播领域风生水起，而移动装置更是改变了大众的观赏习惯，各手机直播平台如雨后春笋般出现。当前台湾直播产业经营者可分为两大类，一为大型平台如YouTube、Facebook，二为小型平台如17 Media等手机App，两种平台营运模式不同，共同发展造就2017年台湾市场的爆发性成长。

台湾"资策会产业情报研究所"（MIC）对台湾上网人群观看直播行为的调查显示，曾使用直播的上网人群中，71.6%偏好Facebook作为主要观看平台，而后为Youtube（55.2%）、17Media（19.5%）、Instagram（15.6%）与Live.me（10.2%）。63.8%的直播网友选择"娱乐/打发时间"为观看直播的最主要原因。67.2%的直播网友以"家中休息时间"为主要观看直播的时间/情境。在直播平台的选择方面，用户选择直播平台或软件的前五大原因为：免费内容较多（47.7%）、操作界面友善（36.5%）、节目类型多元（28.2%）、互动方式多元（20.4%）与网红数量多（18.8%）。[2] 调查显示，免费内容是台湾多数网友选择直播平台或软件的主要原因，但未来使用功能、平台风格和内容这些因素将更为重要，未来直播内容发展势必更加垂直细分。

根据"Daily View"（网路温度计网站）利用KEYPO大数据关键引擎进行的分析，2017年台湾地区最热门的直播App前三名分别是１７Media、浪

---

[1] 萧佑和：《VC怎么看台湾直播产业》，2018年1月，https：//meethub.bnext.com.tw。
[2] MIC产业情报研究所：《直播大调查系列一》，2017，https：//mic.iii.org.tw。

Live、Live. me，四到十名为 Uplive、MeMe 直播、映客直播、Livehouse. in、陌陌直播、花椒直播、BIGO Live。① 其中 Live. me、MeMe、映客直播、浪 Live 和 UPlive、陌陌直播、花椒直播、BIGO Live，都是大陆投资背景，唯一来自台湾的平台是位居第七名的"Livehouse. in"。

2017 年，台湾更多 PGC（Professional-generated Content）直播内容陆续出现，如东森新闻云成立直播新闻中心，Yahoo TV 投资专业生产内容，在直播观看方面，三金（金马奖、金钟奖、金曲奖）典礼的网络直播观看人数攀升，各类体育赛事直播也创下高浏览量。

从做网络新闻起家，目前台湾流量第一的新闻网站 ETtoday 东森新闻云，在 2016 年 12 月启动新闻直播中心，推出全新制作的时事政论节目《云端最前线》，每天中午固定在官方网站、Facebook 粉丝页以及东森新闻云 App 上直播一小时。其网络直播代表节目还包括《星光云！RUN 新闻》《云端新闻室》等，这些网络直播新闻采取"直播、影音、社群、个人化"的策略，让观众能够在碎片化时间通过移动设备和 App 看新闻直播，获取了大量移动端新闻用户。

Yahoo TV 也在台湾加大投资专业生产内容，2017 年投产落成电视直播规格的摄影棚，其自制节目方向经过多次尝试与修正，定位介于直播平台与电视台之间，有优质的内容，同时又比电视台多了互动性的 PGC 内容，打破电视直播的诸多限制给观众带来新的新闻体验。网络视频新闻直播不是电视直播的简单小屏化，直播的主体、题材、方式方法与体验等都有很大变化。

（五）VR/AR 技术带动媒体转型

2016 年来，VR、AR 等技术在台湾备受讨论和关注。因众多科技元件大厂坐落在台湾，台湾具备发展 VR/AR 技术的能力，有关部门也因势提出

---

① 《台湾最热十大直播 APP》，Daily View，2017 年 12 月，https：//dailyview. tw/Daily/2017/12/29？ page =2。

各项政策协助扶植相关产业，如台湾经济管理部门于2017年6月宣布在高雄打造"AR/VR新创基地"，投入新台币10亿元推动高雄体感园区建设，以建立台湾"体感科技"研发据点。

进入2017年，台湾VR/AR的新创公司数量与投资规模均有所下滑，相对此前的喧腾一时，行业渐渐进入了冷静理性期。目前台湾大部分的VR都还运用在游戏领域，从现阶段VR/AR市场应用来看，直播、B2B垂直领域以及电商三大应用的发展相对成熟，目前台湾市场上也已有许多实际导入的应用案例。

VR和AR成为人们感知世界的新方式，也成为新闻现场的新塑造形式。在VR新闻方面，近年来全球各大媒体陆续推出VR影音新闻平台，如CNN、ABC、NHK等媒介机构利用360度环绕镜头，带观众看见新闻世界的全貌，拓展新闻呈现方式。而台湾则因题材发展受限以及市场规模太小等，VR在影音新闻上的发展停滞不前。

2016年台湾企业积极尝试推动VR新闻。台湾财团法人公共电视文化事业基金会（公视）于2016年签订《超高画质示范制作中心及创新应用计划》，计划在"收视服务创新应用"项目的"新媒体技术应用服务"子计划中制作360度VR影音，意图通过广播电视、互联网络新媒体产业的跨界合作，提供崭新的收视体验。公视在其节目《一字千金》单元"只字片语"中曾与科技公司合作推出VR版本，除了提供传统的网络直播外，让同样的内容实现360度VR直播的版本。

2016年6月，台湾中天电视还联合香港上市公司数字王国集团有限公司跨界合作推出全亚洲第一支360度虚拟现实新闻应用程式"必PO TV"。在合作中，数字王国提供技术支持，中天电视提供内容与媒体，各自发挥自身优势扮演了"硬件"和"软件"的角色。"必PO TV"有一套运用虚拟现实技术制作的新闻直播程序，程序将AR直播技术和新闻报道相结合，从拍摄到发布没有任何后期制作，可同时串联直播活动。在重大新闻事件发生时，中天电视出动360度直播采访车到前方采集拍摄，让基于虚拟现实技术的全景式新闻直播应用程序，将带领观众走到新闻的最前线，通过更沉浸式媒体内容，让新闻事件最为客观、真实地展现在大众面前，为观众带来全新的新闻视角和体验。但在尝试多次过后，台湾业界发现 VR 影音新闻概念虽然可行，却无法迎合现今的消费市场。台湾在推动 VR 新闻普及化上，面临不被市场接纳的困境。2017 年仅剩苹果日报在持续经营，而苹果日报影音小组表示，目前已经较少做 VR 新闻，如果未来环境好转还会继续发展。

台湾在 VR 直播的发展方面脚步较快，第 51 届金钟奖颁奖典礼现场，电视台就使用 360 度全景 VR 直播，让坐在电视机前的观众一同享受身临其境的视觉震撼，也有相当多体育赛事和演唱会采用 VR 来直播。2017 年，第二届 KKBOX 风云榜采用了 VR 直播和重播。根据 KKBOX 内部数据，在所有线上收看第 12 届风云榜的使用者中，有近两成使用过 VR 功能，另外也有超过两成使用过多视角功能。除了原有的 360 度环景和多视角观看，KKBOX 第一次引进 360 度 VR 直播技术。此外，直播要求即时性，目前台湾使用 4G 网路仍存在延迟的问题，由于 5G 技术有望在未来二至三年正式采用，台湾未来发展 VR 直播存在很大机会。

VR 同时带动了台湾影视产业的转型。2016 年，台湾 VR 产业领军企业宏达国际电子股份有限公司（HTC）成立虚拟实境内容中心，投资原生 VR 内容。同年与导演蔡明亮合作，斥资超过 5000 万元打造 VR 电影《家在兰若寺》，该电影成功入围威尼斯影展中的"VR 首奖"（Best VR）与"最佳 VR 叙事大奖"（Best VR Story）两奖项。2017 年 HTC 进一步与更多导演合作，尝试 VR 电影制作，同时进一步做 IP 的再延伸，把电影内容改编成 VR 游戏，让观众的体验更加全面。同时 2017 年 HTC 还着手打造虚拟实境影视基地，以便更有效地控制成本，把影视产业上下游串在一起，打造成 VR 内容生态圈。VR 目前在台湾影视产业的发展仍面临许多挑战，但随着 VR 的重心从硬件转向内容经营，越来越多内容工作者开始尝试 VR 内容的制作，导演的创作方式以及观众的观影体验都发生了变化，新技术正在重塑媒体的表达与外延。

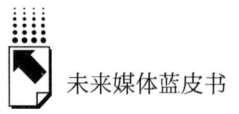

三 台湾智慧媒体的发展趋势

（一）中小媒体和自媒体在新闻生产系统中的权重上升

互联网自进入大众传播领域以来，出现了很多类型的新闻分发平台，传统媒体在新闻分发平台中的地位进一步下降，智能算法与个性推荐正在重塑媒体的分发机制。当前台湾的传播生态，是大众媒体及其新创子媒体与社群平台、中小媒体、自媒体（自由记者、公民记者）百家争鸣、各展所长、既竞争又合作共同构成的生态系统。社交媒体的应用，使新闻生产逐步趋向分布式。专业媒体虽然仍然不可取代，但并非唯一决定性力量，人工智能等技术将进一步推动新闻去中心化和分布式新闻生产的普及。相比大众媒体，中小媒体和自媒体规模小、资源少，也正因为如此可以更灵活、自主，能够聚焦特定领域进行深耕，也容易进行多领域合作和叙事方式、报道方式、营收模式等方面的探索，中小媒体和自媒体对于新技术的敏感度、应用能力更加突出，能够建立独有的风格同时在人工智能的协助下紧跟热点，进行精准创作和精准推送，这是未来媒体新闻生态中最有活力和潜力的部分。

（二）影音产业协同合作式发展

"OTT 1.0"的时代，各 OTT 平台忙于将影音内容搬运到网络上，而"OTT 2.0"时代，创造网路原生内容更为重要，抵抗盗版、深耕原创将是关键。目前台湾内容环境不良，原创内容制作处于低谷难以发展，无论在质上还是量上都不够。台湾影视音上下游企业在 2017 年分别成立了台湾"新媒体暨影视音发展协会"（NMEA）和台湾"线上影视产业协会"（OTT 协会），未来的趋势是 OTT 平台、制作公司、经纪公司、艺人、网络科技公司等产业相关机构和个人抱团取暖，充分融合和进行资源共享，共同与政府对话、打击盗版，共同营造健康的影视生态环境。

（三）VR 竞争从硬件延伸到软件和内容

VR 竞争已从"硬件规格"延伸到"内容"与"平台"之争，随着 VR 演算法技术的发展和网络带宽的升级，VR 硬件规格限制将大幅降低，未来可以期待更平价、更容易使用的高品质 VR 设备，特别是无线设备的出现。消费者最关注的"游戏""影视""直播"三大领域，将是 VR 硬件未来销售量的主要成长拉力，而对于相关企业来说，VR 体验店是未来发展的重点之一。在此基础上，未来台湾 VR 产业下一波趋势将是"内容深化"的竞赛，未来 VR 企业若没有丰富 VR 生态系支撑，将会面临严峻挑战。将有更多制作公司朝向高度内容定制化方向发展，而如何设计 VR 故事、VR 影视内容后期制作等关键点有待突破。

（四）传统媒体领域向智慧化升级

网络视频影音平台虽逐年成长，但电视行业的一部分传统优势依然在。目前台湾影音市场营收仍以付费电视为主，台湾正在通过有线电视数字化的整合转型带动全产业数字化转换，未来将投入 4K/8K 的超高清画质内容。此外，有线电视数字转型后，未来可成为智慧家庭平台，预计能使消费者享受高画质的影音品质和节目内容、提供高速宽带上网，实现居家照护、物联网、云端应用等创新商业多元互动服务，带动一连串的需求供应链，创造智慧媒体的数字经济产值。

热 点 篇

Reports on Hot Issues

B.10
移动终端人机交互技术发展趋势

张　庆*

摘　要： 随着移动信息时代的到来，移动终端正从一个仅具备特定功能的终端工具升级为一个综合信息处理平台，这为移动终端提供了更加宽广的发展空间。移动终端的人机交互方式也从单一的字符命令形式到图形用户界面，再到智能化人机交互，历经了从人适应计算机到计算机不断适应人的发展过程。而在人工智能、大数据、云计算、VR/AR等新一代信息技术群的集中推动下，自然交互、移动增强现实、多模态融合、情感计算的研究与发展，必将使得移动终端的人机交互逐步走向更人性化、更智能化、更容易被用户接受的自然体验层面。

---

* 张庆，工学硕士，集美大学计算机工程学院讲师，主要研究方向为移动计算、人机交互等。

关键词: *移动终端 自然人机交互 智能化*

一 移动革命时代与移动终端

对于计算和互联网来说,今天已经是一个移动的世界。在 *Networked:The New Social Operating System* 一书中,李·雷恩尼(Lee Rainie)和巴瑞·威曼(Barry Wellman)将移动革命(mobile revolution)与互联网革命(internet revolution)、社会网络革命(social network revolution)并列为新时期影响人类社会的三大革命,其中的移动革命指移动终端与无线网络的发展给人们的社会生活带来的巨大变化。

移动终端,是指能提供数字化信息服务或者通过网络进行数据信息交互的消费类电子产品,是可以在移动中使用的计算机设备,包括智能手机、笔记本、平板电脑以及其他智能终端设备等。在4G和即将开启的5G时代,移动通信正朝着越来越宽带化的方向发展,而随着集成电路技术的飞速发展,现今的移动终端设备大多拥有了强大的计算能力,从原来的移动网络末梢迅速转变为互联网业务的关键入口,成为移动互联网时代主要的创新平台。

在移动终端设备中,智能手机具有独立的操作系统和内存空间,除了具备基本的通话功能,还可以由用户自行安装各类型软件,如阅读、游戏、地图导航、购物等第三方服务商提供的程序,并通过移动通信网络接入互联网。另外,智能手机日益大屏化,为用户提供了足够的屏幕尺寸,为软件运行和内容服务提供了支持,手机上的应用,如新闻、交通、天气、商品购物、视听娱乐、支付等成为用户日常"必需品"。有关统计数据显示,睡觉前每三个人中就会有两个将智能手机放在床头柜上,手机也是他们睁开眼之后查看的第一件物品,可见人们对智能手机的强烈依赖,智能手机成为人们对自身的一种新的扩展与延伸,移动终端应用俨然成为一种"贴身科技"[1],

---

[1] S.C.莫蒂:《触动心灵:移动产品成功法则》,袁中菊译,电子工业出版社,2018。

我们的生活正在被"移动化"。

中国互联网络信息中心第41次《中国互联网络发展状况统计报告》①表明，2017年我国手机网民规模高达7.53亿，使用手机上网的人群占比已提升至97.5%；手机不断挤占其他个人上网设备的使用，以手机为中心的智能设备，成为"万物互联"的基础。移动互联网服务场景在不断丰富、移动终端规模在加速增长、移动数据量也正在持续扩大，以手机为首的移动终端超越PC成为第一屏幕，移动终端的人机交互技术也进入快速发展阶段。

二 人机交互技术发展

人机交互（Human-Computer Interaction，HCI）② 是一门综合学科，主要是研究人与计算机之间的信息交换，研究人类与计算机进行交互的技术。它与认知心理学、人机工程学、多媒体技术、虚拟现实技术等密切相关，涉及计算机科学、行为科学、工业设计和媒体研究等诸多学科。人机交互的研究内容十分广泛，涵盖建模、设计、评估等理论和方法。在人机交互方式上，研究人的视觉、听觉、触觉和力觉等多通道信息的融合，研究人机交互界面的表示模型与设计方法，旨在设计开发出友好的人机界面，使人机交互和人人交互一样自然与方便。人机交互技术作为计算机系统的一个重要组成部分，随着计算机的发展而发展，历经了从人适应计算机到计算机不断适应人的发展过程。

此外，在当今PC互联网日趋饱和，移动互联网井喷式发展，移动终端已然成为第一屏幕的场景之下，面向移动应用的人机界面成为人机交互技术研究的一个重要内容。移动界面的设计方法、移动界面可用性与评估原则、移动界面导航技术以及移动界面的实现技术与开发工具，都是当前人机交互技术研究的热点之一。

---

① 第41次《中国互联网络发展状况统计报告》，中国互联网络信息中心，http://cnnic.cn/gywm/xwzx/rdxw/201801/t20180131_70188.htm。
② 孟祥旭等：《人机交互基础教程》，清华大学出版社，2016。

三 移动终端人机界面

人机界面是人与机器、环境之间沟通交流的媒介，界面设计是人机交互的重要设计对象。良好的界面设计便于用户操作和使用产品，从而提高用户使用产品的交互体验满意度。移动终端的人机界面设计遵循人机交互设计的基本规律，但由于其便携性、环境多变性、计算能力有限性以及网络带宽的限制等，又具有自己的特点。下面以手机界面的演化过程为例，分析移动终端人机交互的发展历程与发展趋势。

1. 字符形式的手机界面

摩托罗拉是最早研发出手机的公司，也是最早进入中国市场的手机品牌。1993年摩托罗拉在中国市场推出了第一部"大哥大"——Motorola 3200。当时，手机作为新生事物，技术研发还未成熟，受限于当时的技术水平，人们想要的只是一部能打电话的手机——有接收信号的天线、听筒、话筒、物理键盘以及单行显示的屏幕，能够实现通话和发短信功能。人机交互主要采用字符形式，虽具有占用资源相对较低、准确、高效的特点，但操作很不方便。由于市场上手机供小于需的关系，也使得手机成为稀缺的资源，人对手机的通信功能需要远远大于其他需求，因而对手机的大小、重量、美观、交互、体验等没有进一步的要求，手机生产厂商更多的是将目光放在相关功能和技术研发上，造成手机外观设计不美观，在交互上不流畅，仅能实现基本的人机交互行为，用户操作体验较差。

2. 图形用户界面的手机界面

随着通信技术的发展，第二代移动通信技术实现了由模拟向数字化的转换，依托于第二代移动通信技术的2G手机的硬件新增了很多功能，屏幕尺寸增大，分辨率提高，手机功能的改进、性能的提高，也让手机的操作变得复杂，手机界面随之复杂起来，此时，图形界面相比字符界面更利于用户的操作和理解，成为手机界面的主流。这一阶段的手机界面更注重外形美观，人机交互上主要关注的是如何提供操作界面让用户能使用手机各项功能，此

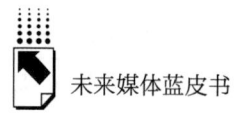

阶段的用户界面以满足功能实现为主要目的，按照手机的物理逻辑来组织界面，是一种功能型用户界面，用户在交互过程中更多的是适应手机，而用户体验未真正受到关注。

随着通信技术的突破，2008年3G网络正式开通，智能手机也得到进一步的发展，为适应3G网络而推出的3G手机将无线通信与互联网等多媒体通信结合。与2G相比，3G手机能高效地处理音乐、图像、视频流等多媒体形式，在手机上即可实现网页浏览、电话会议及网上购物等。3G手机界面随着功能的演进也发生了变化，为了增大屏幕的可适性，传统的物理数字键盘消失，取而代之的是触屏界面，通过手指或笔与屏幕的直接触控输入指令和信息，新的触屏交互方式极大地方便了用户快速地进行人机交互，一种新的人机交互方式就此产生。

随着智能手机的发展和普及，人们对手机界面的需求不再局限于对界面美学形式的创新，以及覆盖所有功能节点的功能型用户界面，人机交互设计也从以物为设计对象，转变为研究用户行为逻辑、强调用户体验，构建行为型用户界面。2007年苹果手机iPhone的问世就是一个跨时代的革命性产品。iPhone简洁明了的外观形式，视觉上完美又和谐，充分符合了当时人们对手机的审美标准。4英寸可多点触控的屏幕，分辨率可达640×960px，宽大的屏幕不仅方便用户进行操作，也利于用户上网冲浪和看视频等。图标设计上，采用了拟物化的设计风格，方便人们对图标的理解，在交互方式上也进行了创新，采用手势进行人机交互，画面与画面间的过渡采用动画进行转场，视觉感受流畅自然。此外，iPhone手机还加入了重力感应，使得界面不管是横还是竖都能够完美地适配自适应，操作起来也显得更加人性化，关注用户体验成为主要的手机界面设计理念，自此，以用户为中心的人机交互设计成为主流。

3. 多通道手机界面

多通道交互（Multi-Modal Interaction）是一种使用多种通道与计算机通信的人机交互方式，一般涵盖用户表达、执行动作或感知信息的各种感觉通道和动作通道，用户以并行的、非精准的方式与计算机进行交互，可使人们从传统的非自然的交互方式中解脱出来，进入自然和谐的人机交互时期。由于手机具备随身携带的特点，人们更迫切地需要通过多个交互渠道，如视觉、听觉、触觉等改善人机信息沟通的方式，进一步提高使用手机的流畅度。目前运用在手机上较为成熟的功能主要有：手势交互、语音交互和表情交互等。

手势交互主要指通过人的手势来进行交互。手势一般包括人体各部位的运动，但通常指脸部和手的运动。通过手指直接在屏幕上点摁来设置手机主屏壁纸；抑或在手机屏幕上通过滑动来解锁手机等。手势所含的信息量非常丰富，运用手势能进行很多高效的交互，因为它不仅能够实现快速的通信，而且也能够迅速地传输大量的信息，目前手势交互广泛地运用在手机的人机交互上。

语音交互技术是在用户语音输入后，手机对语音信息加以识别，获取语义以达到人机交互沟通的一个重要方法。如 iPhone 手机的 Siri，只要按 home 键两秒就可以和手机进行语音交流，手机可直接按用户要求进行操作，代替了过去必须通过手指与屏幕的接触来进行沟通的方式，提升了人机交互的流畅度。

表情交互技术是通过识别人的面部表情进行交互的方式。如手机支付宝应用可通过对面部表情的识别进行付款，iPhoneX 使用 3D 面部识别（Face ID）传感器解锁手机。

多通道交互技术成为近年来迅速发展的一种人机交互技术，目前，多通道用户界面综合采用语音、手势、视线等多个交互通道，便于用户以自然、并行、协作的方式进行人机对话，但目前各个通道的信息识别和处理大多还是分离的，只有通过将多个通道的、精确的和非精确的输入进行有效整合，获取用户的真实意图，以此提高人机交互的自然性，人机交互界面才能真正实现智能化。

四　移动终端人机交互发展趋势

1. 自然人机交互

自然人机交互，是指在人与计算机交互时，用户仅使用已有的认知习惯

及熟悉的行为方式与计算机进行交互，是以一种非精确的自然行为与计算机进行交互的过程。

比尔·盖茨于2008年提出了"自然用户界面"（Natural User Interface，NUI）的概念。现今移动终端的人机界面主要采用图形用户界面（GUI），这种用户界面使用键盘或鼠标输入用户指令，用户需要先学习软件开发者已设置好的操作方法，在操作过程中依照预设的操作流程完成交互过程，这对于用户来说，具有一定的学习成本，是一种非自然的人机交互。而NUI则允许人们使用最自然的交流方式，如通过自然语言、手势动作，视线等与机器互动，传统的键盘与鼠标输入将被更为自然的触摸式、视觉型以及语音控制界面所代替，人机交互呈现出更加自由的互动模式。

移动终端因其便携性及移动性，使得用户可以用最简单方便的交互手段去操作，如用手去触摸，用视觉、听觉等多种感官进行交互和反馈，以此改进用户体验。移动终端的自然交互也成为一个必然的发展方向。

自然人机交互的目标是摆脱鼠标和键盘的束缚，允许用户综合运用自身的各种感官和已有的生活经验进行操作，最大程度地降低用户的学习成本和负担。一方面要求系统能提供可支持语言、手势、动作、表情等多种感觉通道的输入方式，输出上能支持听觉、视觉、触觉甚至嗅觉等多感官界面表现方式。另一方面也要求计算机不再只是一个接收指令、执行指令的"笨"系统，而是一个具备学习能力和认知能力甚至是有情感的智能机器人。就未来发展趋势而言，自然交互界面将朝着多感官、多通道、多维度、智能化的交互模式方向发展。

目前，最常见的自然交互技术包括多点触控技术、手势识别技术、表情识别技术、语音交互技术及眼动跟踪技术等。随着自然交互技术的进步，自然用户界面已逐步形成。

然而，自然用户界面在使用的过程中也存在一些可用性问题。一是使用场景有限。当处在需要精确输入的场景时，自然交互存在明显的不足。二是缺乏功能可见性。由于操作的非精确性，细节把握能力差，手势交互时，用户往往只能记住几种较常用的手势交互动作；当交互动作层次较深时，用户则不易掌握。三是认知的差异性。在不同文化背景下往往会因手势所隐喻的交互内容不同而造成认知的偏差。

这些可用性问题反过来会增加用户的学习成本,使自然交互变得"不自然"。由此可见,自然交互技术应用于计算机与人的交互过程中,也未必是最自然的交互方式。从另一层含义上讲,自然交互必须注重用户体验,以用户为中心,综合研究用户心理、用户习惯、用户类型及使用场景等,设计出用户体验最佳的交互方式,使用户通过其习惯的方式最自然地与计算机交互,真正做到"隐形"的用户界面。最好的交互是自然的,最好的界面是没有界面。①

一个理想的自然人机交互应当能让用户的注意力完全集中在所要进行的操作上而忘记人机界面本身的存在,自然的人机交互将从有形的界面向无形的界面发展。移动终端的人机交互必将逐步走向更人性化、更智能化、更容易被用户接受的自然体验层面。

2. 移动增强现实技术

在虚拟现实(Virtual Reality,VR)的基础上发展起来的增强现实(Augmented Reality,AR)是近年来为用户所认可的高新技术。② 与虚拟现实不同,增强现实更强调"虚实结合",它将现实世界的真实环境和计算机生成的虚拟环境实时地融合在一起,从而给用户在听觉、视觉、触觉等方面带来相对逼真的综合感受,实现人与环境的自然交融。随着移动终端设备的飞速发展,以高性能的智能手机、穿戴式设备(智能眼镜等)等为代表的产品为增强现实在移动端的现实应用提供了载体。如可将 AR 系统整合到一部手机上,摄像头负责采集图像,处理单元对其进行分析和重构,实现坐标系的对齐并进行虚拟场景的融合计算,处理后的图像就会显示在手机屏幕上,从而达到增强现实的效果。相对于依赖笨重头盔的 VR,AR 更加便捷灵活,可与智能手机完美融合,更适合目前智能手机的形态。用户不需要单独购买 AR 设

---

① Golden Krishna:《无界面交互:潜移默化的 UX 设计方略》,杨名译,人民邮电出版社,2017。
② 王剑:《增强现实眼控交互技术的研究及应用》,西北工业大学硕士学位论文,2015。

备,仅通过智能手机就能获得 AR 所带来的优质体验。

苹果公司于 2009 年 9 月首次在 iOS 版本中实现对增强现实技术的支持。随后,高通等芯片厂商也加大了对移动增强现实技术的硬件支持。

在 WWDC 2017 大会上,苹果宣布在 iOS11 中配备了全新的增强现实组件 ARKit,目前通过 iPhone 的 AR 功能仅用单个摄像头就可以测量距离,而且数据相当精确。

谷歌的 Project Tango 也是一个针对智能手机的增强现实项目。通过手机摄像头、传感器和芯片,能实时对用户周围的环境进行 3D 建模,通过手机屏幕,将虚拟物品呈现在真实环境中。华硕智能手机 ZenFone AR 就搭载了对 Tango 进行了技术优化的高通骁龙 821 移动平台,拥有专门为增强现实而设计的三重镜头系统,包含了能够追踪用户动态的追踪镜头、测量自身周围环境的深度感应镜头,再加上捕捉现实环境的 2300 万像素主摄像头,能够精准地记录、绘制三维空间信息,让虚拟和现实完美结合。

AR 向用户提供了全新的交互方式,实现更有沉浸感的交互体验。集成 AR 功能也将会促进手机硬件的进一步发展,如 IMU 惯性测量单元等传感器将成为标配,双摄像头的作用不只有虚化,还能进行环境识别和深度感知。AR 手机并不需要在硬件设计上有太大的改变,却能实现更好玩的 AR 体验。

面向增强现实的人机交互具有虚实叠加性、三维性、交互实时性的特点,面向 AR 的人机交互方式也成为一个研究热点。AR/VR 交互方式包括动作捕捉、触觉反馈、眼球追踪、肌电模拟等,其中将眼控交互技术的研究引入增强现实,用户只通过眼睛和界面产生交互,利用图像处理技术,使用能跟踪拍摄人眼睛的摄像机,通过摄入红外线光源,拍摄人的眼角膜和晶状体表面产生的普金野象变化,从而记录人在处理视觉信息时的眼动轨迹。[①] 计算机通过眼动记录准确理解用户的真实意图,用户通过视线操作,来替代鼠标和键盘的输入,这种交互方式也尤其适合移动终端 AR 的人机交互,达到了增强

---

① 王剑:《增强现实眼控交互技术的研究及应用》,西北工业大学硕士学位论文,2015。

现实的最高境界，即"所见即所想，所想即所能"。

3. 移动人工智能与多模态交互

在大数据、移动互联网、云计算等新一代信息技术群的推动下，人工智能迎来了第三次发展浪潮，呈现出深度学习、跨界融合、人机协同、群智开放、自主操控等新特征，这将深刻改变人类的社会生活、改变世界。未来5～10年，人工智能可能会像水和电一样成为我们生活的必需品。[①] 在"万物互联"和人工智能快速发展的当今，人工智能和移动终端的结合，使得移动终端成为重要的创新平台，将为我们带来更加便捷和智能化的移动生活服务。

人机交互界面的智能化，需要将多种感官信息进行融合，即多模态融合。如看到某张图片生成文字或看到文字生成图片和视频，智能体需完成在视觉和语义之间的模态转换，可见多模态人机交互实际上是人与人之间自然交互的模拟，它将人与人之间的交互方式移植到人与计算机的交互中，旨在促进自然便捷的人机交互，减少人机隔阂，营造和谐的人机环境。

多模态用户界面是采用视线追踪、语音识别、手势输入等新技术，用户运用多个感觉通道以自然、并行和协作的方式进行人机交互的界面。系统通过融合多通道精确和非精确信息，快速捕捉用户的意图，这依赖于"多模态深度学习"技术，让智能体本身能够理解多模态信号，从算法本身就需要容纳听觉、视觉、传感信号进行统一思考，让机器进行多模态协同学习，真正地"聪明"起来。如阿里巴巴语音团队提出的多模态智能语音交互技术的解决方案中，通过唇读识别机器视角内人的嘴部动作以识别说话人，并判断说话人与机器的距离以及确定拾音角度，将计算机视觉技术融合到语音识别技术中，解决了嘈杂环境下的远讲降噪问题。

目前人工智能在感知层有较大的突破，比较成熟的技术是对话式人工智能，人可以运用自然语言控制软件的运行，人和计算机能够直接对话，这是现阶段最现实的一种人工智能应用，包括苹果 Siri、微软

---

① 刘庆峰：《人工智能+未来已来》，http：//www.sohu.com/a/119880765_481646。

Cortana、谷歌 Google Assistant、亚马逊 Alexa、三星 Bixby 等在内的多款智能语音助手都在探索这种对话式的人工智能应用。智能语音交互作为人工智能发展的核心方向之一，在"万物互联"时代，极有可能成为下一代核心交互模式。

基于人工智能技术的移动终端，如未来的智慧手机在某种意义上也是一个机器人，具有视觉、听觉、嗅觉、味觉等各种传感器，手机上的移动应用除了拥有感知智能外，还可以通过网络连接云端大脑，拥有认知智能。目前有很多利用人工智能技术的移动应用，如语音助手、人脸支付、名片识别、实时翻译等。①

然而，人工智能在移动终端的应用仍存在计算能力不足的问题。人工智能的算法实现需要系统具有较强的计算能力，造成芯片成本过高、体积和重量较大，目前仅依靠移动端来实现人工智能应用有较大的难度，这使得人工智能在移动终端的表现力大大降低。当前大部分移动人工智能的解决方案是依靠云计算来实现的，但是在需要高度实时响应的应用场景中，移动终端的计算却必不可少，除此之外，安全性、隐私性也都是需要利用终端计算的优势，随着移动端 AI 芯片升级和算法的优化，人工智能有待将一部分计算处理功能从云端迁移到移动终端，这也是未来移动人工智能的一大趋势。

4. 情感计算

被赋予了多种智能的计算机，目前仍然无法理解和适应人的情绪或心境，缺乏人类情绪识别功能，也无法表达情感。很难指望计算机拥有类似人一样的智慧，也很难期望人机交互能够真正和谐与自然。

1997 年 MIT 媒体实验室 Picard 教授提出了情感计算的概念，她指出，"情感计算是与情感相关，来源于情感或能够对情感施加影响的计算。情感计算包括情感识别、情感表示、情感建模、情感交互等四个方面"。② 情感计算就是要赋予计算机类似于人的观察、理解和生成各种情感的能力，最终

---

① 刘升平：《移动端人工智能最看好会话交互应用》，http://geek.csdn.net/news/detail/99497。
② Rosalind W. Picard, *Affective Computing*, Cambridge: The MIT Press, 1997.

使人机交互与人人交互一样自然。

情感计算是一个高度综合化的研究领域。通过计算科学与心理科学、认知科学的结合，将情感计算用于人机交互过程，通过研究人与人交互和人与计算机交互时的情绪特点，设计出具有情感反馈的人机交互环境，使得人机交互不仅具有高的感知和认知智力，同时具备高的情绪智力，让计算机也具有高情商，从而有效地解决人机交互中的情境感知、情绪理解与情感表达问题，并做出合乎情理的应对。

当前，情感计算仍处于起步阶段，研究热点及成果大多体现在情感识别层面。

众所周知，人类的情感非常复杂。情感信息还受到环境、生理、心理、文化背景、语境、语义等因素的影响。情感特征的准确提取是情感识别中的难点之一。

人类在面对面交流时，情感性的信息往往是从语音语调、面部表情、肢体动作等维度表达出来的，在人机交互过程中，情感特征识别也需要从多个维度来计算，如通过文本情感分析、面部表情识别、语音情感识别、姿态识别，甚至通过生理模式识别，如皮肤电反应、呼吸、心率、体温、脑电波等多模态的角度进行情感信息融合，结合当时所处情境的上下文信息，准确地识别并理解人的情感。

基于情感计算的人机交互如图1所示。

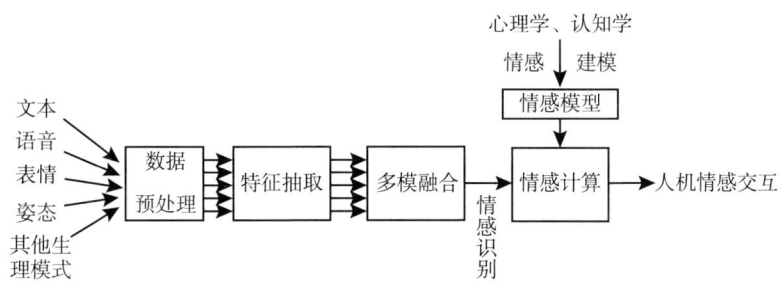

图1　基于情感计算的人机交互示意

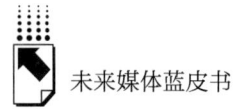

目前在面部表情识别上，运用人工智能的机器学习、卷积神经网络等，出现了不少研究成果。如 Google 的 VisionAPI 提供的 FaceDetection 功能；微软牛津项目小组研发开放了情绪识别 API；北京旷视科技有限公司旗下的人脸技术云平台 Face＋＋.com 等，运用深度学习，分析出人脸表现的情绪，识别出愤怒、厌恶、恐惧、高兴、平静、伤心、惊喜等表情。目前大部分基于移动终端的智能应用是借助云端强大的运算能力来实现情绪识别的，这一类型面部情绪的识别需要从移动端到云端，再从云端返回移动端，在网络带宽的限制下，可能会存在延时的情况，但随着 5G 时代的到来，基于云端的面部情绪识别的高度实时应用也仍然值得期待。从另外的角度来看，智能移动终端在不断进化的过程中，也在尝试改进传统的处理器计算架构以便能支撑机器学习所需要的高速运算和低功耗的需求，由此可使部分人工智能处理能力从云端下放到移动终端，让情感识别、情感交互等成为移动终端的本能，让移动终端的交互方式更具人性化和智能化。

另外，在情感计算中，如何基于心理学、认知学建立一个情感模型来表达情绪、认知乃至与意志的关系，且适于通过机器实现，也将是一个极大的挑战。

随着人工智能技术的发展，为情感计算制定一个明确的准则规范，以形成国际标准，对情感交互的研究与发展也会起到良性的推动作用。2017 年 2 月，中科院软件研究所、中国电子技术标准化研究院、小 i 机器人在 ISO/IECJTC1/SC35 柏林会议上共同提出了"信息技术—情感计算用户界面—框架"提案，并获得正式立项。这是中国在用户界面领域立项的第一个国际标准。[1]

我们可以设想未来在人机互动过程中，综合计算用户情绪模型，生成共情的、情感互动的交互内容，通过加入情感因素提升用户体验，建立具备同理心、情境感知、自然和谐的人机交互关系。

---

[1] 王静等：《情感计算用户界面国际提案研究》，《信息技术与标准化》2017 年第 5 期。

B.11
从"简单相加"到"相通相融"：
广播与AI音箱的跨界之路

李 珊*

摘　要： 人工智能被称为20世纪70年代以来世界三大尖端技术之一，AI音箱相当于它的重要入口。传统的广播与新兴的人工智能AI音箱之间都是以声音为基石的传媒。本报告在总结目前国内广播与AI音箱融合现状的基础上，指出目前广播与AI音箱合作基本停留在"简单相加"的层面，从国家战略、事业发展、产业突破三个层面指出二者"相通相融"的必然性，提出广播要以受众需求为核心，倒逼自身的改革，强化从内容到终端跟各种新媒体无缝对接的意识与能力，突破技术瓶颈，重视大数据的使用等，具有一定的现实指导意义。

关键词： 广播　AI音箱　相通相融

声音，是广播的基石和灵魂。中国传媒大学教授、中国教育电视台总编辑胡正荣在2017年上海举行的世界广播日演讲中指出："声音，将是互联网的下一个巨大入口。"而通过语音进行人机交互的智能设备——AI音箱无疑是通往这个入口的一张通行证。面对声音市场的巨大入口，广播能否用好这张通行证？

---

* 李珊，高级记者，厦门城市职业学院《学知报》编辑部主任，主要研究方向为广播与新媒体。

广播,在《辞海》中的定义是:"通过无线电波或导线传送声音、图像的新闻传播工具。"而当你通过百度搜索"什么是 AI 音箱"或者"AI 音箱的定义"时,结果却有点尴尬,铺天盖地的都是品牌音箱的介绍或者对比,最多的解释就是"AI 音箱就是人工智能(Artificial Intelligence)音箱"。字面上看,两个都是传播工具。其中广播诞生于 20 世纪 20 年代,而 AI 音箱的鼻祖公认是 2014 年 11 月横空出世的亚马逊 Echo。2015 年,京东联合科大讯飞推出叮咚智能音箱,成为中国第一个试水 AI 音箱市场的企业,随后阿里巴巴、小米、喜马拉雅等企业也纷纷加入了这场愈演愈烈的战争。最新的消息是,2018 年 4 月 17 日,腾讯发布了其首款智能音箱——腾讯听听,它同时也是腾讯 AI 产品化发布的首款自研产品。

广播与 AI 音箱有将近一个世纪的年龄差,笔者认为,二者的碰撞既能让广播"返老还童",又能让刚刚起步的 AI 音箱迎来爆发式增长。本文侧重以广播的视角对二者的融合进行分析与探讨。

一 广播与 AI 音箱的融合是大势所趋

1. 人工智能已提升为国家战略

2017 年 7 月,国务院发布了《新一代人工智能发展规划》(以下简称《规划》)①,这是三年内国务院发布的第七个关于发展人工智能产业的文件,也是第一个以"人工智能"作为发文题目的文件。《规划》将人工智能发展提升为国家战略:"把人工智能发展放在国家战略层面系统布局、主动谋划。"其中,智能语音技术是实现人工智能的重要载体,是人工智能产业链上不可或缺的一环。

2. 广电事业发展的要求

根据《新闻出版广播影视"十三五"发展规划》(以下简称《"十三

---

① 《国务院关于印发〈新一代人工智能发展规划〉的通知》,国务院网,2018,http://www.gov.cn/zhengce/content/2017 - 07/20/content_ 5211996. htm。

五"规划》）设定的目标①，到 2020 年，"传统媒体和新兴媒体深度融合取得突破性进展，形成一批新型主流媒体，打造几家具有传播力公信力影响力的新型媒体集团，建成技术先进、形态多样、传输快捷、覆盖广泛的现代传播体系，努力达到世界一流水平"。在主要任务中，《"十三五"规划》明确要求推动传统媒体加快在内容、渠道、平台、经营、管理等各方面与新兴媒体的深度融合，不仅要在内容产品、技术应用、平台终端、人才队伍上实现共享融通，还要在组织机构、传播体系和管理机制上形成一体化。

3. 广播行业自身的发展需求

近年来，随着传播技术的不断升级和人们出行、生活方式的变化，广播市场也发生了改变，呈现出喜中有忧的态势（下文数据来自 CSM 媒介研究）。

一是广播的收听地点发生了变化：从 2012 年到 2016 年的五年间，在家收听广播的人数比例一路下滑，从 2012 年的 47.45% 降低到 2016 年的 34.24%，与之相反的是在车上收听广播的人数持续上升，2016 年攀升到了 62.6%。在家收听的受众呈现出"两低一高"的特征，即学历低、收入低和年龄高；车上受众呈现的特征正好相反，即收入高、学历高和年龄低。这样的变化无疑对广播广告客户具有非常大的吸引力，但是从居安思危的角度来说，移动收听群已经接近饱和，互联网巨头同样瞄准这块蛋糕纷纷布局车联网，必将直接挤占广播的收听份额。

二是广播的收听工具的变化。与上一个变化相对应的是，使用普通收音机收听广播的少了，从 2012 年的 37% 降低到 2016 年的 25%，使用车载广播收听广播的占比则从 2012 年的 44% 提升到 2016 年的 61%，而使用手机 App 收听广播的占比也直接从无数据增加了到 2016 年的 4.5%。

三是广播的总体收听率和人均日收听量在下降。全国 31 个城市组合的调查数据显示，广播受众人均日收听时长从 2013 年的 79 分钟下降到 2017

---

① 《新闻出版广播影视"十三五"发展规划》，国家新闻出版广播电视总局网，2017，http://www.gapp.gov.cn/sapprft/contents/6588/350248.shtml。

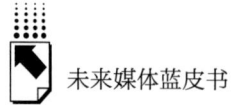

年的60分钟,这消失的19分钟主要是在家收听时长减少导致的。同时下降的还有广播收听率,以近六年数据贯通的24城市组合数据来看,从2012年到2017年以平均每年0.24%的速度下降了1.33%。

四是广播广告市场虽然还在增长但是渠道单一。2017年中国广播广告的市场达到了四年来的最高水平,同比增长22%(尼尔森网联AIS全媒体广告监测数据),是所有传统媒体中唯一正向增长的,可谓一枝独秀。但是仔细分析会发现,广播经营收入的主要来源依然是广告,这暴露出广播行业长期以来存在的创收结构单一、经营理念落后、产业价值链延伸不足、经营模式陈旧等问题。

五是移动电台等声音新媒体快速崛起,传统广播的生态和市场格局受到一定冲击。根据易观千帆统计数据①,2017年上半年,移动电台用户规模继续扩大,达到2.6亿人,月均活跃用户6557.27万,活跃用户规模平稳增长。越来越多的社交媒体巨头进入音频领域。2018年初,蜻蜓FM完成了10亿元人民币的E轮融资,让自己的估值达到25亿元人民币的巅峰,同时也刷新了移动电台行业单笔融资额的纪录;荔枝FM也在年初迎来了"开门红",完成了5000万美元的D轮融资,其中语音直播成为它主要吸引耳朵的领域;作为国内最大车载音频平台的考拉FM也不甘落后,完成了亿元人民币的融资,它瞄准的是车载智能硬件。与过去相比,电台听众已经有了众多的音频媒介和海量的收听内容选择。虽然传统广播通过蜻蜓FM等App方便了听众收听,但是所有的大数据都掌握在客户端而非节目提供者手中,广告投放和融资也都流入了客户端,广播不仅为他们免费提供内容,甚至可能把原本只听广播的受众引流去了移动电台。2017年3月31日,中国国际广播电台同时上线了三款自主开发的"ChinaNews、ChinaRadio、ChinaTV"多语种聚合型移动客户端。② 这三款客户端产品充分凸显了国际台的"国际"

---

① 刘茜、李力:《移动重构广播 技术推动融合 创新助力变现——2017年广播产业经营创新综述》,《中国广播》2018年第2期。
② 张斯路:《中国国际广播电台"China"系列多语种移动客户端上线》,国际在线,2017,http://news.cri.cn/20170331/60cc979e-586d-6bc9-f13f-bfc9dee17409.html。

特色和优势，瞄准的是全球市场，实现了多语言阅读、收听和收视。"天下没有免费的午餐"，在经历了"为他人做嫁衣"后，中国国际广播电台选择了将内容与播出都掌握在自己手中。

4. AI 音箱突破瓶颈的需求

曾经有人戏言："如果你错过了 2014 年的智能手表，2015 年的 VR 眼镜，2016 年的共享单车等智能硬件的创新风口，那你在 2017 年，一定不能错过智能音箱。"智能音箱被称为"人工智能的入口"，被预言为人机交互新大陆的下一个风口。NPR（美国国家公共电台）和 Edison Research（美国知名调研机构）在 2018 年初发布的《2017 年智能音箱秋冬报告》统计显示，每六个美国人中就有一个拥有 AI 音箱，而其中约 3520 万名美国人拥有 Echo 智能音箱产品，占据美国智能音箱用户总数的 68.7%。全球五大市场研究公司之一 GfK 公司 2017 年 10 月公布的《中国智能音箱市场分析》报告显示，AI 音箱在中国的销售量从 1 万台增长到超过百万台仅用了三年时间，其中 2015 年 AI 音箱只卖出 1 万台，2016 年就增加到了 6 万台，销售井喷的戏剧性转折出现在 2017 年的最后两个月：仅在"双 11"当天，阿里的天猫精灵智能音箱就售出超过 100 万台，叮咚旗下的迷你智能音箱叮咚 TOP 在"双 11"当天前 6 小时就达到了 2017 全年的销量并最终累计突破百万台销量大关。"双百万"的背后，根本原因是商家祭出的低价大旗，天猫精灵当天售价低至 99 元，叮咚当天到手价更是低到了 49 元。用牺牲利润的价格战来换取攀升的销售数据无异于饮鸩止渴。AI 音箱的语音交互功能尚需技术提升，它最重要的应用场景——智能家居各自为政缺乏统一入口和标准。以最新发布的腾讯首款智能音箱腾讯听听为例，它的主要使用场景跟目前市面上的大部分音箱一样都是家庭，在宣传中腾讯听听强调其提升了语音唤醒速度，在语音识别度方面兼顾了儿童和老人的声音特点。在内容方面，除了依托 QQ 音乐、企鹅 FM 等腾讯版权的海量有声内容让腾讯听听的总资源时长超过 1 亿小时外，腾讯还打通了微信，可以收发微信留言。然而，即便如此，这些功能看起来只能跟苹果手机的 Siri 打个平手。语音唤醒，Siri 可以；简单互动诸如问天气、找歌曲等，Siri 可以；语音备忘，Siri 也可以；海量

内容，手机可以下载各家App，不像腾讯听听依托的只能是腾讯自有资源。对于大多数中国人而言，手机是必备品，智能音箱不是。因此，AI音箱也亟待寻找新的突破口。

二 广播与AI音箱融合的现状及存在的观念误区

（一）发展现状

从目前公开报道的国内案例看，广播与AI的融合主要有以下两种形式。

1. 科研+应用的模式

2017年，国内首家广播人工智能实验室在长沙挂牌，合作的双方分别是湖南广播电视台广播传媒中心（以下简称湖南广播）、科大讯飞股份有限公司（以下简称科大讯飞）。[1] 一方是业界赫赫有名的"广电湘军"，在媒体影响力、内容生产、市场运营等方面均居全国广播前列，另一方是我国唯一以语音技术为产业化方向的"国家863计划成果产业化基地"，也是亚太地区最大的智能语音和人工智能上市公司。湖南广播的优势是在广播领域垂直精耕细作，而科大讯飞是一家著名的专业从事智能语音及语言技术、人工智能技术研究，软件及芯片产品开发，语音信息服务及电子政务系统集成的国家级骨干软件企业，双方希望通过对大数据和新技术的运用，共同研究人工智能在音频传播领域的应用以及如何改变广播运营模式，以成为业内领先的广播新技术平台。

2. 内容+终端的模式

2017年，国内最大的综合音频平台——中央人民广播电台官方音频客户端中国广播先后与国内知名AI音箱生产方小米和阿里巴巴达成战略合作关系。

---

[1] 明星：《国内首家广播人工智能实验室在长沙成立》，新华网，http://www.hn.xinhuanet.com/2017-12/19/c_1122135259.htm。

中国广播与小米的合作主要是提供包括海阳现场秀、王冠红人馆、天下财经、中国腔调等精品节目在内的数万小时成品节目，多为适合居家环境下播放的轻松、有趣、伴听性强的音频节目。中国广播在成为首批阿里人工智能音箱（天猫精灵X1）合作伙伴后，在天猫精灵X1中首次推出《中国之声》《经济之声》《音乐之声》等21档直播节目。

《"十三五"规划》中的"广播电视传统媒体与新兴媒体融合发展工程"所列出的第一项工程就是中国广播云平台。其目标和任务是打造具有中国广播特色的新闻、音频和全媒体客户端产品、社交媒体矩阵，面向移动互联网用户提供新闻资讯、声音媒体和社交等新媒体服务。中国广播客户端正是依托中国广播云平台向移动端用户提供海量的广播音频节目和智能家居服务。这也被认为是中央人民广播电台开启AI蓝海布局的重要里程碑。

（二）观念误区

从上述案例分析可知，目前进入实践领域的广播与AI音箱合作基本停留在"简单相加"的层面上，是什么导致了其合作的局限呢？关键还是没有走出观念的误区。

1. 广播与AI音箱的融合不是简单的内容与渠道相加的融合

《"十三五"规划》对我国新闻出版广播影视发展中存在的薄弱环节和问题一针见血地指出：传统媒体和新兴媒体融合发展方面还没有从相"加"迈向相"融"。这一现象出现的原因主要有以下几点：首先，有些广播人自我定位狭窄，在与新媒体融合时总把自己定位为"内容提供者"，而新媒体只是"播出终端"，这种简单相加只能带来形式上的改变而非由内而外的变革；其次，没有真正把听众当作用户，听众的参与仅限于收听节目、节目互动、参与线下活动，广播的利润点还是在广告和活动创收上；再次，作为唯一一个广告逆市上扬的传统媒体，近年来不断被称为"最具新媒体属性的传统媒体"难免让部分广播人沉浸在"温水煮青蛙"的良好感觉中；最后，缺乏懂广播又懂新媒体的专业人员也是制约因素之一。

2. 没有充分认识到语音市场的巨大价值

新华网融媒体未来研究院院长杨溟指出:"用户思维背后的数据资源的积累与开发,多年来被漠视和浪费。图形用户界面已经接近极限。接下来,谁能把人类从纷繁复杂的窗口、工具栏以及菜单选项中解放出来,脑电波、眼神还是语音?10年前这三种方式没有一个靠谱,今天语音似乎成了首选项。"喜马拉雅FM联合创始人、联席CEO余建军针对音频的特点和未来发展趋势做出了这样的判断:在移动互联网大爆发的时代,音频是最好的移动媒体,因为声音能比文字更好地传递情感,通过声音获取知识的成本更低。此外,音频也更匹配移动互联和人工智能新时代。与键盘和鼠标输入、触摸屏等人机交互方式相比,声音解放了人的双手,降低了对使用者的要求,无须直接接触机器,速度快效率高,且具有独一无二的特征。正如2018年2月人民网舆情数据中心与搜狗知音联合发布的《智能语音大数据分析报告》中所说的,当今社会已飞速进入智能语音输入时代,网民的上网习惯及人们的社会生活发生了深刻改变。语音的智能性、快速性和无须动手性不但能满足不同用户的复杂需求,也打破了全球语言之间存在巨大差异的壁垒,实现了无障碍的交流和沟通。报告还指出,智能语音的迅速发展极大地繁荣了互联网运用、提高了社会治理智能化水平、推动了国家人工智能战略技术突破、提升了人民生活品质。据BBC推测,到2020年,全球人工智能市场规模将达到183亿美元(约合人民币1190亿元),其间中国人工智能年复合增速将超50%,远高于全球增速,而智能语音无疑将在其中做出重要贡献。

三 实现路径

党的十九大做出了我国社会主要矛盾已经转化为人民日益增长的美好生活需要和不平衡不充分的发展之间的矛盾的论断。广播与新媒体的融合正是贯彻十九大精神,提升传播力、影响力,以受众需求为核心,更好地服务人民的举措。落实到与AI音箱的融合上,笔者有以下几点建议。

1. 以受众需求倒逼广播改革，做"液态机器人"式的全跨界者

电影《终结者》系列中的"液态机器人"让人印象深刻。"他"身上的每一滴 Mimetic polyalloy（拟态合金）都具有学习能力、复制能力、协调能力、修复能力和思考能力，这种瞬间可以变化出各种形态以及随时可以自我修复的强大功能让所有人印象深刻。既然广播是传统媒体中"新媒体"属性最强的，那么它就应当具有从内容到终端跟各种新媒体无缝对接的意识与能力，有着真正全媒体的战略意识与视角。因此，广播与 AI 音箱的融合不应该止于狭义的物联网，而是应该成为打开包含车联网在内的广义物联网大门的"芝麻开门"口令。目前车联网和物联网没有统一的标准体系，而网与网之间的入口又不同，用户无法自由切换和使用，造成了极大的不便和资源浪费。而物联网和车联网涵盖了人们当下和未来生活的主要场景。爱立信曾于 2016 年发布《爱立信移动市场报告》，预测 2018 年物联网将会超越手机，成为数量最多的互联终端。该报告还预计，到 2021 年，互联终端总数预计达到 280 亿台，其中包括近 160 亿台物联网终端。① 根据 2016 年尼尔森网联全国全媒体生态调查，国内音频触达率为 45%，北美是 93%。随着中国家庭私家车保有量的提高，这个差距会缩小。根据统计，通过车载设备收听广播的占比高达 58%，其次为手机，约占 40%，带有收音机功能的便携设备则下滑至 38%。其中，便携设备和手机的重叠率为 21%，车载设备和手机的重叠率为 22%，未来车载终端智能化和智能手机车载化趋势明显，今后对车联网入口的争夺会越发激烈。如果 AI 音箱能携手广播，及早布局车联网，让所有用户使用的"物"都能通过语音互联互通，它的使用范围将有极大的突破。

2. 解决目前 AI 音箱在技术层面存在的主要问题

《"十三五"规划》也指出了传统媒体与新媒体融合中的技术壁垒："在科技创新方面，网络化、融合化、智能化水平不高，推动新闻出版广播影视

---

① 《爱立信：2016 年全球移动市场报告》，知识库，2016，http：//www.useit.com.cn/thread - 13854 - 1 - 1.html。

技术与新一代信息技术的融合发展，实现全业务、全流程、全网络从数字化向智能化的战略转型任务依然艰巨。"根据目前专业机构的测试和用户的反应，AI音箱亟待解决的技术问题包括以下几点。如果它们不能得到解决，"智能"音箱难免被人诟病为"智障"音箱。

第一，语音交互的精准性需要加强，其中主要体现在不同距离的唤醒率和误唤醒上面。

第二，语音识别和语义理解有待提升，不少买过AI音箱的用户一定有这样的经历：尽管自己普通话已经很标准了，可是AI音箱还是听不懂；或者你问东，它偏偏答西。广播从业者的普通话水平一般都比较高，但是听众来自五湖四海，口音也五花八门，各种俚语俗语的解读对AI音箱来说都是不小的挑战。

第三，移动性弱，目前中国市场上的主流AI音箱中，除了Rokid月石配有电池外，其他包括小米、喜马拉雅等在内的音箱都需要220V电源供电。此外，所有的智能音箱都需要Wi-Fi支持也成为它们出不了门，甚至在室内移动都"举步维艰"的软肋。

第四，物联网终端兼容性问题，有人把它视为物联网发展的最大障碍。企业为了最大限度地占领市场份额，打击竞争对手，经常设置私有标准等技术壁垒。例如，知名的胶囊咖啡机Keurig曾在咖啡包中加入专门的代码，结果导致购买的用户只能在他们的机器上使用这些咖啡包；惠普也曾对自家生产的打印机和墨盒采取过类似的做法；还有2007年面世的亚马逊kindle电子书，它采用的格式同样不兼容其他厂商的电子阅读器；一贯霸气侧漏的苹果更是将这点发挥到极致，人们在iTunes购买的音乐根本无法用其他播放器播放；即便号称稳居全球最大的智能硬件平台的小米平台联网设备也不过8500万台，如果用这个数字除以中国庞大的人口基数，人均仅0.065台。

3. 重视大数据的使用

在大数据时代，所有的行为轨迹都可以被记录、分析，甚至预测。广播与AI音箱合作后，除了根据听众的收听习惯、喜好等制作和推送节目，同时向广告商制定精准投放的方案，让数据产生更多价值外，还能让听众全程参与，反向为广播提供海量的内容。

例如BBC研发部宣布,他们将为两大AI语音助手Google Home和亚马逊Alexa制作互动广播剧。[①]其中最大的亮点就是让听众使用自己的声音参与互动,而不是像以前那样选择剧情线。BBC制作人Henry Cooke说:"在这一试验中,你将使用自己的声音主动扮演故事中的一员。我们希望让人们和其他角色拥有一个真实的、直接的互动。"

再如成立于2016年12月的国内最大路况播报联盟——百度地图路况播报联盟[②],共吸引了中国国际广播、河北交通广播、重庆交通广播等40余家国家级、省市级广播电台加入。这种合作让传统媒体和百度地图之间的交通资讯汇集起来双向流动,起到共建共享的效果。

4. 勿忘服务特殊人群

在广播众多显性和隐性的听众中,有两部分人群不该被忘记。据统计,中国目前失明人士共有824.8万,另有6727.4万低视力者,全国存在视力障碍的人共7551.2万,居世界第一。[③]另一项数据显示,目前我国人口老龄化日益严重,60岁以上老年人口超2.3亿,是世界上唯一一个老年人口过2亿的国家。[④]"一个社会的文明程度取决于它对待弱者的态度。"对于这部分人群,人工智能是红利还是壁垒,取决于设计者是否兼顾了他们的特殊需求。作为始终把社会效益放在第一位,以坚守社会责任为己任的广播来说,与AI音箱合作为这些弱势群体量身定做特定的产品是公益性与产业性兼顾的双赢做法,因为他们对声音的依赖度更高,也更忠诚。

近年来,广播先后经历了看得见的广播—网络广播—广播融媒发展等阶段。教育部长江学者特聘教授、北京师范大学新闻传播学院执行院长喻国明

---

① 未来媒体网络编译《BBC为AI语音助手制作互动广播剧》,微口网,http://www.vccoo.com/v/g2eji8。
② 电台工厂:《百度地图跨媒体发力 中国最大路况播报联盟浮出水面》,搜狐网,https://www.sohu.com/a/208128324_738143。
③ Miss Moon:《中国800多万盲人难出行内地导盲犬每省平均仅2只》,搜狐网,2018,http://www.sohu.com/a/227596872_157078。
④ 罗争光:《我国60岁以上老年人口超2.3亿人占总人口16.7%》,新华网,2017,http://www.xinhuanet.com/politics/2017-08/03/c_1121428124.htm。

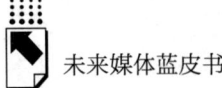

就传媒业与人工智能的关系做了如下描述:"未来传媒业的发展,很大程度上与人工智能技术的引入和应用关联在一起。人工智能技术不仅形塑着整个传媒业的业态面貌,也在微观上重塑着传媒产业的业务链。"① 沿着这条相通相融之路,广播与 AI 音箱的合作,将成为广播以互联网思维重塑自我的重要突破。

---

① 喻国明:《机器新闻写作是新闻记者的"终结者"吗?》,紫金传媒智库,2018,http://www.yidianzixun.com/article/0I9Ob8cj。

B.12
未来媒体的法律规制

田小军 何 帆*

摘 要： 技术的更迭带来了媒体的变革，互联网与大数据、人工智能的兴起，突破了传统媒体的边界。随着海量信息的推送、个体声量的提高、人工智能的演进，法律问题相伴而生。数据隐私、内容监管、信息茧房、算法歧视、网络版权，无一不是媒体发展进程中亟须关注和解决的问题。本文针对媒体变革中出现的新问题进行分析探讨，探索互联网媒体有序、健康和持续发展的路径。

关键词： 未来媒体 数据隐私 信息茧房 算法歧视 网络版权

媒体的每一次重大变革，都诞生于新一轮的技术革命浪潮之中，从印刷时代到电子时代，再到互联网时代，媒体的内容、渠道、媒介与用户均在不断蝶变。印刷术保证了文字图片信息的大量复制与传播，意味着大众传播时代的来临。电子技术突破了信息远距离传输的障碍，实现了信息的实时全网推送，同时丰富的声光电技术用音像色彩强化了信息的感染力。基于互联网的网络新兴媒体突破了传统媒体的时空限制，实现了媒体的便捷性、交互性与平等性。

---

* 田小军，法学博士，腾讯研究院版权研究中心秘书长，主要研究方向为新科技与文化娱乐经济、知识产权、娱乐法，以及数据竞争等；何帆，法学硕士，中南财经政法大学知识产权研究中心研究员，主要研究方向为知识产权与反不正当竞争。

未来媒体蓝皮书

当前，随着大数据技术与算力、算法的突破，网络媒体进入了"智媒"时代。腾讯新闻的写稿机器人"Dreamwriter""微软小冰"等先后将人工智能应用于新闻报道；一些有代表性的信息流媒体，利用协同过滤算法为用户提供个性化定制。另外，由于微博、微信等社交网络与自媒体的快速崛起，被技术赋能的万千个体话语渠道增多。我们应重视未来媒体在数据隐私、网络版权、平台治理与算法治理等方面面临的挑战。

一 数据隐私在大数据时代面临挑战

曾经，"在互联网上没有人知道你是一条狗"，今天，"人们不仅知道你是一条狗，而且知道你看了什么、吃了什么、买了什么"。这很形象地说明了，在大数据时代，我们无所遁形。"大数据"正处风口浪尖，"数据隐私"事关我们每个人与企业，以及多个利益攸关方。不论是精准广告投放，AI数据训练，还是产品智能化运营等，均与大数据有关，"用户画像"背后是实实在在的"真金白银"，万亿级以上的数字经济规模。2018年3月，Facebook爆出海量数据泄露丑闻，5000万用户数据被用于投放政治广告。据传，若此次事情被查实，Facebook将面临相当于其市值4倍多的2万亿美元的天价罚款。连续两日，Facebook股价大跌，市值缩水500亿美元，并引发各界讨论与恐慌。

数据隐私权，最早出现在1890年美国学者沃伦和布兰代斯合撰的《论隐私权》一书中，在此之后，其概念与范围不断面临冲击与调整。甚至有人讨论"互联网，或者未来时代，隐私是否还会存在？"笔者以为，隐私，或者隐私权不会消亡，但隐私权的边界发生了变化，"隐私权不能仅仅理解成独处不被打扰或不被不希望出现的意见和刺激扰乱心神的权利等静态的隐私"。事实上，用户数据利用并非法律禁区，"合法授权同意 + 不可识别"是大数据利用的前提，相关利益方在用户数据利用过程中，必须遵循"合法正当、必要、目的限制、安全、透明、用户控制"的原则，否则，便可能触发侵权或者违约风险，甚至会引致公法介入或者政府监管。当然，在具体场景中，不同的数据是分层的，有更加细致的处理要求，如基因数据、医疗数据的利用限制明显要高于网络行为数据。

未来媒体的数据隐私挑战应对需要依靠"政府、平台、个人"三方力量。为了更好应对个人隐私和数据保护的挑战，各国基本建立起隐私和个人数据保护的法律框架，如美国在1974年即制定《联邦隐私权法》，欧盟也在1997年通过《电信事业个人数据处理及隐私保护指令》等。在未来媒体时代，首先，我们应建立起"规则+技术"的二元数据隐私与安全法律规范体系，以强化相关法律规范体系的实效性与灵活性。其次，为了进一步强化对个人隐私和数据的保护，建议行业建立保护用户隐私权的自律公约和自律组织。再次，网络媒体平台在进行数据收集时必须明示收集范围和使用目的，强化平台数据收集利用追溯管理，平台可疑 App 评估跟踪预警，切实保障数据安全。最后，用户要增强隐私保护意识，谨慎管理用户数据，并且，未经允许不得将他人信息置于公共媒体。

二 短视频与直播成为行业监管重点

近年来，随着网速的提高以及移动智能设备的普及，用户观看视频的习惯和需求已经被培养起来，短视频与直播成为业界公认的媒体"流量黑洞"。CNNIC 发布的第 41 次《中国互联网络发展状况统计报告》显示，截至 2017 年 12 月，我国网络直播用户规模达到 4.22 亿，较 2016 年增长 22.6%。[1] 据人民网报道，2016 年 7 月 11 日，网红"papi 酱"在 8 大网络直播平台进行直播，一小时内观看人数超过 2000，点赞人数过亿。[2] 然而，在网络直播市场日益火热的同时，其背后隐藏的监管风险也不容忽视。为了争夺流量、博取眼球，一些主播公然传播淫秽色情、暴力谣言，为了争夺市场，个别网络直播平台更是包庇、放纵网络主播，更有甚者，大肆营销低俗

---

[1] 第 41 次《中国互联网络发展状况统计报告》，CNNIC，2018。
[2] 张意轩、尚丹、程远州：《网络直播竞争烧钱乱象频爆发 主播吸睛套路深》，人民网。

事件，导致直播市场乱象频出。

为此，国家广电总局、国家网信办、文化部等相关主管部门不断完善行业管理制度。2016年9月，国家新闻出版广电总局印发《关于加强网络视听节目直播服务管理有关问题的通知》，重申"互联网视听节目服务机构开展直播服务，必须符合《互联网视听节目服务管理规定》和《互联网视听节目服务业务分类目录》的有关规定"。① 2018年3月22日，国家广电总局发布《关于进一步规范网络视听节目传播秩序的通知》，坚决禁止"给存在导向问题、版权问题、内容问题的剪拼改编视听节目提供传播渠道"。② 2017年，国家网信办首次根据《互联网直播服务管理规定》依法关停了红杏直播、蜜桃秀等18款传播违法违规内容的网络直播类应用。③ 文化部部署全国29个省份的文化市场综合执法机构开展查处工作，对YY直播、龙珠直播、火猫直播、秒拍等50家主要网络表演经营单位进行集中执法检查。④ 2018年2月，国家网信办专门针对低俗媚俗、斗富炫富、调侃恶搞、价值导向偏差等问题对网络直播进行专项清理整治，合计关闭直播间540余个。⑤

在内容为王的时代，"三俗"等内容虽然在短时间内可以吸引用户的注意力，而在法律监管框架内提供优质的内容服务才能最终赢得市场。短视频与直播具有主体的多元性及发展的多样性特征，行业监管的协调联动以及行业与平台自律尤为重要。在强化短视频、直播行业体系化立法的同时，各个监管部门应加强协调，做好行政执法联动，并鼓励平台更多地引入与研发内容过滤技术。在行业与平台自律方面，2016年4月，百度、新浪、搜狐、爱奇艺、乐视等20余家从事网络表演的主要企业负责人共同发布《北京网络直播行业自律公约》，承诺"网络直播房间必须标识水印，所有主播必须

---

① 国家新闻出版广电总局：《关于加强网络视听节目直播服务管理有关问题的通知》，国家广电总局官网。
② 国家广电总局：《关于进一步规范网络视听节目传播秩序的通知》，国家广电总局官网。
③ 周宇：《国家网信办关停18款直播类应用》，《北京青年报》2017年4月4日。
④ 王思北：《我国网络直播用户规模达4.22亿 行业监管力度不断提升》，新华网。
⑤ 王思北：《我国网络直播用户规模达4.22亿 行业监管力度不断提升》，新华网。

实名认证,对于播出涉政、涉毒、涉暴、涉黄内容的主播,情节严重的将列入黑名单,审核人员对平台上的直播内容进行 24 小时实时监管"。① 目前,各大平台也均强化了内容审核与技术建设,例如,快手还专门成立了"自律委员会",加强了对平台内容的管控。

三 信息茧房与算法歧视问题回应

"信息茧房"最早由凯斯·桑斯坦教授诠释,他认为公众在接受信息时往往会有自身的偏好,沉浸于自己感兴趣的信息之中,屏蔽掉自己不感兴趣的讯息,将自身置于蚕茧一般的"茧房"中。时间一长,人们只能听到与自己相同的声音,桑斯坦称之为"回音室"。一旦身处"茧房"之中,我们则只能听到自己被放大的回声,并且不断强化、固化,以至于越来越将自己隔离在自我的信息孤岛。

当今,信息流媒体应用就是通过大数据来刻画用户肖像,通过协同过滤算法为用户进行个性化推荐,使得用户接触的信息愈发同质化。第三次科技革命,人类进入信息社会,信息的广度、深度都被大大拓展,互联网的本意是让人接受更加丰富多样的信息,但由于"信息茧房"的存在,人们沉迷于"茧房"而不自知。在可预见的将来,算法问题如不改善,会对整个社会的稳定造成极大的威胁。正如马歇尔·麦克卢汉所说:"我们塑造了工具,工具反过来又塑造了我们。"

"信息茧房"并不是算法时代独有的产物,"信息茧房"存在的根源是"选择性心理",而"协同过滤算法"则加剧了"信息茧房"效应。关于如何摆脱互联网"信息茧房"的枷锁,桑斯坦认为有必要建立网络世界的"人行道"。在纸媒、广播电视甚至网络门户时代,虽然媒体为了追求市场份额,会根据受众人群进行差异化的内容选择,但其总能提供社会性公共领

---

① 北京市网络文化协会网络音乐与表演专业委员会、六间房、优酷、花椒、映客、秒拍等:《北京网络直播行业自律公约》。

域的内容，促使受众接受更多社会信息。正如尼葛洛庞帝在其著作《数字化生存》中所言"在极端个性化的'我的日报'的同时，我们还需要公共性的'我们的日报'"。① 通过构建"人行道"，向受众提供"非计划"的信息，来拓宽公众信息视野，掌握社会整体发展和宏观变化，更好地参与到社会生活中去，更有利于维护社会稳定。

另外，未来媒体所依托的人工智能与大数据技术尚处于发展过程中，存在算法歧视，算法不公开、不透明的问题，其负面影响逐渐显现，如"大数据杀熟""人民日报三评今日头条"等提出的问题。当前，高科技企业和国际标准组织对解决人工智能进步所带来的社会与伦理道德问题进行了尝试。例如，2016年4月，IEEE标准协会推出IEEE全球人工智能和自主性系统伦理问题提案；2017年初，MIT媒体实验室与哈佛大学伯克曼·克莱因互联网与社会研究中心，合作推出AI伦理研究计划。我国应根据需要建立未来媒体与人工智能研发的基本伦理准则，适时成立AI伦理委员会，并对人工智能做出道德风险评估，形成完善的研发技术规范。当然，技术的发展是解决算法技术缺陷的最根本路径，以深度学习为基础的人工智能在海量的数据支撑下进行研发，机器学习仍处在一种黑箱工作模式，也就是说人类目前尚不能解释人工智能的运行过程，未来需要研发更加透明、更加具有解释性的人工智能学习路径，降低不可预测性和不可解释性。

四 激励创新的网络版权制度完善

《著作权法》是传媒与互联网产业的基础性法律制度，旨在激励创作、保护创新以及维护创作者、用户以及传播者之间利益的平衡。迄今为止，我国《著作权法》已历经两次修改，但其仍在巨变的科技与商业面前力有不及，主要表现在三个方面。其一，随着数字内容产业和互联网传播技术的发展，体育赛事节目、游戏直播画面等的可版权性更多地在产业及司法实践中

---

① 〔美〕尼古拉·尼葛洛庞帝：《数字化生存》，胡泳、范海燕译，电子工业出版社，2017。

被讨论,但并未有法律层面的认可。其二,网络云盘、聚合盗链等新型侵权模式不断出现并蔓延,而信息网络传播权侵权认定在司法层面存在争议。其三,未来智媒时代,人工智能将打破传统媒体的桎梏,实现完全智能化内容创作,但能否给予人工智能创作成果版权保护是世界各国都面临的难题。

"风起于青苹之末,浪成于微澜之间",我国网络版权制度面临的问题具象了未来媒体面临的法律制度挑战。传媒与互联网产业从"野蛮"走向"文明",盖因产业与技术的力量驱动,我们需因应商业模式与技术变迁调整网络版权制度。"其一,在对待新的网络版权保护客体时,应基于产业投资保护及利益平衡的考虑,合理评估其可版权性,根据其独创性高低分别纳入著作权、邻接权等保护范畴,而不应机械理解著作权法本义,一概否定其可版权性。其二,在对待网络云盘、移动聚合、盗链、OTT 等新型侵权行为时,应避免陷入技术细节。"① 事实上,美国法院已在其 2018 年的最新判例中明确认定"通过内嵌链接使得推特的帖子显示于自己网站上,侵犯美国版权法中的展示权"。其三,对于人工智能创作成果,2016 年 5 月,日本颁布的《知识产权推进计划 2016》已经在讨论人工智能的创作物获得版权保护的可能性,我们也应积极应对。

---

① 田小军、柏玉珊:《我国网络版权制度演化的现状、挑战与应对》,《中国版权》2016 年第 6 期。

B.13
全IP化融媒体生产指挥调度中心的设计

刘晓敏 陈文伟*

摘　要： 厦门广播电视集团融媒体生产指挥调度中心系统的设计，采用了集中式管理和分布式应用相结合，以及信号源全IP流化等技术，满足了融媒体生产过程中统一策划、协同生产、指挥调度、业务流程监看、影响力分析和舆情监控等需求，将内容策划、任务分配、外派资源、台内节目生产、新媒体快速发布等各个环节纳入统一生产调度体系之下，实现了广播、电视、新媒体等业务部门进行节目融合生产的总指挥调度和决策辅助。同时，基于集团已经建设完成的融媒体技术平台，借鉴央视新闻移动网的建设，增加短视频快速回传、直播以及快速发布等扩展指挥功能，建设具有厦门广电特色的新闻生产指挥调度中心。

关键词： 全IP化　融媒体　指挥调度　流化　分布式　集中式

厦门广播电视集团（以下简称集团）遵照中央"传统媒体和新兴媒体融合发展"的战略方针，积极建设新型主流媒体。集团于2015年9月提出推进集团融媒体平台的建设任务。集团融媒体平台建设的目标是建设集团媒

---

* 刘晓敏，硕士，厦门广播电视集团技术委员会委员，首席工程师，主要研究方向为广播电视及计算机网络技术；陈文伟，厦门广播电视集团高级工程师，主要研究方向为广播电视及计算机网络技术。

体融合采、编、发"中央厨房",再造新闻采编流程,实现"汇聚共享、统一策划、融合生产、多进多出",从而助力集团传统记者向融媒体记者转型,增强新闻资讯的时效性和互动性,提高用户的黏性,为把集团建设成具有影响力的区域强势媒体奠定坚实的基础,提升集团综合竞争力。

根据集团的工作部署,融媒体工作小组立即着手集团融媒体技术基础平台(以下简称融媒体技术平台)的建设。在融媒体技术平台建设完成后,实现了多渠道数据来源的汇聚、融媒体内容的生产和发布,建立了从内容汇聚到内容生产再到审核发布的基础流程体系。但由于集团各节目生产部门的工作场所比较分散,且工作场景也不尽相同,需要接入的信号源种类繁多,大量的信息资源需要快速分享和任意调用,如何充分发挥融媒体技术平台的作用,建立面向集团各业务部门的统一的生产指挥调度中心,既能实现集中统一的生产指挥调度管理,又能根据需求定制个性化内容分别指导各部门的节目生产,实现生产指挥调度资源的"多进多出",提高融媒体的生产效率,显得尤为重要,全IP化融媒体生产指挥调度中心(以下简称融媒体调度中心)的设计成为我们研究的课题。

一 系统建设的需求和目标

(一)详细需求分析

随着集团融媒体技术平台的建设完成和逐步应用,以及融媒体业务新需求的不断增加,建设与融媒体技术平台相配套或与融媒体业务相契合的融媒体调度中心,指导融媒体节目的高效生产,成为当务之急。融媒体调度中心项目建设的需求主要包括如下几个方面。

1. 不同的节目生产部门有不同的工作流程、管理流程和指挥调度需求

集团目前主要有广播中心、新闻中心、节目中心、厦门卫视、总编室(加挂融媒体中心)等节目生产部门。集团新媒体资源主要包括集团微信矩阵、微博矩阵、"看厦门"App、厦门广电网和央视新闻移动网厦门台矩阵

号等资源（以下简称集团新媒体资源）。项目的建设既要满足传统的广播电视节目生产部门和新媒体生产部门的分别指挥调度需求，还要满足传统媒体与新媒体融合生产的指挥调度需求。

2. 不同的生产地点需要不同的指挥调度形式和内容

集团需要参与各类节目指挥调度的有 1000 平方米、400 平方米、200 平方米等演播室，以及多个广播直播室、会议室和面向集团的总指挥调度中心等地点，地域分布广，需要根据不同的工作场景建立不同的模板，以不同的形式展现不同的调度内容。

3. 不同的时间节点需要展现不同的内容和风格

根据节目生产的时间段和工作重点建立不同的模板，如建立日常新闻的生产指挥报道模板，以及重大新闻和突发新闻的多渠道融合生产指挥报道模板等。

4. 系统需要具备多级指挥调度的管理权限

使用人员根据权限的不同调度不同的展现内容和业务流程。

5. 需要形成统一的调度信号源，在网络覆盖的地方实现任意调用

融媒体调度中心的内容来源很复杂，因此信号源也非常多，如 SDI 信号、ASI 信号、HDMI 信号、DVI 信号、RTMP 流信号和 RTSP 流信号等，需要对各种信号源进行编码或转码，形成标准统一的格式以实现全局的调度。

6. 需要集中式管理和分布式应用的有机结合

按照统一管理和分布式应用的原则，集团总指挥调度中心能够全盘管理调度各业务部门的工作，各业务部门在自己的管辖区域内能便捷地指挥自己的团队进行节目生产。

7. 扩展移动端的指挥调度功能，加强移动端融媒体节目的生产和发布

根据中国互联网络信息中心（CNNIC）发布的第 41 次《中国互联网络发展状况统计报告》，截至 2017 年 12 月，中国网络视频用户达 5.79 亿，用户使用率为 75.0%，视频消费向移动端集中的趋势更加明显，95% 的视频用户会使用手机收看网络视频节目，对于传统的广播电视台来说，拓展新媒体平台，强化移动端的视频直播和点播功能刻不容缓。

（二）建设目标

融媒体生产调度中心的目标是建设成一个以融媒体节目生产指挥调度为核心功能的中枢神经系统，在任何时间和任何地点，都能系统呈现和控制新媒体和传统广播电视融合生产流程的各重要环节，它将节目生产流程、内容选题、地理位置、视频连线、发布调度、生产力统计、影响力分析以及舆情监控等各种数据在指挥大屏上进行展示和指挥调度，为广播、电视、新媒体等业务部门提供节目融合生产的总指挥调度和决策辅助。

通过打造围绕融媒体生产的全流程指挥调度管理平台，能够很好地解决从策划、任务分配、外派资源、节目制作、发布等各个环节的指挥通信和协同工作，实现基于全集团的统一选题策划指挥、节目的快速回传和发布、全方位立体报道等功能。

二 融媒体调度中心设计

（一）总体设计

融媒体调度中心主要通过信号源全 IP 化、采编系统化、管理扁平化、生产可视化来满足集团各生产部门的多元化需求。融媒体调度中心总体设计主要包括多渠道汇聚内容的展现、选题策划资源的调度、融合生产流程的监控、发布反馈信息的管控以及移动端的扩展指挥功能等（见图1）。

（二）融媒体调度中心的详细设计

融媒体调度中心详细设计主要包括网络架构的设计、信号源统一的设计、调度展示内容的设计、分布式大屏控制系统的设计、集中式管理大屏的设计、流媒体直播调度系统的设计、移动端指挥调度系统的设计、评估体系的设计八个方面。

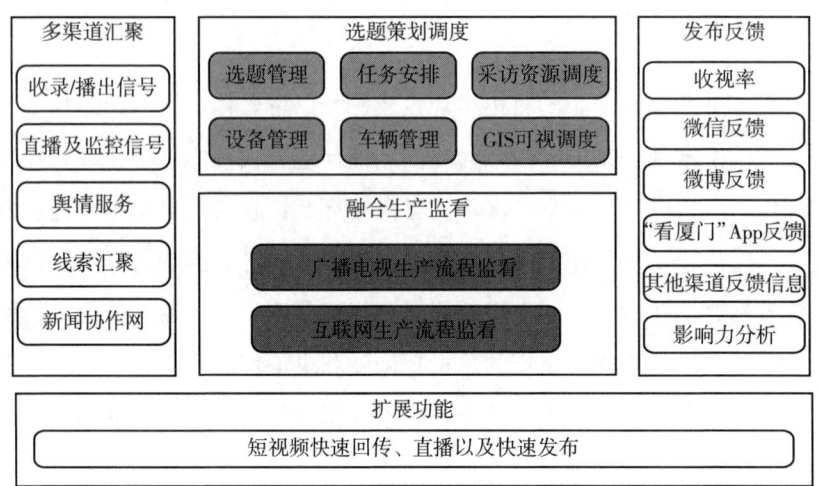

图 1　融媒体调度中心总体设计框架

1. 网络架构的设计

融媒体调度中心网络架构见图2，主要由指挥中心 IP 流子网、生产平台 IP 子网和业务办公 IP 子网三个相对独立的网络构成，接入设备实现了全IP 化，网络所覆盖之处能轻松实现融媒体生产的指挥调度。

（1）指挥中心 IP 流子网由所有需上屏展示的 IP 流采集和输出设备、流监控设备、分布式调度矩阵设备、大屏切换控制设备、投屏解码节点等设备构成。核心网络采用万兆以太网进行数据交换，其他部分采用千兆网络接入。该子网的交换机全部配置了 IP 组播，以达到优化网络性能、消除流量冗余的目的。

指挥中心 IP 流子网可以满足超过 600 路高清信号的接入或超过 128 路非压缩高清音频（48KHz/24bit）的传输。所有的音视频信号经过网络输入输出节点进入指挥中心 IP 流子网中处理，要求所有音频、视频控制在同一个网络内传输，保证音视频的同步性。

（2）生产平台 IP 子网与集团现有的融媒体技术平台实现互联互通，用于需要上屏的 H5 页面和集团新媒体资源页面的信号源及相关工作任务的发布。该子网采用万兆上联至融媒体技术平台核心网络。

（3）建立了新媒体业务 IP 子网。融媒体技术平台是按照国家信息安全等级保护制度第三级的要求建设完成的。所有新媒体业务工作站单独组成一个 IP 子网，不直接与融媒体技术平台连接，而是通过安全网关访问融媒体技术平台，既能满足新媒体业务工作站快速访问互联网的需求，同时也能保证融媒体技术平台的安全性。

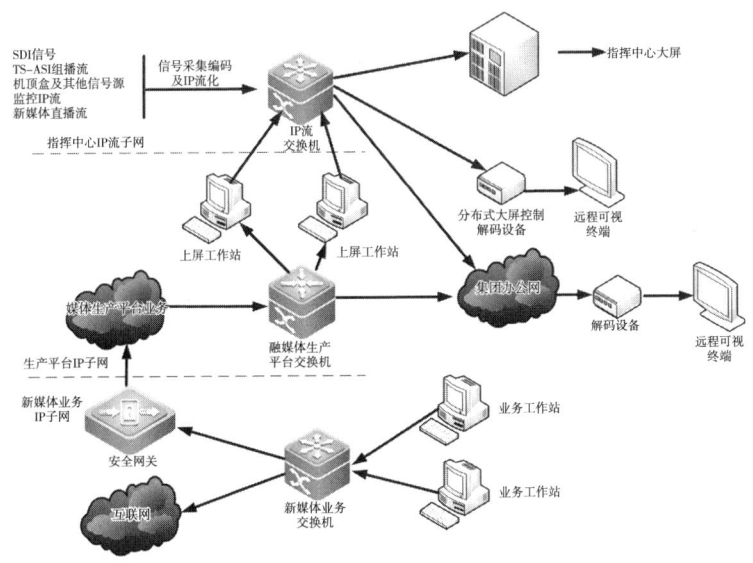

图 2　融媒体调度中心网络架构

2. 信号源统一的设计

融媒体调度中心需要实现各演播室信号、播出信号、卫星信号、网络流信号、手机直播流信号、数据展示网页等的集中管理和统一调度。现有的信号源主要包括以下几种。

（1）29 路 SDI 信号（包含演播室信号、电视直播信号、SNG 信号、4G 回传信号和手机直播信号等）。

（2）20 路 TS–ASI 组播流。

（3）指挥调度中心 16 路 H5 页面信号（DVI）及 18 路网页监看信号（DVI）。

(4) 8 路微信端和机顶盒信号（HDMI）。

(5) 广播直播室的 16 路监控 IP 流（RTMP）。

(6) 1 路新媒体直播流（RSTP）。

我们的设计思路就是采用一套支持多格式的编转码系统，该系统支持 SDI、DVI、HDMI、VGA、DP 等多种视频接口，基于国际化标准 H.264 编码算法，通过采集编码或者转码的方式，对多种视频源进行 IP 流化，形成统一的视频流格式，以组播的方式进入指挥中心 IP 流子网，各种信号源转换方式详见表 1。采用全 IP 流化的方式可简化信号源的处理、调度和分发，相比传统视频线缆布线方式，极大地提高了施工效率，消除了传统线缆传输距离的限制，使信息的传递融合变得更加高效，可轻松地完成涉及广播、电视、新媒体各种信号与数据的展现及指挥调度。

表 1 各种信号源转换方式

输入源类型	路数	采集	输出源协议	视频分辨率	视频码率	音频编码
SDI 加嵌	29	编码	RTSP/H.264	1920×1080	4M	AAC-LC
TS-ASI 组播流（高/标清）	20	转码	RTSP/H.264	1920×1080 /720×576	4M/1.5M	AAC-LC
网页 DVI-d 信号	34	编码	RTSP/H.264	1920×1080	4M	
机顶盒、微信终端等信号（HDMI）	8	编码	RTSP/H.264	1920×1080	4M	AAC-LC
广播监控信号（RTMP）	16	转码	RTSP/H.264	1920×1080	4M	
新媒体直播流（RSTP）	1	转码	RTSP/H.264	1920×1080	4M	AAC-LC

3. 调度展示内容的设计

融媒体调度中心的展示内容主要包括全 IP 化流信号监看、舆情分析、新闻协作网内容展现和流程管理、线索汇聚和选题策划及管理、采编任务安排、资源调度、工作流程监看、发布任务监看和传播影响力分析、多渠道信息反馈以及大数据处理几个重要部分。

(1) 全 IP 化流信号监看。全 IP 化流信号监看主要包括经过 IP 流化后的电视信号、广播信号、流媒体信号、视频通话信号和网页信号等。

（2）舆情分析。基于第三方专业舆情服务接入，主要是收集网上的舆情信息，包括专家舆情信息、热点新闻舆情信息，通过数据接口导入融媒体技术平台，经过分类存储，按照节目的要求进行信息整理和筛选，形成简报、报告、图表等分析结果，推送至融媒体调度中心进行呈现，动态显示每时每刻主要媒体的重要新闻及关注点。对于舆情信息系统中的突发、热点信息，还可以专题的形式实现事件、信息的持续追踪、更新和关注，为新闻策划提供参考依据。

（3）新闻协作网内容展现和流程管理。福建省城市电视台新闻协作网，通过对福建省十地市城市电视台新闻共享、协同工作的流程管理和指挥调度（见图3），很好地解决了网内各成员台之间选题共享、快速约稿和节目交换等功能的需求，扩大了成员台之间的资源共享以及节目交流与合作。

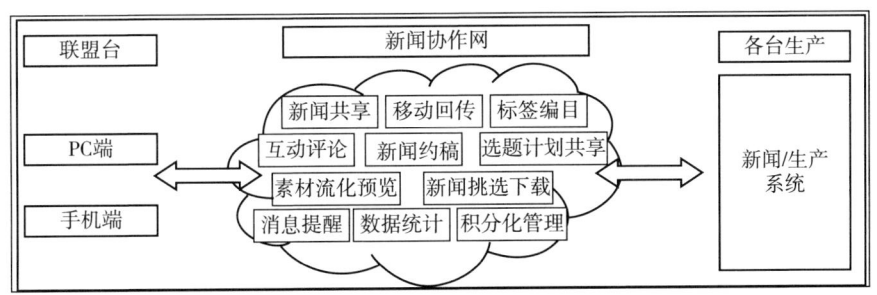

图3　福建省城市电视台新闻协作网指挥调度框架

（4）线索汇聚和选题策划及管理。线索的汇聚内容主要来自集团传统制作版块（厦门卫视、新闻、节目三个高清非编网和收录网、包装网、广播音频制作网、媒资网等）、新媒体制作版块（微信矩阵、微博矩阵、"看厦门"App、厦门广电网等）、互联网版块（互联网新闻、互联网论坛和舆情分析等）、通联版块（中央媒体、省级媒体和福建省城市电视台新闻协作网等）、PGC版块（记者回传、特约记者回传、通讯员回传等）和UGC版块（听众互动、观众互动和网友互动等）。记者或编辑人员能够根据融媒体技术平台汇聚后的海量新闻线索进行不同类型的选题申报，并能对申报的选题进度进行跟踪。

（5）采编任务安排。融媒体调度中心的值班领导根据选题内容进行策划，把采编任务安排给相关的工作人员，或者安排记者前去采访，获取更多的资讯，或者安排编辑对选题内容收集更多的素材，深度加工后以各种形式发布在集团新媒体资源的平台上。记者或编辑能够通过定制开发的 App 实时接收领导指派的任务，也能及时反馈任务的执行情况。

（6）资源调度。融媒体调度中心的资源包括采访资源、设备资源、车辆资源和 GIS 地图系统资源等。特别值得一提的是，通过定制开发的 GIS 地图管理系统，融媒体调度中心能够实时看到记者所在的地理位置和工作状态，以及所执行的工作任务，然后通过该系统对记者的工作进行远程调度。特别是对于突发事件，融媒体调度中心能利用该系统，与现场记者进行实时视频通话，调度离事发现场最近的记者快速前往采访，得到现场的第一素材，实现快速反应的机制。

（7）工作流程监看。用于广播电视新闻生产流程、互联网生产流程和各项工作任务进度的监看。

（8）发布任务监看和传播影响力分析。可统计来自新媒体各渠道发布的稿件量、选题量、记者供稿数等数据，以及各渠道发布稿件的点击量、转发量、热度等传播数据，并能以图形方式展现。

（9）多渠道信息反馈。广播电视和新媒体受众可以通过热线、微信、微博、App 或网站等多种反馈途径提供各种资讯，也可通过互动平台参与到选题策划和节目生产中来。

（10）大数据处理。通过接口服务器对融媒体技术平台和融媒体调度中心的所有内容进行大数据处理，通过二次加工和重新包装，生成漂亮的 H5 页面或视频流在大屏上进行效果展示。

4. 分布式大屏控制系统的设计

分布式大屏调度控制系统是整个融媒体调度中心的核心系统。分布式大屏调度控制系统可实现大屏显示页面的切换和交互式管理，它主要有以下几个核心功能模块。

（1）可视化协作指挥平台，该系统采用 B/S 架构，能够管理融媒体调度中心的所有编解码设备和图像处理模块，用户能够通过 PC、Pad、触控屏等设备对融媒体调度中心的图像、声音、视频进行任意的控制和调度，并能查看各个系统设备的运行状态，通过采用所见即所得和图形化的控制方式，以及拖拽式操作，实现人机交互功能。

该平台还具备精细化的权限管理功能，能够设置多个不同管理权限的账号，不同的账号分别控制不同的设备或者大屏的不同显示区域，方便用户协同管理和使用。

（2）图像传输部分，采用网络编码器将分散在各个区域的视频信号进行统一编码处理，编码以后的 IP 视频流能够被网络中的任意解码设备进行解码显示，方便视频信号的调控和使用。系统主要的信号源汇聚点采用高清混合矩阵，将各种信号源统一编码成 RTSP 格式的 IP 流。

（3）图像处理部分，图像处理设备具备强大的图像处理功能，能够实现图像的拼接、放大、缩小、叠加、漫游、裁剪等功能，同时能够在任意显示单元上显示滚动字幕，方便调度人员发布通知、欢迎词等各种内容。

（4）音频处理部分，配置数字音频处理器和相应的音频采集和扩声设备，能够实现现场连线互动的音频互传。数字音频处理器具备回音消除、噪声抑制、均衡、压限等多种功能，以保证现场的声音效果。

（5）环境控制部分，除配备视音频管理模块之外，还有设备电源管理、灯光窗帘控制、环境电器控制（空调、门禁等）等模块，可将指挥调度中心的灯光、音响、空调以及周边相关电器等统一纳入进行集中管控。

5. 集中式管理大屏的设计

为了更好地服务于生产，特别是加强新媒体节目的生产，集团建立了包含新媒体节目生产中心和集中式指挥调度大厅在内的总生产指挥调度中心（以下简称总调度中心）。总调度中心占地面积 500 多平方米，采用大开间的方式，按功能区划分为微信、微博、厦门广电网、看厦门 App、微视频编辑和网络直播等几个节目生产工作区，以及大屏展示及调度区，便于现场的调度和快速发布。

集中显示大屏采用 30 块 55 寸、1.8 毫米极窄边液晶屏按 3×10 的布局方式拼接而成，显示大屏根据功能需求划分为信号监看区、融媒体互动区、新媒体展示区和广播互动区等几个不同的工作区域（见图 4）。

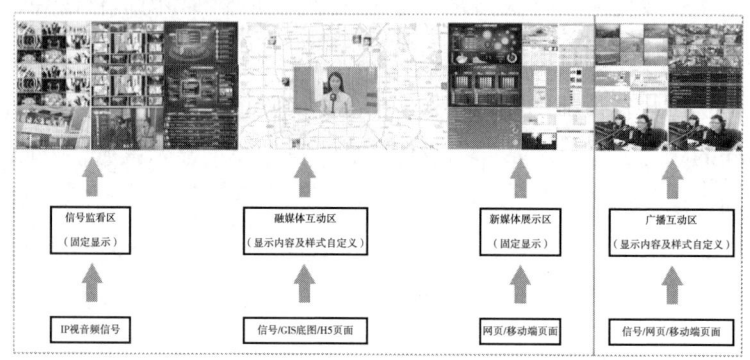

图 4　总调度中心显示分布

（1）信号监看区。信号监看区采用 3×2 块液晶屏，可同时显示 48 路视音频信号，主要用于信号源监看及流媒体直播监看。

（2）融媒体互动区。融媒体互动区左、右两侧数据展示区分别采用 3×1 块液晶屏，用于选题策划、任务指派、资源调度、生产流程监看、生产力信息统计、舆情分析等内容的展示。

融媒体互动区中间区采用 3×3 块液晶屏，显示经包装渲染后的 H5 模板化效果界面，用于外派记者地理信息、可视对讲、任务指派状态等功能的互动展示，显示的内容可任意组合和移动。当然，也可将各分区液晶屏上的任何一路视音频信号切入融媒体互动区进行播放。

（3）新媒体展示区。新媒体展示区采用 3×1 块液晶屏，用于集团新媒体资源的后台业务数据和发布效果展示。同时，也可以通过现场无线网络环境，将手机及平板上的移动应用直接投屏到大屏上，实现移动应用和大屏的同步展示。

（4）广播互动区。广播互动区采用 3×2 块液晶屏，用于集团五套广播直播室的直播流、广播融媒体节目监看和互动以及后台业务数据的展示和调度。

6. 流媒体直播调度系统的设计

指挥中心 IP 流子网所有的信号源,经过全 IP 流化后都可以直接进入流媒体直播调度系统,能够实时进行网络直播,分发到集团新媒体资源各平台上。同时,IP 流化后的所有信号源通过可视化协作指挥平台都能够调度到任一可视终端设备上展示。

我们打通了流媒体直播系统和集团总控系统。集团总控系统采用双高清 256×256 大型矩阵,将集团所有演播室、节目播出、非编收录系统、新媒体中心机房等融合为一个有机的整体。系统能实现多种媒介、多信号源的接入,可将新闻演播室群的所有直播信号,包括现场点评、天气播报、卫星、电话、短信、4G、微波组网、集团新媒体资源以及主持人的信号进行监看和调度,形成所有电视直播信号的指挥枢纽。另外,集团总控系统还可以通过光纤对厦门市港口、码头等 10 个户外重要场所架设的遥控高清摄像信号进行调度。集团总控系统能随时通过切换双高清矩阵将各种信号送到融媒体总调度中心进行调度,各种信号能够便捷进入集团流媒体直播系统,满足融媒体节目的多元调度需求,丰富融媒体节目的内容。

7. 移动端指挥调度系统的设计

我们参照央视移动新闻网的建设思路和建设标准,开发了新闻移动客户端。新闻移动客户端在集团融媒体技术平台的 PGC 服务应用的基础上强化升级,实现了移动端的快速采集和发布,包括 VGC、UGC、地图展示、精选、突发新闻、时政和来源矩阵等模块。

记者可快速地将手机拍摄素材(图、文、视音频)直接上传到融媒体技术平台,供节目制作人员使用,回传的信息同步在总调度中心大屏上实时显示。记者在前方能够根据融媒体调度中心的指挥要求,随时发起移动网络直播。同时,该直播流也可通过流媒体直播系统推送给演播室参与传统广播电视节目的制作。

建立了新闻移动网矩阵号,为各新闻来源单位开通了内容发布、视频直播等功能,对入驻内容进行专区类、主页式的展示,建立集管理、搜索、授权、引用、转发等诸多功能于一体的融媒体资源共享机制。

8. 评估体系的设计

通过融媒体技术平台和融媒体调度中心的建设，协助建立集团节目评价体系和融媒体中心的绩效评估。要变现在的单一节目评价体系为双平台评价体系，除了传统收视率、收听率数据考核之外，还可以根据新媒体发布的阅读量、转播率、发布时间、原创、点赞、转发率，以及有线电视的回看点播量等数据进行评价，建立一套更为科学合理的评价体系和绩效考核体系。同时，通过绩效评估体系的建立，反过来指导融媒体节目的生产，改进我们的节目形式和制作方法。

三　技术亮点

（一）统一格式、全 IP 化

将各种模拟、数字信号源通过实时编码系统统一转码为 RTSP/H.264 格式，采用全 IP 化的高清矩阵系统取代传统矩阵设备，对各种 IP 信源进行灵活调度与平滑切换，将编码后的 IP 信号流通过可视化协作指挥平台，在不同区域、不同显示终端（如拼接大屏、电视机、显示器、Pad 等）进行展示，系统具有很好的伸缩性。系统的拓展仅需要部署网络系统即可，不需要额外的视频矩阵和视频综合布线，极大地降低了项目实施的总体成本。

（二）建立了集中式管理和分布式应用相结合的模式

融媒体调度中心的设计，建立了融媒体生产过程中集中式的统一管理和分布式的应用调度的工作模式，很好地满足了传统媒体和新媒体的协同生产、资源共享和融合生产等个性化需求。

（三）双向打通集团总控系统和新媒体直播与制作的通道

打通流媒体直播系统与集团总控系统，为融媒体节目制作、编辑带来巨大的便利和提供了更多的可能性。

流媒体直播系统将制作后的直播信号分三路：一路返送至集团总控系统，通过调度与集团各演播室进行实时互动，实现传统媒体与新媒体节目融合制作；一路送分布式大屏控制系统，在大屏及任何地点的可视终端进行展示；一路送新媒体直播服务器，用 IP 流的方式推送至网站或 App 的流媒体服务器实现网络直播。

打通流媒体直播系统与传统演播室节目制作通道，实现新媒体与传统媒体的节目互动，并将指挥调度通话矩阵与各演播室、总控系统等打通，实现了大型节目统一调度、综合协调、多角度全方位的融媒体节目制作。

（四）大屏展示和控制灵活多样，并具有很好的伸缩性

大屏控制系统的展示切换具有良好的 UI 操作界面，能灵活切换不同的信号源，能满足单屏多信号输出、多屏之间跨屏输出、多屏联动、甩屏等互动要求，使用起来非常便捷。对于集团各演播室、会议室和其他办公区域的展示互动，只要与办公网打通，采用独立式解码设备上屏显示即可，从而形成一个覆盖区域广、形式灵活多变的多点协同统一调度平台。

（五）建立了多种生产指挥报道模板

根据不同的时间节点和工作重心，建立了与之相配套的生产指挥报道模板和展示内容，以满足各节目部门进行多渠道节目融合生产的需要。如根据全国两会、九八投洽会、海峡论坛、厦门国际马拉松、台风等重大主题报道的需要，定制了相配套的快速机动的指挥调度模板，展现不同的生产内容和工作流程。

（六）强化了移动客户端素材快速回传、直播和发布的调度

基于集团已经建设完成的融媒体技术平台，借鉴央视新闻移动网的建设，定制开发了移动端短视频快速回传、直播以及快速发布等扩展指挥功能，建设具有厦门广电特色的新闻生产指挥调度中心。

通过移动客户端，用户可以获取和使用融媒体技术平台庞大的视频与稿

件资源,能够有效改变集团传统广播电视媒体和新媒体资源分散、竞争力薄弱的现状,在稿源拓展、版权保护、媒资运营等领域具有前所未有的发展空间,开创融合发展的全新业态。为方便业务部门的使用,开发了 WEB 端和 App 端两个使用版本。

(七)积极探索4K和VR等新技术

融合媒体调度中心的系统设计具有一定的前瞻性和扩展性,主要功能模块已经支持4K高清图像分辨率的输入和输出。大屏控制系统高清混合矩阵能很好地支持4K超高清信号的调度,采集或输出4K信号时,只需更换相应输入或输出板卡即可。

VR是当前比较热门的话题,在总调度中心我们搭建了一套VR直播系统,用于探索视频 VR 直播的应用和推广,为移动终端用户提供更好的视频体验。

四 展望

总之,融媒体生产调度中心在融媒体环境下实现了对新闻采编业务中项目、选题、资源、信号和流程等方面的统一调度管理,提供新闻信息采集、编辑、发布等生产环节的管控调度以及资源状态、传播影响力、新闻舆情的统一管控。

通过集团融媒体技术平台和融媒体生产调度中心的建设,彻底改变传统的节目制作模式,建立新的融媒体业务流程。在集团融媒体平台建设的带动下,集团"看厦门"App 装机量突破60万台,集团官微粉丝突破30万,2018年元宵戏曲晚会三场直播累计观看人数超720万,取得了一定的成绩。

技术创新支撑融合发展,强化技术平台支撑,积极探索集团新媒体资源的发展新思路和运营模式,实施移动优先战略,全力挖掘运营融媒体平台的来源矩阵,拓展在新媒体领域的发稿渠道,提高融媒体节目生产的工作效率,推进融媒体直播体系,实现集团新媒体与传统媒体的真正融合,使集团的广播好听、电视好看和新媒体内容大家喜欢。

参考文献

[1] 第41次《中国互联网络发展状况统计报告》,CNNIC,http://www.cnnic.cn/hlwfzyj/hlwxzbg/hlwtjbg/201803/t20180305_70249.htm。

[2] 《MIDIS 2.0多媒体信息分布式交互系统——广电行业解决方案》,http://www.dav01.com/article/2017/08/a5102791.html。

B.14
三维码在未来媒体的运用

李建勋*

摘　要： 在"互联网+"的时代，万物互联，信息传播更讲求快速、高效和人的体验感受。但由于现有的各类资源与设施尚未在互联网上得到很好的整合，且信息传播若要以人为中心，就要将其转化为普通人可以读得懂的内容，这一联一读的过程便是当今社会迫切需要解决的问题。当前我们一直在用的方式是通过二维码作为各类资源的入口将其衔接在一起，但由于二维码并不能给人们一种完整的视觉体验，且也因千篇一律、安全性较低等暴露出不少问题。因此，本文简略描述一种新的阵列码技术"视觉化二维码"（三维码），它不仅可以保留二维码在计算处理上的优势，同时也能满足人的完整视觉感受，或将成为未来媒体发展中又一实用技术。

关键词： 三维码　未来媒体传播　人眼识别　安全交互

一　三维码的缘起

人们为了提高工作效率、加快标识信息的识别速度，早在100多年前就发明了条形码（Barcode）这种阵列式排布编码。经过了一个世纪的技术升

---

* 李建勋，博士，厦门理工学院设计艺术学院讲师，主要研究方向为大数据、算法优化以及交互应用。

级，一维的条形码也由最初的只能为邮政单据智能分拣发展演变出了为商品零售的通用商品条码（Universal Product Code，UPC）和 EAN 码（European Article Number）。这些条码不论如何升级演化，终归是在一维的方向上进行的信息存储。再加上长度有限，能够储存的信息容量及密度都非常小，只能包含数字与字符信息，起到对相应物品进行标识的作用。

20 世纪 80 年代，为了使机器识读的内容更加丰富，在应用领域除了能够单纯地识别物品外，还可以将物品的更多描述信息以及其他命令内容都收纳其中的各类二维阵列码相继被研发出来。比如，PDF417、QR Code、Code 49、Code 16K、Code One 等。① 如今，在这些二维阵列码中 PDF417 和 QR Code 是最为常见的也是应用范围最广的。② 尤其是微信推出了扫一扫功能之后，QR Code 成为风靡整个中国市场乃至全球华人市场的唯一的二维码（下文中的 QR Code 均简称为二维码）。

虽然二维码拥有种种强大功能和在华人市场的绝对占有率，但是经过多年的大面积应用，人们还是对其在安全性和视觉效果上产生了不少的诟病。如：收款码被恶意替换、复写后的二维码依然可读以及千篇一律的二维码影响载体的美观等。因此，近些年科研人员对其的改良升级未曾停止过。更改其码点色彩、改变码点形状、替换底板颜色甚至用色彩更改编码方式等的案例屡见不鲜。但其中有一种改良方法，学界称其为视觉化二维码（Visual Recognition Code）。③ 该改良方式是将图片信息载入二维码中，将处理过的图片作为二维码的底图，通过各种不同的对二维码的处理手段将二者结合。在尽可能不影响到扫码识读的基础上达到美化矩阵码提高辨识度的目的，甚至还可以将图片的内容作为信息的载体，并作为第三个维度延伸出去，将其改造为编码意义上的"三维码"。

近些年，这种视觉化二维码不断得到各行各业的关注，厦门一家叫三维

---

① 《二维码简介以及发展》，https：//wenku.baidu.com/view/06d76d14be1e650e53ea992c.html。
② 苏高：《二维码的秘密——智能手机时代的新营销宝典》，北京大学出版社，2017。
③ X., Bao, Y., Zhong, P., Su and R., Wang, "Applications of Personalized QR Code on Packaging Design," *Advanced Graphic Communications and Media Technologies*, 2017.

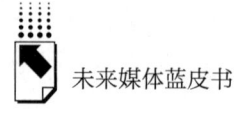

码科技的公司甚至还将其作为主体业务运营了起来，并且广受好评。尤其在2017年的金砖国家峰会期间三维码科技制作的视觉化二维码还作为金砖的宣传入口成为当时的亮点，传遍了厦门的大街小巷。

二 三维码的优势

（一）易传播性

按正常思维去理解三维码，那一定是一套全新的编码体系，从制码到扫码（解码）都需要重新推行一整套规则，若是这样，则需要对现今社会上早已适应二维码扫码习惯的人群来进行新的一轮习惯的培养。要想让一群体看到三维码后产生扫一下的想法，获得更详细的信息，首先要培养他们的扫码意识，这无疑是推广新码的最强壁垒。所以，国内外的一些新编码，都如昙花一现，在推行的最初阶段因为极低的扫码率，不幸夭折或忍痛冰封。而三维码则继续遵循国际通用的二维码扫码标准，因为已经有了这些年二维码的应用，这一群体早已有了扫码的意识并养成了扫码的习惯，这也为他们习惯三维码做了完美铺垫。在推行之初就将所有的二维码扫码人群并入自己的目标群体之中，大大利于它在市场的广泛传播和应用。

（二）高辨识度

三维码，它将整张图片作为码的背景，如无特殊需求不会牺牲任何码点，在保留完整二维码的同时大大提高了人眼的辨识度。人们在扫码前无须特意观察便能够轻松辨认该码的所属。

另外，三维码也充分满足了人对审美的需求。由于底图的存在，码的周遭不再需要对码的归属及作用做详细说明，码本身也不再是空虚且乏味的存在。这时的码除了被机器识别还能起到装饰的作用，将其完全融入背景之中。即便不为扫码，路过之人也会因为对图片的好奇多看几眼。这样一来又在无形中起到了打造品牌及宣传的效果，一举多得。

（三）高安全性

1. 二维码的安全缺陷

现如今社会上通用的，也是华人世界流行最广的就是 QR Code 二维码。虽然其有着信息容量大、编码范围广、解码可靠性高、修正错误能力强、容易制作且成本低等优点[①]，稳稳地占据着市场的份额，但正是因为这诸多的优点，一旦被不法分子所利用，将产生极大不良影响，如可以成为不法利器的切入点的就是"容易制作且成本低"。如果去掉这两部分的任意一点都可以提高门槛，将图谋不轨之人拒之门外。如增加制作难度，用技术的壁垒阻止其随意的生成；或提高制作成本，以加大投入的方式使其望而却步。

二维码最大的缺点在于它千篇一律，虽然每张二维码都有其特殊性，包括大小、容错、疏密和内容等，但这是对计算机而言的，在我们看来，它们都是由一个个黑白相间的小点组成的阵列，我们虽然知道它们有不同，但一旦没有了对比参照就完全分辨不清了。所以，只要不法分子有机会偷换掉原有的二维码，就可以为所欲为。如偷换支付码窃取他人财产、偷换便民用码向智能手机植入病毒或将信息指向诈骗集团。这些都是普通的二维码无法辨识所导致的。因为管理人员不可能时时刻刻都在扫描测试该码是否正确。

2. 现有的安全措施

为了解决安全性的问题，大多数的媒体选择了牺牲部分码点，将二维码的中心挖空，并在里面填上图片，来达到人眼识别的目的。但这忽略了两个重要的问题。一是市面上所应用的二维码尺寸大多不大，三厘米左右边长的最多见，最大边长的也都不超过十厘米。这样一来码中的图片甚是微小，通常也都无法辨别。即使是大的付款码，码中的图片也不过一厘米左右，不特意去辨认也形同虚设。二是人性的懒惰。一般人有了简单便利的方法就容易忽略或不屑去在意那些细节的部分。所以现有的方案也都未能解决恶意造假

[①] 《条形码与二维码的优缺点分析》，https://wenku.baidu.com/view/3152dce1b90d6c85ed3ac611.html。

的问题。

3. 三维码全面提升安全性

三维码以图片作为其背景增加了制作难度,若要造假首先要获取相同底图,然后还要懂得如何以编码的形式将各码点印制到图片上。即便是上述要求都满足,又会因每张码都会有不同效果的处理,而使其无法做出相同效果的三维码。如若硬性更换马上便会被管理人员甚至被用户识破。再退一步说,如果不法分子找到相关制码企业要求制作相同三维码,这就犹如自投罗网。因为制码企业必定会有自己的监管与判断,首先是对委托人身份的确认;其次是对链接内容的把控。如果存在问题,骗局会立刻被揭穿。

(四)高独特性

三维码可以让每一个码都不一样,做到独一无二。任何企业和个人都可以根据自己的意愿,设计出吸引他人眼光且与品牌气质相契合的三维码。只要设计的三维码具有很好的视觉效果①,这种独特的三维码就可以获得很好的传播。

三维码的图形化设计,能够给人们带来一种更直观更吸引人更容易识别的印象。如果能再多花一些心思对其进行制作,那么它还会传达出视觉、触觉、听觉三位一体的互动诉求,使其产生一种过目不忘的品牌文化体验和赏心悦目的视觉效果,还会增加扫码过程的参与感。所以,在制作出三维码后,可以对其进行版权注册,将其打造成品牌标志。如此一来,就具备了快速提升品牌价值和增强消费者对品牌的信任的条件。

三 三维码在未来媒体中的应用

近些年,随着信息化的不断进步,普罗大众也从以前的被传播者逐渐转变为参与者,当然这离不开移动网络终端的普及与硬件设施的不断升级

---

① 郭兴华:《利用高斯调变函数合成具视觉资讯之 QR Code》,元智大学硕士学位论文,2016。

进化。① 就当下最火的大数据来说，任何一个稍具规模的机构都会提出要收集数据、利用大数据来制定解决方案的计划。当然，这无疑也会让三维码的经营者察觉到这一市场态势的走向。

（一）技术层面上

1. 与大数据相结合

当今社会大力发展"互联网+"，数据就是财富，只有掌握丰富的数据资源，才能拥有强大的竞争力。理论上讲，拥有大量的数据后，我们就能通过其中的指向型数据进行模型的构建，制作出用户相应属性的分析框架。然后以这个模型框架为基础，通过其他离散的数据内容进行分析与计算，从而大致得出相应用户的其他不详细节与属性。如：性别、年龄、身份、性格、爱好以及行为等。因为所分析的原始信息几乎可以完全不相关，也不会像是个人身份信息一样的敏感内容，所以收集起来相对简单且成本较低。

正因为大数据有着这种强大的功能，作为具有传播功能的入口工具三维码来说，与之相结合将会是发展的趋势。三维码具有时尚美观的外部表现，且拥有高市场占有率的扫码用户，传播的效果毋庸置疑。将大数据的后台嵌入三维码的后端，然后从用户扫码的行为中获得的各种数据（非个人信息、隐私与安全数据，可收集到最能精确定位用户的信息为每部手机特有的、专为网络广告投送而设置的 UID，即 User Identifier，并且为非敏感信息）来进行客户真实需求的分析与预测，从而达到精准传播的目的。②

2. 人机交互媒体上的运用

现在的推广方式从守株待兔式部分转化为主动进攻式，这就是所谓的人机交互媒体。这种方法充分利用了人类的好奇与娱乐心理，每一种携带着传播内容的交互装置都像是一个夺目、新奇、上手简单的游戏机，主动挑起人们的好奇心让多数人都想去尝试一下，从而被动了解甚至接受其携

---

① 黄楚新：《"互联网+媒体"——融合时代的传媒发展路径》，《新闻与传播研究》2015 年第 9 期。
② 刘旸：《跨屏大数据：传统媒体与互联网融合的入口》，《中国广播》2015 年第 6 期。

带的传播内容。

因此三维码同样可以介入运用。除了技术层面的入口以外，它还可以当作交互时的一种道具。通过声音、光感或是触控等一系列的传感器来接收不同的指令信号，改变其内容、形态或表现形式等，从而达到提升交互体验的目的。

3. 虚拟与增强现实媒介入口

三维码同样也可以嫁接到虚拟与增强现实这类的科技媒体中。现在能够体验该类产品的方法不是购买相应游戏机与软件，就是下载 App，这不免违背当今社会一切求简的生活方式。①

同样，三维码也可作为虚拟与增强现实的入口，通过扫一下的动作立即进入虚拟空间从而省去购买游戏主机、软件和 App 这一复杂的过程。三维码的可识别性也可提高辨识率，增强信任度。这种做法可适用在如观光旅游的场景简介及模拟上，或是场馆寻址等，一些能与空间、场景联系到一起的事物上。

（二）新闻层面上

1. 传统媒体中的应用

传统的报纸、广播、电视等新闻传播载体由于无法预判受众的喜好，所以要将全部内容分别发至各自的媒体单元中，以广撒网的形式来提高总收视点。虽然传统媒体是一种被动选择的对象，无法以选择受众人群的方式来提高有效到达率，但是如果将三维码与之结合，至少可以通过吸引受众人群和增加交互单元的方式来提高到达率。

（1）报纸。报纸可传达深度信息，但对版面的资源要求十分苛刻，且由于报纸的感染力较弱，在每个单元起始的相应位置，可以单元 Logo 的三维码作为该版面的入口，通过终端设备进入媒体网站的相应页面，来获取图像等多媒体信息，从而提高其感染力。或者，在广告单元，将每份广告的内

---

① 蒋颖、冯天晓旸：《简化——人机交互视觉传达应用的趋势》，《新闻界》2017 年第 9 期。

容载入三维码之中,三维码的底图既可以是相应广告的 Logo 或图片信息,也可以是文字内容。然后将每份广告的具体内容放入服务器,或者直接指向该广告主所指定的网页。这样一来既能吸引受众群体,又能节省版面空间,收获更多利益,同时因为所有码都是正方形,所以省去了排版布局上消耗的时间,并且风格样式略显扁平化,体现出一种时尚的气息。

(2)广播电视。国家新闻出版广电总局印发的《关于进一步加快广播电视媒体与新兴媒体融合发展的意见》中指出:未来广播电视要以深度融合思维统领广播电视发展顶层设计和媒介资源配置,推动广播电视媒体与新兴媒体融为一体、合而为一。顺应这个发展的趋势,如何解决新旧合一这一问题便成了当今媒体行业的主要目标。三维码作为一个拥有各种优势的入口,从某种意义上讲它也可以在新旧媒体融合的发展过程中起到些许作用。由于广播这种媒介是用电波来传递音频信息的,所以无论是电波还是声音都无法直接将三维码传递到受众面前,因此在广播上的应用比较有限,可以将电台的 Logo 以及各媒体单元的 Logo 作为底图制成三维码,以纯入口的形式将受众群体引至相应移动版模块。电视在新闻传播方面也存在不足,如一些重大新闻或重大新闻的部分细节并不总是可以看得见的。这种情况下就可以加入三维码,让想了解细节部分等更深层次内容的受众群体直接转入移动端平台,实时地阅览相关信息;并且还可以利用浮动悬窗的方式嵌入各个节目当中,既不会因断剧而引起反感,同时也不影响视图的美观又能够起到快速传递信息的目的。

2. 新媒体中的应用

自从互联网接入千家万户,各种网络应用逐渐吞噬传统媒体市场的占有份额。习近平总书记在十九大报告中指出:"高度重视传播手段建设和创新,提高新闻舆论传播力、引导力、影响力、公信力。加强互联网内容建设,建立网络综合治理体系,营造清朗的网络空间。"因此,未来网络新媒体的发展必然呈现良好态势,包括上文提到的大数据、人机交互、虚拟与增强现实技术等,都将运用到媒体传播的发展中去。[1] 这样一来,除了现阶段

---

[1] 陈力丹、李熠祺、娜佳:《大数据与新闻报道》,《新闻记者》2015 年第 2 期。

网络应用当中的二维码的使用方式①，上文描述到的技术层面上的三维码应用也可以逐一导入媒体传播中去。②

3. 网络敏感信息的溯源

互联网媒体如此发达的今天，任何个体都能够成为媒体源上传各种信息。因此，作为普通人的我们很容易就会把网络上普遍传播的虚假信息当成事实，以讹传讹。原因之一就在于我们不知道该信息的出处，我们不知道该条内容是不是权威机构发出的，它的源头究竟在哪里。所以知道一条信息的源头尤为重要。

在互联网上每天都有上亿条的信息上传、转发，当然我们可以通过技术手段，将一条信息从产生的位置到传播的路径统统挖掘出来，但是我们没必要将所有信息都做上标识来进行实时地追踪，这样既费时费力，又会占据大量的网络资源，同时在法理上通常也是不被允许的。想要辨别信息的真伪并不需要那么麻烦，发出信息的个人或机构只要能够有效地运用三维码就能让问题迎刃而解。发信者在发出每条信息之前，先将该条信息出处的原始链接登录到专属三维码中，随后将该三维码同信息一并发出。不管该条信息被转发多少次，读者都能第一时间找到信息源头，如此也就容易判断信息内容的真伪了。尤其建议权威机构能够做到这一点。

（三）营销推广上

1. 目标受众的选取

任何一种事物都不是适用于所有人群，三维码也一样。所以在推广之初要先对适应的目标人群进行一个大范围的规划，然后再实施相符合的推广策略。就三维码而言扫码群体的范围非常广泛，如智能手机的用户、时尚达人、优惠信息的关注者等，都可以养成用三维码获取信息的习惯，成为推广的目标受众。

---

① 王正阳：《二维码消费应用实效及其可行性分析》，二维码消费模式研究论文，2016。
② 许可：《大数据时代新媒体与大传统媒体融合的研究》，《传播力研究》2017年第7期。

2. 让营销更精准

在传统营销中，企业、商家往往较注重到达率。至于其效果究竟如何，则需要等上一两个季度后才能统计出数据。即使在早期的新媒体营销当中，同样是将线下的方案原样地搬到线上来用，不同之处就在于线上的到达率更高、网民的回馈更快以及数据的统计更迅速。即便如此，其转化率往往是不升反降。问题就在于投放过于盲目，未进行目标用户的定位。

而当今的网络新媒体更注重的是目标的种子用户。通过大量的数据描绘出种子用户的画像，数据越完整所描绘出的画像越精确。这时的行销方案只是向具有相似相同画像的用户那里投送，方案内容是广告也好，互动也罢，都可以精准地吸引到种子用户。这样可以利用较少的投放次数获得更多的转换人次，大大提高了有效到达率。

但是，要想精准地描绘出种子用户的画像，除了各种数据挖掘的技术之外，最不能缺少的就是数据。也就是说，数据的收集是企业、商家在营销过程中的重中之重。现阶段收集移动用户数据的方法一般都是下载 App，但是每款 App 想要有一定的市场占有率就必须先对其本身进行营销推广，如此一来就又回到最开始的传统营销的问题中去了。而如今以三维码作为切入口，这一难题就可以迎刃而解。用户在不下载新 App 的情况下，仅通过扫描三维码，后台系统就会根据设定迅速地获取到用户相应的数据，从而达到简单快速地收集数据的目的，实现精准的营销。

3. 实现 O2O 双线营销

众所周知，移动营销的价值在于企业、商家可以与用户进行互动，实行精准营销。互动得好，往往可以令整个营销过程顺利很多。因为互动产生数据，数据产生决策，决策产生实效。没有互动，就难有实效。

在传统的营销模式中，企业、商家与用户之间没有沟通的渠道，整个营销过程都是单向的。三维码与智能手机的结合便可以在传统营销与移动营销之间架起一座桥梁。上文提到多数的手机用户都会通过扫码的方式来获取便捷，所以企业、商家让自己的产品进入用户手机的最快的途径就是合理地利用起三维码。通过在三维码的后台构建起各种营销内容来实现与用户互动、

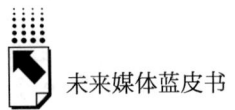

收集数据、制定决策从而达到营销目的。这样一来扫描三维码这个举动,不仅可以将用户吸引到线下实体商铺中,还可以加入技术手段,智慧地选取有效用户进行具有针对性的施策,从而起到事半功倍的效果。

因此三维码与智能手机的结合在整个O2O双线营销过程中起到纽带的作用,是线上资源流向线下的重要渠道。

四 再次思考三维码

经过上文的论述我们知道了三维码并不是高精尖的技术,只不过是基于现有二维码发展出来的新的版本。尽管以上所描述的有关三维码的应用分析不一定都能够实现,或是由于技术的发展又产生更加优秀的编码方式,而导致其被遗忘在历史的车辙里,但至少在接下来的一段时间内,应该不会有哪种新方式可以彻底地阻碍三维码现今的发展势头。事实上能够在社会上广泛传播的事物并不需要有多么高深的技术含量和高雅的形式与姿态,只要它能够在现有的基础上给大家带来更多的便利与愉悦就满足了使其推广开来的必要条件。在物质充足、信息发达的今天人们更多关注精神层面的享受,所以外表的美观在现今也是同等重要的条件。因此三维码这种看似简单的事物应该会很轻松地在未来媒体中推广开来。

环球视野篇

Reports on Global Vision

B.15
德国媒体人工智能应用发展报告(2017)

贺 涛*

摘 要： 德国广电媒体整体上已实现了数字化升级，具备媒体人工智能发展的硬件基础。但德国用户的数据多数被美国公司掌握，同时德国实施高水平的数据保护，客观上限制了基于数据和算法的媒体人工智能应用的发展。德国最早提出工业4.0，人工智能布局主要服务于本国制造业，因此智能电视等硬件设备发展较好，内容和服务方面的应用还比较有限。德国的做法和经验对我国媒体人工智能的发展具有一定的启示和借鉴意义。

---

* 贺涛，法学博士，国家广电总局发展研究中心副研究员，德国马普创新和竞争研究所访问学者（2016~2017年），主要研究方向为广播电视国际传播、影视版权。

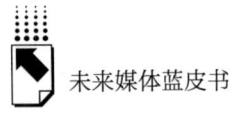

关键词： 德国 智能媒体 人工智能

在人工智能的热潮当中，全球的媒体和创意产业正在悄然发生变化，从报纸电视到智能手机，从媒体内容推荐到机器人撰稿，基于大数据和算法的人工智能应用正在重塑媒体的内容制作、分发、获得、体验和消费等各个环节。① 本文聚焦德国媒体人工智能应用发展的情况，分析其背后的社会、制度和政策因素，从中总结提炼出有助于我国媒体人工智能发展的有益经验。

一 数字时代德国媒体的发展与变革

德国广播电视业高度发达，自20世纪80年代开始一直沿用公私分立的二元体系。德国全国的公法广播电视机构主要有德国广播电台（DLR）、德国之声电台（DW）、德国电视一台（ARD）和德国电视二台（ZDF），此外德国还有9个州级公法广播电视台。私营广播电视机构主要有卢森堡广播电视传媒集团（RTL Group）和 ProSiebenSat.1 传媒集团。② 近年来，随着数字化的推进，德国媒体也迎来了发展和变革。

（一）德国广电媒体整体实现了数字化升级

在德国，有线电视（Cable）和直播到户卫星电视（DTH）占据了绝大部分传输覆盖的市场份额，交互式网络电视（IPTV）和数字地面电视（DTT）虽有发展，但整体规模较小。据统计，直播到户卫星电视和有线电视分别占电视家庭用户的46.5%和45.9%，而DTT和IPTV则分别仅占9%和6.2%的份额。近年来，德国全力推进广播电视数字化进程，德国数字电视用户家庭已经达到3500万，占总数的92.3%。根据2016年德国媒体数字化发展报告的

---

① 腾讯研究院：《人工智能浪潮改变全球媒体和创意产业》，《机器人产业》2017年第6期。
② 李宇：《国际传播视角下各国电视研究：现状与展望》，中国广播电视出版社，2013，第196~200页。

数据，有线电视用户的数字化率已达到82.1%。① 而直播到户卫星电视的模拟转数字则早在2012年4月就已经完成，从而正式结束了模拟卫星电视23年的历史。② 德国广播电视的数字化转型，为德国媒体人工智能的发展奠定了良好的基础。

（二）广播电视媒体具有较高的社会公信力

随着互联网技术和移动通信技术的发展，德国观众的媒体使用行为也在发生变化。智能手机成为重要的收视终端，互联网成为受众获取视频节目的重要渠道。相对于报刊等纸质媒体、网络媒体和社交媒体而言，德国民众对广播、电视媒体的信任度普遍较高。欧洲广播联盟一项名为《2018媒体公信力》（Trust in Media 2018）的研究显示，欧洲受众普遍更加信任广播和电视，社交网络和纸媒则沦为最不可信的渠道。就德国媒体公信力调查情况来看，德国民众对广播媒体的信任程度最高，71%的民众信任广播媒体，相对于2016年而言，对广播媒体的信任程度有所增加。63%的德国民众信任电视媒体，近五年内德国民众对电视媒体的信任程度呈上升趋势。2017年德国民众对报纸等纸质媒体的信任度较2016年有所下降，2017年有56%的民众信任纸媒。德国民众对网络媒体的信任度较低，仅有29%的民众信任网络媒体。德国民众对社交媒体的信任程度较低，仅有15%的民众信任社交媒体。③

（三）德国媒体面临激烈的国际竞争

德国的电影、电视剧等影视产业被美国蚕食得十分厉害。2016年，德

---

① "Digital TV Grows in Germany, but HD Faces Obstacle," 2018年5月2日，https://www.broadbandtvnews.com。
② "Germany Completes Analogue Switch-off on Satellite," 2018年5月2日，https://www.rapidtvnews.com, https://www.broadbandtvnews.com。
③ EBU, "Trust in Media 2018," 2018年5月2日，https://www.ebu.ch/publications/trust-in-media-2018。

国电影市场被好莱坞电影主导，德国本土电影的票房收入仅约3亿美元，占其总票房收入的20%左右。2017年，尽管德国电影的票房收入有所提高，但是占票房总收入的比例仍为20%左右。① 在除电影外的视听产业中，如付费点播电视/视频，60%以上市场份额被美国的亚马逊、Netflix和英国的Sky Go等公司占据。唯一的一家德国公司Maxdome仅占付费点播电视/视频市场的8.6%，订阅点播市场的6.5%。德国的社交媒体软件基本也是由美国公司垄断，比如Facebook、Twitter和WhatsApp。② 总体来看，德国媒体行业面临激烈的国际竞争，德国本土媒体处于弱势。

二 德国人工智能发展及媒体应用情况

就目前的发展来看，德国人工智能应用主要集中在机械制造，如库卡机器人和自动驾驶上，即利用人工智能在客户信息获取上的优势服务于传统优势行业，在媒体方面的应用比较有限。

（一）德国人工智能发展的现状及特点

1. 德国正在形成人工智能研究领域的比较优势

德国人工智能研究中心（Deutsche Forschungszentrum für Künstliche Intelligenz，DFKI）成立于1988年，是德国顶级的人工智能研究机构，也是目前世界上最大的非营利人工智能研究机构，其股东涉及Google、Intel、微软、宝马、SAP、Airbus等全球前十的顶级科技企业。③ 柏林大数据中心（BBDC）是由联邦教育和研究部（BMBF）资助的一个研究机构，该机构于2018年2月28日在德国汉诺威举行了"大数据·人工智能峰会"，上千名专

---

① Martin Blaney, "Germany Box Office Report 2017: A Successful Year Powered by Local Comedy," 2018年3月18日，https://www.screendaily.com/box-office。
② Jörn Krieger, "Amazon and Netflix Lead German pay-VOD Market," https://www.broadbandtvnews.com.
③ https://www.dfki.de/web。

家齐聚一堂共同讨论数据管理和人工智能应用的最新发展。① 2017年2月，IBM投资2亿美元在德国慕尼黑设立了IBM Watson（沃森）物联网（IoT）事业部的新的全球总部，被视为美国人工智能和德国机械制造的强强联合。

2. 德国正在成为人工智能创新企业聚集国家

从全球人工智能企业的分布来看，921家人工智能企业机构位于北美地区，欧洲和亚洲地区分别有632家和258家人工智能企业。整体来看，欧洲人工智能技术和应用正处于成长阶段。在欧洲，以机械制造业闻名的德国对人工智能的使用虽不像英国那样处于领先地位，但德国柏林仍是继美国旧金山、英国伦敦、法国巴黎之后，全球第四大人工智能中心。柏林集中了德国54%的人工智能创业企业，随后分别是慕尼黑、汉堡和法兰克福。德国人工智能创业公司主要集中在五个领域，分别是客户支持、客户沟通、销售和营销、软件开发、计算机图像识别，这五个领域的创业企业占到了德国人工智能创业公司的48%。②

3. 德国人工智能的发展主要服务于本国制造业

德国是最先提出"工业4.0"战略的国家，一方面是因为德国人口老龄化严重，劳动力不足，需要人工智能在工业领域的应用来提高生产力。根据麦肯锡全球研究所（MGI）的数据，62%的德国职业中至少有30%的活动可以实现自动化，人工智能将提升德国多数行业的绩效水平，据估计AI支持的工作可以使德国的生产力每年提高0.8%~1.4%。③ 另一方面是因为德国预借人工智能巩固其在工业制造领域的领先地位。因此，自动无人驾驶和辅助驾驶等人工智能技术在德国汽车工业领域获得广泛应用。预计到2030年，高度自动驾驶汽车将占全球汽车销量的10%~15%，到2040年将实现两位数的年增长率。

---

① http://big-data-berlin.dima.tu-berlin.de/home/.
② See Fabian, "The German Artificial Intelligence Landscape," 2018年3月19日，https://medium.com/@bootstrappingme/the-german-artificial-intelligence-landscape-b3708b325124。
③ See McKinsey & Company, "Smartening up with Artificial Intelligence (AI): What's in it for Germany and its Industrial Sector? April 2017," 2018年5月2日，www.mckinsey.com。

（二）德国媒体人工智能的应用情况

人工智能建立在大数据的基础之上，德国数字化程度较高的信息通信、媒体、金融等行业都有人工智能发展的潜力，但事实上德国媒体人工智能应用除了硬件设备外，在内容和服务方面的应用还比较有限。

1. 智能电视

作为发达的工业国，2017年德国共销售600万台具有智能功能的互联网电视机、机顶盒、视频播放器和录像机，比2016年的550万台增长了9%。其中，智能电视机销量为490万台，占2017年电视机总销量的69%。绝大多数智能电视聚合了混合广播宽带电视（HbbTV）功能，观众通过遥控器上的"红色按钮"即可调出附属功能，如视频点播服务、媒体图书馆、电子节目指南（EPG）等。据统计，自2004年以来，德国已累计销售了约3660万台智能设备，其中智能电视机为2910万台。① 据悉，2018年4月，德国电视平台②在汉堡组织了一场主题为"智慧生活，智慧电视！"的活动，共同探讨大数据和数字助理对媒体的影响。

2. 媒体内容个性化推荐

深度学习引领着这一轮的人工智能发展浪潮，原因在于数据和算力在近年取得巨大突破。而德国社交媒体上大数据和人工智能的应用，既缺乏资源，应用范围也十分有限。德国人对待社交媒体相对保守的态度，使得大数据、人工智能目前主要集中在数据挖掘和分析的研究领域，缺乏利用研究结果进一步推进社交媒体发展的内在动力。同时，ARD和ZDF是德国最大的两家公立广播电视台，需要坚守言论自由和新闻报道的中立性等原则，不允许播放广告，其盈利主要来自广播电视费和国家拨款。这也客观制约了基于

---

① "Sales Record: Six Million Smart TVs Sold in Germany," 2018年5月2日，http://www.hbbtv.org。
② 德国电视平台成立于1990年，是一个由大约50家私营和公共广播公司、设备制造商、基础设施运营商、服务和技术提供商、研究机构和大学、联邦和州政府以及其他涉及数字媒体的公司、协会和机构组成的协作组织。

数据和算法的人工智能技术在媒体领域的发展和应用。

3. 机器人新闻写作

德国之声（Deutsche Welle, DW）已经开始有意尝试机器人新闻写作，为此德国之声新媒体创新项目主管 Wilfried Runde 主张在其全球新闻编辑室增加数据新闻实践。机器人写作需要突破的核心技术是自然语言处理，包括对文字、声音和视频等的处理能力。[①] 为此，德国的 AX Semantics 公司研发了自己的标记语言 ATML3，以便编写自动化代码。值得注意的是，各机构使用机器人进行新闻写作，目的并非以机器人取代记者，而是扩大此前没有涉足的新闻报道领域。

三 数据之痛——德国媒体人工智能发展的政策分析

数据被喻为"数字时代的石油"，而德国高水平的数据保护使得基于数据和算法的媒体人工智能应用时刻面临法律风险，成为一把悬顶的"达摩克利斯之剑"。同时，德国用户数据大多被 Google、Facebook 等美国公司垄断，成为德国媒体人工智能发展中的致命弱点，无异于"阿喀琉斯之踵"。

（一）高水平的数据保护使德国媒体人工智能的发展面临法律风险

数据以及数据挖掘、数据利用是人工智能技术应用发展的前提，但德国法律注重保护个人信息数据，因此也限制了人工智能在媒体领域的应用。2018 年 2 月 12 日，德国柏林地方法院的一份判决宣告 Facebook 在未告知用户的前提下，将所收集的用户个人信息数据用于广告服务，违反了德国的数据保护法。[②] 事实上，自 2010 年开始，德国的消费者协会针对 Facebook 用户数据使用等问题提起了一系列诉讼，导致 Facebook 针对德国用户采用特

---

① Martha L. Stone, "Reuters Institute for the Study of Journalism," *Big Data for Media*, p. 14.
② LG Berlin Urt. v. 16. 1. 18-Az. 16 O 341/15.

殊的数据保护协议。2017年9月22日柏林最高法院做出判决,认为Facebook应用中心的四项免费游戏要求用户提供的信息过多,包括邮箱地址、登录状态以及用户名以便在其社交账户上发布成绩。这些数据的收集和使用明显超出了该游戏服务所需要使用数据的目的。① 与此相应,更早的时候,Facebook的好友搜寻功能也被德国联邦法院认定为违法。接连不断的个人信息数据保护案件,迫使德国各个媒体网站不得不相应地修改其个人数据收集、使用的协议。随着2018年5月新的《欧盟数据保护条例》(EU Data Protection Regulation)的生效,以及德国《联邦数据保护法》的修订,德国对个人信息数据的法律保护进一步加强。可以预见,Facebook等社交媒体基于数据分析而进行的人工智能应用将面临更多无时不在的法律风险,这无异于一把时刻悬在头上的"达摩克利斯之剑"。

(二)数据瓶颈使德国媒体人工智能的发展缺乏动力

总体来说,人工智能在德国媒体行业的应用十分有限,因为从搜索引擎Google到社交媒体Facebook,再到视频网站Netflix,几乎所有的用户信息都掌握在美国企业手中。② 因此,在大多数媒体企业都在利用人工智能、大数据进行商业模式创新和转型的情况下,德国媒体行业,如广播电视台的新闻客户端还是采用传统的模式,既没有广告的投放,也没有针对用户的个性化推送。最具讽刺意味的是,德国最大的电视台ARD,是德国YouTube上最受欢迎的节目之一,但本该属于ARD的用户数据却落入了YouTube的手中。尤其是亚马逊的Alexa家庭语音控制系统的发展,使德国企业能够获得用户信息的渠道非常局限。2017年5月6日,《经济学人》一篇文章提出了"世界上最有价值的资源不再是石油,而是数据"的观点,指出在数字经济时代,谷歌、亚马逊、脸书、

---

① LG Berlin, v. 28. 10. 2014-Az. 16 O 60/13.
② https://digiday.com/marketing/state – social – platform – use – germany – 5 – charts/,https://www.broadbandtvnews.com/2017/11/30/amazon – and – netflix – lead – german – pay – vod – market/.

微软、苹果等互联网公司从数据和数据利用中获得强大的动力。① 阿里巴巴董事局主席马云也从生产关系的角度,将大数据比作智能时代的生产资料。德国面临的数据瓶颈,成为德国媒体人工智能发展的致命弱点或要害。

四 德国媒体人工智能发展对中国的启示

通过梳理德国媒体人工智能应用的现状和问题,分析其背后成因,对于发展我国媒体人工智能具有重要的启示意义。

(一)完善个人信息数据保护的配套机制

德国媒体人工智能发展中所面临的问题,有可能是中国未来发展中要面临的问题。与德国数据保护法专门立法的保护模式不同,我国建立的是民事和行政的双重保护制度。一方面是在人格权法律框架内对个人信息进行私法保护。《民法总则》第111条规定:自然人的个人信息受法律保护。任何组织和个人需要获取他人信息的,都应当依法取得并确保信息安全,不得非法收集、使用、加工、传输他人信息,不得非法买卖、提供或者公开他人信息。这一规定意味着个人信息权首次作为一项独立人格权纳入法律范围。另一方面是在网络安全法律制度框架内对个人信息进行公法保护。中国坚持网络安全和信息化发展并重,《网络安全法》第41~44条从网络信息安全的角度对个人信息的收集使用、禁止信息泄露篡改和毁损、信息删除和更正、信息窃取等问题进行了规定,并规定了网络经营者等主体的行政责任,从而确立了个人信息的行政法保护制度。个人信息数据的法律保护框架已经确立,但仍需不断完善相应的配套机制。针对近期Facebook 5000万用户数据遭第三方机构"剑桥分析"滥用的事件,《人民日报》发表评论《互联网时代更需要"数据守护"》,指出大数据、人工智能等技术展现出的对个人行为和思想的透视和操控能力,以及层出不穷的个人数据滥用和泄露事件,触

---

① "The World's Most Valuable Resource is no Longer Oil, but Data," *The Economist*, May 6, 2017.

动了公众对于隐私和个人数据保护的深切关注,主张赋予个人更多选择权和决定权、增强数据收集和处理方式的透明度、完善对互联网平台的问责机制等。① 这些都是完善个人信息数据保护的可选方案。

(二)媒体人工智能的发展要服务于实际需求

德国媒体行业的数字化程度较高,具有发展人工智能的基础,但是媒体人工智能应用却比较少,究其原因,除了前文述及的数据之痛因素外,还与其本国媒体格局有关。德国网络媒体都是被 Google、Facebook、Youtube 等美国企业所控制,此前谷歌公司在德国曾依托数据挖掘技术开展过新闻聚合和推送服务,谷歌在对数百家报刊网站进行自动搜索后,对原始新闻以"标题、导语、出处"的方式通过谷歌新闻予以分类呈现。读者满足于谷歌新闻碎片化的信息呈现方式和个性化的新闻推送形式,进而放弃访问原新闻网站。谷歌这种基于数据挖掘的新闻聚合和推送服务,分流了德国新闻媒体网站的点击率和用户流量,影响了德国新闻媒体的利益。对此,德国立法者于 2013 年创设了"报刊出版者邻接权",赋予德国报刊出版者一项新的权利,以保护德国新闻媒体的信息不被谷歌非法无偿使用。这既体现了传统媒体和新媒体之间的角力,也体现了立法者保护本国媒体利益的态度。② 因此,我们不难判断在美国公司控制德国网络媒体的情况下,人工智能在德国媒体行业的应用将受到一定的影响。

(三)巩固和扩大人工智能的先发和比较优势

人工智能现已成为全球新一轮产业变革的着力点,各国都结合自身优势,积极布局人工智能领域。德国以发达的制造业闻名于世,是最早提出工业 4.0 的国家,人工智能的研发和应用主要是服务于本国的制造业。例如,德国将智能技术用于电视机设备的生产,2017 年智能电视机的销量占到当

---

① 张衡:《互联网时代更需要"数据守护"》,《人民日报》2018 年 3 月 30 日,第 21 版。
② 李陶:《媒体融合背景下报刊出版者权利的保护——以德国报刊出版者邻接权立法为考察对象》,《法学》2016 年第 4 期。

年电视机销售总量的85%。[①] 德国人工智能创业公司主要集中在客户支持、客户沟通、销售和营销、软件开发、计算机图像识别领域。这五个领域的创业企业占德国人工智能创业公司的近一半，这一布局正是着眼于服务本国优势产业发展需求。中国人工智能创业公司中排名前三的领域为：计算机视觉与图像146家、智能机器人125家以及自然语言处理92家。[②] 中国在人工智能领域的研究和应用已经形成了领先优势，下一步应该突出重点，不断优化人工智能布局，巩固和扩大人工智能在关键环节和特定领域的比较优势。

---

① Sales Record："Six Million Smart TVs Sold in Germany," 2018年5月2日，http://www.hbbtv.org。
② 腾讯研究院：《中美两国人工智能产业发展全面解读》，2017，第20页。

B.16
日本智慧媒体发展报告（2017）

杨　阳*

摘　要： 日本政府多年来高度重视人工智能技术的研究开发与应用，不断将人工智能技术导入各大产业，发挥积极的推动作用。近几年来智能技术不断与媒体传播相融合，带动了媒体行业的数字化转型，同时也推动着日本媒体行业迈进智慧媒体的新时代。

关键词： 日本　人工智能　智慧媒体　ICT技术

"新闻主播Yomiko"在日本放送协会（简称NHK）的推动下于2018年4月被成功地推入了人们的视野。"Yomiko"是一位人工智能新闻主播，可以模拟真人女性的声音，拥有10万个音素，并且收录了日本国内各地口音与专业词汇，借以实现其新闻播报的职能。"Yomiko"在深夜新闻节目亮相后，引起了业界讨论的热潮。人工智能新闻主播的市场投放，对于当下在新媒体发展以及智慧媒体发展方面一直处于平缓阶段的日本来讲，无疑是一次大胆的尝试，同时也是日本人工智能正式进军媒体行业的一个重要标志。

一　日本智慧媒体发展环境分析

近年来，全球互联网行业的快速发展和普及为媒体行业的生态发展带来

---

* 杨阳，工商管理学博士，厦门理工学院文化产业与旅游学院讲师，主要研究方向为新媒体与市场营销、流通体系等。

了巨大的影响，日本社会的媒体生态环境也渐渐发生改变，便携式智能终端媒体渐渐取代传统媒体，成为受众群体信息交流的重要途径之一。但在新媒体发展方面较早起步的日本，现今落后于中美两国。随着信息通信技术的迅猛发展，智慧媒体行业虽有较好的技术支持与发展趋势，但速度较为缓慢，媒体行业仍处在多种媒介融合，智慧媒体与传统媒体相互抗衡的平缓发展阶段。自2014年来，日本智慧媒体的发展逐渐加快了脚步，政府相关部门对以大数据、人工智能为代表的ICT技术的发展给予大力支持，宏观调控政策陆续出台，无疑为智慧媒体提供了良好的契机，带动了智慧媒体行业的发展。

（一）顶层设计下的战略新机遇

日本最高科技创新政策咨询机构——综合科学技术创新会议（CSTI）重组后提出的日本《第五期科学技术基本计划（2016~2020）》，于2016年1月22日通过日本内阁会议的审议。该计划旨在打造"超智能社会5.0[①]（Society 5.0）"，通过物联网（IoT）技术发展新产业与新服务，精准对应消费者的多样化需求，提高城市功能，改善生活环境。[②]

2016年5月24日，日本内阁会议颁布了《科学技术创新综合战略2016》，对《第五期科学技术基本计划（2016~2020）》做出了进一步的阐释，深化和推进超智能社会的发展进程。该战略中针对超智能社会的建设，指出将致力于发展网络空间与现实空间，且将两者有效地融合。其中，在加强科学技术与完善网络虚拟技术问题方面，将不断提高大数据分析技术、人工智能技术、设备技术、网络技术等。一向以科技水平领先为荣的日本，近年来科学技术基础实力急剧弱化，政府研究开发投资的增长停滞。为改善此现状，加强人力资源建设，该计划提出大力度培养青年科技人才，从根本上加强科学技术创新的基础实力。同时，政府将实施科研经费改革，构建人

---

① 超智能社会5.0是指在狩猎社会、农耕社会、工业社会、信息社会之后出现的由科技创新引领社会变革所诞生的新型社会形态，也是网络空间与现实空间高度融合的社会形态。
② 日本内阁府：《第5期科学技术基本计划》，2016。

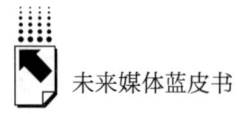

才、知识与资金的良性循环体系,确保改革创新的稳步发展。通过以往四期的科学技术基本计划所打下的坚实基础,第五期科学技术基本计划的实施将促进网络技术的普及与信息通信技术的进步,促使以互联网为基础的大数据、人工智能等领域得以更好地融合,提高社会信息化程度,加速推动智慧媒体的发展进程。

(二)推进人工智能发展新举措

近年来,人工智能的研究与开发已作为日本国家增长战略的重要领域得以发展。早在2014年6月24日,日本政府颁布的《日本再兴战略2014年修订版——对未来的挑战》中就指出将重点推动机器人技术的研究,加快人工智能的开发进程。同年9月在日本政府的推动下,"机器人革命实现委员会"成立,与2015年1月发布《机器人新战略:远景、战略、行动计划》,提出将推动机器人技术向人工智能化、数据终端化等方向发展,扩大机器人的应用领域。

2016年6月,日本政府在《日本再兴战略2016》中提出"第四次产业革命战略",将人工智能技术、物联网、大数据定位为推进其发展的核心技术,实现国内产业结构转型。同年7月,总务省颁布《下一代人工智能促进战略》,为人工智能技术的发展、产业布局等指出方向。同年9月,日本内阁召开"人工智能技术战略会议",该会议为人工智能产业化发展规划蓝图、制定相关制度、储备技术人才以及收集相关信息数据,提出将人工智能的技术研究纳入《第五期科学技术基本计划(2016~2020)》和《科学技术创新综合战略2016》,进一步将人工智能技术尽早实现产业化与实用化,实现制造、销售、信息通信等更广域范围内的技术应用,同时也为发展超智能社会、智慧媒体打下政策性的坚实基础与有力保障。

日本政府将2017年认定为人工智能元年,其主要研发机构集中在以政府为主体的总务省——情报通信研究机构、文部科学省——理化学研究所、经济产业省——产业技术综合研究所,日本政府计划至2020年将陆续投入1000亿日元用于人工智能的研发,在2018年度政府预算中,已将人工智能相关预算总额提升至 770 亿日元，相比 2017 年预算增长了 30%，确保了人工智能技术在政府保驾护航的基础上得以快速发展，同时也带动了物联网、大数据以及网络安全技术方面的研究。

2017 年 6 月 9 日，日本政府在《未来投资战略 2017》中指出将持续推进人工智能技术的发展，积极地将该技术应用于"超智能社会 5.0"中的同时，也将同步推动物联网、人工智能、大数据的研究与应用。

（三）ICT 技术发展为智慧媒体发展铺路

2001 年 1 月 6 日，日本《构建先进信息与通信网络社会基本法》（即 IT 基本法）出台，指出了日本社会信息化建设的重要观念和基本策略。该基本法积极扶持各产业的信息化建设，增进产业间的信息交流融汇，为今后日本成为信息产业强国奠定了坚实的基础。同年，日本政府正式提出"E-Japan 战略"，旨在促进超高速互联网基础设施的建设，推动电子商务等相关技术的研发，ICT 技术成为日本政府最优先发展的课题。同时，ICT 技术的不断进步带动了日本传媒产业发展的脚步，通过 ICT 技术，不断地与其他关联产业相互渗透、相互促进，推动了日本通信行业的进步，促进了传统媒体向数字化媒体转化的进程。

2013 年 6 月，日本国家信息安全中心颁布了《网络安全战略》，同年 11 月《网络安全合作国际战略》出台，这无疑将日本是信息安全强国的姿态展示给了世人。同年 5 月，总务省召开"关于传媒服务高度化讨论会"，明确了数字电视、智能电视、有线电视、传媒网络的发展策略，制定了推广普及的具体规则与方案。2014 年 1 月、6 月在政府的主导下召开了两次"ICT 成长战略推进会"，针对网络安全，媒体传输技术，内容制作技术的引进、输出与开发等问题指出了明确的发展道路。2016 年《第五期科学技术基本计划（2016～2020）》、2017 年《未来投资战略 2017》等发展战略中多次提及 ICT 技术的重要性，制定了 ICT 技术与相关产业融合的具体策略，带动了行业发展。ICT 技术的进步为智慧媒体发展在技术层面上提供了可靠的保障。

从各种国家宏观调控政策不难看出,日本政府已将传媒产业政策提升到了国家战略的层面,致力于信息通信产业的发展,借以带动全产业的发展。①

二 日本智慧媒体发展概况

日本作为传媒大国,传统传媒产业发展较为成熟。近年随着大数据、人工智能等技术的不断进步与发展,媒体行业整体呈现多元化的发展态势,庞大的传统媒体虽然依旧主导市场,但近几年来消费者行动以及企业数字化、高度化发展,通信基础设施不断完善,传统媒体出现了向新媒体、智慧媒体转型的趋势。

(一)传统媒体逐步转型

日本株式会社博报堂DY媒体合作伙伴环境研究所发布的《媒体定点调查2017》结果显示,在日本社会生活中受众群体接触到的主要媒体传播大致有电视、广播、报纸、杂志、电脑、平板电脑、手机/智能手机等七种方式。如图1所示,2017年日本社会受众群体每天接触媒体的时间平均为378分钟,较2016年的393.9分钟减少了15.9分钟。从日平均接触媒体的时间来看,互联网媒体②与传统媒体代表——电视的时间比重较大。从图2可见,互联网媒体使用比例稳步增长,2017年占总使用时间的46.2%,比2016年增长1.4个百分点,平板电脑媒体的使用时间增幅明显,受众群体正在逐步向互联网媒体转移。

1. 电视产业向智慧媒体转型,略显增长趋势

日本社会中传统媒体的比重逐年递减,但现今仍处于主导地位。其中电视产业所占比重最大,如图3所示,2015年电视产业市场规模约为39152

---

① 刘斌、段茹佳:《ICT技术政策与日本传媒产业的发展》,载《全球传媒发展报告(2015)》,2015。
② 电脑、平板电脑、手机/智能手机的合计时间,2016年为176.6分钟,2017年为174.5分钟。

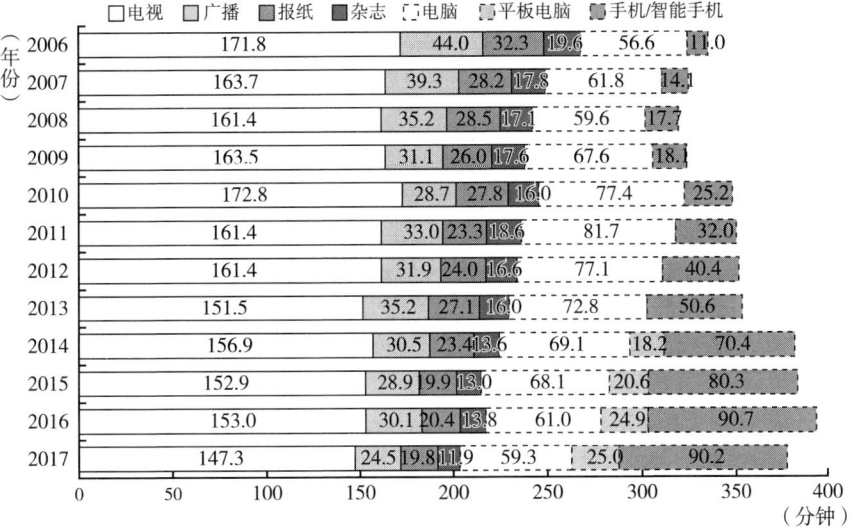

图1　2017年日本社会受众接触媒体时间统计推移表（每日）：东京地区

说明：①2012年开始在手机项目上添加智能手机，改为手机/智能手机。②2014年开始添加平板电脑项目，将"由电脑连接互联网"更改为"电脑"，将"由手机连接互联网"更改为"手机/智能手机"。

资料来源：株式会社博报堂DY媒体合作伙伴环境研究所：《媒体定点调查2017》。

亿日元。日本株式会社博报堂调查显示，2017年视听时间较2016年增长了0.1%。

日本电视产业主要由公共电视台与民营电视台①构成。公共电视以日本最大的广播电视机构NHK（综合台与教育台）为代表。NHK注重视听技术开发，拥有多项光纤技术专利，近年来借助ICT技术，针对受众视听环境的多样化，不断尝试将电视视听与日常生活相融合。通过智能手机，电视与多种应用程序进行交互，实现信息资源的多级化，借此来满足受众对电视节目信息以及视听的个性化需求。同时对受众群体的视听环境、行为偏好、关联度等进行分析，准确及时地提供与受众需求更为匹配的内容服务，增加用户

---

① 民营电视台主要有五家，分别为日本电视网协议会（NNS）、TBS电视网（TBS系列）、富士电视网（FNS）、朝日电视网（ANN）、东京电视网（TXN）。

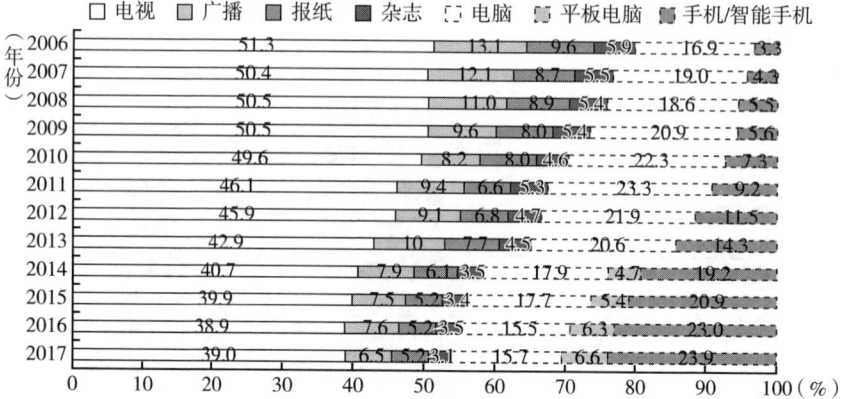

图2　2017年日本社会受众接触媒体时间构成比推移表（每日）：东京地区

说明：①2012年开始在手机项目上添加智能手机，更改为手机/智能手机。②2014年开始添加平板电脑项目，将"由电脑连接互联网"更改为"电脑"，将"由手机连接互联网"更改为"手机/智能手机"。

资料来源：株式会社博报堂DY媒体合作伙伴环境研究所：《媒体定点调查2017》。

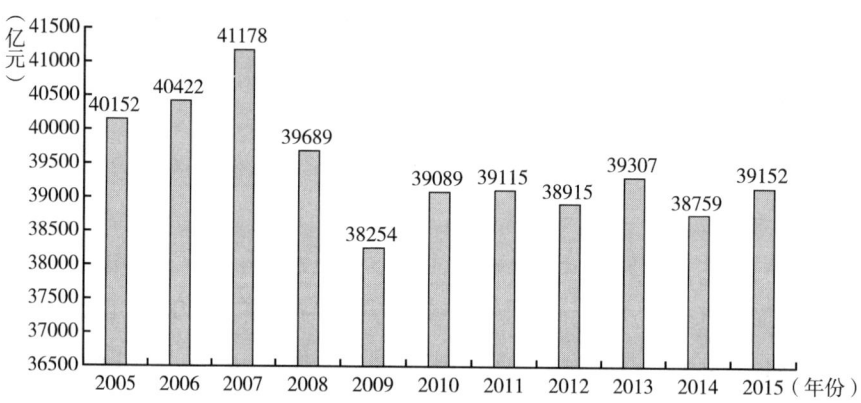

图3　日本电视产业市场规模（2005～2015年）

资料来源：日本总务省：《情报通信白皮书2017》。

的媒体使用黏性，改善用户体验，满足受众的潜在需求。此外，NHK将技术不断外延并应用在其官方网站内，将网站打造成在线数据库，积极构建云架构，以数据中心为核心，增强内容服务，把电视产业有效地与互联网技术相结合，实现服务能力无界化。

NHK不仅自主研发通信技术，也不断地将人工智能技术融入电视产业，人工智能新闻主播"Yomiko"就是其技术结合的产物之一。在"Yomiko"登场NHK新闻节目的同一天，民营电视台NNS一位23岁名为"Erika"的机器人主播在电视节目中亮相。"Erika"由日本京都大学和大阪大学共同研发，拥有先进的人工语言系统，能掌握对话技巧，还能利用14个红外传感器监测现场环境、追踪周边人的行为举动，正确识别人类情感并自主变化表情，在"Erika"作为主播登场之前，通过与上万人进行交流互动，积累了大量数据，接收处理信息的语音识别系统、智能对话技术都得到了较大的提升。两家电视台开拓智能主播领域，通过人工智能的深度学习，持续提升业务能力，以此达到带动行业整体发展的目的。

日本电视产业在向智慧媒体转型的过程中以技术为导向，构建云业务，增强内容服务，提倡电视智能化、服务化，与受众的需求深度融合。

2. 报业媒体数字化转型，构建智慧媒体数据库

自20世纪以来便被称为"报业王国"的日本，近年来面临社会经济增长缓慢、新媒体发展迅速、受众流失的尴尬窘境。2016年报业产业市场规模为17676亿日元（见图4），其中广告收入下滑明显，但销售收入递减缓慢，总体上维系了报业在传媒产业中的一席地位，这都归功于近年来日本报业的数字化转型。

面对市场规模逐年衰退的局面，传统报业加快了转型的步伐。各大报社积极构建网络阵地，以数字技术、互联网技术、移动通信技术为基础，开发付费电子版新闻报，积极与新媒体开展合作，提供内容服务。《日本经济新闻》的数字化转型成功成为日本传统媒体向智慧媒体转型的重要代表。《日本经济新闻》是日本财经类核心报刊之一，也是日本最早布局数字化战略的报业。在转型期间，该报成立了电子媒体局，将过往旗下报刊的新闻信息进行整理，创建规模庞大的商用数据库，为受众提供数据检索、下载等收费信息服务。为顺应数字化转型的需求，电子版《日本经济新闻》在正式上线后，将线下报纸内容全部汇集线上，采取24小时采编报道体制对信息资源进行收集、筛选、报道。近几年来，该报针对受众的消费需求，对电子版

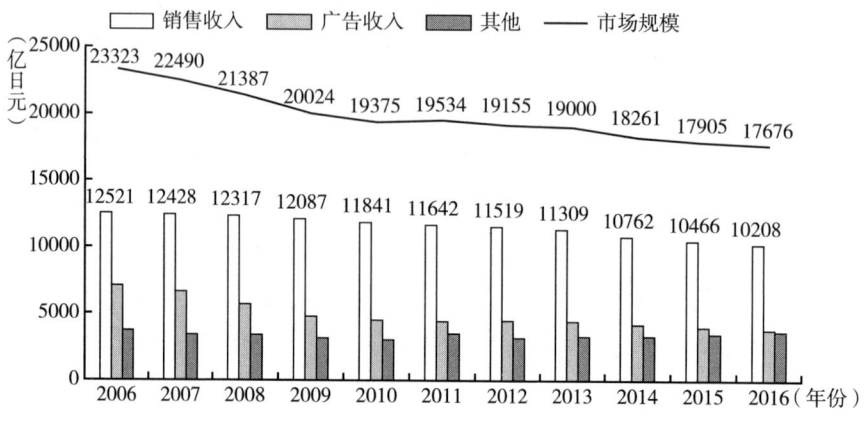

图4 日本报业产业市场规模（2006～2016年）

资料来源：一般社团法人日本新闻协会数据库。

面进行个性化内容定制，同时也利于可持续性的用户信息采集与分析。《日本经济新闻》的数字化转型过程中，借助ICT技术，构建数据库，注重内容编辑、信息检索与分析、个性化定制，有效地带动了整个行业的转型浪潮，推动了智慧媒体在报业产业中的蜕变，实现了新闻内容、互联网与数据库的联动。

（二）智能移动终端社会的迟来

人工智能时代，智能移动终端的普及率成为一个国家发达程度的衡量标准之一，但日本作为全球第三经济大国，智能移动终端的普及却晚于其他发达国家。自2010年起，与其他信息通信设备相比，智能手机与平板电脑等智能移动端在日本社会以前所未有的速度普及（见图5）。

通过日本总务省关于信息通信利用状况的基本调查得知，移动通信方式与技术的不断进化，带动了智能手机的普及和数据流量的增加。如图6所示，个人智能手机的持有率已从2011年的14.6%一路蹿升至2016年的56.8%，仅5年时间市场规模就扩大了4倍，增幅明显。

智能手机的普及，不仅改变了受众群体使用手机的方式，也改变了利用

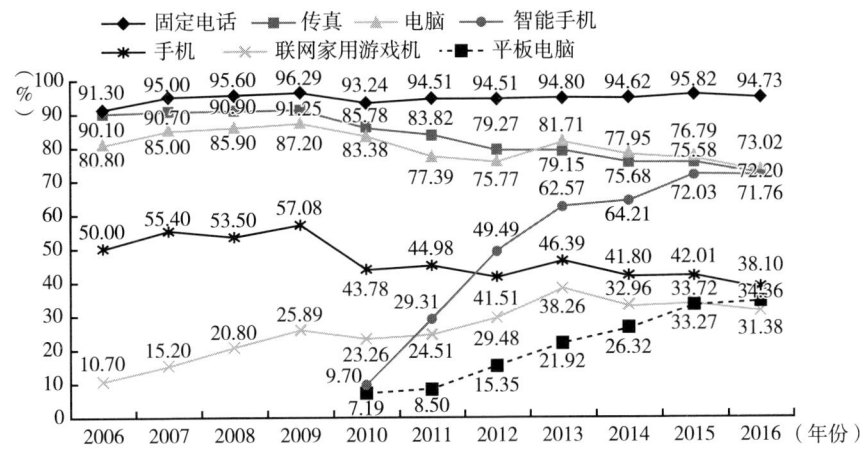

图 5　日本信息通信设备的家庭所有状况

资料来源：日本总务省：《情报通信白皮书2017》。

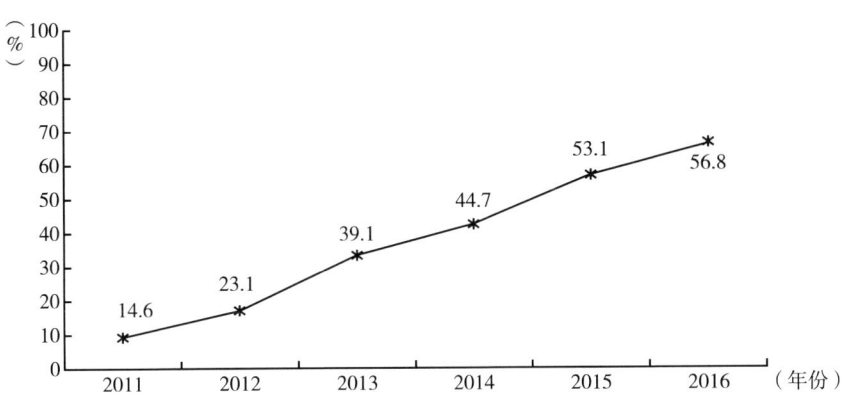

图 6　日本社会智能手机个人持有率

资料来源：日本总务省：《情报通信白皮书2017》。

时长、信息索取内容等。日本总务省信息通信政策研究所调查显示，受众群体每天利用智能手机上网时长从2012年的38分钟增至2016年的61分钟，同时利用其他智能终端上网的时间均有所增加。受众群体使用智能移动终端主要是查阅邮件、浏览网页与社交平台、网络视听等，其中，社交软件成为年轻受众群体的新宠。智能移动终端渐渐综合了其他媒体的功能，成为受众生活工作中的主要媒体。

日本社会智能移动终端的普及与ICT技术的发展密不可分，随着智能移动终端的使用，网络视听、新闻播报、电子书籍、游戏、地图、购物等相关服务也随之进化、衍生，形成了一定规模的市场。信息收索、AR/VR技术、生物验证技术在智能移动终端的不断应用，数以万计的应用程序被开发并投入市场，使智能移动终端在日本社会中不仅仅是内容载体，更是将技术连接生活的中心枢纽。

为了迎接2020年的东京奥运会，解决语言翻译困难，避免外国旅客在日期间遇到障碍，由日本政府主导，信息通信研究机构（NICT）与先进语音翻译研究开发推进中心（ASTREC）共同研制开发自然语言处理系统VoiceTra。VoiceTra是一款可以实现27种语言文字实时翻译的免费应用程序，现已投入市场，主要在智能移动终端上使用。此外，该项研发陆续在机器人、导航系统上得到应用。

长期以来对于传统媒体占主导地位的日本社会来讲，智能移动终端的普及使用户不再受传统媒体的限制，随时随地通过智能移动终端来获取信息。各类应用程序在为用户提供个性化需求服务的同时，也能及时采集到用户的相关数据，通过分析偏好来提供更精准的服务。日本智能移动终端的崛起是日本传媒产业朝向智慧媒体发展的一个重要标志。

（三）利用VR/AR/MR技术实现情景再现

2016年里约奥运会闭幕式中，日本"东京8分钟"中的VR/AR技术隆重亮相，一时间吸引了全世界的目光，日本的虚拟现实（VR）、增强现实（AR）、混合现实（MR）技术再次走入人们的视野。

VR/AR/MR技术目前在日本市场上发展相对稳健，广泛地应用在游戏、电影娱乐、电视传媒、医疗、住宅等领域，也在不断开创新型服务。自2015年后，VR技术在全球各大媒体机构得到应用。在日本媒体机构中，VR/AR/MR技术主要用于场景再现，画面感染力强，在重大事件的报道中常被应用。NHK、朝日电视台在新闻播放中积极采用VR技术将场景再现进行报道。为提高用户黏性，朝日电视台尝试将球赛等娱乐性、参与性较强的节目与虚拟技术、IoT技术相结合来增强体验感。NHK在官网开设"NHK VR"频道，将新闻报道进行再编辑，让用户360度体验新闻并参与到节目中去。虚拟现实技术正慢慢成为日本各大媒体新闻故事展现的下一个战场。[①] VR/AR/MR技术与互联网、媒体的深度融合为日本智慧媒体的发展添砖加瓦。

三 日本智慧媒体产业的发展趋势

政府主导的人工智能开发、传统媒体的数字化转型、ICT技术的应用都将带动日本智慧媒体产业的发展。

（一）人工智能技术不断提高、应用领域扩张，逐步走向商用化

日本政府多年来高度重视人工智能技术的研究开发与应用，从产业规划顶层着手，设置发展路线，力图通过人工智能提高各产业的效率，解决人口老龄化严重、劳动力不足、医疗养老等一系列社会问题。经过长年的技术积累，在人工智能开发方面取得了一定的成效，随着技术的不断创新与政府支持力度的加大，人工智能的开发将持续加速。未来，人工智能的应用将从国家层面逐步转向民间。除政府主导的三大研究所以外，日本民间研究机构也在大力开发人工智能技术，对其进行商业应用。通过软银机器人Pepper的商业化转型及市场投放，可以窥见市场对人工智能的刚需。日本政府已经逐步接受民间开发的成果，今后应在研究经费与政策方面对民间研发机构给予更大的支持，做到官民协同共创产业发展。

（二）传统媒体加速数字化转型

近年来，日本传统媒体以技术为核心，向智慧媒体不断演进。NHK以技术研发为导向，开展内容传播专业、个性化服务。《日本经济新闻》构建

---

① 殷乐：《智能技术与媒体进化：国外相关实践探索与思考》，《新闻与写作》2016年第2期。

庞大数据库，推动报网联动，向数字化战略转型。两大媒体的转型成功必将带动行业整体的发展。行业在转型的道路上，将会积极地提高与互联网技术的融合，在丰富自身传播内容的同时，会继续打造数据库及大数据分析处理平台，通过大数据的搜集与深度发掘实现对客户需求的精准把握，提供信息服务与内容服务。

（三）人工智能技术与媒体产业结合空间巨大，共创智慧媒体时代

随着科技的发展，未来用户对媒体的需求会越来越多样化，获取信息的渠道、内容、形式、容量等都会存在不同程度的差异。人工智能技术与媒体产业相融合，向智慧媒体方向发展是必然的趋势。通过人工智能技术分析海量信息，对用户需求进行深度挖掘，多渠道、多层次地提供更精准更匹配的服务。在日本媒体行业，自动化新闻（Automated Journalism）的应用尚未普及，新闻记者老龄化问题严重，未来机器人新闻写作的发展空间将会持续扩大，运作机制将会不断完善。近两年，传感器在新闻界崭露头角，如何更准确地利用传感器进行数据的分析与整合已成为业界共同探讨的话题。通过VR/AR/MR技术得以实现的场景化新闻将媒体与用户巧妙地联系在一起，未来，这些技术的结合将带给用户更多、更真实的新闻体验。

在媒体产业不断受到外界环境与技术的冲击之时，人工智能与媒体的融合是必要的产业革命，不断进步的ICT技术也将推动整个日本社会智慧媒体时代的到来。

B.17 韩国媒体人工智能应用发展报告（2017）

贺莹*

摘　要： 人工智能技术的发展使万物互联、万物皆媒，重构并催生了新的新闻生产、编辑及传播方式。本文首先从政策的顶层设计出发探讨了韩国发展人工智能的战略文件及政策。其次从产业发展及技术应用的角度探究了目前韩国人工智能产业的发展现状及媒体融合应用人工智能技术的发展现状。最后提出未来发展趋势是传感器新闻将会进一步精细化搜集信息并服务于媒体，人机合一的趋势已经出现，提供量身定做的超级个人内容服务将成为潮流，未来数字内容产业将发展成为融合文化服务产业。

关键词： 韩国　媒体　人工智能应用

一　顶层设计

自 1956 年达特茅斯会议提出"人工智能"（Artificial Intelligence，AI）这个词以来，各国均在政策层面强调和推动了人工智能的发展。韩国早在 2013 年 5 月就启动了 Exobrain 计划，该计划打算投入 9000 万美元由韩国未

---

* 贺莹，管理学博士，厦门理工学院文化产业与旅游学院副教授，研究方向为媒体智能应用。

来创造科学部（2017年更名为科学技术信息通信部）主持开发专业领域人机交流的自然语言对话系统。2014年韩国出台了第二个《智能机器人总规划（2014~2018）》，从国家层面进行整体推进机器人产业与其他制造业或服务业相结合，提出追赶前沿、维持已有在机器人技术领域的领先优势的战略导向。2015年韩国未来创造科学部发布了AI Star Lab软件研发项目，整体推进人工智能发展。2016年3月韩国未来创造科学部发布了《智能信息产业发展战略》，提出将持续推进超级电脑、脑科学、产业数学等基础研究，加强智能信息专业人才培养，加快建设数据基础设施，构建智能信息产业生态系统的发展战略，来推进智能信息技术产业的持续发展。同年5月韩国发布了《K-ICT战略2016》，提出十大战略产业，12月发布《智能信息社会中长期综合对策》，提出构建智能信息社会主要以技术部分、产业部分和社会部分来构成。2017年韩国政府决定投入211亿韩元（约1.26亿元人民币）用于智能信息化的公共服务。

韩国政府为应对第4次产业革命时代的到来，出台了具体的法律文件，如2017年8月22日颁布了《有关第4次产业革命委员会的执行及运营等规定》（总统令）。2017年下半年国会提交了全面修订的《国家信息化基本法》和修订的《信息通信融合法》，2018年上半年国会提交了修订的、为完善软件企业发展环境的相关法令。同时，韩国政府为了应对第4次产业革命提出了促进技术、人才、产业新生态的任务，具体如表1所示。

表1 第4次产业革命促进技术、人才、产业新生态的任务

区分	主要内容
集中投资智能信息核心技术R&D	确保人工智能与脑科学、可穿戴式的智能型半导体及量子暗号通信的核心源技术
培养智能信息关联核心人才	培养大数据、智能信息技术等ICT高级人才（支持大学AI方向专业及ICT研究中心）
应用云计算及培育产业	扩大公共部门的进入、扶持中小企业的加入
促进智能信息发展及其与ICT的融合、帮扶中小企业	设立智能信息基金和支援开拓渠道

资料来源：《韩国2017振兴信息通信产业年度报告》。

二 产业发展

随着智能信息技术的发展,以数据和知识为基准的生产要素(劳动力、资本等)正在成为产业的新竞争源泉。韩国科学技术信息通信部认为智能信息技术是 AI 和数据应用(ICBM,即 IoT, Cloud, BigData, Mobile)等技术相融合,通过利用 ICT 基础设施,构建人类分析数据、独立学习等高层次认知学习判断推理的一种技术。

韩国科学技术信息通信部提出 2017 年将会投入 2058 亿韩元(约 12.31 亿元人民币)正式推进以 AI 软件为核心的智能信息技术,其中包含 AI 硬件和基础技术研发(见表 2)。

表 2 人工智能技术 R&D 预算

区分	2016(A) (亿韩元)	2017(B) (亿韩元)	增减(B-A) (亿韩元)	增减率 (%)
AI 软件	417 (约 2.49 亿元人民币)	748 (约 4.47 亿元人民币)	331 (约 1.98 亿元人民币)	79.4
AI 硬件	257 (约 1.54 亿元人民币)	317 (约 1.9 亿元人民币)	60 (约 0.36 亿元人民币)	23.3
基础技术	460 (约 2.75 亿元人民币)	559 (约 3.34 亿元人民币)	99 (约 0.59 亿元人民币)	21.5
应用数据技术及应用服务	49 (约 0.29 亿元人民币)	434 (约 2.6 亿元人民币)	385 (约 2.3 亿元人民币)	785.7
总和	1183 (约 7.08 亿元人民币)	2058 (约 12.31 亿元人民币)	875 (约 5.23 亿元人民币)	74.0

资料来源:《韩国 2017 振兴信息通信产业年度报告》。

(一)物联网

韩国在 2016 年 6 月最早完成了构建低功耗广域网 LPWAN(Low Power

Wide Area Network）的工程，LPWAN旨在满足物联网应用的核心需求，它从成本、功耗、覆盖范围三方面提升物联网设备以及服务的市场竞争力。

根据未来创造科学部发布的《2016年物联网产业时态调查》，物联网国内市场规模达到4.8兆韩元（约297.6亿元人民币），比上一年增长28%；2016年韩国物联网企业数为1991个，其中以提供服务支持的企业占比最高，达54.7%，随后是产品设备、网络、平台等类型的企业（见表3）。

表3 振兴物联网发展的历程（2016.1~2017.6）

时间	促进发展	主要内容
2016.1.20	进行2015年物联网产业时态调查	物联网市场规模为4.8兆韩元，比上一年增长28%
2016.4.7	首个全球物联网民·官联合运营委员会成立	讨论将smart home，health care等物联网事业信息共享及统筹的方案
2016.9.27	物联网安全联盟第三次会议召开	为了安全融合产业的发展，发表物联网共同安全守则
2016.10.10~14	2016物联网振兴周	讨论第4次产业革命、智能信息社会下物联网的发展
2017.5.28~6.2	物联网信息通信标准化小组项目启动会议	宣传物联网标准化力量的强大性，加强未来国际标准化领导力
2017.4.26	发起物联网家电及smart home相融合的活动	连接物联网家电通信，并与人工智能相结合催生出新的服务市场

资料来源：《韩国2017振兴信息通信产业年度报告》。

（二）云计算

韩国的云计算按照部署类型可分为：公用云（Public Cloud）、私有云（Private Cloud）、社区云（Community Cloud）和混合云（Hybrid Cloud）。根据所提供服务的层次可分为：基础设施即服务（Infrastructure-as-a-Service，IaaS）、平台即服务（Platform-as-a-Service，PaaS）和软件即服务（Software-as-a-Service，SaaS）。特别值得一提的是软件即服务，它是一种通过Internet

提供软件的模式，用户无须购买软件，而是通过向提供商租用基于 Web 的软件，来管理企业的经营活动。

2016 年韩国政府为开辟云计算新市场及改善利用云计算的条件发布了《2016 构建云计算基础设施中心的工作》和《促进云计算的导入及推广》两份文件。为了公共部门能够既安全又便捷地使用民间云，需要根据信息的重要程度制定鲜明的等级体系及发布云使用指南。政府将通过在医疗、教育、金融领域构建不同的服务器及改善相关规制，来促进民间更多地使用云。同时，为了民间能够安全使用云，对云服务的品质及性能要进行测试，需要拟定具体项目、评价标准及事故发生时应对方案等用户保护制度。

为使 2017 年成为全面推广云的元年，公共部门和民间要共同为韩国进入云计算先进国家的行列而全力以赴，于是 2017 年初韩国发布了《促进 2017 K–ICT 云计算应用规划》，旨在通过公关部门和民间导入云计算、积极加强云技术竞争力、促进云服务海外贸易、培养云专业人才等路径来构建云计算产业发展生态系统。

2016 年韩国未来创造科学部对 1118 个机构做了导入云的需求调查，在应答反馈的 733 个机构中有 119 个机构正在导入和运营云，有 188 个机构将要加入导入云的行列，具体如表 4 所示。

表 4　公共部门利用云现状及利用计划

区分	2016 年			2017 年			2018 年			综合（包括未定）
种类	G	自身	民间	G	自身	民间	G	自身	民间	
机构数	20	84	23	17	49	51	29	57	59	246（除去重复的）
云系统	76	513	35	30	121	116	170	307	181	1608

注：1. G：政府统筹结算中心云；自身：机构建设、利用；民间：企业建设、提供、使用云。
2. 2018 年资料是根据 2017 年调查时获得的数据而进行的预备调查。
资料来源：《韩国 2017 振兴信息通信产业年度报告》。

（三）大数据

大数据与物联网、云计算、5G 移动通信等一起构成了核心的智能信息技术。在第4次产业革命时代,大数据是各种基础技术和派生商品的基础材料,因此某种意义上数据是可以创造出无限价值的核心资源。

韩国自2014年就开始执行DB-Star产业促进战略,旨在培育大数据企业通过运用公共和民间数据结合创新出新的商务模型。2017年在开创了创新服务模式的大数据创业企业中选定了12个。

韩国未来创造科学部《2016年大数据市场现状调查》报告显示,2016年大数据市场规模达3440亿韩元(约20.58亿元人民币),比上一年增长31%以上,呈现出高成长性(见图1)。其中数据存储市场占比高达26.5%(911亿韩元,约5.45亿元人民币),软件占比达23.5%(809亿韩元,约4.84亿元人民币)、服务占比达21.4%(737亿韩元,约4.41亿元人民币)、服务占比为20.8%、网络占比为7.8%。

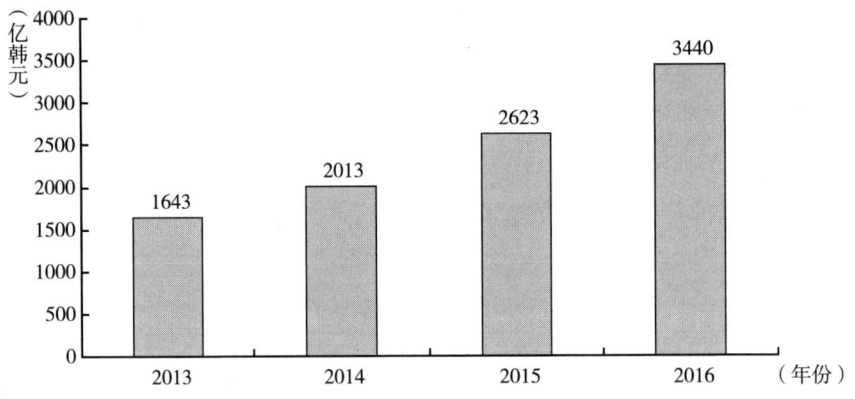

图1 韩国大数据市场规模

说明:折合成人民币具体为2013年约9.83亿元,2014年约12.04亿元,2015年约15.69亿元,2016年约20.58亿元。
资料来源:韩国未来创造科学部:《2016年大数据市场现状调查》,2017。

韩国2016年大数据市场中民间市场占据了71%,而政府、公共市场仅占29%,可以看出民间市场才是真正的大数据市场,具体如图2、表5所示。

韩国媒体人工智能应用发展报告（2017）

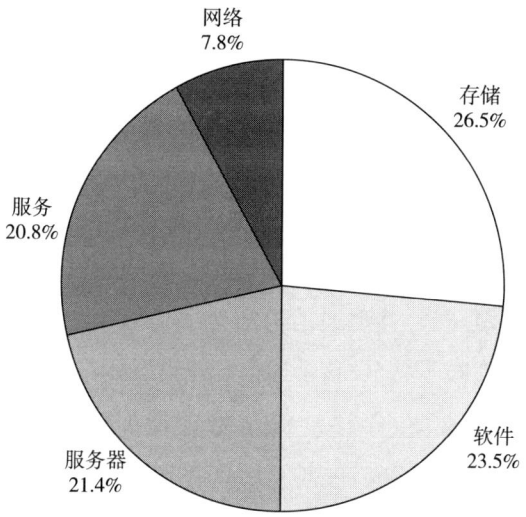

图 2　韩国 2016 年大数据市场规模现状

资料来源：韩国未来创造科学部：《2016 年大数据市场现状调查》，2017。

表 5　2016 年韩国大数据市场规模

市场区分		2015（亿韩元）	2016（亿韩元）	增长率（%）
政府、公共市场		698.0 （约4.18亿元人民币）	998.6 （约5.97亿元人民币）	43.1
民间市场	企业投资的大数据系统	1791.0 （约10.71亿元人民币）	2278.4 （约13.63亿元人民币）	27.2
	大数据分析代理服务市场	134.0 （约0.8亿元人民币）	162.6 （约0.97亿元人民币）	21.3
	小记	1925.0 （约11.51亿元人民币）	2441.0 （约14.6亿元人民币）	26.8
总和		2623.0 （约15.69亿元人民币）	3439.6 （约20.58亿元人民币）	31.1

资料来源：韩国未来创造科学部：《2016 年大数据市场现状调查》。

（四）5G 网络

5G 网络作为第五代移动通信网络，其峰值理论传输速度可达每秒数十

Gbps，这比4G网络（Long Term Evolution，LTE）的传输速度快20倍（传输速度将达1Gbps→20Gbps）、10倍的初连接（0.1连接/m2→1连接/m2）、10倍短超低延迟（10ms→1ms），一部高清电影可在1秒之内下载完成。

5G网络是第4次产业革命的核心网络，起到引领数字变革的作用，预计新一代移动通信5G将于2020年前后实现商用化。韩国未来创造科学部为平昌奥林匹克提供5G示范服务于2016年3月30日提出了《2016年度未来发展动力实施规划（5G移动通信）》。为了应对第4次产业革命的到来，2016年12月27日发布了《5G移动通信产业发展战略（2017~2021）》，在导入5G的情况下到2026年移动流量将会增加到5036~8905PB（petabyte），频率需求有望达到2663~4035HMz幅度，率先发展5G融合新市场从而成为5G强国（见表6）。

表6 韩国5G移动通信产业的发展战略及重点任务

促进战略	重点促进任务
5G初期商用化起步 率先领导融合市场	提供2018年商用标准及5G示范服务
	2020年通过实现全球最早商用化而抢占通信市场
	2022年率先形成5G和其他产业间融合的市场
确保5G核心技术竞争力	开发5G无线核心技术（加大超链接、低延迟的比重）
	5G培育有潜力的品目（通信及融合十大领域）
	为了确保5G融合技术的竞争力，加强国际合作研究
确立5G通信标准 主导融合标准	促进国际标准在国内5G通信技术做出反应
	主导5G和其他产业间融合服务的标准化
	促进全球5G频率协作
构建5G融合产业生态系统	构建开放型5G试验台及准备考试认证系统
	为了打入5G融合市场，准备培育若干强小企业
	为了构建5G融合产业生态系统，加强各个关联部门、机构间的协力

资料来源：《韩国2017振兴信息通信产业年度报告》。

（五）机器人

韩国产业通商资源部于2016年11月15日联合相关部门发布了《机器

人产业发展方案》，2017年发布了《大韩民国机器人产业技术发展路线图》，预计2018年会在大型场所（物流中心、医院）示范使用服务机器人。为创造服务机器人的消费需求，预计2020年有关部门将联合起来推进有关医疗康复、无人传送、社交、社会安全等四大有潜力的方向的80个公共项目。

为使韩国的机器人产业能够成为新的出口产业，韩国政府尝试通过创新市场和完善制度，来扩大机器人使用需求。文件建议可以通过多方面结合培养专门企业、确保核心技术、培育专业人才等方式来构建融合生态系统，以此来加强机器人提供服务平台的供给力量。另外，为了不断创新机器人市场，还建议以公共机关为对象，向其推进《智能型机器人开发及普及促进法》，并建议其广泛使用机器人（见表7）。

表7 机器人产业发展蓝图及战略任务

通过培养具备全球国际竞争力的专门企业来加强机器人的出口产业化	
A. 加强产业需求基础	B. 加强机器人服务平台的供给力量
1. 选择和集中5个有潜力的项目	1. 开发尖端机器人，加强商用化的服务作用
2. 将使用尖端制造业机器人的智慧工厂进行高度化	2. 设立类人机器人的研究中心
3. 发掘、普及、扩大服务机器人的公共需求	3. 培养机器人领域的专业人才
4. 加强进入海外市场的基础	4. 提高产品的竞争力，加强研发工作
5. 为了促进市场活性化，完善预防性制度	5. 数据、认证、构建融合生态系统

资料来源：《韩国2017振兴信息通信产业年度报告》。

三 技术应用

（一）大数据应用——Naver公司

韩国民间企业公开自己拥有的数据，最具代表性的事例是2016年1月

韩国Naver公司推出"大数据实验室"（data lab）的测试版。同年6月用户如果在手机中搜索特定歌曲，Naver音乐通过分析用户使用数据，其"音乐大数据实验室"测试版就可以提供这首歌曲的粉丝性别及年龄分布、未来人气度趋势等服务。现在大数据实验室不仅可以提供各领域人气搜索词、搜索词趋势、各地区关心度等数据，还可以提供各地区行业类别信用卡使用统计。

大数据实验室的使用者们通过"搜索词趋势分析"可以比较多个关键词的搜索兴趣度，还可以设定期间、性别、年龄、搜索机器（手机、PC）等更细的项目，以便进行更详细的分析。特别是信用卡结算数据可以和Naver的搜索词数据相融合进行分析，可以说是Naver大数据实验室的一个最大亮点。这不仅是民间企业数据和Naver的搜索词数据结合在一起的最早范例，也是定性数据与非定性数据相结合的一次实践，意义重大。Naver可以通过搜索词数据来预测消费者的购买行为，同时通过信用卡的结算数据确认消费者实际购买结果。因此，今后通过大数据实验室所提供的相异的两种类型的大数据融合分析服务，得出对有关社会现象更准确的诊断与分析更让人期待。

（二）云计算应用——SM娱乐公司

韩国信息通信政策研究院发布的《2017媒体用户调查研究》显示，关于媒体利用的调查项目中，使用云服务的用户达13.7%。用户使用Naver公司云服务的占比达49.1%，TerraMaster公司的T Cloud的占比为17.2%，KT公司的Ucloud占比为11%，LG公司的U+Box占比为9.6%，苹果公司的iCloud占比为6.3%，具体如图3所示。

韩国SM娱乐公司从2013年起开始使用亚马逊云服务，2008年就已经引入了Windows的Azure平台。经过多年的尝试，大数据分析不仅成了公司关注的焦点，之后还通过"智能分析系统"作曲、分析歌词并完成音乐制作。

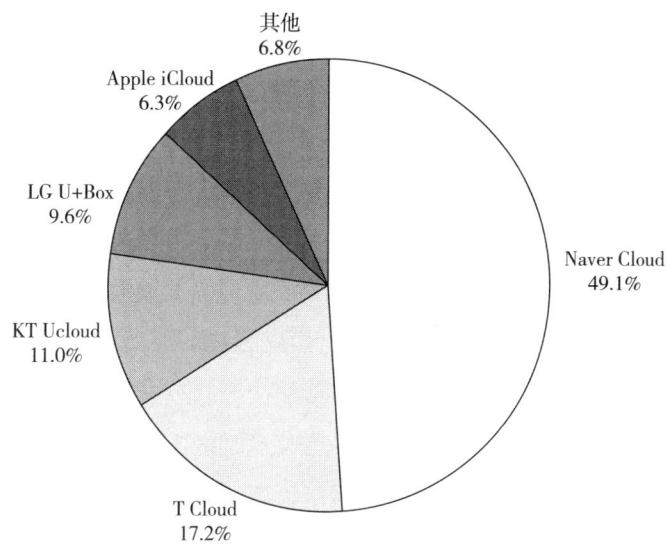

图 3　2017 云服务利用现状

资料来源：《2017 韩国媒体用户调查研究》。

（三）5G 应用——平昌冬奥会

平昌冬奥会在 2018 年 2 月 9 日正式开幕并率先由韩国的 KT 公司提供了 5G 应用示范服务，此外爱立信、思科、三星和英特尔等也联合提供了冬奥会的基站、网络设备终端支持。早在 2015 年 9 月韩国就推出了"平昌 5G - SIG"（5G 规格协议），SKT 公司与爱立信于 2016 年 6 月成功开发了 5G 试验网设备，同年 12 月又成功开发了 5G AR/VR 服务。韩国电信（KT）公司于 2016 年 11 月公开了 KT 5G 共同规格，并完成了冬奥会场地的测试。

随后 2017 年 11 月以平昌冬奥会竞技场为中心搭建完成了示范网，在竞技赛区设立 5G 体验区，让用户获得 5G 终端和模拟跳台滑雪等体验，三星在多个场馆提供 200 台支持 5G 的平板设备方便用户使用专门设备查看内容及赛事数据。2018 年 2 月韩国完成了在 28 赫兹的高频段、通信速率达

3.2Gbps 的基础上为平昌冬奥会提供 5G 服务的示范。

此外，另一大亮点是平昌冬奥会期间提供了 360 度全景 VR（360°VR）、同步观赛（Sync View）、时间切片（Time Slice）等的观赛体验。凭借 5G 的高速率，用户不仅在屏幕前可以身临其境地感受到雪橇、越野滑雪、花样滑雪等项目的精彩赛事，主办方也实现了全新的转播形式。

（四）机器人新闻写作——《金融新闻》

韩国《金融新闻》编辑部总编严虎栋（音译）早在 2016 年 3 月 14 日接受央视环球财经采访时就透露，人工智能记者已经上岗工作。该部门将人工智能记者程序安装在电脑中，每天股市收盘时机器人记者就会基于韩国证券交易所数据，利用 0.3 秒的时间撰写一篇新闻报道。

该程序开发的负责人李俊焕（音译）介绍了这种新闻撰写演算法的原理：机器人记者通过主动收集数据，将变化最大的数据当作核心内容，其他新闻基调按照核心内容进行判断，最后连接语言库完成新闻稿的撰写。同时另一大特点是，人工智能记者只需首次设置费用，随后运营费用接近 0，所以机器人写作呈现出快速、高效、精准、低成本、可生成多个稿件版本等优点，通过改变新闻生产方式而重构了新的媒介生态。

（五）智能音响应用——NUGU 等智能音响

韩国的制造企业（三星、LG），电信运营商（SKT、KT），互联网公司（Naver、Kakao）纷纷进入了人工智能语音音箱市场（见表 8）。

表 8　韩国人工智能语言音箱产品种类及特征

企业	服务	种类	特征
SKT	NUGU	AI 音箱	·韩国国内最早的语音识别 AI 音箱 ·可以控制照明、连接 App 和 IPTV ·个人日程安排及闹钟提醒 ·与韩国韩亚银行（KEB）签订协议，可以提供开户、股市、汇率信息等

续表

企业	服务	种类	特征
KT	GiGA Genie	AI音箱/TV	·AITV 和音箱可以连接起来,提供 home IoT(家庭物联网)的环境 ·可以通过另外设置 GiGA Genie 的相机来促进 home cam home(Computer Aided Manufacturing)的实现 ·提供 TV 和音乐的欣赏、日程管理、股市信息、家庭互联网(控制家庭电子产品、家庭系统(home system)等)
SAMSUNG	Bixby,2017.3 voice,2017.5	AI秘书UI	·可以语音识别到已经登录后的用户 ·智能推荐内容、管理日程安排、提供新闻信息、连接 App ·通过摄像头识别实物、图片、文字、二维码等提供信息(翻译、购物等)服务 ·现在搭载了三星的 Galaxy S8 和电冰箱 FamilyHub 2.0
NAVER	Clova wave	AI秘书App	·语音识别、翻译、推荐内容 ·涉及 AI 对话型 engine Naver I ·实现向用户精准推荐他所想要的内容
KAKAO	Kakao Mini	AI秘书App	·可以和 Kakao Talk App 连接起来 ·通过语音来连接 Kakao 文字发送、Kakao 导航、Kakao 的士等来实现语音识别服务

资料来源:崔智慧:《AI 音箱市场的现状及发展建议》,《信息通信政策研究院报告》第 29 卷第 9 号。

四 发展趋势

人工智能技术的发展使万物互联、万物皆媒,重构并催生了新的新闻生产方式及娱乐方式,使得科技与人文有着前所未有的紧密联系。在万物互联、万物皆媒的泛网络时代,人们随时随地在任何入口、任何节点都可能生产和消费新闻产品,实现传播的自由。在大数据分析系统及物联网的世界中,对人文的精华与艺术的美感的追求将是科技价值得以真正实现的核心之一。

1. 物联网即时服务商业模式会持续成长

物联网强调应用，为了方便用户快速使用，并降低使用成本，平台即服务、软件即服务的商业模式将会成主流。物联网渗透到新闻生产环节时最具代表性的就是传感器新闻，它对于传统的人工搜集信息及采编环节能够做到更加精细地进行搜索与感知，多种类型传感器会为媒介发展、新闻传播提供更多可能性。

2. 机器人记者为人类记者提供了发展机遇同时也提出了严峻考验

对于媒体人来说，只有更深入了解新闻行业、人类思考方式的本质，提高理性化程度及综合素质，才能使人工智能更好地为人类所用。从信息生产的环节看，人的能力与人工智能结合（人机合一）的趋势已经开始。

3. 随着 ICT 技术的发展，内容的制作和流通平台的界限将逐渐消失

随着用户可以更多地参与内容的生产及消费，保障用户个性化权利的重要性就不断增加。且未来融合了大数据、云计算、物联网、5G 等技术的 ICT 产业的基础设施会持续扩张。一方面那些可以将符合个人需求的内容进行精准匹配的内容服务市场将会支配未来数字内容产业市场；另一方面那些拥有优秀的数字信息产品及以 AI 为基础可以提供量身定做的超级个人内容服务（Hyper-personal Content Service）的企业将会支配 AI 语音服务市场。

4. 未来数字内容产业将发展成为融合文化服务产业

内容产业的生态系统是 ICBM（IoT, Cloud, Big Data, Mobile），集硬件、软件、文化信息、流通渠道于一体，向用户提供一种融合内容服务（Contents-as-a-Service，CaaS），未来要积极促进内容产业融合生态系统的构建。由于人工智能技术的发展，个人需求会得到革命性的满足，未来应用了智能技术的传媒产品需要全方位、全时段、全场景满足用户的需要。

案 例 篇

Case Studies

B.18 应急广播与新媒体在突发公共事件传播中的融合之道

孙盛楠*

摘　要： 在突发公共事件传播中，广播特有的容灾抗毁能力使其不可替代，应当建设基于广播、融合其他媒介的应急广播体系。应急广播的使命、应急信息传播的特殊性、新媒体的传播环境，共同决定了应急广播与新媒体融合互补的必然趋势。在智媒化浪潮中，应急广播借助新一代信息技术可以使未来的应急信息公共服务更加精准、智能。但无论与什么媒介、技术相融合，应急广播都需坚守以人为本的理念。

---

* 孙盛楠，中央广播电视总台国家应急广播中心新媒体处编辑，主要研究方向为新媒体与应急广播。

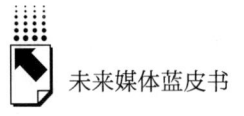
未来媒体蓝皮书

关键词： 应急广播　新媒体　融合　智媒化　以人为本

"建立统一联动、安全可靠的国家应急广播体系"是党的十七届六中全会提出的明确要求。"十二五""十三五"两个国民经济和社会发展规划纲要也都将应急广播体系建设纳入其中，要求"为全民免费提供基本的突发事件应急广播服务"①，"提升面向公众的突发事件应急信息传播能力"②。

突发公共事件主要分为自然灾害、事故灾难、公共卫生事件、社会安全事件四类。③"应急广播是指在面临突发公共事件时，政府及相关部门通过广播方式向公众提供应急信息的一种应急手段"④，即 Emergency Radio Broadcasting，强调利用传统广播频率及农村大喇叭、校园广播、楼宇广播等播发应急信息。同时，应急广播还有一层广义的概念，即 Emergency Broadcasting，是指将应急信息通过广播、电视等传统媒体，以及互联网、电信网等新媒体进行传播。⑤

在传统媒体和新媒体加速融合的背景下，整合多种媒介渠道，并充分利用人工智能、物联网等新技术，提高突发事件、灾害预警、应急知识、救援互助等信息的传播速度、精准度，是最大限度发挥应急广播公共服务功能，辅助国家现代治理、维护公共安全的必然要求。

目前，我国对应急广播的研究探索与应用实践在自然灾害方面更为成熟，因此本文以自然灾害中的信息传播为研究主体，结合新媒体发展现状和智媒化趋势，探讨应急广播与新媒体的融合之道。

---

① 《国家基本公共服务体系"十二五"规划》。
② 《国家突发事件应急体系建设"十三五"规划》。
③ 《国家突发公共事件总体应急预案》。
④ 中央人民广播电台国家应急广播中心编《应急广播探索实践》，中国广播影视出版社，2017，第1页。
⑤ 温秋阳：《中国特色应急广播研究》，中国广播影视出版社，2014，第3~4页。

应急广播与新媒体在突发公共事件传播中的融合之道

一 应急广播的使命和融合新媒体发展的必然性

(一)广播在突发公共事件传播中的独特作用

1. 特有的容灾抗毁能力使广播具有不可替代性

重大突发事件尤其是重大自然灾害往往造成交通、电力、通信等基础设施受损,电视、电信、互联网等传播渠道瘫痪且难以迅速恢复。而此时,受灾群众需要尽快知道发生了什么、该怎么做,政府部门需要及时发布信息、指导公众、组织救援,信息的传受双方都对应急信息服务有迫切的刚性需求。广播特有的容灾抗毁能力赋予其在重大灾害时较强的生命力,在一系列突发事件中架起党和政府与人民群众之间的信息桥梁。

2008年5月12日,四川汶川发生8.0级强震,交通受阻、电力和通信中断,灾区成为地理孤岛、信息孤岛。此时,只有广播的电波能够逾越重重障碍到达灾区,一位回北川老家休假的军人"从倒塌的房子里扒出收音机,打开,就听见中国之声……才知道这次汶川大地震是7.8级,后来更正为8.0级"。[①] 广播因为具有信号容易到达、接收工具简便、覆盖区域广泛的特点,成为灾区民众自救互助、沟通信息的重要渠道,也是灾区外民众了解灾情、协调救援的重要窗口。

汶川大地震后,党和政府高度重视广播在突发公共事件中的信息传播作用,传播学界与业界充分研究国外应急广播建设经验,中央人民广播电台于2012年底成立国家应急广播中心,承担起国家应急广播体系的建设、运行和维护工作。2013年四川芦山发生7.0级地震后,国家应急广播中心立即协同地方广播电台,带着调频发射机、汽油发电机等设备深入灾区,开办了"芦山抗震救灾应急电台",开创在灾区面向受灾群众提供定向信息服务的

---

① 《汶川特大地震:我从废墟里刨出收音机》,国家应急广播网,http://www.cneb.gov.cn/2016/07/25/ARTI1469439254816357.shtml。

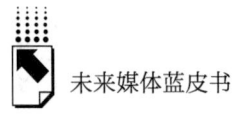

应急广播模式。搭建在帐篷里的应急电台成为当地政府的"大喇叭"、百姓的"求助台"、联动救援的"互动站"和灾区的"稳压器"。

从上述案例可以看出,广播的容灾抗毁能力体现在以下几方面。

一是无线电波可以远距离传输信号,即使交通受阻,也能从灾区外向灾区内广播消息。

二是相对于其他媒介,广播设备被毁后容易恢复、成本低廉,能够迅速在灾区搭建应急电台。

三是广播的接收终端简便且成本低,干电池收音机、手摇发电收音机等不受电力条件限制,这也是日本、美国等发达国家公众在应急包中必备的设备。

这些特点令广播在突发公共事件传播中具有不可替代性。即使在新媒体层出不穷、新技术日新月异的今天,为确保极端状况下应急信息传播通畅,也应当建设基于广播、融合其他媒介的应急广播体系,充分发挥广播媒体的特殊作用。

2. 突发事件中需要以"广播方式"传播应急信息

"广播方式"一是指"一对多"的信息传播;二是指广播喊话这种强制收听的传达方式。在突发事件中,用"广播方式"发布信息、指导行动,能使传播效果最大化。

在手机等移动终端普及的今天,发生突发事件时,可以通过电信、互联网发送紧急通知。但在大规模灾难中,手机通信的公共线路容易拥塞,"一对多"的"广播方式"则能一次性及时传播消息。同时,现阶段在某些场景下,广播仍是强势媒介,如农村大喇叭、车载广播和校园、景区、购物中心等公共场所的广播。在这些场景中,一旦发生突发事件,利用广播喊话可以通过强制收听的方式有效地将应急信息传达出去。此外,广播还具有伴随性特点,能让公众边听事件动态、行动指南,边实施自救互救。在2012年北京"7·21"暴雨灾害中,房山区十渡镇平峪村就是利用遍布全村的大喇叭反复广播汛情、指导村民和游客避险,使这个处在受灾最严重区域的村庄无一人伤亡。

（二）应急广播与新媒体融合的必然性

1. 融合新媒体，应急广播能够更好地履行使命

及时、准确、全面地向公众提供包括突发事件播报、灾害预警、防灾减灾科普等在内的应急信息服务，辅助政府应急管理，守护人民群众的生命财产安全，是应急广播的使命所在。这就要求应急广播在最需要的地方发声，用最有效的手段传播。

在基础设施和通信网络损毁的灾区，"永不消逝的电波"是更有效的传播方式，应急电台、应急广播节目应时应需开播，广播不可替代。而在灾后网络恢复的情况下，以及在"互联网+"构建的新生活场景下，新媒体更能快速、精准地传播消息，信息的样态也比广播丰富。

从汶川、芦山地震到2017年8月8日的九寨沟7.0级地震，技术发展使震后通信网络恢复速度明显加快，九寨沟地震中新媒体、新技术在信息传播方面发挥了重要作用。

一是智能化的信息编发流程极大提升了传播的时效性。基于全国自动地震速报系统，微博@中国地震台网速报在震后5分钟发出自动地震速报；中国地震台网微信公众号在震后18分钟推送由机器人自动编写的综合文章，写作用时25秒，文章包括地震速报、震中地形、热力人口、周边村镇、震中简介等8个部分，客观翔实。

二是基于移动网络、智能终端、社交媒体，UGC直播第一现场。身处九寨沟的人们和周边有震感地区的网友在微信、微博、QQ等社交媒体发布的动态成为这次地震的第一手信息，有高清摄像头的智能终端的普及、高速的移动网络也带来了组图、视频直播这种更具现场感的形式。

新媒体、新技术改变了传播生态，今天的用户已经形成对移动终端和社交媒体的信息获取渠道依赖。第41次《中国互联网络发展状况统计报告》显示，截至2017年12月，中国网民规模达7.72亿，其中97.5%的人是通过手机上网。这意味着经互联网传播的突发事件速报、灾害预警，几乎可以实时抵达每一个网民手上的终端，每个网民都可能拿起手机发布突发事件第

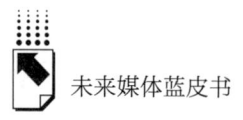

一现场。融合新媒体,让应急广播在传统广电媒介之外,也能及时、响亮地发声,无一遗漏地为每一个人提供应急信息服务,这是新媒体时代应急广播实现使命的必然选择。

2. 应急信息传播有其特殊性,新媒体需要应急广播的权威发声

而站在新媒体的角度看,自由无缰的网络平台上,真相和谣言共存、诘问与非难同在,其自身的传播环境,以及应急信息传播的特殊性,都决定了新媒体需要应急广播的权威发声。

人人拥有话筒的网络世界,每个人都有发言的权利,这一方面便于当事人提供第一现场、发出求助需求和网友提供帮助,另一方面也给虚假信息的出现甚至泛滥提供了机会。此外,海量信息碎片化呈现,即便有搜索引擎帮助过滤,筛选对自己有用的信息也需要耗费精力、考验判断力,不利于公众掌握事件真相及应对策略。同时,四通八达的互联网为信息传播加速,可能扩大突发事件的负面影响,将萌芽阶段的危机放大、把谣言四处散播,推动危机再次升温。面临突发公共事件,不真实的灾情描述、不准确的应急指南、有偏见的观点等,既给人民的生命财产安全造成危害,也会引起一定程度的社会混乱。因此,应急信息传播不容有失。目前,从国家层面到省、市、县,应急广播多由传统广播电台承办,其专业的采编能力、严谨的内容审发流程能够保证信息的真实、有效。应急广播融合新媒体,承担起网络世界里突发事件预警者、发布者、引导者和把关人的职责,能加快权威、实用信息的传播速度、扩大传播效果。

应急信息传播不同于突发事件新闻报道,具有特殊性。首先,传播对象特殊,应急信息传播主要针对灾区的受灾群众、突发事件的受影响者,重点满足紧急情况下公众对如何应急的信息需求。其次,传播内容特殊,主要传递与突发事件应对有关的信息,在报道灾情、事件的基础上,更侧重自救互救、防灾减灾等实用内容,不仅要让公众知道发生了什么,更要让公众知道怎么办。再次,传播策略特殊,应急信息传播要覆盖突发事件的事前、事中、事后等阶段,并根据各阶段灾情特点、民众需求,有侧重地提供预警与防灾科普、灾害中的自救措施、灾后生活指南、寻人寻亲服务、心理辅导援

助等专业内容。在信息庞杂、缺少把关人的新媒体上,应急信息传播的特殊性也决定了必须有专业媒体的参与、应急广播的发声。

国家应急广播在2013年芦山地震时便意识到在新媒体上延伸传播链条的重要性,目前已经建设网站(www.cneb.gov.cn)、手机网、App,开设微博、微信,实时报道突发事件、定向推送灾害预警、分众化普及防灾知识、提供网络求助平台,逐渐深入受众日常生活,提供可靠实用的应急信息服务。

二 应急广播与新媒体的融合互补及智媒化展望

(一)在融合互补中为应急广播赋予更多活力

突发公共事件传播中,传统广播和新媒体各有优势。传统广播拥有覆盖广泛、容灾抗毁的传播渠道,专业的受众分析、内容采编制作能力,长期塑造的权威公信力;新媒体具有即拍即传的实时传播特点,不受播出平台和时间限制的海量信息空间,以及实时交互的活跃用户。应急广播与新媒体融合互补,能够在保有传统广播优势的基础上,适应受众多元的渠道依赖、内容诉求,产生新变化、注入新活力。

1.延伸传播链条

无边界的网络空间能几近无限地扩展应急信息的传播平台、传播时间,弥补广播线性传播稍纵即逝的不足,突破每天24小时播出时间的客观限制。将传播链条延伸到新媒体上,可以有效提升应急广播信息的到达率。如今,受众更青睐从网络、社交媒体获取新闻、信息,渠道依赖已经形成。中国互联网络信息中心(CNNIC)发布的《2016年中国互联网新闻市场研究报告》显示,半年内通过社交媒体获取过新闻资讯的用户比例高达90.7%;而企鹅智酷在2016年的一项移动用户新闻消费行为调查显示,只有2.1%的受调查者选择广播为首要新闻获取渠道。①

---

① 彭兰:《2016年新媒体发展关键词》,载崔保国编《中国传媒产业发展报告》,社会科学文献出版社,2017,第23页。

2. 占有更多资源

利用新媒体，应急广播能获得海量信息，占有更多信息资源。传统媒体、广播电台依靠自身采编力量能够获得的信息有限，尤其面对不期而至的突发事件，人员限制、地理跨度、时间成本等都制约了应急信息的高效传播。融合新媒体，应急广播可以共享网友发布的大量第一现场、实际需求，这一宝贵资源能极大提升突发事件报道的时效性，没有任何媒体能比当事人更快捕捉第一现场。更重要的是，UGC 的视角与传统媒体报道截然不同，当事者或目击者的主观视角能带来更"原生态"的现场感，增强应急信息的可信度、传播力。

3. 实现交互对话

在传统广播的"一对多"、线性传播过程中，很难实现与受众实时交流。但新媒体给了传播机构和受众随时对话的平台，两微等社交媒体与广播电视节目结合的形式已经非常多见。在突发公共事件传播中，应急广播可以利用新媒体，通过与受众的互动掌握新闻线索、校正事件信息、了解个体需求和收集传播效果反馈，在对话式的传播中更快更全面地报道事件、更精准更高效地提供帮助。欧盟建立的公共预警系统 Alert For All 中，就加入了新媒体筛选模块 SNM，专门用来收集突发事件中推特、脸书等社交媒体上的用户发言，分析其反映的公众需求和情绪，辅助应急信息传播决策。[1]

在应急广播与受众、受众内部的互动中，网友的信息消费能力还可以转化为集体行动力，给应急救援带来实际帮助。例如，国家应急广播在其网站、微博开设寻人版块，实时发布来自公安部的寻人信息，也接受网友的在线求助，将消息通过网友的互动扩散传播，很多孩子就是这样被线上、线下"人肉"找回家的。

4. 广播兼具精准性

正如前文所述，"一对多"的、强制受众收听的"广播方式"在突发公

---

[1] 中央人民广播电台国家应急广播中心编《应急广播探索实践》，中国广播影视出版社，2017，第105页。

共事件传播中不可或缺，声音媒介的伴随性也适合让受众在紧急状况下边听边行动。融合新媒体，可以让应急广播在保有"广播方式"的同时，兼备根据突发事件以及受影响人群的情况定制信息内容、传播方式的能力，更有针对性。例如，LBS技术已经让应急广播实现了基于用户位置推送信息的功能，在国家应急广播客户端内，用户可以看到周围的突发事件、预警信息，客户端未开启时也能收到主动推送的、可能影响自己的重要预警及防范知识，这是精准应急信息服务迈出的第一步。

（二）应急广播的智媒化展望

人工智能、云计算、物联网、VR/AR等技术召唤着媒体智能化时代的到来。"十三五"规划纲要也提出人工智能是发展新一代信息技术的主要方向。新技术、新产品让人们身边的物变得越来越"聪明"，让人与机器的对话变多，对话方式趋向自然。未来，媒介不仅是广播、电视、电脑、手机，越来越普及的智能家电、可穿戴智能设备、智能汽车，以及渗透生活方方面面的智能物，都可以传递讯息、对话受众、采集数据。

在智媒化的浪潮中，应急广播借助新一代信息技术，还可以做得更多。

1. 更精准的"场景化"应急信息传播

人们所处的场景（时间、空间、环境）和实时状态决定了其需要什么样的信息和服务。今天，几乎所有的网民都是用手机上网，移动于不同的场景中。在"万物互联"的未来，每一个场景中的智能终端可能不只手机，智能家电、智能交通、智能楼宇和穿戴在身上的智能设备，共同感知着每一个人的实时状态。随着各种智能终端的普及和机器对人的感知能力的增强，对用户和其所在场景的分析将越来越精确。

这能帮助应急广播更为精准、智能地洞察每一个个体在特定场景中对应急信息服务的具体需求，包括提示该场景可能或已经存在的风险、根据场景规划逃生路线和应对措施、提供防患未然的方法等。应急广播还可以基于场景、用户状态，选择恰当的信息传达方式，包括调动什么渠道、以什么策略发布、用什么形式呈现等。

未来"万物皆媒",智媒化的应急广播将拥有无限的信息终端,覆盖人类活动的各种场景,为根据特定场景精准提供应急信息服务提供媒介基础,物联网、大数据、云计算则是技术驱动。"场景化"的应急信息传播模式将更精准地把受众需要的信息,用最有效的方式送达。

在2016年、2017年两次国家应急广播演练中,应急广播建设的"预警信息自动适配播发系统"分别模拟了四川、贵州的某个区域将发生洪灾,系统根据预警由弱到强的几种级别,制定了与影响程度、影响范围相匹配的信息流转模式和发布策略,是对"场景化"应急信息传播的初步尝试。未来,智媒化的应急广播将不仅预警某范围内要发生灾害,更精确到告诉不同地段、不同环境中的人应何时撤离、撤离路线,并根据网络轨迹、数据判断个体的年龄段、性别、是否残障等,做更细节的提示。

2. 更迅速的智能化应急信息处理

人工智能进入传播领域带来了机器新闻写作。在2017年九寨沟地震中,中国地震台网还在实测阶段的机器人写稿引发热议,25秒的编写速度让人类望尘莫及。写稿机器人可以自动获取数据并组合成内容,极大缩减新闻采编时间,而且7×24小时在岗,能够随时应对不期而至的突发事件。虽然目前机器写作被批评不够个性化、没有深度和质感,但在突发公共事件传播中,需要准确、客观、迅速,让公众第一时间知道发生了什么,能为应急避险争分夺秒。因此,写稿机器人对于突发事件的发布和预警,其速度之快,弥补了人类的不足。

智媒化的应急广播需要将人工智能纳入应急信息的整合分发流程中,在突发事件速报、灾害预警等对时效性、准确性要求极高的业务领域,让人工智能发挥应有的作用。

目前,国家应急广播已经建设完成"智能语音播报语音库",采集了普通话、维吾尔语、藏语3种语言的超大量录音样本,通过前后端语法分析、音调处理等形成语音数据编码,将接收到的水利、地震、气象等预警信息文本,以秒级时间迅速转换为语音播报,减少了信息目的地进行翻译的环节,提高了传播时效性,也避免了中间环节过多而导致的信息传递失真。

3. 以声音为媒，聆听需求、对话受众

声音，是传统广播唯一且全部的传播方式，是其优势所在。在新媒体兴起后，声音不再局限于传统广播，从网络电台、流媒体到智能手机的语音助手、智能音箱、智能遥控，声音在新媒体信息传播和互动中也具有重要价值。未来，人与机器的交互会越来越普及、频繁，并且追求自然、聪明的交互方式，而对话是人类与生俱来的交流手段，语音交互可能成为人机互动的标配模式。

应急广播拥有以声音为媒的天然特性和专业优势，借助人工智能、物联网等新一代信息技术，智媒化的应急广播可以开发能聆听用户需求并及时反应、能与受众对话并在对话中学习成长的新型信息产品。理想状态下，这类产品保有传统广播的接收能力，可以利用太阳能或动能发电，不受电力条件限制，以满足极端情况下多样化的接收信息的要求；响应国家应急广播系统的信息接收、播发指令，能够在需要时及时被唤醒，有效发出灾害预警，挽救生命；可以通过语音与用户对话，接收用户的指令和需求，并传输给应急广播系统处理，给予用户回应；最重要的是，能够在与用户的对话过程中，不断熟悉用户，进行机器学习，以提供日益精准的"场景化"应急信息服务。

2017年，美国广播公司曾报道过一则新闻，一名男子在与女友激烈争吵时拔枪威胁，质问"你是不是报警了"，家中的智能音箱误认为接到要求报警的指令，真的叫来警察救了女友。虽然事件解决得益于智能音箱在语音识别上的误差，但这也启示我们，智能终端、人机语音交互在应急广播信息服务方面的潜力值得挖掘。

三 在融合中坚守以人为本的应急广播理念

应人民之所急，在危难中发出最坚实可靠的声音，用充满温度的人文关怀守卫公众的幸福平安，是应急广播的使命所在。无论融合什么样的新媒介、新技术，应急广播的使命不变，以人为本的理念不变。

需要注意到，新媒体、新技术在为信息传播、公共服务带来便利的同

时，也会制造新问题或让已经存在的问题加剧。应急广播在融合新媒体、借助新技术发展时，更需超越技术，正视其背后的阴影，探索解决问题的路径。在融合之道上，延伸新媒体传播链条、应用新型信息技术，都是为了更好地践行以人为本的应急广播理念。

（一）警惕"数字鸿沟"，重视应急广播服务的公平性

互联网、新媒体的迅速发展导致"数字鸿沟"出现。第41次《中国互联网络发展状况统计报告》显示，我国的互联网普及率为55.8%，受上网技能缺失、文化水平和上网设施限制等因素影响，我国仍有近一半人口尚未享受互联网服务。这些不能拥有新型信息工具的人与深度互联网化的人群之间存在不容忽视的差距。这种差距造成城市人口与农村人口、青壮年与老幼残障人群不能公平地享有各类现代信息服务、公共服务。随着人工智能、物联网等新一代信息技术的应用，"数字鸿沟"造成的不公平可能会持续甚至加深。

而在我国，信息闭塞的偏远地区与自然灾害高发区高度重合，老幼残障人群也是突发事件中最易受到伤害的群体。应急广播在与新媒体融合的过程中，不能一味追求前沿、新颖，必须关注如何打破"数字鸿沟"，充分调动我国广播、电视高达98.17%和98.77%的人口综合覆盖能力[1]，兼顾各个地区的传播条件及各个群体的信息需求，公平地为全民提供应急信息服务。

（二）利用新技术，重视应急广播服务的安全性

信息技术的发展驱动着媒介形态、传播生态的变化，应急广播需要利用、依靠新技术，让应急信息传播更加快速、智能、精准。但在依靠技术驱动发展的同时，还要做到不依赖技术，其必要性体现在两个方面。

第一，无论多先进的技术都可能有漏洞，而应急信息传播事关人民群众生命财产安全，必须确保万无一失。应急广播与新媒体、新技术的融合发

---

[1] 《新闻出版广播影视"十三五"发展规划》。

展，不同于其他媒体融合的尝试，务必以安全为前提，做好应对各种技术问题、突发情况的预案、准备。例如，在依靠网络实现应急信息自动化抓取、传输，提升传播时效性的同时，要提前设计网络中断、信源抓取有误、多级传输系统断链等问题的应对办法，还需定期模拟演练，确保应急信息采集、流转、分发始终无误。

第二，再智能的算法也无法代替人的判断力，在最需要准确信息、人文关怀的突发事件传播中，不能被技术绑架。算法技术的确提高了互联网的智能化，但算法解读并不能做出准确的价值判断，它不仅会加剧"信息茧房"现象，也可能助长有害信息的传播。损害儿童身心健康的邪典动画就是在YouTube的算法推荐下大肆扩散，并蔓延至国内各主流视频平台的。在突发公共事件传播中，不能把主导权交予机器，否则可能会出现难以预料的恶果。

为了向公众提供准确、及时、有效的应急广播服务，必须确保信息传播在技术系统层面和内容、价值观层面的安全性。前文提到的智能音箱听错指令的案例，虽然阴差阳错解困危局，但也证明了技术存在误差、解读未必准确。用来救命的应急广播信息产品绝不能出现类似传达错误的情况。在越来越倚重技术发展的智媒化未来，更加精准、高效的应急广播服务需要以信息技术发展为驱动力，但不迷信技术、不滥用数据，坚守以人为本的应急广播理念更为重要。

B.19
从"快笔小新"到"媒体大脑"

——国家通讯社业务智能化实践探析

钟昊熹 程 婧*

摘 要： 党的十八大以来，新华社致力于建设国际一流的新型世界性通讯社，着力推动媒体融合发展，把握数字化、网络化、智能化发展趋势和分众化、差异化传播趋势，深刻认识到人工智能技术正在带来一场新的革命，着力在新闻生产传播流程中进行智能化实践探索。在国内外新闻机构中，新华社较早涉足人工智能应用，研发推出能自动编写新闻的写作机器人"快笔小新"；2017年，新华社进一步加大人工智能应用力度，自主研发了中国第一个媒体人工智能平台"媒体大脑"，生产发布了第一条MGC（机器生产内容）视频新闻，引发国内外关注，努力成为赋能媒体系统化创新的基础设施。通过"媒体大脑"等生产平台，新华社推出了大量创意与科技融合的MGC视频智慧新闻。人工智能技术的应用大幅提高了新闻生产传播效率，提升了融合产品种类、数量、质量和效果，扩大了新闻信息产品的覆盖面和影响力。

关键词： 媒体大脑 新华社 智能化

---

* 钟昊熹，主任编辑，新华社总编室融发办主任，主要研究方向为媒体融合与新媒体；程婧，新华社总编室融发办编辑，主要研究方向为媒体融合与新媒体。

近年来,移动互联网发展迅猛、大数据产业日趋成熟,为人工智能(AI)技术提供了庞大的数据资源,为其应用的繁荣奠定了基础。在新闻传播领域,人工智能应用实际上是大数据技术和算法技术的结合,是精准传播的技术核心,它进一步重构了新闻生产和分发的逻辑,在线索发现、选题策划、信息采集、内容加工、产品制作、传播分发、效果评估甚至运营推广等各环节上,都有巨大潜力。

党的十八大以来,新华社致力于建设国际一流的新型世界性通讯社,着力推动媒体融合发展,在此背景下,内容与技术的融合,成为通讯社创新发展的自觉与常态。在国内外新闻机构中,新华社较早涉足人工智能应用,研发推出能自动编写新闻的写作机器人"快笔小新",在新的采编发平台集成舆情热点和线索发现系统,在移动客户端推出可交互的聊天机器人,在微信公众号使用智能语音系统自动播报新闻,引入能进行人机对话的机器人记者"爱思"报道两会,还组建了覆盖广泛的新闻无人机队。

2017年,新华社进一步加大人工智能应用力度,自主研发了中国第一个媒体人工智能平台"媒体大脑",通过这个平台,生产发布了第一条MGC(机器生产内容)视频新闻,引发国内外关注。下一步,新华社将建设以智能技术为基础、以人机协作为特征、以大幅提高生产传播效率为重点的智能化编辑部,抢占融合发展制高点。哈佛大学尼曼新闻实验室发文称,新华社的新举措是中国深耕人工智能领域发展的新动作,中国在人工智能应用于媒体发展方面的大笔投资,必将对全球媒体产生影响。

一 快笔小新:提升新闻生产效率的写作机器人

2015年11月,新华社推出了自主研发的新闻写作机器人——"快笔小新"。这个机器人正如其名,一上线就可以迅速地为媒体用户生产中超和CBA赛事新闻报道,还可以提供股市行情走势、人民币汇率价格、上市公司财报等新闻报道。根据程序设计开发的稿件模板,"快笔小新"可以自动采集数据信息,每天编辑生成近百篇稿件。

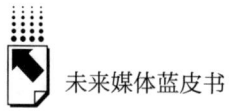

生产自动化是 AI 技术在媒体业务领域的典型应用。作为具有重要影响力的内容提供者，新华社每天生产数千条多语种新闻向全球发布，这需要投入数千名记者、编辑从事信息采集和新闻编发工作，包括一些不需要多少脑力的程序性、报表式新闻。这类新闻写作是机器的优势，它可以将采编人员从繁重单调的劳动中解脱出来，实现计算能力和智力资源的合理配置利用，有效提升报道的时效和生产效率。"快笔小新"上线后，首先在新华社体育部、中国经济信息社、中国证券报等业务单元投入使用。事实证明，它减轻了这些部门数十名编辑记者的工作强度，使他们可以腾出时间精力采写更多的深度报道。"快笔小新"的表现，让它成功登上了中国媒体融合 2015～2016 年度先锋榜。

上线两年，"快笔小新"在实践中不断迭代升级，变得更加聪明好用。在 2016 年里约奥运会上，升级版的"快笔小新"帮助新华社出色完成了全部比赛成绩公报、奖牌榜等稿件的写作，编发的 530 多篇中英文稿件在新华社客户端实时发布。在日常报道中，"快笔小新"实时生成中央部委发布的重要信息稿件。2017 年，针对天气预报业务场景开发的中英文写稿功能上线运行。现在，"快笔小新"可以针对不同业务场景快速定制开发，实现了数据采集、内容生成全流程自动化，稿件生成时间不超过 5 秒。但即便如此，作为一款智能应用，"快笔小新"依然存在一些令人遗憾的缺陷，比如报道领域和行业比较有限，写深度报道的能力不足，稿件缺乏相应的情感、语气和语境等。

作为全媒体新闻机构，用 AI 帮助提升生产传播效率的业务场景还有很多，如多媒体内容辅助编辑、关键信息审核与质量安全把控等。新华社 2017 年 2 月上线的"现场云"在线新闻生产平台，不到一年时间就聚合了 2400 多家媒体机构用户，生产了 37000 多场直播报道。这些内容以直播流、短视频、图片和文本为主。由于信息海量、生产者多元，需要运用智能编辑技术予以辅助生产，包括图像识别、语音字幕自动生成、微视频快编加工等。类似地，2017 年新华社研发上线的全媒体采编发平台、全媒体供稿平台，以及升级版的新华社客户端，也都集成了市场上流行的机器辅助编辑技术、用户画像、算法推送等智能技术，推动了新闻生产的自动化，提升了新闻传播的精准度。

二 媒体大脑：赋能媒体系统化创新的基础设施

2017年12月26日，在成都召开的第五届中国新兴媒体产业融合发展大会上，新华社正式发布"媒体大脑"，并对外提供服务。"媒体大脑"是中国第一个人工智能平台，由新华社与阿里巴巴合资设立的媒体科技公司新华智云自主研发。新华智云以媒体智能化为方向，研发涉及存储、生产、分发、计算等全产业链专有技术，引领传媒科技变革潮流。"媒体大脑"上线初期，向媒体用户提供以下八个模块的服务：2410（智能媒体生产平台）、采蜜、人脸核查、用户画像、智能会话、新闻分发、语音合成、版权监测。

2018年两会期间，新华社全面投入试用"媒体大脑"各项功能，成为新华社采编人员完成报道任务的"黑科技"助手。在采集端，基于"媒体大脑"语音识别文字转换技术的"采蜜"服务受到一线记者好评，首次在大会直播、部长通道直播等多个场景试用。在数据库端，基于"媒体大脑"人脸识别技术的"飞识"系统正式上线，记者编辑只需上传一张人大代表的照片，就可以查询其身份信息和新华社的相关历史报道。在供稿端，"媒体大脑"监测新华社两会新闻报道在接近全网300万个网站及头部自媒体的传播、版权行为状况，并提供版权情况报告。基于"媒体大脑"语音识别及合成技术的"智能小新"也在新华社客户端5.0版中精彩亮相，为客户端用户提供新闻聊天和智能应答服务。

"媒体大脑"还可为媒体机构提供描绘用户群体特征、偏好的用户画像服务，提供针对用户阅读偏好的新闻分发系统，提供符合新型传播场景的分发模式。以2018年2月推出的新华社客户端5.0版为例，这个新版本依托"媒体大脑"实现了"智能引擎"功能，通过判断用户的阅读习惯，将内容特征标签与用户标签进行匹配，将稿件做个性化和分众化的传播分发。不同于现在市场上的纯粹算法推荐类客户端，新华社客户端突出主流价值导向，

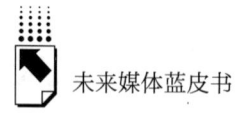

将专业新闻人的判断与纯粹的算法结合,为用户呈现符合主流价值观的推荐结果。

从全球实践看,在新闻机构日常生产的各个环节中,处处可以看到AI应用的渗透,例如新闻线索发现与追踪、素材采集、新闻写作和产品制作、新闻信息分发、效果评价等。如果说两年前的"快笔小新"在新闻写作自动化上进行了有益尝试,那么今天,"媒体大脑"则融合了大数据、AI、云计算、物联网等多项前沿科技,覆盖了新闻策、采、编、发、供、评等全链条,让新闻生产、信息传播、供稿服务更加智能化,可以说,它扮演着未来通讯社甚至媒体行业系统化创新基础设施的角色。

三 MGC视频:创意与科技融合的智慧新闻

2017年12月,几乎在"媒体大脑"发布的同时,新华社发布了第一条MGC(机器生产内容)视频新闻,名为《"媒体大脑"来了!》。这条时长2分8秒的视频新闻,由"媒体大脑"的"2410"系统生产,计算耗时10.3秒。据产品研发者透露,这条视频新闻的生产,动用了4类传感器、21路摄像头,附近的多类传感器也随时待命,把301万个网站的数据作为知识储备库,运用强大的计算能力,实时将数据、AI功能提炼串联。

如果说这条MGC视频带给观众的更多的是神秘感,那么在2018年全国两会上,新华社"媒体大脑"推出的5条MGC视频新闻,则不仅让用户体会到新闻创意与AI融合的科技感,还能从这些机器生产新闻中扎扎实实获得关于两会报道的具有独特视角的信息。

2018年3月2日"媒体大脑"发布了两会报道史上第一条MGC视频新闻《2018两会MGC舆情热点》,它的基本流程是,由智能媒体生产平台从5亿网页中梳理两会舆情热词,然后对数据进行挖掘分析,生成可视化图表、配音、配图和视频剪辑,全部完成用时仅15秒。结合两会议程,"媒体大脑"又连续推出了《"媒体大脑"也在学习政府工作报告 机器发现了这些看点!》《"媒体大脑"想陪你聊聊"两高"这五年》《"媒体大脑"带你看宪法宣誓》等一系列 MGC 视频产品，客观生动地展示了习近平新时代中国特色社会主义思想引领下我国取得的历史性成就。

"媒体大脑"生产的 MGC 视频新闻，都是在大数据、云计算、AI 算法、传感器等技术手段帮助下实现的，这可以说是智慧新闻的基本特征。从这个角度看，近年来，新华社还推出了不少具有这种特征、充满科技感、未来感的新闻产品。

比如，新华网 2018 年两会发布的生理传感视频新闻《"更懂你"是什么感觉，答案在这里》，就是在总理作政府工作报告的 100 多分钟内，由生物传感智能机器人收集观众情绪生理变化，转化为相应的数值，自动生成体验报告并以视频的形式呈现给受众。这种情感交互技术能获得媒体人以前很难获得的受众生理和心理数据，拓展了信息采集的深度和广度，在评估效果和精准分发上打开了新的空间。

又如，新华社客户端推出的 AR 产品《AR 新闻亮相全国两会！扫一扫你的身份证，有惊喜！》，用户通过点击客户端首页下方机器人"小新"，利用 AR 功能扫描二代身份证带有国徽和长城图案的一面，便能在虚拟与现实相结合的场景下观看政府工作报告。用户还可与虚拟画面中的红色信封互动，进一步增强浸入感。这种新闻呈现方式非常独特、新颖、时尚，符合年轻人的阅读习惯，让新闻阅读可互动、可分享、可体验。

再如，2017 年推出的 H5 短视频《无人机航拍：换个姿势看报告》《地图漫游：无人机探秘河北雄安新区》等有影响力的作品，都是借助新闻无人机辅助生产的结果。无人机作为空中智能机器人，可以深入现场及时采集信息，视角独特、应用广泛，引发传播领域的关注。事实上，新华社较早在新闻无人机上进行布局，并依托新华网组建了覆盖全国的新闻无人机队，生产了一批有较高质量的无人机新闻报道。

上述案例可以表明，人工智能能够帮助媒体提升内容质量。对媒体而言，内容够不够优质上乘、产品能不能引领潮流，是关系根本的课题。这对通讯社尤其重要。笔者认为，能否用好人工智能进行报道创新、丰富新闻品类、提升报道品质，应该成为媒体融合发展实践中需要认真回答的重要问题。

随着智能技术的升级和应用的普及,另一个重要问题正成为各方讨论的话题,这就是在新闻传播领域,机器会不会取代人类,人工智能会不会让编辑记者失业。笔者认为,答案是否定的,至少在今后较长时间内机器不会取代人类。正如 2017 年 12 月 17 日新华社副社长刘思扬在第五届中国新兴媒体产业融合发展大会上强调的,"媒体大脑"和 MGC 视频新闻的出现,不是要取代记者和编辑,而是要在更高层面上,把人与物的延伸连接起来,更快、更准、更智能地获得新闻线索和素材,赋能记者和编辑,帮助媒体提高生产力。"媒体大脑"可能不是未来媒体发展的唯一方向,但一定是其中一个方向。

B.20
腾讯：AI+内容，做未来媒体生态"连接器"

王 兰*

摘 要： 腾讯从2011年提出打造生态的开放战略至今，经历了从流量开放到能力开放，再到生态开放的演变。腾讯开放平台主导腾讯创业创新生态的发展策略，为生态合作伙伴提供创业服务平台、青腾大学、腾讯"双百计划"、34个腾讯众创空间、腾讯全球合作伙伴大会等服务体系，积极推动创业创新生态的布局和落地实施。在业务赛道上，腾讯积极推动内容生态和AI生态的发展，在开放平台下建立了腾讯AI开放平台、AI加速器和腾讯文创基地。

关键词： 腾讯开放平台 AI+内容 未来媒体 连接器

腾讯公司于2011年提出"打造创新创业生态"的开放战略，至今已走过8年的历程。从最早的流量开放，到对外底层技术能力的开放，再到平台开放以及应用服务开放，建立了从线上到线下的全方位开放体系。

2017年6月，腾讯公司董事会主席马化腾在接受华盛顿大学陈晓萍教授的专访中提到，"腾讯成功的一个重要原因是我们的开放战略。腾讯将专注做连接，聚焦在内部称为'两个半'的核心业务上：一个是社交平台，

---

* 王兰，工商管理硕士，腾讯开放平台副总经理，主要研究方向为新媒体产业。

一个是数字内容，还有半个是正在发展中的金融业务"。

腾讯公司开放战略的实施是全方位、多领域的立体式布局，并通过腾讯开放平台向合作伙伴全面开放腾讯20年来所积累的各项能力。涉及文创行业、泛娱乐产业、内容产业以及媒体行业，腾讯公司正在成为未来媒体生态的"连接器"。

一 腾讯式赋能：创造场景的位移，做时间的几何

（一）打通空间与场景，为内容行业注入高能效

腾讯公司未来关于内容业务的线上布局，将围绕腾讯内容开放平台展开。2017年11月，企鹅号正式升级为腾讯内容开放平台，成为腾讯内容平台分发的接入口，真正实现一点接入，腾讯全平台内容分发。

我们将视角从线上的场景转换到线下的空间，腾讯公司在2017年的"818创业节"上将全国29个城市中的31个腾讯众创空间挂牌"腾讯文创基地"。腾讯众创空间聚集创业孵化、创业服务、创业投资、创业教育多维度、立体化、全要素孵化空间，助力创新创业，扶持企业快速成长。

1. 线上场景：腾讯内容开放平台推出"百亿计划"

腾讯内容开放平台于2017年11月8日正式成立，并将自身定位成"内容行业的服务者"。通过"百亿计划"为各领域内容创业者提供流量、资金以及产业资源的多项赋能。

由于互联网内容平台竞争激烈，"标题党"现象成为网络内容行业的通病，而优质内容生产者却得不到更多流量。同时，原创内容遭遇盗版、维权难等问题；现有利益分成机制是平台多、内容创业者少的模式。基于这些行业痛点和矛盾，腾讯内容开放平台采取四项应对策略。

（1）腾讯全平台流量一点接入，全平台分发

腾讯目前有十多个流量平台，日均PV（页面浏览量）、VV（视频浏览量）超过100亿次。"企鹅号"是腾讯旗下的一站式内容创作运营平台，致

力于帮助媒体、自媒体、企业、机构获得更多曝光与关注,持续扩大品牌影响力和商业变现能力,扶植优质内容生产者做大做强,建立合理、健康、安全的内容生态体系(见图1、图2)。

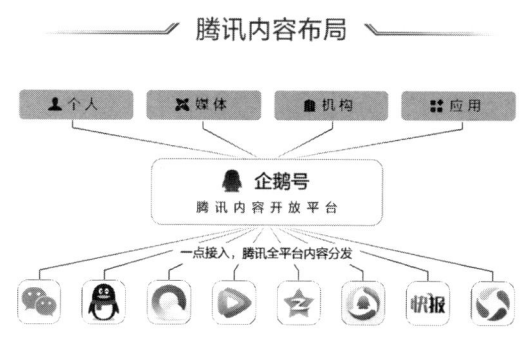

图1　腾讯内容布局:"企鹅号"一站式内容创作运营平台

"企鹅号"作为腾讯内容的开放平台,内容创作者只需在om.qq.com注册即可上传图文或短视频内容,2小时之内可将内容同步分发到腾讯的十余个流量点,极大地提升了分发效率。同时在内容管理、收益结算方面真正实现无人接入。

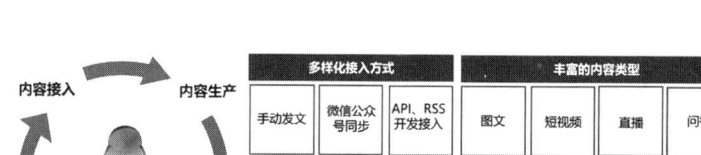

图2　"企鹅号"内容创作运营平台

(2)真正孵化高水准内容

腾讯致力于孵化精品内容,拒绝标题党。在短视频内容领域,2018年腾讯计划孵化一批高质量的精品短视频项目，平台将做流量保证及共同招商，以帮助腾讯短视频合作伙伴获得更高利润；在图文内容领域，腾讯内容开放平台将用"城市合伙人"计划，在全国337个城市运营"城市频道"，同时通过流量赋能及招商赋能的方式同城市合伙人共同运营。

（3）腾讯公司将做版权保护的有力推动者

马化腾曾在两会提案中指出，版权保护的不完善不但导致了侵权盗版猖獗、版权价值不能有效实现，还直接打击了创作和创新的积极性，长远看非常不利于我国网络文化产业的健康发展。

数据显示，网络文学盗版一年损失过百亿元，而在盗版产品的挤压下，我国音乐版权方每年的收益仅占整个产值的2%左右，这一数值在发达国家如欧美、日韩占比分别为70%和90%，国内与国外相比差距巨大（见图3）。因此，完善的版权保护是网络文化产业正版化发展的关键力量。①

腾讯公司关于盗版和侵权行为的态度坚决，对盗版内容零流量，不合作，并成立版权联盟，同行业合作伙伴联手打击盗版。盗版内容绵延不绝的核心要素是大多数CP偏长尾，内容创业者不具备单独长购或单独购买的能力。腾讯将把自己的版权库，如体育、音乐、电视剧等版权授权合作内容创作者做二次编辑，内容的再创作将按照合法、合规的方式进行，从根本上杜绝盗版行为的发生。

2017年5月12日，腾讯研究院院长司晓博士表示，未来在数字版权保护方面，区块链等新技术的应用研究具有潜在价值。传统的版权登记采用纸质申请，耗时耗力；而通过区块链技术，数字作品的所有者能够把版权信息和版权交易信息记录在区块链上，快速便捷，记录一旦加入即无法篡改，从而使任何交易双方之间的交易都可以被追踪和查询，并被充分证明，且可扩展性较强。

---

① 司晓：《文化金融市场中的版权价值与交易》，2017年5月12日，http：//www.tisi.org/4907。

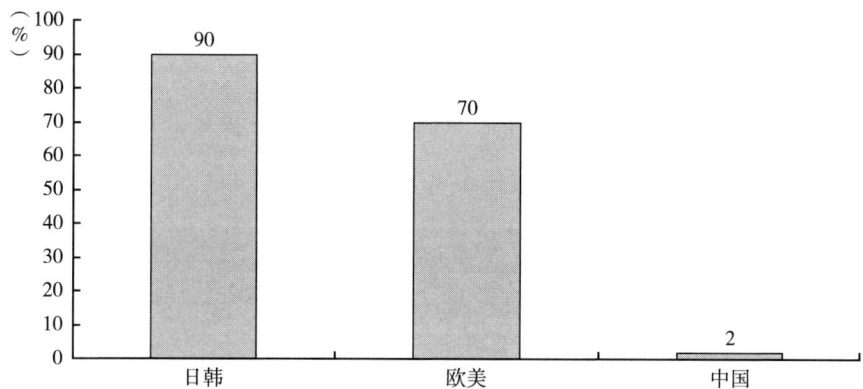

图3 日韩、欧美和中国音乐版权收益占整体产值的比例

(4)"百亿计划"全方位助力内容产业

腾讯内容开放平台的"百亿计划"的含义是丰富多元的,腾讯将投入100亿产业资源,包括众创空间、企鹅新媒体学院进入内容行业,全面提升内容从业人员的创作水平;并将投入100亿流量助力内容创业公司的成长;同时还会投入100亿元进入内容行业,帮助行业快速腾飞。腾讯公司投入的100亿元将以3种模式展开。

一是内容分成。企鹅号运用创新底层页内容,可以大幅提升底层页的商业化变现效率。企鹅号的运营者不仅可以分得现有文章或视频底部的效果广告变现,随着内容平台新功能的开通,还将获得在游戏、电商等领域的变现。

二是平台分成。腾讯率先提出将腾讯平台信息广告收入同平台上的内容生产者按照PP、VV的贡献度进行分成。重点类目包括独家、首发内容加权补贴。

三是成立内容基金,专项投资内容领域。投资项目将全面覆盖内容全品类、全领域,不同于其他基金只关注热门领域的内容创业项目,腾讯还将关注小众内容的创业项目。腾讯希望通过"百亿计划"帮助内容创业者在2018年获得更好的收益。

2. 线下空间：腾讯文创基地

腾讯文创基地为内容创业者提供基础办公空间服务、教育培训、投资与孵化、流量分成、产业资源引入、版权保护、谣言监测、政策对接等创业服务。助力当地的内容创业者聚焦生产创作优质内容，深度服务内容创业群体，进一步打造辐射全国的内容生态（见图4）。

图4　腾讯文创基地

腾讯文创基地为内容创业者提供的资源服务具体内容包括以下六个。

（1）场地硬件

腾讯众创空间在原有的办公基础设施上升级了内容创作所需要的各项配置，基地配有共享摄影棚、绿幕区及录音棚；提供摄影、灯光、收录音等设备的租赁服务；服装、道具的共享租赁仓库；10人以下可个性化装修的独立办公空间；能够激发创作灵感和静思放松的综合休闲区域；并为行业交流沙龙提供空间和场地。

（2）导师扶持和课程培训

扶持头部自媒体进入青腾大学文创班，为区域自媒体提供内容专业化制作、企鹅号运营指导、优秀媒体人才培养等相关创业能力的辅导。

（3）产业资源引入

整合全国及各区域的内容行业产业链，为内容创业者提供如头部

MCN、数据采集、版权保护、在线新媒体编辑器等领域的第三方服务商，对接上下游资源，并进行如策划、编剧、红人、摄影、剪辑等方面专业人才的引荐。同时，腾讯新推出了在线设计工具包月会员服务、作品版权证明、数据榜单等多项服务型产品，从而为内容创业者提供360度全方位服务。

（4）投资与孵化

通过腾讯双百计划、腾讯战略投资部、各区域投资型运营方投资孵化各垂直领域的内容标杆，如本地生活、娱乐影视、新闻资讯、母婴健康等。

（5）谣言监测

在内容安全方面，腾讯通过AI技术能力的支持，为早期内容创业者保驾护航，利用AI算法遏制谣言的扩散以及一系列维护内容安全的动作，希望能够帮助维护整个网络空间和网络内容的秩序。

（6）政策对接

为内容创业者及时传达当地政策，协助对接监管机构和广电系统的相关资源并提供财、法、税等企业管理运营基础服务。

（二）构建时间的几何，为内容创业者创造持续价值

1. AI技术赋能媒体科技（media-tech），让内容"更聪明"

AI技术的渗透力和影响力已经延伸到现代社会的各个角落，技术创新将成为未来企业的核心驱动力。面对AI浪潮的袭来，腾讯公司将着力于发展并开放自身的AI技术能力，提出了一条"基础研究—场景共建—AI开放"的实施路径。

腾讯AI开放平台（ai.qq.com）作为腾讯公司AI技术与能力向外部合作伙伴开放的中枢，将腾讯AI Lab、优图实验室、WeChat AI三大实验室在人工智能领域积累的顶尖技术，以API、SDK、解决方案等形式，面向政府、机构、企业、开发者进行开放，推动AI技术在各领域落地应用。平台已开放智能语音、计算机视觉、自然语言处理三大技术引擎超过80项AI能力（见图5）。

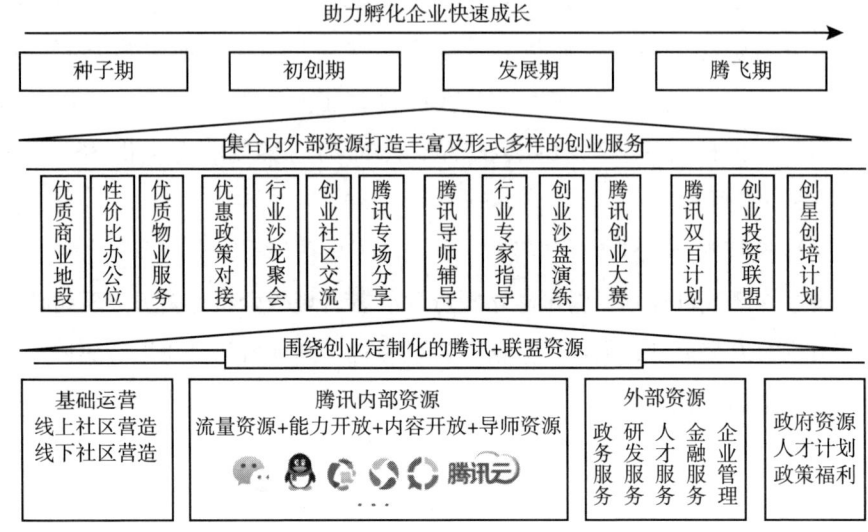

图 5　腾讯文创基地为内容创业者提供的资源服务

（1）基础研究方面

腾讯布局三大实验室，具体如下。

①腾讯 AI Lab。腾讯 AI Lab 于 2016 年 4 月成立，作为企业级 AI 实验室，依托腾讯丰富应用场景、海量大数据、强大计算能力和一流科技人才，专注于 AI 基础研究和应用探索的结合。腾讯 AI Lab 的基础研究方向包括计算机视觉、语音识别、自然语言处理和机器学习，分为内容、游戏、社交和平台工具型 AI 四类，研究技术已被微信、QQ、天天快报和 QQ 音乐等上百个腾讯产品使用。

②腾讯优图实验室。腾讯优图实验室成立于 2012 年，深耕于人脸识别、图像识别、音频视频领域的科研探索和业务落地。图像技术包含图像识别、智能鉴黄、OCR 技术、图像分割以及超分辨率技术等；人脸识别包含人脸配准追踪技术、人脸核身技术、活体检测技术、海量人脸检索技术等；音频技术包含原音识别与哼唱识别技术、原音消除技术、语音合成技术和声纹识别技术等。

优图实验室以产品为核心，以 AI 技术落地为导向，通过"腾讯优图开放平台"对外输出团队核心的技术能力,建立 AI 云生态。同时面向行业输出一体化的产品解决方案。目前优图 AI 技术已经广泛应用在金融、鉴黄、安防、医疗、政务等领域,在手机 QQ、QQ 空间、QQ 音乐、微信、广点通、全民 K 歌、腾讯觅影等众多明星产品中落地。

③WeChat AI 团队。WeChat AI 团队是由微信团队内部孵化且专注于人工智能技术探索与应用的研究团队,致力于为语音识别、自然语言处理、计算机视觉、数据挖掘和机器学习等人工智能技术的发展带来革命性进步。团队经过 5 年时间的潜心研究,已将人工智能研究成果应用于微信产品的语音输入、语音转文字、声纹锁、对话机器人、摇一摇歌曲(或电视)、扫一扫封面、扫一扫翻译和微信广告等功能,同时为腾讯各业务产品线提供语音识别和语义分析等核心技术能力支撑。

(2)腾讯 AI 开放平台生态方面

①通过导师、投资、技术、产业资源、市场五大加速引擎,助力腾讯 AI 加速器的创业公司快速成长,为行业赋能、促进产业转型(见图 6)。

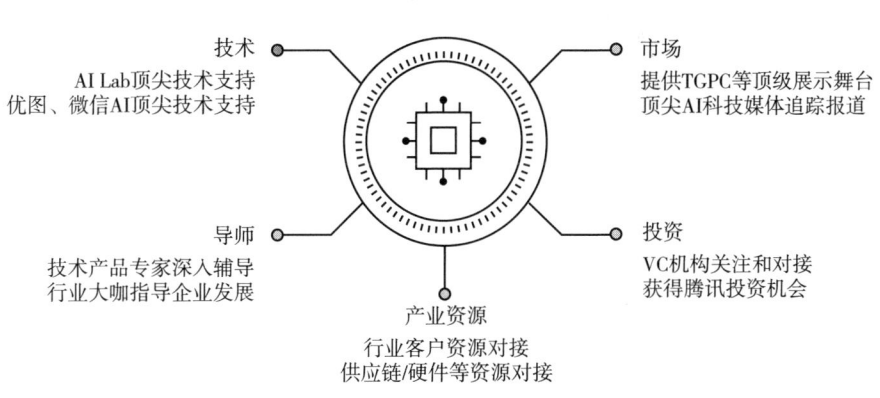

图 6 腾讯 AI 开放平台生态构建

②汇聚顶尖技术,专业人才和行业资源,依托腾讯 AI Lab、优图实验室、WeChat AI、腾讯云及合作伙伴强大的 AI 技术能力,升级锻造腾讯 AI 加速器的创业项目。

③通过腾讯品牌、创投和流量广告等资源，为 AI 技术及产品找到更多的应用场景，实现腾讯 AI 加速器创业项目的产品从打造到引爆的全过程。通过开放腾讯 AI 能力，推送技术产业融合，打造 AI 明星项目，构建 AI 开放生态。

（3）场景共建方面

①腾讯本身拥有内容、社交、游戏等海量数据和应用场景，与此同时，腾讯应用产品也在全面 AI 化，在社交、内容、游戏、医疗、零售、金融、安防、翻译等八大场景中落实腾讯的 AI 能力。

②关于内容的 AI 化，人工智能技术正在腾讯的内容搜索、推荐分发，甚至创作领域落地。AI 能帮助产品更好地了解用户的兴趣图谱，从而进行更智能的个性化推荐，让用户更高效地体验感兴趣的内容。腾讯各个平台上的数字内容服务都会受益于这一更为智能的推荐技术，包括新闻类应用、腾讯视频、QQ 应用、全民 K 歌及应用商店等（见图 7）。

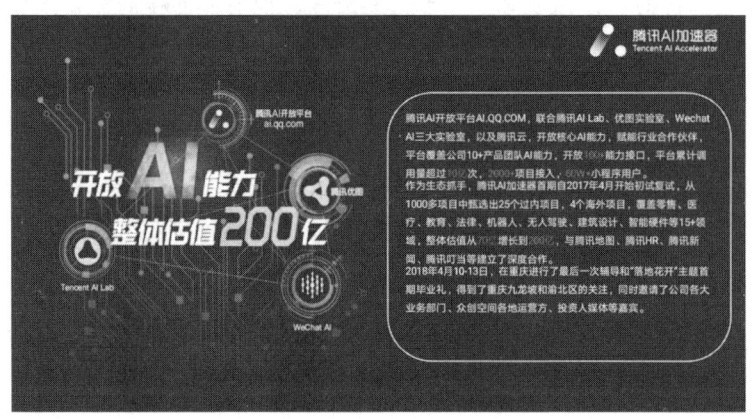

图 7　腾讯 AI 加速器

③在最新安卓版 QQ 空间的 App 中，增加了"图片语音即时描述功能"，借助腾讯 AI Lab 的图像识别生成技术，AI 能够理解图像内容并学习和组织语言，以符合人类语言习惯的方式向用户表述图片。这意味着，视障用户借助科技的力量也能"看到图片"，了解图片的内容。

"AI in All"（用人工智能"连接一切"），腾讯将致力于 AI 从企业、行业到学界的共享共连。在腾讯开放战略之下，腾讯开放平台也将作为腾讯和产业应用的连接器，通过汇聚、开放腾讯核心 AI 能力和资源，帮助合作伙伴实现 AI 技术规模化、产业化应用和场景落地，进而推动行业的智变升级。

二 腾讯从"泛娱乐"到"新文创"的战略理念

当前，网络文化产业竞争十分激烈，优质内容的流量入口地位明显，互联网公司越来越多向上游发展参与内容制作，有价值的 IP 不断被发掘和重塑，优质 IP 的市场价值凸显。2018 年 4 月 23 日，腾讯集团副总裁、腾讯影业首席执行官程武在 UP2018 腾讯新文创生态大会上表示，"新文创"是一种更加系统的发展思维：通过更广泛的主体连接，推动文化价值和产业价值互相赋能，从而实现更高效的数字文化生产与 IP 构建。

那么什么是优质的 IP 呢？有专家曾提到，IP 是类似于金字塔式的存在，这个金字塔有五层，自上而下，依次是 IP 价值观、个性、故事、多元的演绎方式和商业实现。

（一）泛娱乐具备更大产业发展空间

2018 年 3 月 7 日，工信部发布的《2018 中国泛娱乐产业白皮书》显示，以 IP 为核心，游戏、动漫、文学、影视、电竞和视频等多元数字内容共融共生，发展快速。在过去的一年里，相关产业共创造了超过 5000 亿元的核心产值，在数字经济中的比重超过了 1/5。

（二）"新文创"应当实现产业价值与文化价值的统一

泛娱乐产业本质上属于数字文化，在过去行业普遍关注的是产业价值的

实现，未来更需要考虑一个 IP 是否有文化价值，以及如何去提升它的文化价值。文化是超越产业的特殊存在，所以，做文化不是孤立和封闭的事业，只有把各协作主体、文化资源以及创意形式广泛连接起来，才能实现更高效的数字文化生产。

（三）树立 IP 的新标准：关注"产业＋文化"的二元价值

目前，行业中很多人简单把 IP 的价值等同于短期的热度，但真正有生命力的 IP，不是炒作出来的，而是逐渐"生长"出来的。IP 不仅要有新潮的体验，更要有能够承载用户情感的文化内涵。

《王者荣耀》的成功除了玩法本身，很重要的一点就是融入了许多中国传统经典人物。腾讯动漫出品的《一人之下》背后其实有很多中国道家文化的影子；腾讯影业重点打造的《庆余年》《古董局中局》《藏地密码》等影视作品，也是因为看到它们背后深厚的文化价值。所以我们应当认识到，文化始终是 IP 的灵魂所在，产业则是文化发展的重要驱动力。

（四）构建更丰富立体的综合数字文化新体验

新文创时代的数字文化，要从内容升级到体验，体验包含"内容＋形式"。腾讯的做法更倾向于全版权引入，目的是系统运用文学、动漫、影视、音乐、游戏等多元创意形态。同时，要打通线上与线下，实现更多社会功能。比如，与地方政府一起共建数字文化城市，让数字内容更好地融入城市空间；把功能游戏运用到教育、医疗、科研以及文化保护等领域，让数字内容发挥更多元的价值。

伴随"互联网＋"战略的持续推行，中国的网络文化产业已经位居世界前列。网络文化产业是激活文化消费和信息消费的新引擎，已经成为社会经济发展中的重要组成部分。以网络文学、影视、动漫、游戏、音乐、新闻等为代表的细分领域增长势头良好，整体营收规模和产值正加速增长。然而，数字文化生产和 IP 构建本身是长期的系统工程，需要行业从业者有充足的耐心和匠心，需要更加开放的连接与协作。

腾讯公司将在未来继续秉承全面开放的战略，通过腾讯开放平台这一重要"枢纽"，将自身不断积累的各项资源能力共享出来，与所有外部合作伙伴实现共赢，在新商业文明演进的过程中成为一个真正开放的"连接器"。

B.21
云+端：爱奇艺智能视频综合服务实践

王涛 王兆楠*

摘　要： 新技术、新应用推动着移动互联网迅猛发展，网络视频行业也在移动互联网时代呈现出移动化、产业化、个性化、智能化等特征。爱奇艺在不断发展与完善娱乐生态产业链的同时，积极布局创新技术领域，打造"云+端"的智能视频服务，进一步提升娱乐内容体验感，引领泛娱乐全产业生态良性发展。

关键词： 云+端　人工智能　智能视频服务

一　智能视频服务发展现状和趋势

（一）网络视频内容爆发性增长，呈全产业链发展态势

近年来，互联网视频产业发展迅猛，成为用户规模最大的网络服务。CNNIC第41次《中国互联网络发展状况统计报告》数据显示，截至2017年12月，网络视频用户规模达5.79亿，较2017年底增加3437万，占网民总体的75.0%。手机网络视频用户规模达5.49亿，占手机网民的72.9%。①

---

* 王涛，爱奇艺资深科学家，中国计算机学会（CCF）理事，计算机视觉专委会副主任，全国信标委计算机视觉标准组副组长；王兆楠，爱奇艺执行总编辑，中国互联网协会常务理事、中国新闻文化促进会常务理事、中国互联网协会·海峡两岸互联网交流委员会副主任、北京网络视听节目服务协会副会长。

① 第41次《中国互联网络发展状况统计报告》，CNNIC，2018年1月31日，http://cnnic.cn/gywm/xwzx/rdxw/201801/t20180131_70188.htm。

视频逐渐成为网民最重要的内容消费，视频内容量也随之爆发性增长。爱奇艺从 2014 年到 2017 年，视频数量增长了约 20 倍，爱奇艺搜索涵盖了全网约 5 亿视频内容。此外，网络视频还呈现出全产业链发展的趋势，与文学、游戏、动漫、直播、电商等不断融合，形成泛娱乐产业链条。因此，传统的运营方式已经不能适用海量化和复杂化的视频新形势，智能化是提升运营效率、打造优秀基础体验的必然。

（二）网络视频实现多端跨屏联动，智能交互趋向明显

随着智能终端的不断发展，网络视频服务进行跨屏互动得以实现。各大视频平台均有移动端、PC 端和 TV 端。此外，各平台还积极开发智能硬件，爱奇艺开发的电视果，不仅在功能方面实现了多端联动，而且在交互方面实现了多屏应用跨屏联动，更好地为用户提供网络视听服务体验。

视频内容融入用户与互联网内容之间的交互，极大地提高了内容的信息载量，也对信息数据处理能力提出了更高的要求。视频内容下一代智能交互与用户互动，如 VR 头盔，智能音箱等终端，将充分调动用户的眼睛、耳朵、手指、大脑等感官参与，会给用户带来新的应用和全新的感官体验。

（三）用户需求愈发个性化、垂直化，商业变现精准化

伴随着用户使用场景更加碎片，以及智能终端的不断发展，跨屏使用成为常态，多元互动行为增加，用户行为模型更加复杂，平台只有更加智能，才能获取精准的用户画像，提供定制化的内容推荐，实现千人千面，满足个性化的用户需求。

从商业化的交互来看，网络视频也已经度过了粗放的高速增长期，更加追求精耕细作。精准的用户画像和市场分析，不仅对内容分发和用户体验至关重要，也可以上溯到内容创作，为制作方前期投入提供更多参考，降低制作成本与采购风险，另外还关系到后期商业变现的精准度与效率。

（四）云计算技术为视频存储与计算提供基础设施

随着云计算技术和网络视频技术的不断发展，云平台成为视频海量存储、大计算、内容分发的基础设施，极大地降低了对本地硬件设备和软件系统的要求及个人运维的成本和风险，提高了工作效率，实现了高品质的视频播放体验。

云计算技术在网络视频服务中主要有以下三种应用。

一是云存储服务。云存储技术的应用，能够加快用户使用视频的速度，同时降低视频的存储成本，对存储设备实现最大化应用。

二是云计算服务。云平台在底层虚拟机的基础上，提供统一的任务调度平台。调度平台将所有的虚拟机作为一个计算资源池，在上面调度运行多种计算任务，为编码、数据分析、视频识别、搜索推荐等任务提供强大的计算能力。

三是云网络服务。云技术的不断发展给网络视频服务带来了机遇和挑战，网络视频与云技术相结合搭建"云+端"的内容分发平台十分必要。通过云网络服务平台获得海量数据和大计算能力，网络视频用户可以利用手机、Pad、台式机、笔记本等终端享受云视频服务。

（五）大数据处理技术为视频智能化提供强大的引擎

大数据处理技术自产生以来，便受到巨大的关注，为深度学习等智能识别技术提供了丰富的训练数据。业内普遍认同，大数据处理技术的战略意义不在于掌握庞大的数据信息，而在于对这些数据进行专业化处理，挖掘数据背后的价值，发现规律，进行预测。

大数据技术应用于网络视频中，更多地用于分析用户的使用行为及习惯、观看喜好，同时也可以对视频平台上的内容进行效果评估，分析后得出的结论，可用于指导此后的业务发展、营销布局、商业模式等。

（六）人工智能参与视频全流程，步入人机协同新时代

内容产业的发展在一定程度上依赖于新技术的不断推动。网络视频行业

也不例外，在视频领域的内容生产、视频播放、智能推荐等诸多环节运用智能技术，大幅提高了运营效率。

人工智能技术正在促使视频行业迈入人机协同的新时代。在内容产生过程中，人机协同的智能技术能够理解视频内容，熟悉用户需求，让视频变得更加"聪明、亲切"，同时人工智能可以为内容创作、播放互动、商业变现等流程环节提供更有说服力的决策支持。通过人工智能技术，不仅可以将零散化的个体用户行为变成聚类的群体特性，还可以精准分析个体属性的偏好，进行内容推荐，更好地服务于视频用户。

二 爱奇艺智能视频服务发展战略

爱奇艺创始人、CEO 龚宇曾表示，爱奇艺作为一家以技术为驱动的娱乐公司，将 AI 技术在智能创作、智能生产、智能客服、智能标注、智能变现、智能播放、智能分发等七大方面充分应用（见图1）。AI 技术在传媒领域的突破点在于，互联网便捷地连接了人和信息，让人们聚合、搜索、浏览，而人工智能会针对每一个用户去创作，并将每个用户喜欢的内容主动推送给用户。现在这些智能已经深刻融入了爱奇艺视频生态的各个方面，使得我们"更懂视频、更懂内容、更懂用户"。

智能创作	智能生产	智能标注	智能分发	智能播放	智能变现	智能客服
·选角	·视频指纹	·智能标签	·智能搜索	·热点预测	·个性化投放	·小艺机器人
·剧本	·智能审核	·实体身份	·个性化推荐	·HCDN	·情景化广告	·在线客服
·流量预测	·自适应编码	·情感环境	·全网搜索	·自适应码流	·Video In	·呼叫中心
·后期特效	·智能剪辑	·行为对白	·语音搜索	·绿镜	·Video Out	·视频助手
	·描述关键词	·自动分类	·泡泡宣发	·只看我		
	·智能缩略图					

图 1 爱奇艺 AI 的"七大智能"应用

（一）AI赋能视频理解：更懂内容

通常来说，艺术创作存在很多不确定因素，因此产生现象级热剧、综艺或者电影的概率也极具偶然性。针对此问题，爱奇艺应用大数据+人工智能深度学习技术研发并应用了多时间窗口的影视剧流量预测系统，不仅能够支持决策视频内容的采购、售卖及内容定级，同时还能够预测电影票房。爱奇艺在内容制作与播出方面频出现象级作品，从《爱情公寓4》到《来自星星的你》《奇葩说》《太阳的后裔》再到2017年的《中国有嘻哈》①，除了职业经验，智能决策在其中起到了至关重要的作用。

视频理解是爱奇艺大脑的重要组成部分，通过智能识别视频的人物、物品、场景、事件、情感、字幕、声音等信息，为减轻人力编目、运营成本提供高效的服务支撑。爱奇艺在成立早期就开始了对视频人工智能技术的探索和应用，可以从海量视频中精准提取各类素材，配合基于视频指纹的版权检测，基于深度学习的智能标注、智能云编辑、智能审核、自适应编码以及智能封面等技术，让用户轻松高效地进行视频内容的制作和生产。

（二）AI改善用户体验：更懂用户

智能视频服务除了在内容决策方面显示出优势外，在用户行为预测方面也展现出强大的分析能力，能够做到精准分析用户的需求。爱奇艺通过对人工智能和大数据技术的深度应用，建立了多维度的用户画像平台，从用户的观看行为出发，对用户的个人属性、群体属性、使用习惯、兴趣偏好等维度进行建模，为给用户提供更加精准的推荐、搜索等服务奠定基础。

在更懂用户的前提下，爱奇艺建立了围绕视频、明星的娱乐社交生态平台"泡泡"，实现了面向用户群体的精准分发。在《河神》《中国有嘻哈》

---

① 《爱奇艺将AI引入文娱产业　最懂娱乐的人如何用最懂娱乐的机器？》，光明网，2017年10月31日，http://economy.gmw.cn/2017-10/31/content_26662113.htm。

等网剧、网综成为"爆款"的过程中,"泡泡"平台宣发所带来的时效性、话题性起到了非常重要的作用。

(三)AI 助力商业效率:更懂合作伙伴

AI 实现了对内容的深刻理解和对用户画像、舆情、市场的精准分析,因此在营销内容分发上也能够更加智能化、个性化,帮助合作伙伴优化投放策略,最大化视频的商业价值。例如,爱奇艺基于人工智能和大数据技术研发了"闪植""随视购""情景广告"等技术,结合商品属性、视频理解和对用户行为的分析,在保证用户优质的视频观看体验的基础上,推送用户最可能感兴趣的广告内容,做到了不打扰用户的同时提高商业转化率。

此外,爱奇艺通过爱奇艺号开放平台向工作室、自媒体等内容合作伙伴提供网络大电影、网剧、动漫、教育、文学、直播等内容播出合作,并分享大数据和 AI 能力,协助视频生态链各个环节进行智能升级。

三 爱奇艺智能视频服务实践

云,一般是指云计算以及用以支撑云计算的基础设施及资源。云计算是用来计算海量复杂的网络数据的技术。多种多样的信息、数据在云计算中心汇集,然后根据需要进行处理和分流。端,就是指终端,分为硬件终端和软件终端。硬件终端是指计算机、手机、各种传感器及交互终端等;软件终端则是各种 App、网页登录界面、软件终端程序等(见图 2)。

作为最早布局"云 + 端"模式的视频网站,爱奇艺智能视频综合服务平台基于"一云多屏、多屏合一"的战略,为用户提供集视频上传、视频编辑、视频播放、视频分享、视频智能分析等众多功能于一体的云到端的系统视频服务。

作为国内最大的网络视频分享平台,爱奇艺每天会新增上万小时的视频,产生千亿条用户日志。海量信息内容孕育着很多潜在的价值,同时也对网络视频行业的发展提出了新的挑战。首先,面对海量内容,网络视频平台

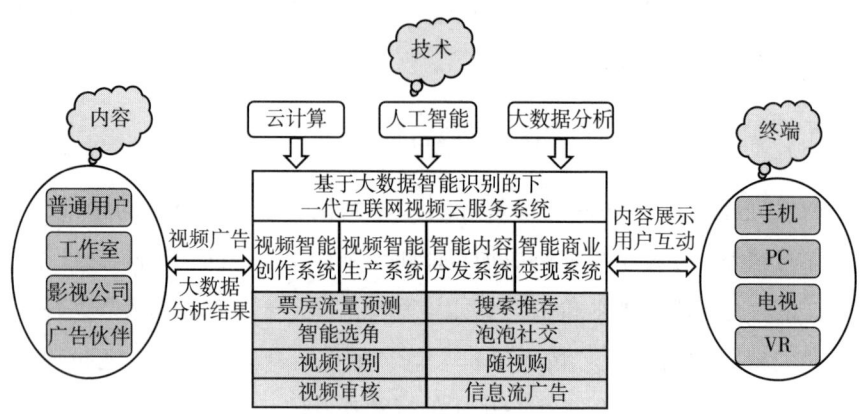

图 2　爱奇艺智能视频服务系统

亟须优化生产和审核流程，提高内容生产的效率，为用户提供更加便捷、流畅的内容服务。其次，用户面对过量的信息，选择成本会增加，平台则需要筛选推荐用户最感兴趣的优质内容。再次，粗放投放为企业带来高额营销成本，迫切需要精准的广告投放和精细化的商业运营。

爱奇艺智能视频综合服务平台，首先可以预测票房流量，降低视频创作和采购的风险；其次能够自动对视频进行智能识别处理，大幅度提高生产效率；再次能够通过智能算法对用户行为大数据进行分析，产生用户画像，提供精准的个性化搜索推荐；最后系统支持商业合作伙伴进行精准营销和广告投放，通过闪植和随视购技术，创新性地打通电商系统和视频系统，实现"视频内物品所见即所买"的精准投放。

爱奇艺智能网络视频云服务平台架构包括基础层、感知层、认知层、平台层和应用层。基础层提供 AI 服务所需的算力、数据和基本算法，极大地降低了对本地硬件设备和软件系统的要求、运维成本和风险。感知层模拟人的听觉、视觉，具有语音识别、图片识别、视频分析、HDR（高动态范围图像，High-Dynamic Range）、AR/VR 配准渲染等功能。认知层模拟大脑的语义理解功能，具有自然语言处理、知识图谱的记忆推理和用户画像分析等功能，构成爱奇艺大脑。平台层通过开放服务接口，为视频创作、视频生产、内容分发、社交互动、商业变现等上层应用赋能。其中最主要的应用系统为智能视频创作系统、智能视频生产系统、智能内容分发系统和智能商业变现系统。爱奇艺智能网络视频云服务平台架构如图3所示。

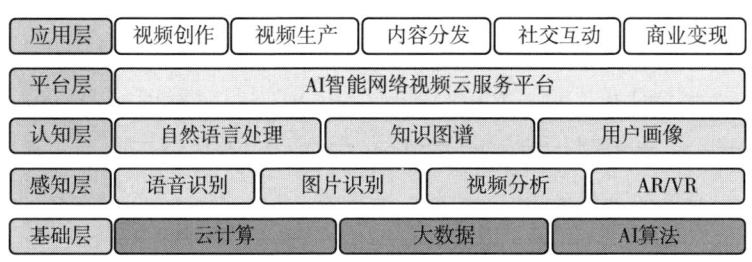

图3 爱奇艺智能网络视频服务平台架构

（一）智能视频创作系统，节约视频采买成本

智能视频创作系统可以在视频内容制作的内容源头进行介入，提高内容创作的整体转化率，降低因早期信息有限盲目投资而造成损失的风险，从而大幅度降低视频采买成本。爱奇艺基于机器学习的多时间窗口预测中，电影票房预测，提前半年方差准确率高达83%；电视剧流量预测方面，提前半年到一年的方差准确率均高达88%，为投资采购、广告营销提供有力支持。

此外，爱奇艺还利用人工智能技术建立了选角系统，在AI技术的驱动下，爱奇艺产出《中国有嘻哈》《奇葩说》《余罪》《河神》《无证之罪》等众多高品质自制内容，最终成为全民现象级内容。2018年，爱奇艺自制综艺《机器人争霸》《偶像练习生》《热血街舞团》的推出，将继续推动"人"与"智能"的高效互动。

（二）智能视频生产系统，提高视频生产效率

智能视频生产系统可以提高视频生产效率，依托音、视频智能识别技术，实现基于内容的视频拆条、视频标注和视频审核等流程和服务。爱奇艺自主研发CNN卷积神经网络深度学习技术进行高精度明星识别、情感识别、

物品识别、场景识别，基于 BLSTM + CTC 网络的视频字幕识别、语音识别，获得视频编目的语义标注和封面图。

不断增加的海量视频内容，对审核速度和准确性都提出了更高的要求。爱奇艺智能审核系统研发了基于音视频指纹的快速版权检测，基于黑白名单、CNN 网络的情色检测等关键技术，通过对视频中文字、人体、露点、枪声、烟火、人群聚集等的自动检测，利用深度学习加强对非法广告、黄色、暴力图片的训练和识别，召回率高达 99% 以上，极大地降低了人工审查的劳动负担，提高了审查的效率，维护了健康良好的视频环境。

（三）智能内容分发系统，助力优质内容推荐

在移动互联网时代，每个用户都既是内容的消费者，同时也是内容的创造者。海量内容在满足用户需求的同时，也使我们寻找所需内容变得更加困难。在这种情况下，智能分发系统应运而生。智能分发系统在大数据分析和人工智能技术的基础上，通过研究视频内容和用户的兴趣偏好，进行个性化搜索、推荐；通过社交网络宣发和热点发掘，给用户提供高质量的个性化内容，解决信息过载问题，更好地服务用户的需求（见图 4）。

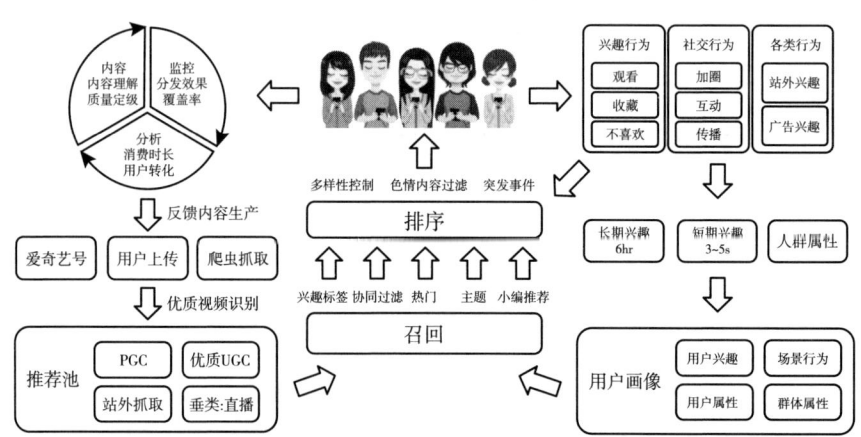

图 4 爱奇艺个性化推荐架构

以爱奇艺的"热点"短视频分发为例，自上线以来成功识别涵盖时事、科技、娱乐等多领域的突发事件，部分事件分发时间领先所有 App 的推送消息，获得了用户的良好认可；在全站短视频内容的推荐效果方面，推荐系统带来的人均播放时长增加了 48%，人均观看量增长了 67%。

此外，爱奇艺还开创了视频社交的先河，研发爱奇艺泡泡社区聚拢相似爱好的用户群体"圈子"分享互动，并宣发内容。圈子的类型有多种（明星圈、视频圈、兴趣圈、游戏圈、漫画圈、图书圈等），不同类型的圈子有不同的参与及互动形式，比如明星圈可以做积分任务、追踪明星的行程信息等；视频圈里面可以直接看视频等。每个圈子下面汇集了用户自发、编辑运营的相关内容（Feed 流），以及相关圈子的周边信息。通过用户的观看、分享和评论数据，可以智能分析舆情、发掘热点事件，进一步在不同的用户群体中，宣发用户感兴趣的相关内容。

（四）智能商业变现系统，提升平台商业价值

智能商业变现系统打通内容生产、人机交互和电商服务的各个层面，增加爱奇艺作为网络视频平台的广告和商业价值。智能商业变现系统利用人工智能技术充分挖掘视频内容价值。通过大数据分析，对用户浏览、点击、购买行为等进行统计和监测，可以进行用户群体定位和商品的流行性预测，更好地指导商家用户生产市场用户需要的流行商品，及时调整广告的投放策略，促进电商交易。

"闪植"是首创的视频植入营销方式。根据影视场景进行内容植入，充分保障植入物品的摆放位置、角度、光照等视觉效果，并保持原场景的一致调性。

"随视购"和"情景广告"是爱奇艺基于视频内容相关的广告推荐系统。该系统通过视频解析技术检测视频镜头和关键帧，然后使用先进的 CNN 卷积神经网络深度学习技术自动检测和识别视频内的物品、场景、字幕，为视频打上带时间的物品或场景标签。最后通过基于知识图谱的关键字映射推导和统计过滤，输出稳定可靠的广告物品标签。这样，当互联网用户

观看影视剧时，广告推送引擎能够自动地将与当前视频内容相关的角标广告以动态的方式展示到视频画面中，吸引用户关注和购买。

"闪植"和"随视购"广告在《虎妈猫爸》《老九门》《中国有嘻哈》等剧中大量出现，在不影响用户观看的同时，精准投放了与视频内容相关的广告，实现了文化产业和电商的共同发展，促进了文化与科技的深度融合。

爱奇艺智能视频综合服务系统，为内容生产方、用户、商业合作伙伴提供强大的服务平台，引领网络视频行业进入健康、可持续发展的新时代。未来，泛娱乐市场的角力将不限于内容生产、用户规模的竞争，爱奇艺将用技术方式定义娱乐市场，探索 AI 与娱乐结合的无限可能。

B.22
美图：人工智能技术应用探索

陈璐 倪英伟*

摘 要： 人工智能技术的发展不断推动人类生活在全领域、多层级的日益创新。作为以视频、图片为主要传播内容的美图紧紧抓住发展机遇，通过大力应用人工智能技术，发挥其支撑性作用，使之成为新媒体与用户互动的核心。对新媒体而言，应用人工智能技术开展精准传播、提升产品质量、履行社会责任，在当前的进阶与发展路径上具有较强的实践价值。

关键词： 新媒体 人工智能 互动核心

随着互联网信息技术的高速发展，信息受众关于立体动态信息的需求扩张催生了以图片、视频等为主要内容的新媒体的初创、发展、繁荣。人工智能的异军突起，进一步重新构建了用户与新媒体的互动方式。在此背景下，对国内行业领先的美图公司进行分析，更能梳理出人工智能在该领域的发展脉络，认清其开创性功能。

一 人工智能技术与艺术创作

人工智能技术（AI技术）研究的始点与目的是辅助人工完成一些重复、

---

* 陈璐，香港城市大学媒体与传播学院硕士研究生，主要研究方向为互联网传播、传播研究方法；倪英伟，隆领投资合伙人，福建省互联网协会常务理事，主要研究方向为新媒体与风险投资。

简单的工作。但是随着技术的进步,特别是大数据技术的革新,人工智能通过汇集海量数据,同时集成生物科技如神经网络、电子科技等,其"智能"层级越来越高,逐步渗透进更加复杂、多元的人类生活。

研究表明,人工智能构建以人脑为模型的多层次数据结构和算法,通过深度学习,不仅能够智能识别轮廓、纹理、笔触等复杂细节,还可以对图片、视频进行解构与重构,最终应用机器语言自主地创造出符合人类审美标准、具有个性化特征,同时又符合客户定制要求的经典画作。[①] 这是继机器写作、机器作曲之后,人工智能在文学艺术领域的突破性进展。

在新闻传播领域,有学者认为,人工智能技术的渗透对新闻传播生产方式和传播格局的改变是全方位、全环节的。[②] 人工智能在媒体领域全格式化的应用,回应了半个多世纪前麦克卢汉做出的"媒介即信息"的著名论断,也就是在人类社会的发展历程中,真正有意义、有价值的"信息"并不是媒介所传播的"内容",而是各个时代所使用的媒介技术的性质及其所反映出的未来变革的可能性。

将神经网络作为其人工智能研究领域核心的谷歌公司于2015年开始了一项研究,试图通过信息技术的革新,挑战灵感、预知、本能、直觉、自尊、情绪、潜意识、性格、创意等以往认知领域中为人类独有的感性认知结构。这就是谷歌公司研发的"Deep Dream"艺术生成器。谷歌和微软围绕人工智能的研究、工具和应用重组了团队,苹果、脸书、亚马逊、腾讯以及阿里巴巴紧跟其后,全都重金投资人工智能。人工智能已经开启了下一轮竞争,并将成为用户参与和交互模式的核心。这发展趋势,为"美图类"网络技术公司重新定位运营策略提供了新的参考。

[①] 张苗:《人工智能带来艺术创作新时代》,《中国社会科学报》2018年3月6日。
[②] 喻国明:《"机器新闻写作"带动传媒新变局》,《中国新闻出版广电报》2015年11月17日。

二 美图公司应用人工智能技术探析

(一)公司发展历程

以信息技术发展为考察节点,美图公司经历了四个重要发展阶段:一是2011年2月14日,美图秀秀正式发布移动端App(iOS版),应用移动互联网技术的产品上线,开启了更为广阔的便携应用之门;二是2013年5月16日,初次试水应用与终端结合,美图手机正式发布,迎合了当年软硬件结合发展的大趋势;三是2014年5月8日,正式推出社交型产品——"美拍",美图开始从工具向社区转型,这也开启了公司的平台化进程;四是自2017年开始布局人工智能与大数据领域,内生出由移动互联网公司向人工智能公司的转型动力。

以市场化进程为考察节点,国内市场的成功,激发了美图拓展海外市场的决心,进军海外的步伐不断提速。截至2016年12月底,美图的海外用户总数超过5亿,在美国、日本、韩国、巴西、印度、印度尼西亚、马来西亚、菲律宾、越南及泰国等11个国家与地区的总用户分别都超过1000万。与此同时,资本化运作取得重大进展。2016年12月15日,美图在香港联交所主板上市,成为继2004年腾讯上市后十多年来香港股市最大规模的科技IPO,至今仍然是港交所最受关注的内地科技股之一。

(二)用户群体

美图最大的优势在于拥有优质的用户群体。根据公开数据统计,截至2017年底,美图旗下累计统一注册账号61%集中在18~30岁,其中女性用户占全体用户的81%。其活跃程度,可以从两个指标得到印证。一是以下载量计算,根据App Annie的统计,2014年6月至2017年8月,美图多次与苹果、谷歌、脸书、微软、阿里巴巴、百度及腾讯等全球互联网巨头并居全球前八位iOS非游戏应用开发商之列。二是美图的影像及社区应用矩阵已

在全球15亿台独立设备上激活。2018年2月，美图月活用户总数高达4.547亿，继续在影像类App市场保持首位。海量的用户保有量以及在线活跃程度，成为公司未来发展最为宝贵的资源。

（三）人工智能技术驱动下的发展研究

美图公司作为转向新媒体的营运机构，其实质是"互联网＋"背景下的"跨界"现象。其社会主体，决定其"在商言商"的经济属性；其运营方式，又赋予其媒介职能，是参与社会治理的主体之一，承担着较大的社会公共责任。在人工智能时代背景下，如何精准构建业务形态、主动做实双重属性，是本文重点研讨的内容。

1. 如何真正精准传播

传播精准性的问题，源自公共领域理论中"公共空间"这一范畴的提出。在新媒体时代，网络公共空间已经虚拟化为论坛、贴吧、微信、微博以及各类社交平台的应用客户端，传统大众媒体作为议题与议程设置"把关人"的主体地位、单向线性的大众传播模式被彻底颠覆。但是，因为新媒体与生俱来的信息范围广泛性、传播的交互性、交流的跨时空性以及信息服务的个性化等特质，"重聚利益相关群体"功能反而得到加强。

以美图为代表的运营机构，注重"重聚利益相关群体"这一重要功能，通过传播精准性的提高，从而在市场营销中切中注册用户的"要害"，达到精准推送、双方互动密切的目的。而人工智能因为具备扩展消费者、注册用户微观行为和态度的无限数据集并对其进行细分的能力，能够比以往更好地了解消费者、注册用户，从而提升营销效率。

其一，切实以用户数据为核心，实现内容分发与用户需求的高度匹配，最大限度地避免媒体的无效生产活动。据统计，仅在2016年经美图应用处理的照片就多达680亿张。对此，美图公司专门成立了顶级研发团队——美图影像实验室，专注于计算机视觉语言与深度学习，为现有产品与未来产品提供核心算法支持，同时推动产品的迭代升级。2017年10月，美图推出了基于大数据及人工智能测肤的电商平台——美图美妆。根据测肤结果，用户可以获得个性化的护肤建议和美妆产品推荐。从实际效果看，这个功能一方面成倍地提高了用户的购买转化率，显著提升了美图美妆的留存率；另一方面，大大增强了基于人脸特征的识别和归纳能力。如能将注册用户性别、年龄、心情等客观特征与商业需求进行匹配，必将进一步提升推送的针对性，达到目标客户导流和精准营销的目的。

其二，通过增强用户洞察力，提升用户黏性与变现能力。根据美图公司业绩报告，2017年实现营业收入45.27亿元，同比增长186.8%；其中，在线广告收入增至3.1亿元，占互联网业务收入的比重接近40%，占公司总收入的比重由2016年的6.6%提升至2017年的17.4%，其增速大幅超过智能硬件。这一营收数据的取得，再次表明人工智能推动用户洞察力增强，继而提升变现能力的正相关关系，值得深入思考与深度拓展。

因此，美图公司可以尝试借助现有社交平台并广泛合作微信、微博、电商等载体，通过人工智能对数据的精准处理能力，深度挖掘用户习性、社交行为习惯，实现对用户群体的"精准"画像。比如，采取与网站合作的方式，根据用户浏览留下的痕迹，在自有社交平台向用户推荐相关的商品，增加浏览量和购买量。此举不仅能够有针对性地拓宽自身的传播渠道，同时还能提升自身的商业价值，具有较高的实用性。

美图公司注册用户中，女性用户比例保持一定增长趋势，由2016年的75%增长至2017年的81%。招银国际发布的研报指出，高消费力女性用户、更丰富的广告形式，以及大数据营销与精准投放三大因素的叠加，将助力美图在线广告收入的持续上升。

2. 如何有效提高产品质量

美图公司9大产品线，专注于自拍的智能手机领衔其他8种内容类产品，构成了符合移动互联时代生存法则"软硬结合"的布局。在握着一手"好牌"的情况下，如何在技术与网络、终端与应用、内容与业务等方面合理调配，已经成为美图公司应审慎决策的战略性问题之一。对此，美图公司也在逐步布局，没有缺席当前的这场技术盛宴。根据公开的材料，自2017年起，美图公司在运营上就已经朝着"数据驱动"和"AI驱动"两大方向全速前进，应用人工智能技术，提升产品的体验度，继续保持当前领先地位。

首先，提升用户作为图片、视频"制作者"和"创造者"的个性化体验。根据徐立军、王玉飞的研究，短视频在过去的几年间发生巨量爆发，截至2017年6月，中国网络视频用户规模达5.65亿，移动视频用户规模达5.25亿，短视频领域月活跃用户量达到1.9亿。与此相对应，美图短视频社区平台"美拍"月活跃用户现已超过1.52亿，截至2016年末用户上传原创视频超过5.1亿次，视频观看量超过79亿次。① 这组数据背后反映的是人工智能技术对"精英艺术"的终结。目前，人工智能的深度学习以及不同类型神经网络的到来，使图像处理和语音翻译有了突破性发展，普通大众能够借助智能工具，自如地演绎出搞笑、美食、舞蹈、音乐、美妆等领域的"自画像"，成为在场的"制作者"和"创造者"。在人工智能成为趋势的背景下，美图应当研发更多链接、处理、注释、标记、突出、翻译、强化、剪辑、标记、粘贴的智能工具，为用户提供更加个性化的服务。

其次，运用人工智能提升用户在社区平台的社交化体验。当前，社会关系已经成为传媒生态中一种重要的生产力。根据喻国明教授的判断，在当前的媒介变局中，媒介演变的总趋势是传播主体个人化、传播方式人际化。学者彭兰认为移动传播的本质是基于场景的服务，场景成为继内容、形式、社交之后媒体的另一种核心要素。② 两种观点综合起来就是要给予用户等同于现实世界的社交化体验。这一关于提升用户参与度的研究，已经被实践证明。2017年，美图公司通过人工智能技术打造了不少爆款功能，如美图秀秀的"跨次元相机""绘画机器人Andy"，美拍的"百变背景"等。这些功能累计使用超过10亿次，且大幅提高了用户黏性。今后，还可以考虑利用机器学习来分析和归类大量外部非结构化数据，用以收集用户关注的创意元素，同时鼓励通过社区平台进行展示、聊天、点赞、评论等方式为用户提供

---

① 徐立军、王玉飞：《2018年中国传媒的基本面与机会点》，《现代传播》2018年第1期。
② 彭兰：《场景：移动时代媒体的新要素》，《新闻记者》2015年第3期。

更好的社交体验。

最后，应用人工智能技术，努力实现内容与终端的绑定。内容与上下游的打通融合，既是提升媒体竞争力的捷径，也是构建融内容、渠道、平台、终端、用户于一体的新型主流媒体的关键。随着卷积神经网络等人工智能技术的进步，内容与终端的绑定获得了前所未有的发展。目前，美图人工智能技术也融入智能硬件产品，推出了独家功能"光效相机"，通过人工智能重构用户的3D人脸模型，并获取周围环境的深度信息，人工智能可以为照片模拟摄影棚的灯光效果，拍出专业的大片，这些功能有效提高了美图手机的竞争力。更进一步来说，可以应用VR/AR技术让用户体会跨越时空的听觉、视觉呈现。"美拍"短视频直播功能自2016年1月推出以来，用户已发起了2050万场直播，观众观看达15亿次。通过人工智能技术辅以内容的交互性、沉浸性、自主性、构想性，用户将能更切身、自主地体验到现实场景。当然，除技术升级外，在监管部门的大力引导下，美拍也更为重视营造良好的网络"晴朗"空间，于2018年6月主动停更30天，重点进行内容整改，表示将投入更多力量严格审核内容导向。

3. 如何更好履行社会责任

以图片、视频为主要传播内容的美图系产品，与"自媒体"相生相伴。用户在网络公共空间的自主性较强、自由度较大，自发性话题容易形成聚集效应，从而引爆社交网络，成为风靡一时的焦点话题。媒介是人的延伸，要切实履行好新媒体时代的社会责任，人工智能技术也给予了正面答复。如对社会有恶劣影响的虚假信息或者谣言等，通过机器学习提升其对非法信息的辨识力，自动对相关信息进行控制。对存在版权争议的图片、视频，可以利用图像恢复技术，确定原创作者，最大限度地保护著作权，同时有效地保护用户的创作热情。

目前，新媒体中以女性内容为主的直播业务发展态势迅猛。根据美图公司公布的业绩报告，该业务带动美图互联网增值服务收入同比增长9.8倍，达4.8亿元，平均每月付费用户数量及平均付费量实现双增。美图"美"的基因是保持其内容正能量的基础，同时基于人工智能技术的"数据上升"（data up，即收集大量数据的方式）进行学习和预测，可以实现内容分发机制与监管要求的高度协同。目前，美图公司的人工智能技术已经能够有效地识别美拍的视频内容，比如区分视频中的舞蹈是芭蕾舞还是街舞。有理由相信，在庞大的视频、图片数量的支撑下，随着美图影像实验室对机器识别与后台算法研究的深入，人工智能技术必将在解放人力、提升监管效能方面取得更大的进步；同时，也将有助于深入了解用户的行为与喜好，提升用户黏性。

三 结语

当前，人工智能技术已经进入人类生活的诸多方面，由其驱动的产品和服务市场预计将从2020年的360亿美元跃升至2025年的1270亿美元。可以预见，人工智能也将成为新媒体与用户互动的核心。对此，美图公司自2017年布局人工智能领域，努力从移动互联网公司向人工智能公司转型，在厦门建立美图影像实验室与大数据中心。与新媒体运营高度关联的体验价值、对用户的洞察力、需求性产品的质量，必将随着公司人工智能技术的提升，取得预期效果。

B.23
新媒体语境下信息传播的十个关键词

钱黎明*

摘 要： 在新媒体时代，许多传播理念、传播规则不断地刷新或改变。本文以关键词解读的方式，对新媒体语境下信息传播所出现的诸多新变化新观念，诸如信息传播的第一价值是"快"、原生态传播、UGC时代、用户体验为大、信息发布仅仅是传播的开始、新闻需要打动而不只是告知、短视频与可视化直播、大数据新闻与编辑素养等，从宏观到操作层面逐一进行了深入浅出、有理有据的阐述，对当下推进媒体融合和激发媒体人的创新思维具有一定的启示作用。

关键词： 新媒体 新传播 原生态 可视化 数据新闻

在新媒体时代，许多传播理念、传播规则不断地刷新或改变。作为媒体人，今天该怎样做好信息传播？对这个问题的探讨比以往任何时候都更有实际意义。从战术层面上而言，我们尤其要通过传播思维的创新来校准发力的方向，从而使我们的信息传递和新闻报道更加精准有效，也更有传播价值。本文将围绕新媒体语境下信息传播的10个问题以关键词的方式加以阐述。

关键词一：信息传播的第一价值是"快"

2017年11月8日，美国总统特朗普访问中国。专机抵达北京不久，网

---

* 钱黎明，高级编辑，浙江广播电视集团"新蓝网"原总编辑，浙江省网络视听节目协会常务副会长，浙江省文化发展研究中心特聘研究员，主要研究方向为广播电视与新媒体。

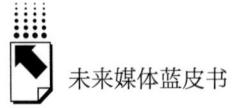

上一段自媒体"秒拍"视频已披露了特朗普庞大车队经过长安街的情景。随后,央视也打破以往领导人重要外事活动均在晚间《新闻联播》首播的惯例,在手机客户端率先推出了习近平总书记和夫人彭丽媛当天下午陪同特朗普夫妇参观故宫的短视频新闻。这两个短视频同时出现在新媒体平台,似乎在传递一个新的传播理念:网络时代,信息传播的第一价值是"快"。

互联网和智能化时代的到来,给信息发布带来了前所未有的便捷,同时也改写了信息传播多年不变的游戏规则。在近年来国内发生的诸多突发性事件尤其是灾难性事件的信息传播中,有一个现象值得我们思索,就是专业媒体包括传统媒体创办的新媒体,总是远远赶不上自媒体对事件的报道速度。2011年7月23日夜晚,两列动车在浙江温州郊外发生追尾,导致6节车厢脱轨、40人死亡、172人受伤。事故发生仅仅4分钟后,动车上的网民便通过自媒体发出"撞车"信息;13分钟后,一些负伤或被困在车厢里的网民开始通过微博微信等社交平台发出各种求救信息。而温州当地的主流媒体则是过了2个小时才赶到事故现场进行报道。

除了对突发性事件的快速反应,自媒体还开始介入重要时政信息的抢先发布。2016年10月31日下午,北京市召开人大常委会会议,选举蔡奇为北京市代市长。下午3时许,人们通过微信朋友圈已看到来自会议现场的投票情景以及盖着红色大印的候选人选票截图。这一重要的人事任免信息通过自媒体披露,比当晚央视《新闻联播》的官方发布整整提前了4个小时。

网络时代,自媒体之所以会成为"第一报道者",原因很多,其中有两点值得我们正视。一是今天的民众普遍具有了主动且强烈的传播意识。新闻发布原本是媒体人干的活,现在网民抢先干了。新闻从来都是先由媒体权威发布的铁律正在被打破。二是今天之所以形成主流媒体主导的官方舆论场和网络主导的民间舆论场,原因之一就是自媒体成为信息传播的领跑者、扩散者和网上舆情的生成者。

天下武功唯快不破。如今不仅是自媒体与我们各种主流媒体争夺新闻首播,连智能机器人也开始与人类抢发新闻:2017年8月8日,四川九寨沟地震发生18分钟后,中国地震台网的机器人仅用了25秒就写出了一篇新闻要素齐全的540字的快讯,还配发了4张图片。与自媒体和机器人快发新闻形成强烈反差的是,纸媒恰恰因为信息发布"快不起来"而话语权被削弱,以致自身快速衰落。

现实告诉我们,网络时代的信息传播比以往任何时候都更体现出快的价值。诚然自媒体带来的那种快也存在诸如信息不实和片面等问题,但我们不能以此为理由而不认可信息传播快的价值。作为主流媒体,无论是对真相的及时披露,满足民众的第一知情权,还是抢占舆论先机,提升媒体引导力影响力,都应该着力打造新闻的"第一信源"和"第一解释权"。对此,首先应该改革新闻发布的游戏规则并建立相应的奖惩制度。时下,对于一些突发性事件,由于受到自媒体、社交媒体的速度挑战,传统媒体开始调整思路借助新媒体率先发出权威的声音。但是,对于民众关注的其他新闻性较强的信息,包括时政要闻,大部分传统媒体依然没有打破"电视先播、党报先登"的惯例,不愿让自家的新媒体先发快发和优发。在2018年全国两会报道中,央视提出"独家微视频先发布,《新闻联播》再传播"的理念,则是一个很好的改变。其次要改变一味地注重结果报道、效果报道等传统的宣传思维。新媒体时代,新闻常常是发生报道、即时报道、过程报道和滚动报道;新闻不是非要等到有了结果、一切尘埃落定方可发布。

关键词二:原生态传播

自媒体传播除了信息发布的快,还有一个特点是原生态。原生态传播在一些社会新闻和突发性事件中尤其显示出它独特的新闻价值。2008年5月12日,四川汶川发生大地震,网民用手机拍摄上传的还原地震发生时各种景象的第一手视频超过3000条。震后一个月,新浪博客推出了一档《汶川地震纪实》节目。这是一部用网民提供的视频素材串联起来并配上音乐而做成的新闻专题。从专业的标准来看,图像是不清晰的、镜头是晃动的、内容是碎片化的、情节是不连贯的,但是,作为地震发生时原始记录的各种瞬

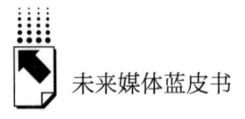

间视频资料极为珍贵,那未经修饰和不可复制的真实画面,带给人们的是强烈的视觉冲击和心灵震撼。

原生态呈现,尤其是原生视频,在今天的信息传播中正成为一道不可或缺的风景;尤其是各种突发新闻中的原生态记录,更是可遇不可求。因为难得,所以珍贵,原生信息资源用得好能带来正能量的传播。当然,也有一些原生信息一时真伪莫辨,容易引起网民围观,引发意想不到的是非和争议,甚至带来网络舆情,产生很大的负面影响。作为有责任有担当的主流媒体,我们需要研究的是,如何让自媒体生产的原生态内容为我主流媒体所用,使之成为新闻报道的有益补充,而不是片面地加以否定或排斥。

2016年4月2日,清明小长假首日下午1时许,沪宁高速常州段发生65辆车连环相撞、2人死亡的重大车祸。一小时后,微博和微信朋友圈有关这起车祸的信息已被网民刷屏。作为主流媒体该如何报道这样的交通事故?当晚,央视《新闻联播》改变以往电视采制的惯例,直接将网民手机现场拍摄的一段原生视频用作新闻的"主料";次日一早央视《朝闻天下》继续报道这起事故,播放的一段事故现场车辆相撞的视频,仍然是来自网民私家车上的行车记录仪。

在这起事故报道中,央视为什么要用这两个非专业媒体采制的并且不符合电视专业标准的短视频?是因为媒体专业摄像来不及抓取,而这段视频却很有传播价值;是因为突发新闻最适合于这样的短视频表达,远比过去那种"主持人站在一幅事故现场截图旁解读新闻"鲜活生动得多;是因为观众认可、观众喜欢,能抓眼球,收视效果好。如果再往深处思考,传统媒体正是在突发新闻的传播上最早受到了新媒体的挑战。

这一案例还启示我们:一是自媒体生产的具有传播价值的原生视频或图片,正在成为主流媒体新闻报道的内容组成部分;二是原生新闻资源或许不符合媒体的专业标准,但适度地有选择地使用,不仅不会损害新闻专业主义,相反,原生信息资源不加修饰的真实和不可复制的珍贵将会给报道增添亮色和看点,传播效果反而更佳。

关键词三：深度报道不再是传统媒体的"专利"

四五年前常听到一些传统媒体朋友调侃：你们新媒体抢了我们（指传统媒体）的饭碗，你们做了碎片化发布，我们只有做深度报道了。如果今天再听到这样的话语，笔者一定会笑着回答：深度报道已不再是传统媒体的"专利"，新媒体也可以做好它。在诸如一些突发性事件的报道中，一方面出于快报和即时传播的考虑，新媒体通常会采取进行式滚动发布和图文视频碎片化呈现；另一方面由于信息捕捉存在不确定性，新媒体会在报道过程中对已发布的信息进行不间断的补充、完善、修正，从而做出新闻的厚度和深度。当这一新闻事件基本告一段落时，未能即时关注新闻发生全过程的用户不必遗憾，新媒体小编已将这一事件的来龙去脉和细枝末节做成一个图文视频齐全的组合式新闻产品呈现在你的面前。

即便对于日常一些社会民生新闻报道，新媒体从用户体验的角度考虑，借助传播技术的便利，也能调动各种信息资源，把新闻做得完美、做出新意、做出深度。一代国药工匠、著名浙商冯根生于2017年7月4日凌晨因病去世。浙江一家纸媒创办的新闻客户端以极简略的文字率先披露了这一不幸消息。随后浙江广播电视集团创办的中国蓝新闻客户端也发布了文字信息相同的新闻。有所不同的是，在简单的文字下面特意配发了冯根生生前穿着风衣行走于银杏树下的一幅大照片。83岁去世的冯根生淡出公众视线已有10多年，90后年轻人基本上不知道他的名字，更谈不上见过他。这幅及时配发的照片迅即引起了年轻网民的关注："哇，冯老先生好有风度呀！"接着，中国蓝新闻客户端的小编又从电视资源库里找出冯根生在不同年代不同场合接受媒体采访的视频资料，加以精心剪辑和有机组合，形成了从文字到图片再加上N个人物微视频这样一个信息量丰富、视觉体验较好的新闻产品。

这便是今天的新媒体人注重深度报道的自觉意识和发挥空间。

关键词四：信息传播正在进入 UGC 时代

所谓 UGC，就是用户生产内容。进入信息爆炸时期，专业媒体已无法承载巨量的信息发布，传播的闭环已被打开，信息发布于是进入用户生产或提供内容的时代。早在几年前，英国 BBC 社交网络媒体编辑部每天发布的信息中，就有 40% 是由公众提供的。而我国这些年来迅猛发展的微博微信更是将"网民生产内容、媒体来做发布"这一生产模式发挥到了极致。

信息生产与发布模式所发生的这一微妙变化，意味着有一部分新闻"原料"不一定要由媒体生产，可以由网民生产或者提供，媒体只要做好"来料加工"就行了。这样做，在一定程度上减少了媒体的人力投入与成本支出，让网民成为信息采集的新的生产力，从而极大地丰富了媒体的信息来源和新闻报道的素材。当然，作为主流媒体，担负着重要的宣传使命和舆论引导职责，不可能完全沿袭商业媒体的运作思路，但倘若能以积极的眼光看待并对待来自民间的新闻素材，有所取舍、拿捏得当，则将会给信息传播和新闻报道带来一种新的气象。2015 年，浙江省新昌县城一栋居民楼突然起火，街坊邻里在将一位 7 岁男孩从二楼阳台救下来的过程中，有居民拿出手机用视频记录了救人的全过程。大家一边扑火救人，一边主动打电话给当地电视台："我们这里起火了，大家正在救人，你们快来报道。"电视台记者闻讯赶到时，孩子已被救下。记者同样用手机做了现场拍摄和对目击者进行同期声采访，然后将居民手机拍摄的救人视频与记者手机拍摄采访的新闻素材整合在一起，做成了一条正能量满满的视频新闻。

时下主流媒体都在探索新闻融合的路径，其中不能忽视 PGC 和 UGC 的融合。在人人都是信息记录和传播者的时代，有一部分精彩的社会新闻和民生新闻，一定是媒体人与民众一起采制的。因为只有民众始终在新闻第一现场，他们的传播积极性一旦被调动起来，无疑将成为生活中最精彩最美丽最感人的新闻事实的第一发现者和第一记录者。

关键词五：用户体验为大

2016年5月9日，美国科技博客发表了一篇题为《信息时代已死，欢迎来到体验时代》的文章，一时间在微信朋友圈转得很火。所谓信息时代已死，就是网络时代信息传播出现了一个很明显的变化：不缺少信息量。信息已经过量过载，太庞杂，看不过来了。另一变化是，因为获取资讯的入口太多，注意力被严重分散，注意力成为最稀缺的资源之一。对此，媒体只有通过提供优质的服务和最好的用户体验，才能提高内容的吸睛力。

在今天，媒体与用户之间，纯粹的信息传递只是一种弱关系，唯有通过定制个性化的内容服务来满足不同层次用户的个性化需求，才能形成强关系。而对于新闻用户来说，最主要的需求不外乎两点：一是内容是否足够好看；二是如何让人更方便地看到这些内容。而后者更需要在体验服务上下功夫。

长期以来，我们总是对什么为王争论不休。有的坚持内容为王，有的认为技术为王，还有的强调渠道为王。其实，对于今天的传媒来说，我们所有的传播终端，即最后的出口处，都站着用户。无论内容为王、技术为王抑或渠道为王，最后都是要通过这个终端的综合性体验效果来实现。网络传播需具有很强的技术含量，如果内容好，但渠道不通畅，或是技术不行，页面打不开，老是卡顿，那么再好的内容也会让人弃之而去。更何况，现在已不是信息稀缺和独家垄断时期，单一为王的成分和为王的概率都在降低，试图仅以某一项为王来吸引用户已经很困难。用户体验好则是综合了内容、技术、渠道等诸多体验之好。所以，笔者想强调：今天的传播应该是用户体验为大。

其实，现在不仅仅是媒体传播，也不仅仅限于商业领域，整个社会都在逐渐走向"体验经济"时代。不久前有两则信息对我们媒体人颇有启示。一则信息是：新西兰航空公司从2017年开始试验让空乘人员头戴微软公司开发的显示器。戴上这个装备，空乘眼前的屏幕上会出现乘坐本公司本次航

班的所有乘客的年龄、乘坐次数、饮食偏好、需要特别服务以至离上一次要饮料隔了多长时间等具体信息。航空公司希望通过了解乘客的这些细微信息以及个性需求来做好更有针对性也更周到的服务，从而在同业竞争中赢得优势。另一则信息是：气象部门将推行网格化的气象预报。就是把一个城市所在的区域分解成多个5公里×5公里的网格，使每个网格的天气预报更加精准，方便人们出行。这两个案例揭示了同一个问题：如何满足用户的个性化需求、提供精准化服务。

互联网思维的本质应该是用户体验为大，即一切从用户痛点和市场痛点出发去解决问题。阿里巴巴、腾讯、百度利用互联网分别解决了"人与交易""人与交流""人与信息"的用户痛点；今日头条则利用网络和大数据技术解决了"信息过载与用户个性化、定制化信息需求之间悖论"的用户痛点。其他做得成功的网络媒体和网络应用也无一不是从用户痛点出发去打造自己的产品。

在今天做媒体尤其需要确立一种新的理念：新闻传播价值，服务集聚用户。换言之，如果传播毫无价值的信息，那是浪费用户的宝贵时间；同样，如果传播的信息虽有价值却不注重用户体验，没有关注度，则是浪费信息资源。新闻作为产品，归根结底是要通过加强服务提升用户体验度来实现传播价值的。对于媒体人来说，讲用户思维尤其不能忽视三个要素：一是你的目标用户是哪些人，二是你的目标用户需要什么，三是你怎样去满足目标用户的相关需求。

关键词六：新闻需要"打动"而不只是"告知"

长期以来，主流媒体居于信息传播的主导地位，无论是信息发布还是新闻宣传，采用的都是告知思维。也就是以一种"告知"的方式进行信息传播：我发布了，我刊登了，我播出了，看不看是受众的事。而今天的受众，除了想知晓信息，更需要信息交流和情感传递。因此，媒体需要改变原有的传播理念，要用"打动思维"取代"告知思维"。所谓打动思维，就是媒体发布的新闻，用户一定会看，非看不可，看了还要点赞、评论和分享。

2016年岁末，宁波一对年逾九旬的老人在医院病房牵手诀别的新闻引起了媒体的关注：老太太因为腿部骨折住在医院14楼，老先生则在同一家医院3楼的ICU病房接受抢救。因为不堪忍受病痛折磨以及难以承受高额的治疗费用，老先生征得家人同意，决定放弃治疗。老先生在回家前向院方提出一个请求：希望见老伴一面。于是，在几位护士的协助下，老太太躺在滑轮床上来到老伴的病房。当两张病床徐徐靠在一起时，老太太伸出双手拉住了老先生的手……这一幕被护士用手机拍摄下来，发到了网上。定格的画面很快成为媒体聚焦和追踪的新闻。那么，如何将动人的画面做成能打动人的新闻作品呢？在众多报道中，宁波一家新媒体的编辑以这张"牵手"照片为新闻由头，不仅用文字深"挖"这对老人一生恩恩爱爱的故事作为新闻解读，而且精心挑选配发了若干张反映两位老人在婚姻不同时期美好瞬间的合影，使信息的丰富性和思想内涵都得到了很好的体现。这条新闻的内容整合做到这种程度，已经很用心用力了，但编辑并未就此满足，在作品浏览页上又特意植入了苏芮的音频歌曲《牵手》。就是这么一个小小的细节元素，让整个作品的阅读体验瞬间不一样。在"没有岁月可回头"的旋律中，看着一幅幅让人动容的图片，读着这一段段让人回味联想的文字，听觉、视觉和感觉一齐袭上心头，心中最柔软处一下子被触动了，让人不能不泪奔。在充满怀旧和伤感的岁末年初，这条新闻迅速在各网络平台刷屏。这个案例启示我们，所谓打动思维首先是要改变媒体人以往做新闻时那种简单化的表达和"差不多"的思想，将新闻当作一个产品去精心制作，在用户体验上力求做到极致。

融媒体时代的新闻是多维立体呈现的，这其中视音频是不可或缺的审美元素。上述新闻作品的唯一不足便是少了一段现场视频，不过编辑巧妙地用一首歌做了很好的音频弥补，由此不仅丰富了表达元素，而且用音乐营造了一种特殊的阅读氛围，增强了新闻的感染力。

打动思维尤其离不开讲故事。时下很多媒体提出了"做有深度和温度的新闻"的口号，思想和情感最有效的表述方式就是讲故事。有些新闻能

够让人过目不忘，其中多半是以故事化存在于人的记忆中。讲故事的过程常常就是情感传递的过程，讲故事能够直抵人心。2017年央视推出文化情感类节目《朗读者》，将文字与故事有机地串联起来，通过朗读来展示各种各样精彩动人的故事，通过文字来抒发每个人内心的情感。《朗读者》体现了当下最流行的两个词：走心、情怀。同时也刷新了一种理念：新闻不仅是用来传播的，更是用来感受的，是感受式传播与沉浸式体验的有机结合。

关键词七：信息发布仅仅是传播的开始

在传统媒体时代，媒体做新闻总是注重生产过程，而忽视传播环节。即对新闻选题、策划、采访、写作、编辑、审核倾注了十二分的精力，而对新闻发布后如何做好推广、扩大报道的影响力等考虑甚少，多半听凭自然效果。这在资讯不够发达、传播渠道单一的年代，或许很正常，然而，当传播进入用户选择的时代之后，情况就完全变了。面对互联网带来的巨量的信息、无数的传播渠道以及同质化竞争，任何媒体都不能再以"武大郎开店"的心态做新闻。新闻发布仅仅是传播的开始，接下来比拼的则是哪一家媒体的新闻传播度最高、口碑最好和影响力最大、最久远。也就是说，新闻的发力点已经发生重大变化。今天做新闻不能仅仅是抓好"前道"生产，还得用心用力做好"后道"传播。

与商业网站、社交媒体以及民间高手相比，如今不少主流媒体在信息传播上往往缺乏"四个力"。一是引爆能力，就是如何把一个好的新闻资源通过传播变成人人皆知的爆款。二是发酵能力，就是如何提升对信息的洞察、跟踪和传播轨迹的把控能力。三是线上和线下的推广能力。四是无边界的扩散能力。需要强调的是，推广与扩散完全是两个概念。互联网使得信息传播冲破了边界和地域的限制，即使一个偏僻山坳里发生的新闻事件，通过网络照样可以让地球人都知道。而我们的有些媒体至今却依然热衷于传统的本土化推广，以为一桩新闻在事发地搞得风生水起，就是成功的宣传，殊不知，不懂得借助网络实现信息的最大化扩散，其传播度和最终的影响力将是有限的。

2016年4月21日,杭州城区一条主马路突然出现一道裂缝。一位名叫礼为奇的协警最先发现并迅速与同事采取措施,引导过往车辆和行人避开危险区域。不到5分钟,路面小裂缝已塌陷形成一个近20平方米的深坑。这一事件经各网络媒体第一时间加以报道推广,尤其是一段现场监控原生视频被放到网上流传发酵,很快引起了国内外媒体的关注。美国CNN不仅报道了这一新闻,并将这段视频抓取放到全球最大的社交平台脸书(Facebook)上,不到一天时间,点击量达到约300万次,转发量达15000次。这一原生视频在这起突发性事件中显示出无可替代的传播价值。这位不知名的杭州协警因此迅速成为全球"网红",各国网友纷纷称他为"中国英雄交警"。

这个案例其实就是传播"四个力"的成功体现。实践还告诉我们,新媒体的最佳传播效果常常不是在一个平台上发布新闻所产生的影响力,而是体现为网络分享所带来的扩散效应。可以说,有分享才有传播度,分享能力检验一个媒体的社会影响力。

最近网上有一个对话值得我们思索。原话是这样:今天的主流媒体是谁?是朋友圈。为什么?因为你的时间都在那里面。从媒体的属性来说,微信朋友圈当然不是主流媒体。但从传播的渠道和人气指数来看,很多主流信息、主流声音,包括很多重要的时政新闻、突发新闻,大家的确是从朋友圈首先看到的。[1] 微信朋友圈事实上已成为公众获取、交流和分享信息的主要渠道之一。既然如此,我们的主流媒体当然应该毫不犹豫地占领它,让我们的主流信息、主流声音通过朋友圈的不断分享而实现新闻的二度、三度传播和多维度多时空的覆盖推广。[2]

关键词八:短视频与可视化直播

2018年3月2日,人民网、腾讯公司、歌华有线一起宣布成立视频合

---

[1] 钱黎明:《从新闻评奖话新媒体传播》,《视听纵横》2018年第2期。
[2] 钱黎明:《从新闻评奖话新媒体传播》,《视听纵横》2018年第2期。

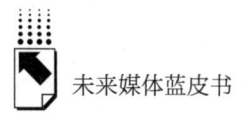

资公司，共同发力直播和短视频领域。比起商业媒体的步子，主流媒体的这一举动慢了整整一拍。

如果说几年前网络传播最火的是微博和微信，那么现在最潮的就是视频直播。移动端与可视化直播，正在成为媒体走向融合尤其是新媒体发力的一个新入口。

2017年10月2日，美国拉斯维加斯发生死亡59人、受伤527人的罕见枪击事件。中国中央电视台记者在事发现场通过手机视频连线进行了直播报道。这便是典型的移动端与可视化的组合直播。这一报道形态揭示：视音频+直播，正在成为新媒体现场报道的标配；在突发性新闻事件面前，网络移动直播因为快和便捷将领先并可能取代电视直播；在媒体新一轮竞争中，谁能成为头部新媒体，无疑就是看对视频的抓取能力和直播能力。

即便在日常新闻采制中，记者到达事发现场，采访的程序也应该改变一下：首先是做好视频记录，其次是图片拍摄，最后才是文字采写。因为现场情景稍纵即逝，必须即时捕捉实录。而文字可以事后采访、追记乃至复制或整合别人的信息资源。

从用户的角度去看，视频化也是比较理想的一种新闻表达。作为主流媒体，在一些重要的严肃的时政报道中，如能巧妙地运用视频，不仅给新闻增加亮色看点，也会大大丰富或提升用户的体验度。2017年，中共浙江省委领导班子换届，媒体采用的新闻通稿《浙江新当选的省委常委与媒体记者见面》，只有短短的三行文字。中国蓝新闻客户端在发布这条简讯时，特意配发了由浙江卫视前方记者即时传送过来的省委常委新班子成员依次走上台的30秒视频。以网民的角色去体验，不仅新闻先睹为快，而且通过这则短视频知道了新一届省委领导中有哪几张新面孔，以至他们的个子高矮、气质风度，都一目了然。同样，在报道省委书记做工作报告的新闻时，网站编辑改变了以往"长篇报告原文+会场图片"的老套路，让车俊书记的讲话原声成为"配音"，用浙江卫视等近年拍摄的反映浙江五年变化和未来发展宏图的丰富多彩的视频资源，对报告内容进行视觉化的解读报道。这样的视听组合传播，新颖别致，大气磅礴，富有感染力，比图文报道更生动地起到了鼓舞人心的宣传效果。这篇报道在新蓝网和中国蓝新闻客户端播发后，迅速被网友"刷屏"，12小时内点击量就突破20万次。①

当然，重视视频传播并不是唯视频论。理想的新媒体传播应该是"视频优先＋图文组合"。光有视频的亮点，没有图文的配合，信息量势必单薄。对此，我们的一些广播电视媒体正在进行积极的探索。尤其是广播本来只有声音传播，但他们对一些突发事件不仅做到了快报，而且努力将声音视频化、图像化，并通过广播、微博、微信、视频直播等多媒体平台进行实时报道，充分凸显了应急广播的功能和作用。②

关键词九：新闻新表达

互联网＋人工智能的技术创新，使得新闻的表达形式变得异常新颖别致，使观赏性、互动性、体验感和传播度大大增强。

时下，媒体正在走向融合传播。原本不同介质的媒体及其传播形态是难以兼容的，广播就是声音，电视就是视频，报纸就是文字加图片。互联网技术打破了它们之间的"壁垒"，于是出现了一种全新的融合新闻。融合新闻不仅使单个新闻作品兼具视听图文元素，而且在内容布局、页面组合、相关链接等信息呈现与获取上，让人们有一种从未有过的便捷和快乐的体验。

传统媒体时代曾有一个观点：内容决定报道形式。而在媒体融合时代，好的表达形式反过来可以给内容刷新。③ 随着媒体技术开发的不断出新，诸如H5、VR直播、全景视频、谷歌眼镜、自拍神器等一批黑科技逐渐应用于新闻采制中，给新闻呈现带来了全新的视角。尤其是新媒体的互动性克服了传统媒体单向传播的缺陷，增强了用户黏合度，产生了前所未有的传播效果。2017年八一建军节前夕，人民日报客户端推出了《快看呐！这是我的军装照》的H5产品。这款产品的特色是，将国内首创的人脸融合技术与时

---

① 钱黎明：《从新闻评奖话新媒体传播》，《视听纵横》2018年第2期。
② 钱黎明：《从新闻评奖话新媒体传播》，《视听纵横》2018年第2期。
③ 钱黎明：《从新闻评奖话新媒体传播》，《视听纵横》2018年第2期。

事热点相结合,互动性极强,用户参与度极高,上线仅仅10天浏览量便突破10亿次,一分钟访问人数峰值高达41万。① H5不仅实现了内容同质化情况下的传播形式创新,解决了审美疲劳,而且因它的跨平台和跨终端的分享传播而使信息得以最大化地扩散,产生较为持久的影响力。

VR支撑下的360°全景新闻,带给人们的则不仅是可视化,而且是更立体更逼真更精彩的沉浸式体验。据2017年5月中国(深圳)国际文博会透露的消息,VR电视机顶盒不久将问世,今后观众可宅在家里看全景新闻直播。据悉,美国CNN目前已正式推出VR新闻平台。

航拍器也是近年来广泛应用于新闻报道的一款神器。航拍器不仅提供了崭新的报道视角,而且在一些天灾人祸事件中解决了记者难以接近新闻现场的问题,并且保障了记者的人身安全;在遇到一些公共事件或者舆论监督采访困难时,航拍提供了最直观最真实的新闻画面。

诚然,媒体目前使用的黑科技,有一些产品还处在展示、试用阶段,离真正的实用好用还有一段距离,但是,新闻正在不断地以一种新的表达方式刷新原有的传播理念传播形态,形成更加鲜活、灵动且富有亲和力的信息与思想交流,是不容置疑的趋势。

关键词十:大数据新闻与编辑素养

在今天,新媒体一词不仅仅是指移动互联网,也包括了大数据和人工智能。与以往的新闻生产不同的是,一种依靠数据分析挖掘来完成的新闻报道即数据新闻,正在逐步成为一种主流的报道方式。美国《纽约时报》使用数据分析工具辅助报道已成为新闻工作的一种常态。记者使用Adobe、Analytics、谷歌等工具收集与报道相关的数据信息,并利用计算机语言对数据库进行挖掘分析,从中预见报道事件的某种发展态势并找出新闻点。网页

---

① 钱黎明:《从新闻评奖话新媒体传播》,《视听纵横》2018年第2期。

爬虫工具也成为记者进行数据采集和分析的好助手。① 在中国，一些有前瞻目光的媒体也尝试用大数据播报新闻。比如每年的国庆和春节长假是旅游高峰时期，电视新闻对热门旅游景区盛况的报道，改变了以往去现场采访代表性人员，收集某种信息的套路，而是充分运用网络大数据信息对视频画面直接进行新闻解读。

大数据在改变传媒新闻生产方式的同时，对新闻采编人员的专业素养提出了挑战。正如智联招聘CEO郭盛所言，大数据和人工智能时代"最重要的不是智能，而是人工，是能够把这些数据找出来的人，是能够把这些算法做出来的人，是能够把这些计算能力提高的人"。为了培养掌握大数据新闻技巧的人才，美国密苏里新闻学院从2011年开始，开设了数据新闻专业。这个专业的学生必须掌握一定的数据分析与编程技能。目前，该专业不少毕业生已进入美国各大媒体从事数据新闻报道工作。②

对于已在新闻岗位上从业多年的人们来说，如何克服本领恐慌，提升自己在大数据时代的从业能力？有一个例子值得我们借鉴：2016年，杭州一对年轻夫妻去澳洲自驾游发生严重车祸，这一信息在微信朋友圈披露后，立即被杭州一家纸媒的编辑抓住了。她顺着这一线索设法加入了微信"西澳华人救助群"，在群里又找到了当事人倪女士，通过微信详细了解事故经过以及目前他们的状况，然后迅速编写成半个版的新闻报道。文末还不忘留下联系方法，希望人们为这对受伤的夫妇提供更多帮助。这个例子说明，今天的媒体不仅仅需要那种既懂新闻专业又懂经济、法律、英语等方面的人才，而且更需要那种善于借助互联网新媒体开展即时报道的采编高手。网络时代的新闻从业者起码应该增加三项新技能：一是分析与整合规模庞大的数据的能力；二是利用网络进行联系和发展信源的能力；三是编辑高水平搜索网络信息的能力。杭州的这位纸媒编辑就是具备了利用网络进行联系和发展信源的能力。

---

① 王婷：《"讲故事"这事儿，看看当下的美国媒体怎么做?》，《中国记者》2017年第12期。
② 王婷：《"讲故事"这事儿，看看当下的美国媒体怎么做?》，《中国记者》2017年第12期。

美国密苏里新闻学院迈克·詹纳教授认为,"记者与编辑通过对数据分析工具的使用,可以提高新闻的价值和可信度"。华盛顿邮报数据运营总监梅根·陈说:"计算机和数据可以帮助我们的记者寻找事实,并推断出原因,提升新闻客观性,降低媒体深度报道的成本。基于数据的交互新闻还可以让受众参与提供数据并进行数据分析,这样提高了用户的参与热情。"①是的,面对大数据、人工智能时代的到来,媒体人不但要善于及时捕捉那些让人惊艳的高科技新闻,而且自身也得努力提升大数据时代新闻采编的专业素养。

---

① 王婷:《"讲故事"这事儿,看看当下的美国媒体怎么做?》,《中国记者》2017年第12期。

B.24
爱青岛：城市智慧媒体大数据平台探索

韩丽楠　鞠在秋　朱　凯*

摘　要： 媒体的作用之一是满足用户对信息的需求，从而引领用户的认知。智能媒体数据平台建设，本质上就是媒体以用户为基础，以数据为核心，自我优化，实现新旧动能转换的过程。爱青岛的智慧媒体建设，逐步实现了新闻传播、智慧城市服务、用户体系等数据集合，建设形成了智慧媒体大数据平台的雏形。

关键词： 智慧媒体　大数据　舆论引导

青岛广电新媒体经过7年多的发展，打造了以"爱青岛"为品牌的PC、手机、电视三端产品，在300万用户的聚合过程中，开始探索大数据的收集、开发和使用。爱青岛从无意识地积累到有意识地使用，对内用数据管理推送产品升级，承担助力广电媒体融合传播的使命；对外推出了一系列面向不同用户的产品，向数据化、智能化方向迈出了重要一步，开始了传统广电向智慧广电发展的可贵尝试。

---

* 韩丽楠，工程硕士，主任记者，青岛广电传媒影视集团副总经理，主要研究方向为新媒体与广播电视；鞠在秋，青岛市广播电视台新媒体中心业务主管，主要研究方向为新媒体与广播电视；朱凯，工程师，青岛市广播电视台新媒体中心业务主管，主要研究方向为新媒体与广播电视。

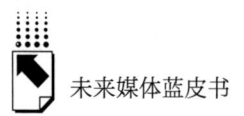

一 数据创建及智慧媒体初步形成

从2010年开始,青岛广电新媒体在PC、手机和电视三端上全面布局,以爱青岛为品牌产品,以智慧城市门户为服务目标,以广电内容和区域电商为运营方向,向网站、手机和电视等多终端并行延伸,打造"改变青岛人生活方式"的云平台。在这个过程中,逐渐建设形成了智慧媒体大数据平台。

(一)三端布局聚合用户

作为青岛广播电视的新媒体,青岛网络广播电视台网站以视频为特色,2010年6月上线,是山东省诞生的首家网络电视台,同时也参与发起了全国城市联合网络电视台活动。网络台建设初期,以视频直播点播为特色,主打本地信息服务,集聚了规模庞大的驴友、拍客、亲子互动群,为三端用户建设打下了基础。

面向移动互联网,青岛网络电视台2013年1月以"智慧青岛手机门户"为目标,推出以爱青岛为名称的手机客户端。经过5年的发展,目前用户量超过180万,月活用户在30%左右,成为岛城第一综合手机客户端。爱青岛手机App得到了公安局、气象台、环保局、公交集团、机场集团、交运集团等的大力支持,独有功能涉及视频路况、电影圈、实时航班、高速路况、PM2.5等。艾媒咨询发布的《2017上半年中国媒体类APP下载排行榜》中,爱青岛位居全国第31、全省第3、青岛第1。

2014年1月,爱青岛开始向电视端发展,推出了爱青岛新媒体电视。这一产品是IPTV省级平台在青岛的创新应用。从功能上看,包括电视的直播、2小时时移、72小时回看,1080P高清影视剧的点播,精彩的智能电视应用;从内容上看,以青岛为特色,包括青岛本地电视节目的重点推荐,计划推出的内容包括社保、公积金等公共服务查询、智慧医疗、智慧社区、便民购物等贴近市民生活的内容。① 2017年底，爱青岛新媒体电视用户已经突破90万。

自此，爱青岛实现了基于互联网技术的、双向互动的三端平台布局，并在三端的内容建设中逐步发现，用户数据是与内容同样重要的资源，只有内容分发与用户需求相匹配，媒体的生产活动传播才是有效的。

（二）数据的沉淀和形成

2015年下半年，随着三端平台的稳步发展，用户不断增长，用户数据开始层层累计，形成了大量用户数据的必然沉淀；数量的庞大和黏度的增加，使这些数据具备了可分析性。自2016年起，爱青岛开始有意识地使用一部分数据，尝试进行一些基本数据分析，如点击量、活跃时间、留存率等。从被动积累数据，到主动使用数据，这是建设智慧媒体迈出的第一步。

至2017年底，爱青岛三端平台共拥有300万用户，每个终端都有独立的用户行为分析，描述出用户画像和市场需求。同时，三端用户也有交叉和重叠，每人每天在不同的时间、不同的地点使用不同的屏幕终端，可以进一步研究用户使用习惯，指导产品定位和消息投放。

城市媒体数据中心以"爱青岛"多端传播的300万用户为基础，同时融合运营商部分数据，从4T的数据和90亿条的每日行为记录中，实时监控、采集、分析、统计全国全网内容和新闻类App、同城媒体，从访问量趋向和交互量趋向中得到内容热度趋向、用户行为趋向等数据群。

二 智慧媒体大数据的应用实践

2017年，爱青岛实现了新闻传播、智慧城市服务、用户体系等数据集合，城市媒体数据中心初具规模。在不断的分析和实践中，完成了收

---

① 韩丽楠：《城市电视台移动互联网的布局及盈利模式研究》，山东大学硕士学位论文，2014。

集数据、创建数据的任务,开始通过策划推出独家产品,实现数据的分发和变现。

(一)数据化管理推动产品升级

数据应用首先是内部应用,以用户数据为核心,爱青岛建立起了一整套的内容发布流程和生产管理制度,提升工作效率。通过用户画像的精准分析,了解用户喜好,从而满足并引领用户需求;通过活跃时间段、活跃度的分析,制定发布流程和推送规则,让每一次更新都达到最佳的传播效果。

爱青岛新媒体电视在上线初期的版本中,主要学习借鉴了其他网络电视的布局,主打电影和电视剧等点播内容。但通过数据监测发现,青岛地区的用户更加喜爱本地内容,青岛电视台各频道的直播及点播的点击量占比超过25%,团队立即调整方向,增加了本地内容的专属EPG界面,精选栏目、短视频推荐;将青岛电视台各频道放在直播列表的最前面,方便用户查找,提高黏度和好感度。

(二)数据化转型走向媒体融合

各地城市广电机构已经意识到,在技术进步的强力推动下,媒体融合是大势所趋,而数据化转型是走向媒体融合必不可少的一步。要搭建新的用户平台,必须拥有全媒体用户数据。

目前,爱青岛正在整合青岛广电各频道、频率、重点栏目在新媒体上的传播数据,与传统的收听收视率相互补充。比如,一位观众在电视上收看了《生活在线》的节目,可能在晚上睡觉前又用App点播并转发了其中一条节目视频,这种行为是个体的还是普遍的?对节目制作来说有什么意义?我们需要通过链条式的行为分析,进行不同维度的数据处理,勾勒出全媒体用户画像,再去反哺内容制作、调整运营,实现真正的融合传播。

(三)数据产品的尝试推出

仅仅用大数据管理内容、指导发布是不完整的,还需要将从用户那里取得的数据，用在用户身上，为用户服务。于是，爱青岛开始通过数据分析推出单个的、面向用户的数据产品。

爱青岛 App 拥有 20 多个功能模块，其中"违章查询"是点击量和黏度都比较高的模块。违章查询大数据分析显示，在违章种类中最多的依次是违章停车、超速行驶和不按行进方向驶入导向车道等。2018 年春节前夕，爱青岛编辑整理发布了一份《青岛防违章手册》，除了违章种类的分析，还有最易扣分的路段、标志线等。作为面向广大车主用户的服务性产品推出，利用自有平台及微博微信传播，点击量突破 10 万次。

随着越来越多人选择自驾出行，在每个假期前，交通新闻的点击量都很高，从 2016 年开始，爱青岛在每个小长假、长假的第一天和最后一天，都会推出"一路有爱"路况直播，综合 App 视频实时路况数据、高速数据等，为车主出行提供指导。

（四）数据榜单的系列发布

自 2017 年起，爱青岛借助大数据、云计算等互联网新技术新应用，致力于智慧媒体数据中心建设，针对不同用户的个性化需求，定制发布数据产品，陆续推出"爱青岛榜单"——智慧媒体数据系列发布。

1. 爱青岛榜单系列发布

2017 年 12 月，爱青岛首先精准发布，向政务人群推出了青岛政务移动传播品牌榜。数据显示，青岛市的政务微信账号有 300 余个，月信息发布量近万条，月阅读量近 400 万；微博账号 900 余个，月信息发布量近 5000 条。政务新媒体已成为各级政府发布权威信息、加强政民互动、引导网络舆论、提升社会治理能力的一个重要组成部分。在这些政务品牌中，哪些最具有影响力、哪些最具有成长性，是政府和百姓都非常关心的问题。爱青岛通过对本市全域"两微一端"的全网监测，采用定性分析与数据分析相结合的方式，科学分析网络舆论热点，结合平台自身数据＋第三方数据＋专家专业分析，评选出了"十大最有影响力移动政务品牌""十大最具创新性移动政务品牌""十大最具成长性移动政务品牌"等三张政务移动传播品牌榜，青岛

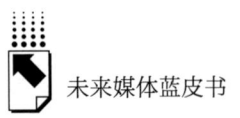

发布、微市南、青岛城管等"两微一端"入选。

2018年1月，爱青岛又推出了"青岛2017年度榜单"。针对2017年青岛地区的新闻热点事件、人物进行大数据分析，数据采集源包括了本地重点新闻媒体的报道与自媒体传播、国内主要新闻媒体的报道、微博微信指数及百度指数，综合分析并排序后，评选出了2017青岛情怀榜、红人榜和骄傲榜。刷爆了青岛人朋友圈的歌曲《八大关》创作团队入选"青岛情怀榜"；青年演员翟天临凭借五部卫视热剧以及在现象级综艺《演员的诞生》中获得的高度肯定，入选"青岛红人榜"；"首次实现海域可燃冰试采""国际乒联女子单打年终排名世界第一陈梦""海水稻首次测产"等新闻热点人物、团队荣登"青岛骄傲榜"。通过大数据分析发布的这三张榜单，既是青岛市民真正关注和认可的，也传播和体现了社会主义核心价值观，是主流舆论导向和民意的高度契合。

2. 榜单发布的二次传播

在全媒体多终端的时代，用户每天在不同的时间、不同的地点使用不同屏幕终端，榜单仅仅发布出来是远远不够的，因为无论是媒体的品牌影响力还是产品变现能力，都需要以各个终端平台的互联互通为依托来实现。未来智能技术介入媒体发展后所产生的影响，也会通过这些不同终端与用户互动方式的变化体现出来。① 针对这种特点，爱青岛继续生产出了不同的产品，使榜单最大化地二次传播。

首先是策划了数据发布、视频直播的现场产品——"政务品牌颁奖典礼"和"爱青岛之夜"。前者不仅发布了政务移动传播品牌榜，还邀请了很多青岛的自媒体"大V"来到现场，分享了各自关于新媒体传播的思考和实践。这些微博微信大号本身的聚合性，使品牌榜单达到了"病毒式传播"的效果。"爱青岛之夜"则采取了歌会的形式，邀请青岛籍实力派歌手加盟，将榜单发布与音乐演唱结合在一起，利用明星的号召力和影响力，吸引更多人关注。

---

① 胡正荣：《媒体的未来发展方向：建构一个全媒体的生态系统》，《中国广播》2016年第11期。

此外，爱青岛还围绕榜单和晚会，制作了短视频、H5、长图等新媒体产品矩阵，在不同的屏幕终端多渠道发布、推送。由此引发和带动新的传播热点和持续热度，有效扩大了社会影响力，起到了社会舆论主流的积极引领作用。

3. 实施效果和未来数据

爱青岛系列榜单的发布，是青岛广电媒体数据能力的体现，是媒体融合和智慧媒体的创新性产品，体现了主流媒体在融媒体时代的引领作用，是媒体经济领域培育的新增长点。

媒体融合的未来是智能媒体，在传播领域，媒体不能像以前一样依靠单独个体的力量做内容传播，仅仅成为内容生产者、控制者，而应该转型为传播生态的共建者，为所有的内容和服务提供者开放平台。

通过数据的融合和再生，解决广电的新产品生产设计问题，将注意力放在提升媒体内容品质上，推出一批反映时代要求、体现民众心声的优秀报道作品，实现广电内容生产的供给侧改革。

爱青岛系列榜单的发布，以数据为基点，助力智慧城市建设、满足人民群众对优质网络内容的需求，是媒体向数据化、智能化方向迈出的重要一步，也是城市广电向智慧广电发展的可贵尝试。

下一步，爱青岛数据中心将提供全方位资讯大数据服务，陆续在科技、教育、文化、创新及生活的方方面面推出榜单，面向政府和行业，提供数据服务，也让更多的创新者在上榜后获得推广和宣传，并以此推动城市的创新发展。

结　语

媒体的主要作用之一是满足用户对信息的需求，从而引领用户的认知。智能媒体数据平台建设，本质上就是媒体以用户为基础，以数据为核心，自我优化，实现新旧动能转换的过程。要完成这一过程，首先要做到的是媒体从业人员本身对智能化、大数据认知的深度改变。

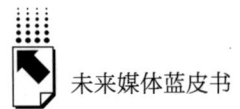

目前,城市媒体数据建设才刚刚起步,而认知的改变是一切改变的开始。在各地城市广电机构普遍面临传播力发展困境的情况下,关键在于走出第一步。2017年扎克伯格在哈佛大学演讲时曾说:"没有人从一开始就知道如何做,想法并不会在最初就完全成型,只有当你工作时才变得逐渐清晰,你需要做的就是开始。"

大数据平台的探索与建设是与互联网发展并行的另一条发展脉络,每个媒体都是这个脉络上的一环,我们不仅要做数据的收集者,也要做数据的分析和使用者。大数据平台的建设并没有想象得那么复杂,广电媒体已有的采编环节已经在读取、存储、书写数据。现在需要做的是分析数据、开发数据、应用数据以及数据变现。①

内容、用户和数据是全媒体必须做的三件事,通过关注大数据,在分析和使用中摸索实践,即便现在方法并不清晰,但目标和方向是明确的,我们需要在这条道路上不断前进,将数据反馈到内容建设、产品迭代、运营推广和用户服务中去,提高自身传播能力和社会资源的整合能力,创造出适应网络化生态的智慧媒体模式。

---

① 皮埃罗·斯加鲁菲:《2017未来媒体报告》,http://news.sina.com.cn/2016-10-24/doc-ifxwztrt0308410.shtml。

Abstract

The future media is the trend of global media integration and transformation, especially in the new fields of rapid development under the common drive of mobile Internet, big data, artificial intelligence, virtual reality, 5G and other new technologies, as well as the strong demand of economic and social development. Annual Research Report on China Future Media Development (2018) is an annual development report jointly compiled by Xiamen University of Technology and China Communication Research Center of the State Administration of Radio and Television on the future media industry, reflecting the future media development results in China and filling the domestic market without future media. A blank of the annual report on the development of the body.

The Annual Research Report on China Future Media Development (2018) comprises five major parts : "General Report" "Development Reports" "Reports on Hot Issues" "Reports of Global Vision" and "Reports of Case Studies". The report comprehensively analyzes the annual progress, development, hot spots and cases of future media in China. It not only collects the annual progress and important development of the future media in China, but also analyzes the hot spots and trends of the future media, based on the economic and social development, and focuses on the development of the media in China. The analysis also focuses on the application of AI in major foreign countries. The General Report outlines the overall environment of China's future media development in 2017 and the new bright spots in the fields of mobile innovation, intelligent innovation and scene innovation, and to explore the development trend of the future media from the definition, development and characteristics of the future media. The development Report focuses on the status and characteristics of China's future media development before and after 2017 from the aspects of media integration, intelligent development, big data application, VR/AR + content industry, short video development, machine news development, mobile news

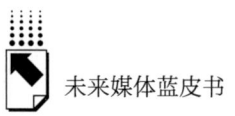

client products and so on. The Report on Hot Issues focuses on the development trend of human-computer interaction in mobile terminal, the cross boundary development of radio and AI sound box, the center of melting media production and command and dispatch, the application of three-dimensional code and the legal regulation of the future media, and has both practical guidance and theoretical reference significance. Report of Global vision focuses on the development of media AI applications in Germany, Japan and Korea. Report of Case Study selects some typical representative cases of this year's industry development, trying to analyze its development experience and development path from different aspects and different perspectives, in order to bring about reference and enlightenment value.

The Report points out that at present, in the era of higher and higher integration of information technology and social life, the media are undergoing intelligent transformation and upgrading to adapt to the future of the user's various intelligent needs. The future media emerge as the times require, showing the characteristics of Convergence Media, Mass media, and Intelligent Media. In the last two years, the state has issued a series of policy documents closely related to the development of the future media, supporting the promotion and guidance of the supervision, making the environment of the development of the future media optimized. In 2017, the new media technology is constantly improved, and the format, content and communication mode of the future media are constantly enriched and promoted, and initial progress has been made in mobile innovation, intelligent innovation, and scene innovation.

In addition to the development trend of fusion, mobility, intelligentization and scene, the future media development will continue to develop in new thinking, new space and new interaction. Block chain + future media development, 5G + future media development, non interface interaction are full of unlimited possibilities and opportunities.

The whole book is devoted to explore the guiding trend and basic rules of China future media development, and to provide intellectual support for the China future media development and prosperity.

Keywords: Future Media; Smart Media; Artificial Intelligence (AI)

Contents

Ⅰ General Report

B.1 Annual Report on Future Media Development in China (2017)
　　　　　　　　　　　　　　　　　　Lin Xiaoyong, Zhang Miaomiao / 001

Abstract: Under the common drive of Mobile Internet, Artificial Intelligence, Big Data, Virtual Reality, Quantum Information, 5G and other new technologies, as well as the strong demand for economic and social development, the development of China Future Media is in the ascendant, based on the trend of the integration of Traditional Media and Emerging Media. In recent years, with the implementation of the development strategy of national information development Strategy, artificial intelligence development Strategy and strategic emerging industries development strategy, the overall environment of the Future Media development in our country is good. The Future Media's cross-border integration has been extended to other industries. The Future Media is showing more possibilities, the new technology of the Future Media, New technologies, new formats and new trends of Future Media will emerge one after another, Future media development will become an annual hotspot in terms of mobile innovation, intelligent innovation and scene innovation. In addition to the development trend of fusion, mobile and intelligent, the block chain technology will bring new thinking for the Future Media development. 5G technology will bring new space for the Future Media development. No interface interaction design will bring more human nature product design for the Future Media development.

Keywords: Future Media; Smart Media; Media Integration

Ⅱ Development Reports

B. 2 Mobile Interaction and Cultural Remodeling
—*Annual Research Report on Future Media Convergence Development in China*（*2017*）

Gong Chengbo, Sun Yu / 027

Abstract: With the continuous deepening of media convergence, the progress of artificial intelligence technology, and the continuous reconstruction of the media ecology, the era of future media convergence development has come. In 2017, the convergence practice in the media field featured mobile first, Pan media, and cross-convergence: in the field of service convergence, the formation of a central kitchen construction trend from the central to the local; in the convergence of content, and the active convergence of traditional media with technology companies, creating an influential melted media product, the network cultural environment has been reshaped; in the field of technology convergence, the development of artificial intelligence technology has profoundly changed the methods of content production and distribution and media interaction; cross-border convergence has brought more possibilities for future media convergence. The boundaries of industrial convergence have become increasingly blurred. Taking this as a clue, the basic trends in the development of media convergence in the future are intellectualized convergence, boundary ablation, vertical segmentation, and everything is media.

Keywords: Future Media Convergence; Intellectualized Convergence; Everything is Media; Cross-border Convergence

Contents

B. 3　Annual Report on the Development of Future Media

　　　Intelligent in China (2017)　　　*Lin Xiaoyong, Luo Hui* / 048

Abstract: At present, technologies such as Internet of Things, Cloud Computing, Big Data, Artificial Intelligence and Virtual Reality are changing the media industry. The technological environment, policy environment and internal environment of the intelligent development of the Future Media are constantly improving.. In 2017, more and more artificial intelligence technology has been applied in the production, distribution and management of media content. The media is experiencing a change driven by artificial intelligence technology. The intelligence of news production and content distribution is becoming more and more common. The intelligent development of the Future Media is characterized by personalization, diversification of profit patterns, and the increasing awareness of media copyright. The intelligent development of the Future Media also presents a new trend of human-computer relationship, more abundant scene application, the development of single product to the platform and the wisdom of the media ecology.

Keywords: Future Media; AI; Big Data; Smart Media

B. 4　Annual Report on the Development of VR/AR + Content

　　　Industry (2017)　　　*Song Xishun* / 066

Abstract: After the "first year of VR" in 2016, the development of VR industry in 2017 was not as hot as it expected. Encountered new challenges, but also ushered in new opportunities, sparked widespread concern in the community. This article summarizes the industry part of the practice and application of VR technology, briefly analyzes the problems of hardware support, lack of content and inconvenience of experience in VR/AR + content industry. From the perspective of content core, convergence development, technological progress and intellectual property protection, the paper gives some prospects for the future development of VR/AR + content industry.

Keywords: VR/AR + content; Industrial Development; Technological Innovation; Integration Development

B.5 Annual Report on the Development of Future Media Big
　　　Data Application (2017)　　　　　　　　　　*Liu Xiao* / 074

Abstract: With the development and application of big data, Future Media emerges and draws attention from the industry and academia. The development environment and technical support for big data include its enhanced strategic status, expanded industry size, rapid progress, as well as standard management. One of the typical cases for Future Media application in big data is "Central Kitchen", whose organizational structure and operational mechanism are quite different from traditional media. Based on multiple intelligent algorithms, big data has realized a data platform construction for Future Media and created a richer application scenario by data collection, acquisition, analyzing, mining, and intelligent services. Future Media will show new trends in the aspects for the future: (1) optimal matching among human beings, objects, technologies and scenarios, (2) the set-up for all-media knowledge sharing strategic platform, (3) the sustainable growing influence of opinion leaders, (4) the short supply of big data application-oriented talents.

Keywords: Future Media; Big Data; Intelligent Algorithm

B.6 Annual Report on the Development of Short Video (2017)
　　　　　　　　　　　　　　　　　　　　　　　Sun Lu / 088

Abstract: In 2017, with the further development of mobile Internet technology, the deep integration of various forms of entertainment within the pan-entertainment industry, the rapid integration of the pan-entertainment industry and the real economy. The short video content industry in China has ushered in a great development. The short video industry takes the cultural works as the content, leads the new drive of IT technology, and constantly innovates the organization shape and business mode, short video has increasingly become a new format of network media in China.

Keywords: Short Video; Mobile Internet; Investment and Financing

B.7 Annual Report on the Development of Robotization News in China (2017) *Li Xiao* / 108

Abstract: In 2017, the development of China robotization news is in progress. The research and development of robotization news related technologies has been improved. The field of robotization news applications has been expanding. The robotization news technology industry has begun to emerge. Today, with the gradual popularization of artificial intelligence technology, how to make the production process of robotization news more anthropomorphic and intelligent, and further improve the efficiency of human-robot collaboration under the premise of people-oriented, is the biggest problem facing robotization news of China today. This report will first review the development of robotization news and demonstrate the technology and application development process of robotization news. This report secondly summarizes the development of robotization news in 2017 and shows the specific application of robotization news in the current Chinese news field. This report also reveals the core characteristics of robotization news development through its development characteristics of induction robotization news. At last, this report discusses the development of the direction of the development of robotization news in the future through the discussion of the focus issues that have emerged during the development of robotization news in recent years.

Keywords: Robotization News; News Robot; Human-robot Collaboration

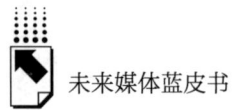

B.8　Annual Report on the Development of Mobile News Client Product in China (2017)　　　　　*Leng Yingying* / 126

Abstract: With the network user scale becoming saturated, cross-border competition of China mobile news industry is increasingly fierce in 2017. Platform upgrade constantly which has turn attention from network flow and content in the beginning to the news value and current users. As key important technologies, big data, cloud computing, artificial intelligence and intelligence social have accelerated the industry development and the media ecology change. Now mobile news industry is still in a stage of rapid development that present head effect. After barbaric growth, Our Media develop more rationally. Not only consumption of content upgrade, but also government regulation has been more strict. Depending on the credibility and authority, central media show a strong potential for development. Under the background of the generational shift, the competition about new generation consumers has begun.

Keywords: Mobile News App; Mobile Phone News App; News App

B.9　Annual Report on the Development of Smart Media in Taiwan (2017)　　　　　*Xing Zheng* / 145

Abstract: in 2017, Taiwan continued to actively lay the foundation for future digital construction, and the development of smart media was at its infancy. Internet and mobile Internet technologies, social media applications, live streaming, VR/AR and other technologies and applications are driving the transformation of the media. Social sharing is playing an increasingly important role in the media consumption system. Facebook, Line, Google and other transnational media continue to dominate the overall development with new technology tools, and the emerging media platforms in Taiwan are emerging, the video industry competition is hot, the live market is booming, and the traditional media also actively promote the transformation plan, Cross platform operation and media convergence are in progress. The trend and direction of convergence are being explored.

Keywords: Taiwan; Smart media; Internet

Ⅲ Reports on Hot Issues

B. 10 Trends of Mobile-side Human-Computer Interaction
Technology   *Zhang Qing* / 160

Abstract: With the advent of the mobile information era, mobile terminals are being upgraded from a terminal tool with the specific functions to an integrated information processing platform. It provides a broader development space for mobile terminals. The human-computer interaction mode of the mobile terminal also changes from a character command form to a graphical user interface, and then to an intelligent human-computer interaction mode, and has undergone a process of human adaptation to computer and computer adaptation to human. With driven by the new generation of information technologies such as Artificial Intelligence (AI), Big Data, cloud computing, and VR/AR, the research and development of natural interaction, mobile augmented reality, multi-modal fusion, and emotional computing will definitely make mobile terminals Human-computer interaction gradually moves toward a more human, intelligent, and user-friendly level of natural experience.

Keywords: Mobile Terminal; Natural Human-Computer Interaction; Intelligent

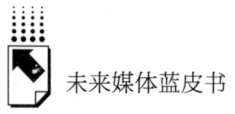

B. 11 From "Simple Addition" to "Interoperability": the Cross-Boundary Road of Broadcasting and AI Speaker　　　　　　　　　　　　　　*Li Shan* / 173

Abstract: Artificial intelligence (AI) is known as one of the world's three cutting-edge technologies developed since the 1970s. The AI speaker is its key entry point. Both the traditional broadcasting and the emerging AI speaker are forms of media based on sound. This article reviews the status quo of the integration between the domestic broadcasting and the AI speaker, and characterizes the limitations of their current cooperation as a "simple sum". It points out the inevitable integration between the two in these three aspects: the national strategy, professional development and industrial breakthrough. With an aim to benefit the practical implementation, this article proposes the strategies such as making the audience's need the core of broadcasting, inversely prompting a self-reform, strengthening the awareness and readiness to seamlessly integrate all forms of new media from content to terminals, overcoming the technological bottleneck and emphasizing the utilization of the big data.

Keywords: Broadcast; AI speaker; Media Convergence

B. 12　Legal Regulation of Future Media

Tian Xiaojun, He Fan / 185

Abstract: Changes in technology have brought about revolutions in media, Internet, big data, and artificial intelligence, breaking through the boundaries of traditional media. Legal problems are accompanied by the push of huge amounts of information, the improvement of individual voice, and the evolution of artificial intelligence. Data privacy, content supervision, information Cocoons, algorithmic discrimination and network copyright are problems that require us to pay attention to and solve in the process of media development. This paper analyzes and discusses the emerging problems in the process of media reform, and explores the development of an orderly, healthy and sustainable path of the internet media.

Keywords: The Future of Media; Data Privacy; Information Cocoons; Algorithmic Discrimination; Network Copyright

B.13 Design of All IP Convergence Media Production Command and Dispatch Center *Liu Xiaomin, Chen Wenwei* / 192

Abstract: The design of all IP Convergence Media production command and dispatch center system used in Xiamen Media Group, which adopts a combination of centralized management, distributed applications and all IP streaming signal technology, perfectly satisfies the demand of unified planning, collaborative producing, command dispatch, business process monitoring, public opinion monitoring and impact analysis. In addition, each link in the production chain such as content planning, task allocating, resources assigning, programs producing, rapidly releasing of new media are under command of the control system. Benefit from this, it achieves the general command dispatch and decision making of the radio, television, new media and other business sectors during the production of program integration. At the same time, based on the convergence media technology platform that Xiamen Media Group has already completed and constructed as well as the developing experience which is learned from of CCTV News Mobile Network, this News Production Control Center adds the functions like fast return, live and rapid release of short video to build a news production control center featuring Xiamen Media Group.

Keywords: All IP; Convergence Media; Command and Dispatch; Streaming; Distributed; Centralized

B.14　The Use of Three-dimensional Code in Future Media

Li Jianxun / 208

Abstract: In the era of "Internet Plus", all things are interconnected, and information dissemination is more about speedy, efficient and the human feelings. However, the existing resources and facilities are not well integrated on the Internet. Moreover, if information dissemination is to be people-centered, it must be translated into something that ordinary people can understand. This process of interconnecting and human reading is an urgent problem that needs to be solved in today's society. At present, we have been using the QR Code as the entry of all kinds of resources to link them together. However, because the QR Code can not give people a complete visual experience, and because of monotony and low security, there are many problems. Therefore, this paper briefly describes a new array code technology "Visual Recognition Code (VR Code)". It not only retains the advantages of QR Code in computational processing, but also satisfies people's complete visual experience. Perhaps it will become another practical technology in the future media development.

Keywords: VR Code (Visual Recognition Code); Future Media Communication; Retina Identification; Security Interaction

Ⅳ　Reports on Global Vision

B.15　Report on the Development of German Media Artificial Intelligence Application (2017)　　　　*He Tao / 219*

Abstract: German Radio and TV media has achieved digital upgrades as a whole and has the hardware basis for the development of media artificial intelligence. However, German users' data are mostly controlled by American companies. At the same time, Germany has implemented high-level data protection, which objectively limits the development of media artificial intelligence applications based on data and algorithms. Industry 4.0 was first proposed in Germany, and the layout of artificial intelligence mainly serves the domestic manufacturing industry. Therefore, smart TVs and other hardware equipment develop well, and the application of content and services are relatively limited. Germany's practices and experiences have certain inspiring and referring meanings for the development of Chinese media's artificial intelligence.

Keywords: Germany; Smart Media; Artificial Intelligence

B.16 Report on the Development of Japanese Smart Media (2017)
Yang Yang / 230

Abstract: Japanese government has been putting strong emphasis on the research and development of Artificial Intelligence (AI), and seeking ways to actively promote the industrialisation of the research results. More recently, the implementation of AI with mass media has accelerated the digitisation if this industry, which also marks that Japanese media industry has come to new era.

Keywords: Japan; AI; smart media; ICT

B.17 Annual Report on the Development of Media Artificial
Intelligence Application in Korean (2017) *He Ying* / 243

Abstract: First of all, starting from the top-level design of the policy, this paper discusses Korea's strategic documents and policies for developing AI. Secondly, from the perspective of industrial development and technology application, this paper explores the present situation of the development of artificial intelligence industry in Korea and the development status of artificial intelligence technology in media fusion. Finally, it is pointed out that the trend of future

development is the trend that sensor news will further fine collect information and serve the media and man-machine syncretic trend. In the future, the provision of super personal content service will become the trend, the digital content industry will develop into a fusion culture service industry.

Keywords: South Korea; Media; the Application of Artificial Intelligence

V Case Studies

B. 18 Integration of Emergency Broadcasting and New Media in the Propagation of Emerging Public Events

Sun Shengnan / 257

Abstract: In the propagation of sudden public events, the unique ability of radio disaster resilience makes it irreplaceable. Therefore, the Emergency Broadcasting system should be built relying on radio and integrated with the other media. The mission of Emergency Broadcasting, the particularity of emergency information dissemination and the communication environment of new media jointly determine the inevitable trend of the integration of Emergency Broadcasting and new media. In the tide of intellectual media, Emergency Broadcasting can make the public service of emergency information more accurate, tailor-made and intelligent with the help of the new generation of information technology. But no matter what media and technology fusion, Emergency Broadcasting must adhere to the concept of people-oriented.

Keywords: Emergency Broadcasting; New media; Media integration; Smart Media; People-oriented

B. 19　From "Quick Start" to "Media Brain"
　　　—Analysis on the Practice of Business Intelligence in
　　　National News Agency
　　　　　　　　　　　　　　　　　　Zhong Haoxi, Cheng Jing / 270

Abstract: In its pursuit of building a "new type of first-class global news agency", Xinhua News Agency, keeping up with the trend of digital and intelligent media as well as the mass-decentralization and classification in sending information, has attached great importance to media integration. Realizing the revolution that Artificial Intelligence has brought to media industry, Xinhua has made special efforts in the intelligent development of modern media. Xinhua is one of the first media organizations that have been trying to bring AI technology into news production, launching "Kuaibi Xiaoxin", a robot news writing system, and "Media Brain", a first-of-its-kind platform in China that brings AI technology into news production. Based on new platforms, Xinhua released China's first machine generated content (MGC) video news, and many other news products that combine technology with innovative ideas. As a result, the application of AI technology has greatly improved the production, dissemination, and influence of news and information.

Keywords: Media Brain; Xinhua News Agency; Intelligent Media

B. 20　Tencent: AI + Content, as a "Connector" for the Future
　　　Media Ecology　　　　　　　　　　　　　　　Wang Lan / 277

Abstract: Since Tencent has proposed the open strategy for building ecosystems in 2011, it has evolved from simply opening traffic, capability to comprehensively building an ecosystem. Tencent Open Platform leads the development of Tencent's entrepreneurial and innovative ecosystem. It provides entrepreneurs with supporting platforms including entrepreneurial service platform,

Qingteng University, TOPIC Fund (Tencent Entrepreneurial Fund), 34 Tencent WeStart Incubator Space, and Tencent Global Partners Conference. Tencent actively promotes the Content Ecosystem and AI Ecosystem. With Open Platform strategy, we have successfully established AI Open Platform, AI Accelerator Program and WeStart Innovation Space for content developers.

Keywords: Tencent Open Platform; AI + Content; Accelerator; Future Media

B.21　Cloud + End: Practice of iQIYI Intelligent Video
　　　Integrated Services　　　　　　*Wang Tao, Wang Zhaonan* / 290

Abstract: New technologies and new applications are driving the rapid development of the mobile internet. The online video industry is also characterized by mobility, industrialization, personalization, and intelligence in the mobile internet era. As the leader of the online video industry, iQIYI continues to develop and improve the eco-entertainment chain, while actively deploying innovative technology areas to create "cloud + end" intelligent video services, further enhance the user experience of entertainment, leading the sound development of pan-entertainment industry.

Keywords: Cloud + End; Artificial Intelligence; Intelligent Video Integrated Services

B.22　MeiTu: Application of Artificial Intelligence Technology
　　　　　　　　　　　　　　　　　　　Chen Lu, Ni Yingwei / 301

Abstract: The development of artificial intelligence technology continuously to promote innovation of human's life in multi-level and all areas. Video and picture work as the main communication content, Meitu firmly grasps the development opportunities. By utilizing the artificial intelligence technology, making it the core of new media and user interaction. For new media, using artificial intelligence technology to carry out accurate dissemination, improve the quality of product, and fulfill social responsibilities have strong practical value in the current development path.

Keywords: New Media; Artificial Intelligence; Core of Interaction

B.23　Ten Key Words Propagated by New Media

Qian Liming / 309

Abstract: In the era of new media, many concepts and rules of communication have been constantly refreshed or changed. This article uses key words to interpret new ideas and new concepts in information dissemination under the new media context. For example, quickness being the first value of information dissemination; original ecological communication; UGC era; user experience being the top priority; information releasing only marking the beginning of an even larger scale of communication; news needs to be impressed rather than inform; short video and visual live broadcast; big data news and editorial literacy, etc. From the macro level to the operational practices, the explanations are presented in a simple and easy-to-understand manner, thus shedding light, to some extent, on the promotion of media convergence and the inspiration of media professionals' innovative thoughts.

Keywords: New Media; New Communication; Original Ecology; Visualization; Data News

B.24　AIQingdao: Exploration of Urban Smart Media
　　　Big Data Platform　　*Han Linan, JU Zaiqiu and Zhu Kai* / 325

Abstract: One of the functions of media is to meet users' demand for information and thus lead users' cognition. In essence, the construction of intelligent media data platform is a process in which the media, based on users, takes data as the core and self-optimizes itself to realize the transformation of old and new kinetic energy. The construction of intellectualized media in AiQingdao has gradually realized data collection such as news communication, smart city service and user system, and formed the prototype of smart media big data platform.

Keywords: Smart Media; Big Data; Public Opinion Guidance

社会科学文献出版社　　**皮书系列**

❖ 皮书起源 ❖

"皮书"起源于十七、十八世纪的英国,主要指官方或社会组织正式发表的重要文件或报告,多以"白皮书"命名。在中国,"皮书"这一概念被社会广泛接受,并被成功运作、发展成为一种全新的出版形态,则源于中国社会科学院社会科学文献出版社。

❖ 皮书定义 ❖

皮书是对中国与世界发展状况和热点问题进行年度监测,以专业的角度、专家的视野和实证研究方法,针对某一领域或区域现状与发展态势展开分析和预测,具备原创性、实证性、专业性、连续性、前沿性、时效性等特点的公开出版物,由一系列权威研究报告组成。

❖ 皮书作者 ❖

皮书系列的作者以中国社会科学院、著名高校、地方社会科学院的研究人员为主,多为国内一流研究机构的权威专家学者,他们的看法和观点代表了学界对中国与世界的现实和未来最高水平的解读与分析。

❖ 皮书荣誉 ❖

皮书系列已成为社会科学文献出版社的著名图书品牌和中国社会科学院的知名学术品牌。2016年,皮书系列正式列入"十三五"国家重点出版规划项目;2013~2018年,重点皮书列入中国社会科学院承担的国家哲学社会科学创新工程项目;2018年,59种院外皮书使用"中国社会科学院创新工程学术出版项目"标识。

中国皮书网

（网址：www.pishu.cn）

发布皮书研创资讯，传播皮书精彩内容
引领皮书出版潮流，打造皮书服务平台

栏目设置

关于皮书：何谓皮书、皮书分类、皮书大事记、皮书荣誉、
皮书出版第一人、皮书编辑部

最新资讯：通知公告、新闻动态、媒体聚焦、网站专题、视频直播、下载专区

皮书研创：皮书规范、皮书选题、皮书出版、皮书研究、研创团队

皮书评奖评价：指标体系、皮书评价、皮书评奖

互动专区：皮书说、社科数托邦、皮书微博、留言板

所获荣誉

2008年、2011年，中国皮书网均在全国新闻出版业网站荣誉评选中获得"最具商业价值网站"称号；

2012年，获得"出版业网站百强"称号。

网库合一

2014年，中国皮书网与皮书数据库端口合一，实现资源共享。

权威报告·一手数据·特色资源

皮书数据库
ANNUAL REPORT(YEARBOOK) DATABASE

当代中国经济与社会发展高端智库平台

所获荣誉

- 2016年,入选"'十三五'国家重点电子出版物出版规划骨干工程"
- 2015年,荣获"搜索中国正能量 点赞2015""创新中国科技创新奖"
- 2013年,荣获"中国出版政府奖·网络出版物奖"提名奖
- 连续多年荣获中国数字出版博览会"数字出版·优秀品牌"奖

成为会员

通过网址www.pishu.com.cn访问皮书数据库网站或下载皮书数据库APP,进行手机号码验证或邮箱验证即可成为皮书数据库会员。

会员福利

- 使用手机号码首次注册的会员,账号自动充值100元体验金,可直接购买和查看数据库内容(仅限PC端)。
- 已注册用户购书后可免费获赠100元皮书数据库充值卡。刮开充值卡涂层获取充值密码,登录并进入"会员中心"—"在线充值"—"充值卡充值",充值成功后即可购买和查看数据库内容(仅限PC端)。
- 会员福利最终解释权归社会科学文献出版社所有。

数据库服务热线:400-008-6695
数据库服务QQ:2475522410
数据库服务邮箱:database@ssap.cn
图书销售热线:010-59367070/7028
图书服务QQ:1265056568
图书服务邮箱:duzhe@ssap.cn

社会科学文献出版社 皮书系列
SOCIAL SCIENCES ACADEMIC PRESS (CHINA)
卡号:378418258461
密码:

S 基本子库
SUB DATABASE

中国社会发展数据库（下设12个子库）

全面整合国内外中国社会发展研究成果，汇聚独家统计数据、深度分析报告，涉及社会、人口、政治、教育、法律等12个领域，为了解中国社会发展动态、跟踪社会核心热点、分析社会发展趋势提供一站式资源搜索和数据分析与挖掘服务。

中国经济发展数据库（下设12个子库）

基于"皮书系列"中涉及中国经济发展的研究资料构建，内容涵盖宏观经济、农业经济、工业经济、产业经济等12个重点经济领域，为实时掌控经济运行态势、把握经济发展规律、洞察经济形势、进行经济决策提供参考和依据。

中国行业发展数据库（下设17个子库）

以中国国民经济行业分类为依据，覆盖金融业、旅游、医疗卫生、交通运输、能源矿产等100多个行业，跟踪分析国民经济相关行业市场运行状况和政策导向，汇集行业发展前沿资讯，为投资、从业及各种经济决策提供理论基础和实践指导。

中国区域发展数据库（下设6个子库）

对中国特定区域内的经济、社会、文化等领域现状与发展情况进行深度分析和预测，研究层级至县及县以下行政区，涉及地区、区域经济体、城市、农村等不同维度。为地方经济社会宏观态势研究、发展经验研究、案例分析提供数据服务。

中国文化传媒数据库（下设18个子库）

汇聚文化传媒领域专家观点、热点资讯，梳理国内外中国文化发展相关学术研究成果、一手统计数据，涵盖文化产业、新闻传播、电影娱乐、文学艺术、群众文化等18个重点研究领域。为文化传媒研究提供相关数据、研究报告和综合分析服务。

世界经济与国际关系数据库（下设6个子库）

立足"皮书系列"世界经济、国际关系相关学术资源，整合世界经济、国际政治、世界文化与科技、全球性问题、国际组织与国际法、区域研究6大领域研究成果，为世界经济与国际关系研究提供全方位数据分析，为决策和形势研判提供参考。

法律声明

"皮书系列"(含蓝皮书、绿皮书、黄皮书)之品牌由社会科学文献出版社最早使用并持续至今,现已被中国图书市场所熟知。"皮书系列"的相关商标已在中华人民共和国国家工商行政管理总局商标局注册,如LOGO( )、皮书、Pishu、经济蓝皮书、社会蓝皮书等。"皮书系列"图书的注册商标专用权及封面设计、版式设计的著作权均为社会科学文献出版社所有。未经社会科学文献出版社书面授权许可,任何使用与"皮书系列"图书注册商标、封面设计、版式设计相同或者近似的文字、图形或其组合的行为均系侵权行为。

经作者授权,本书的专有出版权及信息网络传播权等为社会科学文献出版社享有。未经社会科学文献出版社书面授权许可,任何就本书内容的复制、发行或以数字形式进行网络传播的行为均系侵权行为。

社会科学文献出版社将通过法律途径追究上述侵权行为的法律责任,维护自身合法权益。

欢迎社会各界人士对侵犯社会科学文献出版社上述权利的侵权行为进行举报。电话:010-59367121,电子邮箱:fawubu@ssap.cn。

社会科学文献出版社